建设工程项目管理前沿丛书

Construction Project Management Frontier Series

SCCA-TONGJI-RICS
LEARNING CENTER · SHANGHAI

英国皇家特许测量师学会(RICS)推荐项目管理专业系列教材

RICS Recommend Series of Teaching Materials for Project Management

建设项目管理信息化

主　编　何清华
副主编　李永奎　彭　勇　周双海
主　审　包晓春

中国建筑工业出版社

图书在版编目(CIP)数据

建设项目管理信息化/何清华主编. —北京：中国建筑工业出版社，2010.7

建设工程项目管理前沿丛书，英国皇家特许测量师学会(RICS)推荐项目管理专业系列教材

ISBN 978-7-112-12276-9

Ⅰ.①建… Ⅱ.①何… Ⅲ.①信息技术-应用-基本建设项目-项目管理-教材 Ⅳ.①F284-39

中国版本图书馆 CIP 数据核字(2010)第 138665 号

责任编辑 牛 松
责任设计 李志立
责任校对 王 颖 陈晶晶

建设工程项目管理前沿丛书
Construction Project Management Frontier Series
英国皇家特许测量师学会(RICS)推荐项目管理专业系列教材
RICS Recommend Series of Teaching Materials for Project Management

建设项目管理信息化

主 编 何清华
副主编 李永奎 彭 勇 周双海
主 审 包晓春

*

中国建筑工业出版社出版、发行(北京西郊百万庄)
各地新华书店、建筑书店经销
北京天成排版公司制版
北京云浩印刷有限责任公司印刷

*

开本：787×960 毫米 1/16 印张：17¾ 字数：358 千字
2011 年 3 月第一版 2014 年 1 月第二次印刷
定价：**39.00** 元
ISBN 978-7-112-12276-9
(19535)

序一

I am delighted to introduce this important series of texts, which form the core material for the adaptation route leading to RICS membership through the Project Management pathway.

Project management is a professional discipline in ever-increasing demand throughout the world's construction markets. The ability to deliver complex developments on time, to the highest standards, and within budget, is highly valued in what is arguably the world's biggest industry.

Congratulations are due to everyone involved in creating this suite of learning materials. It shows how much can be achieved through committed cooperation among the partners in the SCCA-TONGJI-RICS Learning Center.

My best wishes for every success go to all who use these texts.

Louis Armstrong CBE
Chief Executive, RICS
February 2009

序一（译文）

我很乐意推荐这套专业系列丛书，它是 RICS 项目管理专业路径通过衔接途径通向 RICS 会员的核心教材。

项目管理是在需求持续增长的全球建筑市场中的一个专业学科，在毋庸置疑的全球最大的行业中，其能够及时传递综合进展情况、维持最高标准以及严格把控预算的能力得到了高度评价。

在此祝贺所有创造了这套学习材料的参与者。它展示出上海市建设工程咨询行业协会-同济大学-英国皇家特许测量师学会学习中心的合作伙伴通过亲密无间地合作所能够产生的巨大效应。

也衷心祝愿所有学习这套丛书的人能从中受益，走向成功。

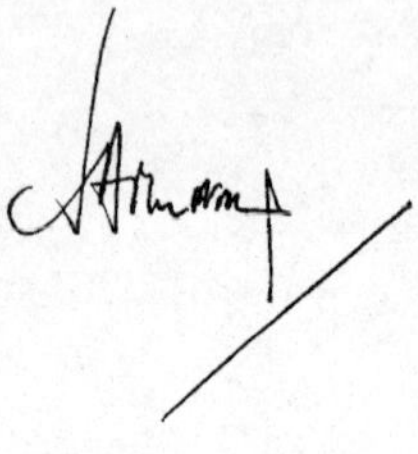

路易斯·阿姆斯特朗　爵士
RICS 首席执行官
2009 年 2 月

译者：吴叶秋

序二

上海市建设工程咨询行业协会-同济大学-RICS学习中心策划的《建设项目前期策划与设计过程项目管理》、《建设项目进度计划与控制》、《建设项目风险管理》、《建设项目管理信息化》和《工料测量的理论与实践》五本专业系列教材，为首套正式出版的全球通用的RICS衔接途径3项目管理路径入会专业系列教材。

该专业系列教材立足于《RICS专业胜任能力要求》及《RICS行为准则、指南及职业道德指导》，注重研究前沿和国际化趋势并迎合了中国当地专业发展需求。

该专业系列教材通过大量的案例分析，一定会使学员和读者深入理解理论知识、掌握扎实的理论功底。我相信RICS衔接途径3课程的开发将加速RICS在中国的发展。该专业系列教材杰出的编写团队全为RICS会员和资深会员，在此，我对为这套专业系列教材的诞生所付出努力工作的所有相关人员表示由衷的祝贺、褒扬、钦佩和敬意。

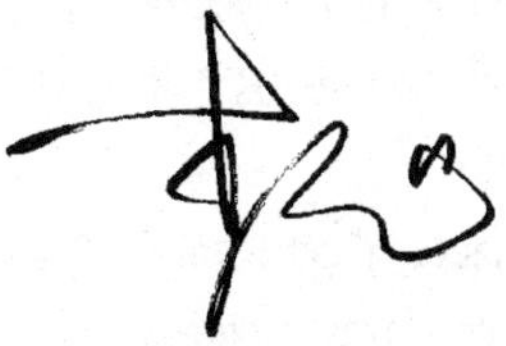

李 旭

英国皇家特许测量师学会首任中国分会主席

2009年2月

序三

近十年来，中国建筑业迅猛发展，建筑工程咨询行业从业人员进入高速发展阶段，实践能力强、求知欲旺盛、年轻化成为其主要特点。各国投资主体、施工企业及咨询公司都需要通晓内外的优秀的工程项目管理专家，与国际接轨成为必然。RICS(Royal Institution of Chartered Surveyor)——英国皇家特许测量师学会，是世界最大的房地产、建筑、测量和环境领域的综合性专业团体，是为全球广泛认可的拥有“物业专才”之称的世界顶级专业性学会，多年来在国际上享有盛誉，更是许多资深专业人士渴望加入的国际专业测量师组织。

本系列教材是针对 RICS 的项目管理专业所编写的，对想加入 RICS 的专业人士有一定的指导作用。目前学界尚无针对 RICS 特许测量师学会入会的专业辅导教材，本系列教材尚属首例，它的出版正好填补了这一空缺。目前，中国建筑工程领域专才共有三条途径加入 RICS 学会：资深专业人士路径(Senior Professional Route)、衔接路径(Adaptation Route)以及毕业生路径(Graduate Route)。其中，衔接路径分成 3 个选项，其中衔接路径 1(A1)和衔接路径 3(A3)面向中国的专业人士开放，衔接路径 2(A2)适用于欧洲。衔接路径 1 属大学理论体系，适用于具备十年及以上工作经验的学士学位获得者；衔接路径 3 则是国外与国内相互融合、理论与实践有机结合，适合具备一定理论基础和 5 年以上相关工作经验的专业人士。

本系列教材体现了国际项目管理领域最新发展水平，特别是英联邦国家的成熟理论知识，带有 RICS 鲜明特点，对引入国际水平的先进理论知识具有重要意义。教材内容理论结合实践，理论体系的构建符合中国国情，基本概念准确精练，着重加大了实践方面的内容。实践部分根据各门课程教学内容的不同表现为案例分析、流程图设计、实用表格等各种形式。

SCCA-TONGJI-RICS学习中心由上海市建设工程咨询行业协会、同济大学建设管理与房地产系和RICS特许测量师学会联合创办，提供国内相关专业人士RICS特许测量师学会入会咨询和专业化辅导培训。本系列丛书正是配合SCCA-TONGJI-RICS学习中心的相关课程编写，针对其中的六个重要模块分别编写了5本相关教材。

1.《建设项目前期策划与设计过程项目管理》

主编：乐云，副主编：朱盛波，主审：梁士毅。

2.《建设项目进度计划与控制》

主编：龚花强，副主编：邓建勋，主审：乐云。

3.《建设项目风险管理》

主编：孙占国，副主编：夏富权、徐帆，主审：徐绳墨。

4.《工料测量的理论与实践》

主编：郑有坚，副主编：王伟庆、朱坚，主审：王伟庆。

5.《建设项目管理信息化》

主编：何清华，副主编：李永奎、彭勇、周双海，主审：包晓春。

关于其他模块的后续教材也将会陆续编写。

本系列教材各分册的作者均是来自企业界和高校的工程管理界资深专家。他们长期参与工程项目管理实践和教学工作，有丰富的现场管理经验，学术水平高，为本教材的编撰工作提供了深厚的理论及实践基础。

本书读者对象除了需要通过RICS专业胜任能力评核（APC）加入RICS的专业人士之外，还包括希望了解国际惯例的专业人士、政府主管人员、大型项目业主人员、监理公司和咨询机构人员、高校各学历层次相关专业师生以及其他从事项目管理的专业人员等。针对读者对象，全套教材在编写过程中更为注重易读性和实用性，满足学员及读者需要，通过大量的案例分析，使学员和读者深入理解理论知识，掌握扎实的理论功底，并具有解决实际问题的能力。

上海市建设工程咨询行业协会副会长兼秘书长

2009年2月

前言

据统计，全世界建筑业和制造业的总产值基本相同，但建筑业的信息化投入仅为制造业的1/7，随着信息技术的飞速发展，二者之间的“数字鸿沟”越来越大，建筑业亟需利用信息技术提高生产效率和管理水平。目前，一方面建设项目管理信息化快速发展，另一方面在实践中也存在不少问题，其原因主要是对建设项目管理信息化认识不足，建设项目管理信息化的实践经验缺乏，同时也缺少可借鉴的最佳实践案例和可操作性的实施方法论。鉴于此，本书注重以下特色：

(1) 注重相关基础理论与知识的介绍

相关基础理论与知识是建设项目管理信息化的基础，也是信息化实施与应用的基础，本书对项目管理、工程项目管理、项目管理前沿发展以及建设项目管理信息化等相关概念和基础内容进行了阐述，以助于读者对项目管理信息化相关概念和理念的理解。

(2) 分析主流软件及其蕴含理念

主流软件都蕴含先进和成熟的项目管理理念。本书首先介绍建设项目管理软件的应用现状和发展，然后介绍几类主要的建设项目管理专业软件和相关理念，包括以进度控制为核心功能的专业软件、以投资控制与合同管理为核心功能的专业软件、以沟通管理与协同工作为核心功能的专业软件，最后介绍集成管理专业软件的功能和现状。

(3) 提炼建设项目管理信息化实施方法论

最佳实践案例是建设项目管理信息化的重要借鉴。本书选取工程建设领域中的相关成功案例进行介绍和分析，并归纳其应用方法论，为行业信息化实施提供借鉴。

(4) 展望建设项目管理信息化的发展方向

建设项目管理信息化随着项目管理以及信息技术的发展而不断发展。本书主要介绍几个重要前沿应用与发展方向。

本教材主编由同济大学经济与管理学院建设管理与房地产系何清华教授担任，副主编由同济大学经济与管理学院建设管理与房地产系李永奎博士、上海科瑞信息技术有限公司总经理彭勇博士和上海普华科技发展有限公司 PowerPiP 事业部经理周双海担任，上海普华科技发展有限公司总经理包晓春担任主审。上海科瑞信息技术有限公司副总经理董杰、同济大学经济与管理学院陆云波博士、上海电力学院管理学院潘华讲师等参与了部分章节的编写工作，Autodesk 公司的张宁为本书提供了部分案例，硕士研究生张菁、文婧、鞠传静等参与全书的资料收集、编辑和文字校对工作。特别感谢上海市建设工程咨询行业协会、同济大学经济与管理学院建设管理与房地产系、上海现代工程咨询有限公司以及上海科瑞建设项目管理有限公司在本教材编写过程中提供的大力支持。同时，本教材也得到了同济大学实验课程教学改革项目的大力支持。

由于作者水平所限，谬误之处在所难免，恳请广大读者、专家提出批评、指正。

编者

2010 年 4 月，上海

致谢

Acknowledgements

RICS Asia Education Standards Board，2010
2010 届 RICS 亚洲教育标准委员会

Chairman

Mr. Chua Siow Leng

Vice Chairman

Mr. Kwan Hock Hai

Board Members

Mr. Teo Chee Hai
Ms. Megan Walters
Mr. Apibarn Ariyakulkarn
Mr. Liu Hong Yu
Mr. Henry Li
Ms. Alice Zhang
Mr. Ye Jian Ping
Mr. Albert Chan
Mr. Rowson Lee

目录

第1篇　理论知识篇

第2篇 软件与理念篇

第3篇 应用实践篇

第4篇 前沿与发展篇

第 1 篇

理论知识篇

1 建设工程项目管理

1.1 项目管理的概念

1.1.1 项目的定义

项目存在于我们生活的方方面面。开发一个新产品是项目，实施一项新工程是项目，组织一次公共活动也是项目。小到召开日常的工作会议，大至举办国际瞩目的奥运会、世博会，在建设领域、航天事业、软件开发、国防领域及其他诸多领域，项目已经成为日常生活中不可缺少的组成部分。

根据美国项目管理学会的定义，项目是“A temporary endeavor undertaken to create a unique product, service or result”。创造独特产品，提供独特服务，达到独特结果的临时性努力。对于项目定义的理解，应注意以下三个方面：

一次性。项目与时间紧密相关，具有明确的开始和结束时间，因此需要对项目进度进行控制。

特定的产品或服务。特定性表现在两个方面：任何项目都具有自身特定的目标，也都具有特定的限制条件；任何产品或服务总以一些显著的方式区别于其他任何类似的产品或服务，不存在两个完全相同的项目。

努力。项目目标的实现往往都是有难度的、复杂的，因此可能需要多个组织共同参与和努力。以建设工程项目为例，由于各参与单位的工作性质、工作任务和利益不同，形成了不同类型的建设工程项目管理，包括项目业主方项目管理(OPM)、设计方项目管理(DPM)、施工方项目管理(CPM)和材料设备供应方项目管理(SPM)等。

1.1.2 管理的定义

法国著名管理学家“管理过程之父”亨利·法约尔(Henri Fayol)提出，管理就是计划、组织、指挥、协调和控制。

美国管理学家赫伯特·A·西蒙(Herbert A. Simen)认为，管理就是决策。

美国管理学家哈罗德·孔茨(Harold koontz)认为，管理是引导人力和物质资源进入动态的组织，以达到这些组织的目标，亦即使服务对象获得满意，并且使服务的提供者获得一种高度的士气和成就感。

美国管理学家斯蒂芬·P·罗宾斯(Stephen P Robbins)对管理的定义是：管理是指同别人一起，或通过别人使活动完成得更有效的过程。

美国管理学家里奇·格里芬(Ricky Griffin)提出，管理是根据组织资源(人力、财务、物质和信息)所进行的一系列活动(包括规划与决策、组织、领导和控制)，其目的是以有效率的和有交流的方式实现组织的目标。

正如科学的本质特征是探索与发现，技术的本质特征是发明与创造，管理的本质特征是构造与集成。之所以一提到管理，往往使人想到领导、决策、指挥等特征，是由于管理本身涵盖的内容十分丰富，因而在不同的环境、背景下强调的内容、体现的特征并不相同。就工程项目管理而言，管理是一个由多个环节构成的循环过程，如图 1-1 所示。

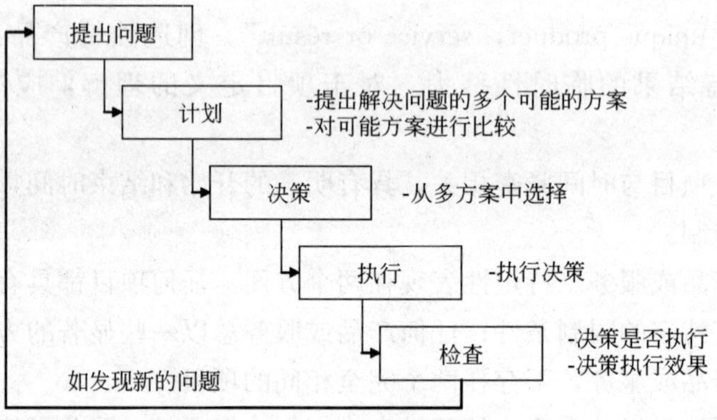

图 1-1　管理的有限循环过程

管理包括以下五个步骤。

(1) 提出问题。管理工作与科学研究的区别之一在于，科学研究首先是假设问题，然后再通过实验论证假设的成立与否；而管理工作首先是发现或预见实践中存在的问题，其问题是生活、工作实践中的客观存在；

(2) 计划。根据提出的问题，设计不同的备选解决方案，方案内容包括计划达到的目标、实现目标的措施和行动计划等，以便于项目决策者选择。管理计划也可称为管理规划和管理策划；

(3) 决策。从多方案中选择最适合的计划作为最终方案。选择的因素包括目标的满意程度、计划的可行性、实施成本以及风险因素等；

(4) 执行。按计划规定的方法及要求执行决策；

(5) 检查。在执行过程中，动态跟踪执行的情况和效果，及时总结或发现计划执行过程中的经验和缺陷。检查内容包括两个方面：决策是否严格、真实的执行以及决策执行效果是否符合计划的要求。检查中如发现新的问题，又可以对新问题进行计划、决策、执行和检查。因此，管理是一个有限环节组成的循环过程。

1.1.3 项目管理的定义

美国项目管理学会 Project Management Institute(PMI)在广义项目管理理论中对项目管理的定义是：

Project management is the application of knowledge，skills，tools，and techniques to project activities in order to meet or exceed stakeholder needs and expectations from a project. Meeting or exceeding stakeholder needs and expectations invariably involves balancing competing demands among：scope，time，cost，and quality；Stakeholders with differing needs and expectations；Identified requirements(needs)and unidentified requirements(expectations). 项目管理是将知识、技能、工具和技术应用到项目活动中的综合过程，目的是为了满足或超越利益相关者的需求和期望。利益相关者对项目的需求和期望不可避免地包含有竞争性需求之间的平衡，包括：项目的范围、时间、成本和质量；对项目持有不同需求和期望的利益相关者；对项目明确的要求(需求)以及不明确的要求(期望)。

英国皇家特许建造师学会 The Chartered Institute of Building(CIOB)在建设工程项目管理实践指南(code of practice for project management for construction and development)中对项目管理的定义是：

Project management may be defined as an overall planning，co-ordination and control of a project from inception to completion aimed at meeting a client requirements in order to produce a functionally and financially viable project that will be completed on time within authorized cost and to the required quality standards. 项目管理可以被定义为贯穿于项目开始至完成的一系列计划、协调和控制工作，其目的是为了在功能与财务方面都能满足客户的需求；客户对项目的需求表现为，项目能够在授权的成本和要求的质量标准前提下及时的完成。

根据上述项目管理的定义，项目管理(Project Management)由项目计划(Project Planning)和项目控制(Project Control)构成，以公式化文字表示即：

$$PM=PP+PC$$

一个工程项目往往由许多参与单位承担不同的工作任务，就同一项目而言，不同参与方的项目管理既有共性，又有特性。业主方的项目管理的工作内容都包括如下7项工作：

(1) 投资控制；

(2) 进度控制；

(3) 质量控制；

(4) 合同管理；

(5) 信息管理；

(6) 安全管理；

(7) 组织协调。

1.2 项目管理的过程

根据PMBOK，项目管理可分为五个过程组，每个过程组的主要目标为：

(1) 启动过程组：明确并核准项目或项目阶段。

(2) 规划过程组：确定和细化目标，并为实现项目目标和完成项目要解决的问题范围而规划必要的行动路线。

(3) 执行过程组：协调人与其他资源以实施项目管理计划。

(4) 监控过程组：定期测量并监控绩效情况，发现偏离项目管理计划之处，以采取纠正措施来实现项目的目标。

(5) 收尾过程组：正式验收产品、服务或成果，并有条不紊地结束项目或项目阶段。

项目管理的过程组包括以各自的依据和成果相互联系的项目管理子过程，也就是说，一个过程的结果或成果变成了另一个过程的依据。项目管理各过程组之间的关系如图1-2所示。

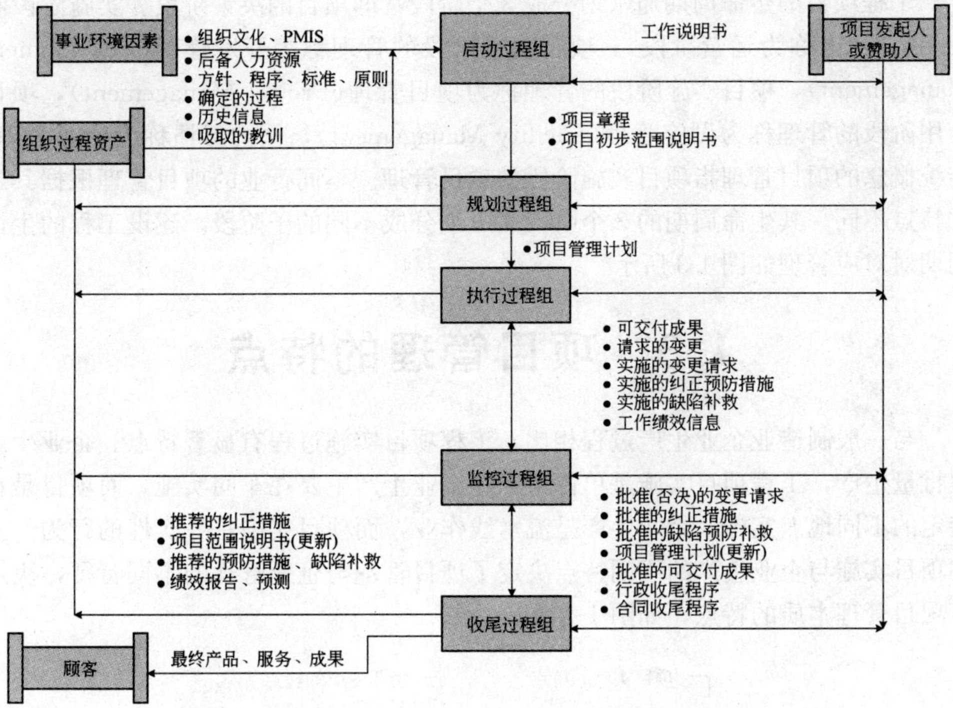

图 1-2　项目管理各过程组之间的关系

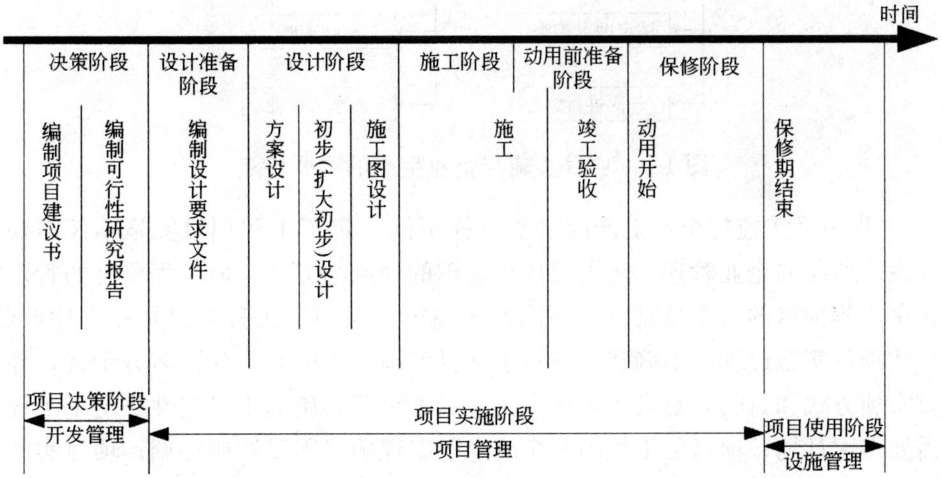

图 1-3　建设工程的生命周期及对应管理

工程项目的生命周期通常划分成3个阶段，即项目的决策阶段、实施阶段和使用阶段(也称为运营阶段)。项目决策阶段的管理称为开发管理(Development Management)，项目实施阶段的管理称为项目管理(Project Management)，项目使用阶段的管理称为设施管理(Facility Management)，国内习惯称为物业管理。传统概念的项目管理指项目实施阶段的项目管理。不同行业的项目管理根据其工作特点不同，其生命周期的3个阶段又可细分成不同的子阶段。建设工程的生命周期对对应管理如图1-3所示。

1.3 项目管理的特点

与一般制造业企业生产过程相比，工程项目实施过程有显著特点。企业生产是批量生产，工程项目实施是单件生产；企业生产主要在车间实施，而项目是在特定的不同地点实施；企业生产是流水线作业，而项目实施是一次性的行为。上述项目实施与企业生产的不同特点决定了项目管理与企业管理的不同特征，决定了项目管理本质的特点，如图1-4所示。

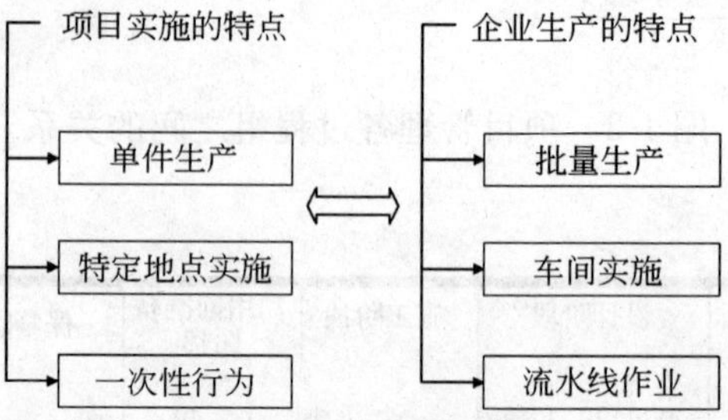

图1-4 项目实施与企业生产的主要特点

工程项目实施与企业生产的主要特征不同决定了工程项目实施不仅需要制造业生产所需的企业管理，还需要项目管理的理论与方法。而工程项目的管理特征是由工程项目的基本特征——一次性所决定。正因为工程项目是一次性事业，才导致项目实施过程的不确定，导致了项目实施过程中容易受到多方干扰，导致项目实施方式和目的容易发生多次变化。其中项目实施的不确定性决定了工程项目需要多次计划；项目的干扰因素多决定了工程项目需要控制协调；项目实施的多变性决定了工程项目需要进行风险管理。因此，工程项目的主要特征都是由工程项目的基本特征所决定，如图1-5所示。

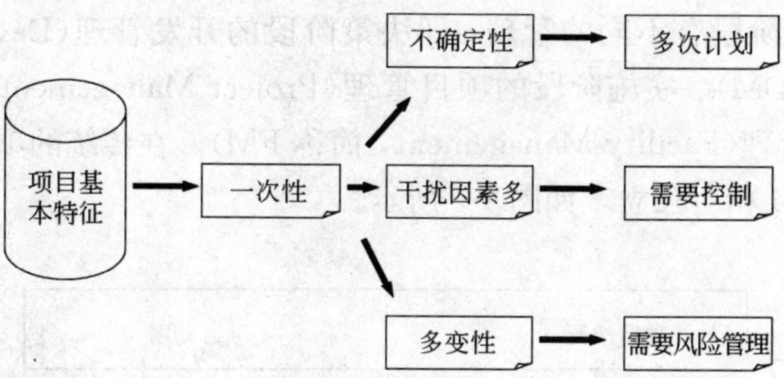

图 1-5　项目的基本特征与项目管理的主要特征

1.4　工程项目管理的发展前沿

1.4.1　项目总体控制

项目总体控制(Project Controlling)，是企业控制论的 Controlling 理论在项目运用中所形成的一个新的分支。它主要应用于一些特大型项目的管理实践中。与项目管理不同，项目总体控制不从事具体的项目事务处理，其主要工作是通过对项目目标实施全过程的跟踪、调查与分析，科学运用项目管理的经验和现代信息技术，及时向项目决策者提出项目实施的有关信息与咨询建议，为项目决策者提供决策支持，协助项目决策者从更宏观的角度来控制整个项目。其核心理念是以信息流来指导整个项目的实施。

同传统的项目管理相比，项目总控的特点体现为如下两个方面：

(1) 工作内容不同。项目管理工作侧重于项目具体实施，主要内容包括项目质量、进度、投资目标的控制，项目安全、合同、信息的管理以及项目的组织、协调等。而项目总体控制侧重于项目决策支持，以实现对项目的宏观计划和控制，其主要工作是进行信息的处理和分析。项目总体控制的主要成果就是向项目决策者针对项目的实施提供高质量、有价值的信息。

(2) 面向对象不同。项目管理面向项目主持方和项目各参与方，而项目总体控制面向项目主持方的决策层。项目总体控制人员既不是代替项目主持者，也不是具体的项目管理者，其定位是项目决策者的决策支持顾问。

1.4.2　集成化管理

项目生命周期包括决策阶段、实施阶段和使用阶段。对于项目主持方管理来说，对应于每一阶段有不同的管理，即决策阶段的开发管理（Development Management，简称 DM）、实施阶段的项目管理（Project Management 简称 PM）和使用阶段的设施管理（Facility Management，简称 FM）。在传统的项目管理模式中，DM、PM 和 FM 相对独立，如图 1-6 所示。

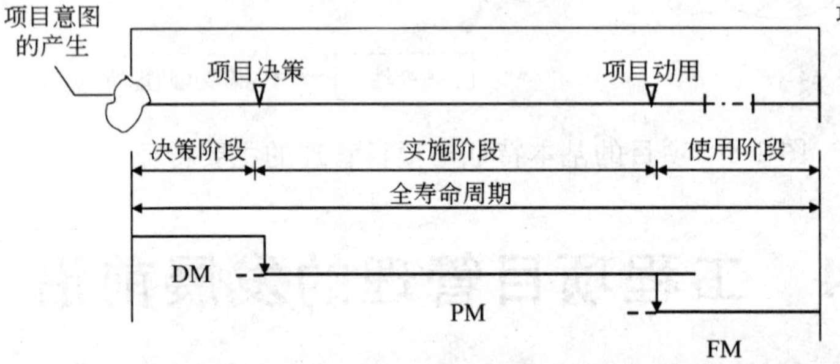

图 1-6　项目生命周期的不同阶段与管理

由于传统管理模式中 DM、PM 和 FM 相互独立，对项目主持方管理带来种种弊端，主要表现在以下方面：

(1) 传统管理模式中相互独立的 DM、PM 和 FM 分别针对决策阶段、实施阶段和使用阶段进行管理，缺少真正从生命周期角度对项目进行分析，生命周期目标成为空中楼阁而无法实现；

(2) 传统管理模式没有也不可能以项目运营目标为导向进行决策和实施，最终用户需求往往从决策阶段开始就很难得到准确、全面的定义，无法实现运营目标的优化；

(3) 传统管理模式中承担 DM、PM 和 FM 服务的专业人士各自在本阶段代表项目主持方利益提供咨询服务。项目作为一个复杂系统要实现生命周期目标，需要从决策阶段开始就将各方的经验和知识进行有效集成，而传统管理模式相互独立的 DM、PM 和 FM 很难做到这一点；

(4) 传统管理模式中 DM、PM 和 FM 服务往往分别委托，很难对不同阶段之间界面进行有效的管理和控制；

(5) 传统管理模式中 DM、PM 和 FM 彼此独立，造成生命周期不同阶段用于项目主持方管理的信息支离破碎，形成许多信息孤岛或自动化孤岛，决策阶段和实施阶段生成的许多对设施管理有价值的信息往往不能在使用阶段直接、准确地使用，造成很大的资源浪费，不利于生命周期目标的实现；

(6) 适用于 DM、PM 和 FM 的信息系统为各自的管理目标服务，建立在不同的项目语言和工作平台之上，难以实现灵活、有效、及时的信息沟通。

项目生命周期集成化管理(Life Cycle Integrated Management，简称 LCIM)是一种新型的管理模式。它将传统管理模式中相对独立的决策阶段的开发管理、实施阶段的项目管理、使用阶段的设施管理运用管理集成思想，在管理理念、管理目标、管理组织、管理方法、管理手段等各方面进行有机集成。项目参与各方运用公共的、统一的管理语言和规则及集成化的管理信息系统，实施项目生命周期目标。图 1-7 形象化地表示了项目生命周期集成化管理的概念。

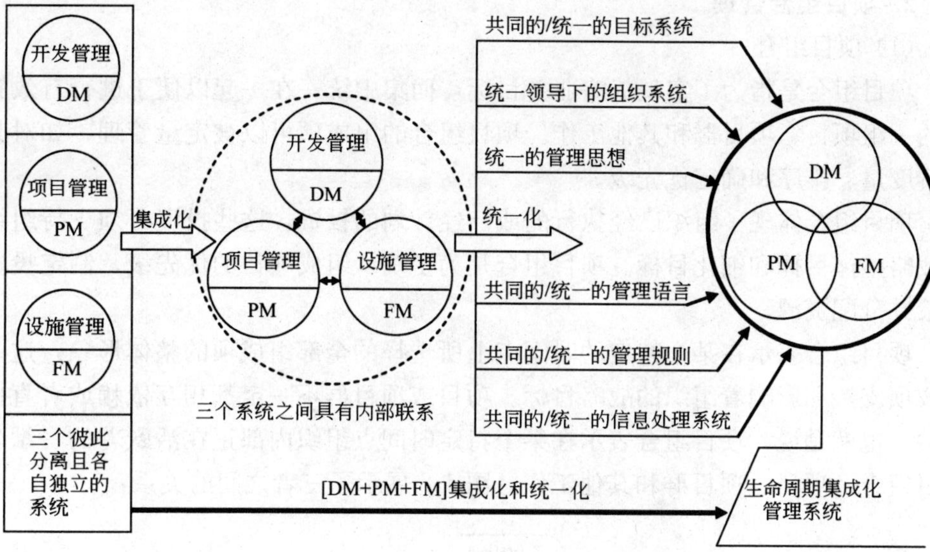

图 1-7　项目生命周期集成化管理

1.4.3　项目群管理/项目组合管理

1. 项目群管理

(1) 项目群

项目群是经过协调管理以便获取单独管理这些项目时所无法取得的收益与控制的一组互相关联的项目。项目群可能包括处于项目群中各单个项目范围之外的相关工作(如持续运作)。不难理解，实行项目群管理可以实现 1+1>2 的效应。

(2) 项目群管理

项目群管理就是对一个项目群采取集成的协调管理，以实现该项目群的战略收益和目标。以项目群的方式管理多个项目可以优化和集成成本、进度等工作，整合项目群的可交付成果和额外收益，在满足整个项目群需求的情况下实现人员的优化配置。

项目群管理不同与多项目管理，多项目管理是对多个项目进行的管理，这些项目之间不一定存在联系。而项目群管理的目的是为了实现组织确定的目标，该目标是组织长期战略计划的一部分，它和多项目组合管理、项目管理共同构成一个多层次结构的系统；而多项目管理却连一个共同目标都没有，虽然能对其所管理项目的项目管理起指导作用，但是它不能属于上述系统。

2. 项目组合管理

(1) 项目组合

项目组合是指为了实现战略业务目标，而集中统一在一起以便于进行有效管理的一组项目、项目群和其他工作。项目组合的组成项可以被定量管理，如对其进行度量、排序和确定优先级。

项目组合体现了组织已经执行的或已经计划的投资，这些投资必须支持组织的战略整体目标和细化目标。项目组合是为了确认组成项目的优先级、制定投资决策并分配资源。

项目组合表示在某个特定的时间点上所选择的全部组成项的整体形象，这些组成项支持和影响着组织的战略目标。项目或项目群不一定都相互依赖或者直接相关，也就是说，项目组合表示在某个特定时间点组织内部正在活跃着的一系列项目组合、项目、项目群和其他工作。图 1-8 展示了三者之间的关系：

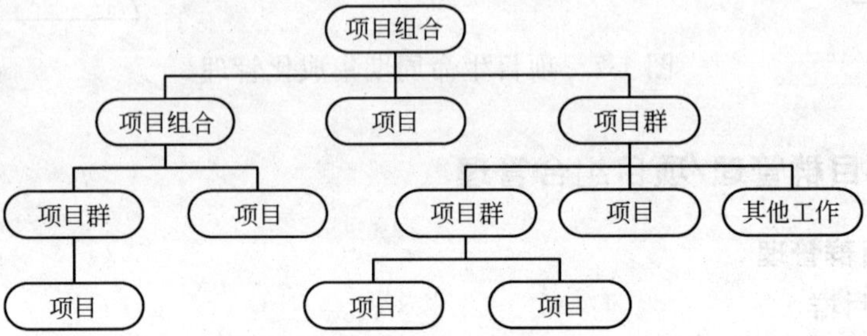

图 1-8　项目组合与项目及项目群之间的关系

(2) 项目组合管理

项目组合管理是为了实现特定的战略业务目标，对一个或多个组合进行的集中管理，包括对项目、项目群和其他相关工作的识别、优先排序、授权、管理和控制等活动。

项目组合管理根据项目、项目群和其他工作对组织战略和目标的支持和贡献程度，进行选择、优先级排序、评估和管理，从而确保组织的战略整体目标得以实现。项目组合管理会从以下两个方面综合考虑：①组织角度，确保所投资的项目能够满足项目组合的战略目的；②项目管理角度，有效交付项目，并且对项目组合做出期望的贡献。

项目群管理和项目管理都会对单个组成项目的时机和计划情况进行度量比较，包括进度、投入和预算等。通过度量可以发现潜在的问题，并且及时采取纠正措施，同时还需要向项目组合管理报告这些分析结果。项目组合的评审过程将使用这些信息来确定如何采取适当的措施。项目群管理和项目管理职能也将和项目组合管理职能一起协作来确定某个正在执行的组成项或某个获得提议的组成项是否可以通过“继续或不继续”的判断标准，也包括“是否终止”的标准(这往往发生在阶段末尾的控制关口)。另外，项目管理和项目群管理职能还会和项目组合管理职能一起协作提供资源需求信息(如人力资源、财务资产、实物资产等)，作为组织能力规划的依据。

3. 项目管理、项目群管理与项目组合管理之间的对比分析

项目、项目群和项目组合管理之间的关系具体如表 1-1 所示。

项目、项目群和项目组合管理的比较 **表 1-1**

	项目	项目群	项目组合
范围	项目的范围较窄，有具体的交付物	项目群的范围较宽，为了满足组织对收益的期望，可以对范围做出调整	项目组合只有一个业务范围，它随着组织战略目标的调整而变化
变更	项目经理试图把变更控制在最小范围内	项目群经理必须对变革有所准备，甚至需要主动利用变更	项目组合经理在较宽的范围内对变更进行持续监控
度量成功的标准	是否符合预算、是否准时、是否交付了规定的产品	投资收益率、新增生产能力、所实现的收益等	项目组合中组成项的总体绩效
领导风格	为了满足成功标准，侧重于对任务的委派和指导	侧重于关系管理和冲突解决。项目群经理在利害关系人管理中应注重政治因素的影响	应该在项目组合决策中体现价值
管理对象	项目经理需要管理技术人员和专业人员等	项目群经理需要管理项目经理	项目组合经理需要管理或协调项目组合管理成员

续表

	项目	项目群	项目组合
管理者扮演的角色	项目经理是团队协作者，使用知识和技能对团队进行激励	项目群经理是领导者，提供愿景和领导力	项目组合管理是领导者，需要有敏锐的洞察力和综合考虑事情的能力
管理手段	项目经理通过制定详细计划对项目产品的交付进行管理	项目群经理通过高层计划对项目进行指导，详细计划由各项目编制	项目组合管理建立并维护必要的项目组合过程并就此进行沟通
管理者的任务	项目经理监督并控制完成项目产生所需的任务和工作	项目群经理通过管理机制对项目和工作进行监控	项目组合经理监控整体绩效和价值指标

2 建设工程信息化概述

2.1 信　息　化

信息化是人类社会发展过程中一种特定现象，其表明人类对信息资源的依赖程度越来越高。信息化是人类社会继农业革命、城镇化和工业化后迈入新的发展时期的重要标志。

2.1.1 信息化的背景及其发展战略

信息化概念的提出最早可追溯到1959年美国学者丹尼尔·贝尔提出的“后工业社会”的概念，其研究中已经含有“信息社会”的含义。1962年普林斯顿大学的F·马克鲁普在《美国的知识生产和分配》一书中提出“知识经济”的概念，分析了知识(信息)生产的机制，把美国30个产业部门的知识生产和分配活动划分为教育、研究开发、通信媒介、信息设备、信息服务五大类。马克·波拉特以马克鲁普的理论为基础，吸收了丹尼尔·贝尔的“后工业社会论”的思想，把第一、第二、第三产业中的信息和信息活动分离出来构成独立的信息产业。以上研究为信息化奠定了理论基础。

对信息化的含义学术界有多种观点，很难给出一个标准的定义。从广义上来说，信息化是人类全面利用信息技术，充分开发信息资源，提高各部门、各行业效率和效能的活动过程和结果。

信息化的出现给人类带来新的资源、新的财富和新的社会生产力，形成了以创造型信息劳动者为主体，以电子计算机等新型工具体系为基本劳动手段，以再生性信息为主要劳动对象，以高技术型企业为骨干，以信息产业为主导产业的新一代信息生产力。在传统经济中，人们对资源的争夺主要表现为占有土地、矿产和石油等，而今天，信息资源日益成为争夺的重点，带来了国际社会新的竞争方式、竞争手段和竞争内容。由于信息化发展水平不同，于是就产生国与国、地区与地区、产业与产业、社会阶层与社会阶层之间的“数字鸿沟”。

20世纪90年代以来，随着数字化浪潮的推进，特别是互联网的不均衡发展，在信息技术开发和应用领域尤其是网络技术方面存在的差距，导致信息获取和创新产生落差，即产生了数字鸿沟。美国国家远程通信和信息管理局(NTIA)将数字鸿沟(Digital Divide)定义为一个在拥有信息时代工具的人与那些未曾拥有者之间存在的鸿沟。数字鸿沟体现了当代信息技术领域中存在的差距现象。这种差距，既存在于信息技术的开发领域，也存在于信息技术的应用领域，特别是由网络技术产生的差距。数字鸿沟现象存在于国与国、地区与地区、产业与产业、社会阶层与社会阶层之间，已经渗透到人们的经济、政治和社会生活当中，成为在信息时代突现出来的社会问题。

我国不仅在生产力各个领域应用信息技术与工业发达国家相比存在较大的数字鸿沟，在国内各地区间也存在数字鸿沟，并有不断扩大的趋势，数字鸿沟造成的差别正在成为我国继城乡差别、工农差别、脑体差别“三大差别”之后的“第四大差别”。数字鸿沟造成的国内分化将演化成严重的社会问题。

在建筑业和基本建设领域，我国与发达国家之间数字鸿沟主要反映在信息技术在工程管理应用的观念上，也反映在有关的知识管理以及技术的应用等方面。

在产业与产业之间，由于建筑业的特性，目前建筑业信息技术的开发和应用及信息资源的开发和利用效率较差，使建筑业相对其他产业之间也存在较大的数字鸿沟。

2.1.2 信息化的内涵

信息化是指信息资源的开发和利用以及信息技术的开发和应用。完整的信息化应该包括：一定的信息技术水平；信息基础设施；信息产业水平；社会信息基础环境支持的环境；社会、经济、文化等方面允许信息化发展的自由度；信息活动的不断提升和丰富的过程等。

信息资源的开发和利用是信息化建设的核心内容，因为信息化建设的初衷和归属都是通过对信息资源的充分开发利用来发挥信息化在各行各业中的作用。信息技术的开发和应用是信息化建设的加速器，因为信息技术为人们提供了新的、更有效的信息获取、传输、处理和控制的手段和工具，极大地提高了人类信息活动的能力，扩展了人类信息活动的范围，加速了社会的信息化进程。

1. 信息资源的开发和利用

对信息资源概念的理解，国内外有两种代表性的观点。一种观点是狭义的理解，认为信息资源是指人类社会经济活动中经过加工处理的有序化并大量积累起来的有用信息的集合，如科技信息、政策法规信息、市场信息等，都是信息资源的重要构成要素；另一种观点是广义的理解，认为信息资源是人类社会信息活动中积累起来的信息、信息生产者、信息技术等信息活动要素的集合。后一观点把信息活动的各种要素都纳入信息资源的范畴，以系统论的观点，把信息活动要素按照一定的原则加以配置并组成一个信息系统，使得信息要素的价值得以真正实现，最终使信息资源得到真正的开发和利用。

信息资源开发同样可以从广义和狭义理解。

从广义上讲，信息资源开发包括信息本体开发、信息技术研究、信息系统建设、信息设备的制造以及信息机构建立、信息规则设定、信息环境维护、信息人员培养等活动，如图 2-1 所示。

从狭义上讲，信息资源开发仅仅是指对信息本体的开发、主要包括信息的生产、表示、搜集、整序、组织、存储、检索、重组、转化、传播、评价、应用等，如图 2-2 所示。

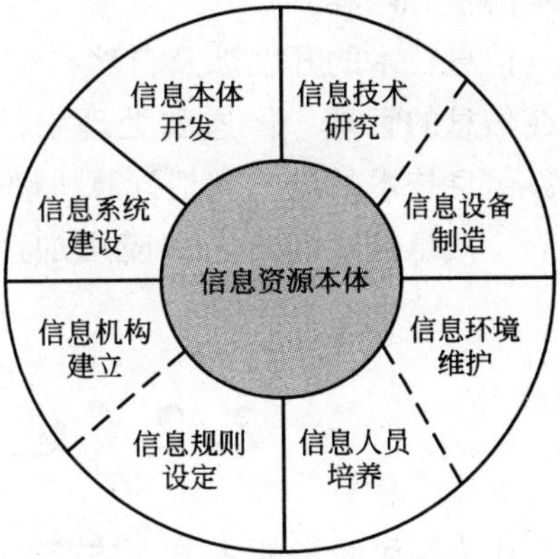

图 2-1　广义信息资源开发图

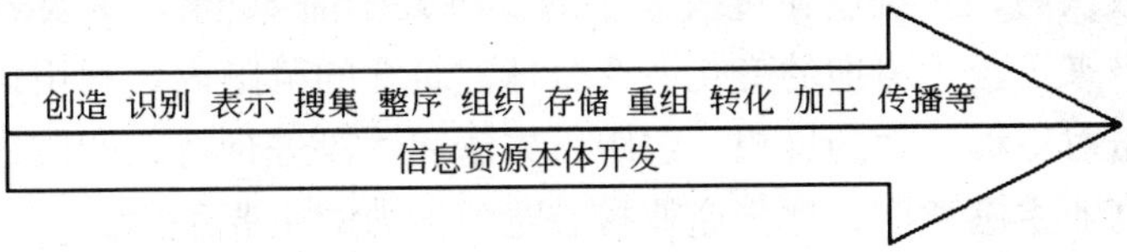

图 2-2　狭义的信息资源开发

信息资源开发活动是我国实施“以信息化带动工业化，实现后发优势”的国家发展战略的核心内容。目前，信息资源开发的主流是指数字信息资源的开发，包括网络信息资源的开发和数据库信息资源开发和信息系统的开发。

信息资源的利用虽然给人类带来了巨大的财富，但同时也带来了巨大的麻烦，如：

(1) 信息污染与信息紊乱问题；

(2) 信息产权保护和信息资源共享问题；

(3) 信息编码与信息标准问题；

(4) 信息保密与信息安全问题。

2. 信息技术的开发和应用

广义的信息技术是用于管理和处理信息所采用的各种技术的总称，是指有关信息的收集、识别、提取、变换、存贮、传递、处理、检索、检测、分析和利用等技术。信息技术能够延长或扩展人的信息功能，信息技术可能是机械的，也可能是激光的；可能是电子的，也可能是生物的。信息技术主要包括传感技术、通信技术、计算机技术和缩微技术等，计算机技术与现代通信技术一起构成了信息技术的核心内容。

信息技术的开发涉及自然科学、技术、工程以及管理学等学科，包括以上学科在信息的管理、传递和处理中的应用，以及相关的软件和设备及其相互作用等。信息技术的应用包括计算机硬件和软件，网络和通讯技术，应用软件开发工具等。信息技术的开发和应用加速了现代社会的信息化进程，导致社会结构的变化。

2.2 建设工程信息化

作为国民经济的主要支柱产业之一，传统的建筑业也不断受到信息化的冲击和影响。1997 年，在英国牛津大学的"国际建筑论坛"上，与会的全世界三十多位专家一致认为，建筑业在过去 5 年的变革大于前 50 年，主要表现在信息革命给建筑业带来了翻天覆地的变化。在全球建筑业的范围内，利用信息技术所带来的巨大冲击对工程管理的思想、组织、方法和手段进行持续的改进、变革和创新已成为提高业主满意度、增强企业核心竞争能力的主要手段。

据 1999 年英国 Latham 报告指出，英国建筑业在 5 年内，通过更好地运用信息技术、新的方法、加强培训等可节省约 30%的建筑项目成本。而由于网站的使用，英国建筑市场每年可以节约大量资金，同时施工工期缩短 15%。美国的招标网站(www. bidcom. com)和建造网(www. bulidnet. com)都宣称通过将建筑市场带入互联网可以节约 30%～35%的项目成本。目前世界各国都在建筑业信息化方面进行深入地研究开发与工程实践。虽然以信息化带动工业化将增加投资，但可以提高产品档次和质量、改善生产环境、降低能源和原材料消耗，显著增加经济效益。

20世纪80年代以来，国内外建设项目规模不断扩大，科技含量不断增加，研究、开发、建设、运行逐渐相结合，建设项目越来越需要全过程的控制。建设项目管理模式和管理理念也在不断发展变革，项目管理越来越呈现出信息化、集成化和虚拟化的特点，全寿命周期集成管理将成为工程管理的重要发展方向之一。以上这些变化，对工程项目信息管理提出了更高的要求，主要包括以下几点：

(1) 项目管理的新发展对信息的正确性、及时性、针对性提出了更高的要求，项目信息的收集、传递、存储、处理、运用等工作需实现自动化管理。

(2) 信息的无障碍交流要求信息在整个项目生命期的不同阶段之间，在不同组织，特别是业主、设计方、承包方、项目管理方中的不同职能部门之间实现无障碍的沟通和交流。

(3) 建设项目的各个参与方、社会的各方面对项目信息都有各自的需求，要打破“信息孤岛”现象，实现项目信息的共享，并充分满足各自的个性化需求。

以社会信息化、行业(建筑业)信息化、(建筑)企业信息化潮流为大背景，在自我完善和发展的推动下，建设工程信息化的概念应运而生。

2.2.1 建设工程信息化的定义

建设工程信息化指的是建设工程信息资源的开发和利用，以及信息技术在建设工程中的开发和应用。一方面，在投资建设一个新的工程项目时，应重视开发和充分利用国内和国外同类或类似建设项目的有关信息资源；另一方面，信息技术在建设工程中的开发和应用，应包括在建设项目决策阶段的开发管理、实施阶段的项目管理和使用阶段的设施管理中开发和应用信息技术。

自20世纪70年代开始，信息技术经历了一个迅速发展的过程，信息技术在建设工程管理中的应用也有一个相应的发展过程：

(1) 70年代，单项程序的应用，如工程网络计划的时间参数的计算程序，施工图预算程序等；

(2) 80年代，程序系统的应用，如项目管理信息系统、设施管理信息系统等；

(3) 90年代，程序系统的集成，这是随着工程管理的集成而发展的；

(4) 90年代末期至今，基于网络平台的工程管理。

2.2.2 建设工程信息化的意义

建设工程信息化为建筑业跨越“数字鸿沟”提供了前所未有的机遇。以改善建设工程中的有效沟通和实现信息化管理为契机，通过建设工程信息资源及信息技术的全过程、全方位有效开发和利用，建筑业将迎来真正的信息时代，并为自己创造进一步发展的巨大空间。与此同时，发展中国家可以站在高起点上发挥后发优势，跨越与发达国家的“数字鸿沟”。

工程管理信息资源的开发和信息资源的充分利用，可吸取类似建设项目的正反两方面的经验和教训。许多有价值的组织信息、管理信息、经济信息、技术信息和法规信息将有助于项目决策期多种可能方案的选择，有利于建设项目实施期的项目目标控制，也有利于项目建成后的运行。通过信息技术在工程管理中的开发和应用能实现：

(1) 信息存储数字化和存储相对集中，如图 2-3 所示；

(2) 信息处理和变换的程序化；

(3) 信息传输的数字化和电子化；

(4) 信息获取便捷；

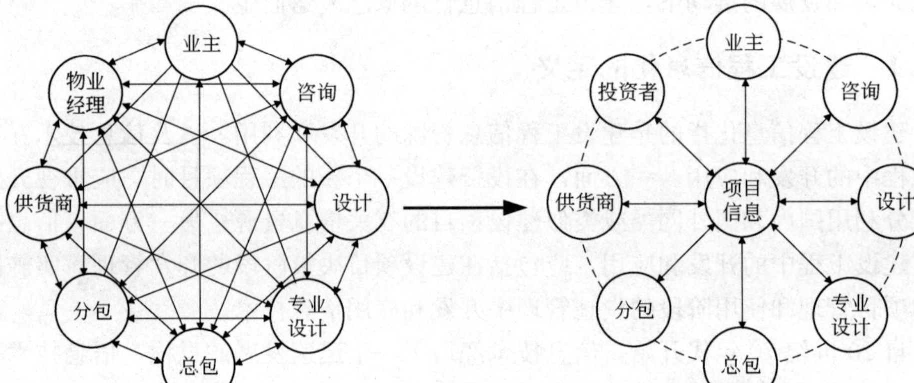

图 2-3　建设项目信息的集中存储和共享

(5) 信息透明度提高；

(6) 信息流扁平化。

信息技术在建设工程管理中的开发和应用的意义在于：

(1)“信息存储数字化和存储相对集中”有利于项目信息的检索和查询，有利于数据和文件版本的统一，并有利于建设项目的文档管理；

(2)“信息处理和变换的程序化”有利于提高数据处理的准确性，并可提高数据处理的效率；

(3)“信息传输的数字化和电子化”可提高数据传输的抗干扰能力、使数据传输不受距离限制并可提高数据传输的保真度和保密性；

(4)“信息获取便捷”、“信息透明度提高”以及“信息流扁平化”有利于建设项目参与方之间的信息交流和协同工作。

第2篇

软件与理念篇

3 建设项目管理专业软件的发展过程和现状

3.1 发展背景

建设项目管理专业软件是现代项目管理理论思想与现代信息技术融合创新的结果。管理思想的发展与信息技术的发展是互成因果的环路，实践证明信息技术已在管理层面扮演越来越重要的角色。

3.1.1 项目管理理论思想发展背景

20世纪80年代中期，美国项目管理学会PMI(Project Management Institute)和国际项目管理协会IPMA(International Project Management Association，简称IPMA)先后提出了项目管理知识体系PMBOK(Project Management Body Of Knowledge)的理论和知识框架，PMBOK把项目全生命周期的概念和管理过程引入传统的工程项目管理学，为建立项目全生命周期的信息处理模型提供了理论框架。

20世纪90年代中期，在德国产生了项目控制论思想。项目控制论的核心是提出项目信息处理的战略结构与模型，它与传统工程控制思想不同，强调基于项目信息处理的项目总控(Project Controlling)模型。项目总控模型既是一种项目信息处理的战略结构，也是信息化条件下项目管理的组织模型和管理流程。项目总控模型由德国Peter Greiner教授等人提出并在德国统一后的铁路改造和慕尼黑国际机场建设项目中成功应用。项目控制论既是现代信息技术在工程建设项目中的应用和创新，反过来也为企业级项目管理信息系统及集成项目管理软件的产生提供了理论基础。与项目总控思想的起源时期一样，在美国工程项目管理实践中产生了项目协同学思想。项目协同学的核心思想是：工程项目中供方与需方的关系不应该建立在传统的工程计量和合同条款基础上，而应该建立在项目建设各方共同的核心价值基础之上。基于这些核心价值基础，业主与承包商之间，承包商与分包商之间，项目建设方与政府监管部门之间等所有项目干系人(也表达为项目利益相关者)之间的主导关系不是基于 FDIC 条款的竞争关系而是基于共同价值基础的协同关系(也表达为伙伴关系)。项目协同思想为项目建设中企业与企业之间的合作确定了新的价值理念，也为建立统一的项目信息管理平台提供了全新的思想方法。

20 世纪末 21 世纪初美国项目管理学会 PMI(Project Management Institute)推出的 OPM3(Organizational Project Management Maturity Model，简称 OPM3)，将项目管理理论提升到企业管理高度，为企业级项目管理软件系统和集成管理系统提供理论支持。OPM3 为组织提供的一个可测量、比较、改进项目管理能力的方法和工具。“组织项目管理”，它是指通过项目将知识、技能、工具和技术应用于组织和项目活动来达到组织目标。它和项目管理的区别在于“组织”扩展了项目管理的范围，它不仅仅包括单一项目的成功交付，还包括项目组合管理(Program Management)和项目投资组合管理(Portfolio Management)。可以这样说，单个的项目管理是战术水平的，而组织项目管理就上升到了战略高度，从这个角度来说，组织项目管理在高度竞争的商务环境中是一种战略优势。

进入 21 世纪以来，项目管理受到前所未有的重视。有多方面的原因促成项目管理令人关注的今天，及其充满前景的明天。其中主要的原因在于：项目管理在运筹与协同方面的方式方法恰好填充了其他管理体系或管理系统这方面的相对弱项；PMI 的 PMBOK 或 IPMA 的 ICB 的理论体系日臻完善，并在全球范围内展开几近商业性质的普及推广；建设工程全寿命周期管理、项目总控、虚拟建设等关于项目管理和工程建设管理项目管理研究，项目管理软件功能及演绎理论能力的不断提高，使项目管理从理论走向实际实施进而发挥效益成为现实；引导企业管理风向标的跨国公司纷纷开始在企业中采用项目管理技术，形成企业项目管理化的局面；等等。

3.1.2 信息技术发展背景

与项目管理理论发展并驾齐驱的是信息技术革命以前所未有的速度进行深化，主要表现为互联网、大型数据库、通讯卫星、光导纤维组成的现代信息技术革命。现代信息技术和互联网大大提高了信息快速、可靠、安全地收集、识别、提取、变换、存贮、传递、处理、检索、检测、分析和利用的能力。现代信息技术特别是互联网和数据库技术的发展，为项目管理软件和项目管理信息系统发展，甚至对改变管理思想起着不可估量的作用。

我们知道，硬件的发展遵循摩尔定律，即计算机硬件性能每 18 个月增加一倍，而软件技术的发展更快，项目管理软件也是如此，以 Primavera 的 P3 为例，其从 1983 年发布第一版至今已经进行了 10 多次升级，但由于 P3 核心架构开发较早，因此其功能应用起来存在诸多不便，如数据安全、字段字符限制、采用文件型数据库等等，极大地限制了 P3 的进一步功能扩展和应用，在这种情况下 Primavera 公司在总结 P3 应用的基础上，结合项目管理理论和软件技术的发展开发了全新概念的企业级工程建设项目管理软件 P3E/C(目前是 Primavera6.0 版本)。项目管理软件的主流技术与管理思想一样，也经历了多个发展时期：界面技术从 DOS 字符界面，到 Windows 图形界面(或图形用户界面 GUI)，直至今天的 Browser 浏览器界面；平台体系结构也从单机单用户发展到文件/服务器(F/S)体系，再到客户机/服务器(C/S)体系和浏览器/服务器(B/S)体系，使用范围也从单机到局域网再到可通过互联网进行信息交互和远程控制。从目前看，网络版项目管理软件已经成为主流趋势，其主要有两种结构：一是 C/S 结构，二是 B/S 结构。

随着项目管理软件应用范围的扩大，系统管理的任务越来越重，C/S 结构的弱点也逐渐暴露出来，这种模式对客户来说存在软件价格昂贵、软件的安装和维护不方便、软件的多版本管理困难等问题，对供应商来说存在软件的测试麻烦、开发时要考虑的兼容性问题复杂、售后服务麻烦(需要开发很多补丁、提供多种版本的售后服务)以及增加了许多额外的硬件和开发成本等问题。而 B/S 结构则在很大程度解决了这一问题。B/S 架构的产品明显体现出更方便的特性，无论用户的规模有多大，有多少分支机构都不会增加任何维护升级的工作量，所有的操作只需要针对服务器进行，客户端只是浏览器，根本不需要做任何的维护，如果是异地只需要把服务器连接上网即可立即进行维护和升级。这对人力、时间、费用的节省是相当惊人的，所以客户机越来越“瘦”而服务器越来越“胖”是将来项目管理软件的主流发展方向，这使得升级和维护越来越容易，而使用越来越简单，如 Primavera 公司的计划进度控制软件 P3e/c 采用 C/S 与 B/S 结合的模式，投资控制和合同管理软件最新版本 Expedition10.0 已经由 C/S 结构改进为 B/S 结构模式。上海普华科技发展有限公司开发的集成管理系统 PowerPIP 从开发之初就采用 B/S 结构模式。

Constructware公司的首席执行官ScottUnger预言"瘦客户端"方式将成为AEC(工程界)领域内的主导，此外B/S结构也有利于企业软件系统的集成，目前电子商务、ERP、人力资源管理系统等软件都逐渐向B/S结构发展。JAVA技术的成熟也使B/S结构日益成为应用软件的主流。

3.2 发展过程

计算机辅助工程项目管理的应用经历了一个长期的发展过程。国际上的发展大体如图3-1所示。20世纪70年代，计算机开始在工程项目管理中投入使用。最初出现的是以解决某一问题为目的的单项程序，如财务、材料、进度等。随着信息技术的发展，这些单项程序开始逐步集合形成程序系统，而后发展成为项目管理信息系统(Project Management Information System，PMIS)。20世纪80年代末90年代初，为增强国际大型建设项目复杂巨系统建设中业主方的决策与控制能力，在应用PMIS的基础上，出现了项目总控信息系统(Project Controlling Information System，PCIS)。比较典型的案例就是总投资超过250亿马克的德国统一后的全国铁路改造工程。20世纪90年代末以来，随着互联网的广泛应用，以美国为首开始在政府投资项目上大量应用项目信息门户(Project Information Portal，PIP)，实现项目各参与方之间基于互联网的信息交流与协同工作。21世纪以来出现了PMIS+PCIS+Portal的集成管理信息系统。

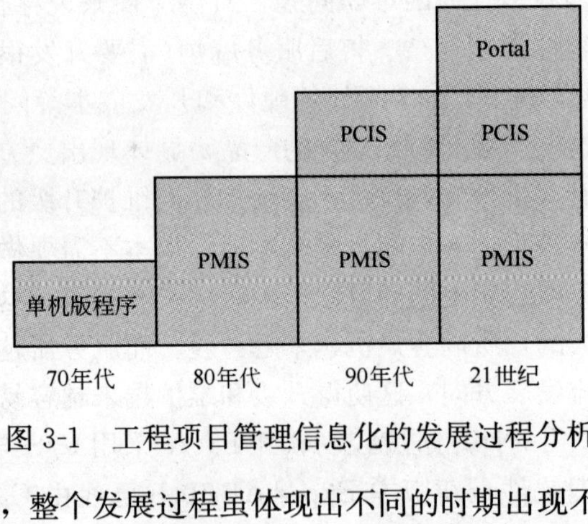

图3-1 工程项目管理信息化的发展过程分析

需要指出的是，整个发展过程虽体现出不同的时期出现不同的应用，但并不是说后来的系统完全替代了过去的系统，而是对应用的范围进行了扩充或深化。因此，今天我们可能会看到同时具有PCIS和PIP功能作用的PMIS，或者看到具有 PMIS 和 PCIS 功能作用的 PIP。

3.2.1 工程项目管理信息系统(PMIS)

工程项目管理信息系统(PMIS)是通过对项目管理专业业务的流程电子化、格式标准化及记录和文档信息的集中化管理，提高工程管理团队的工作质量和效率。

PMIS 与一般 MIS 的不同在于它的业务处理模式依照 PMBOK 的技术思路展开。既有相应的功能模块解决范围、进度、投资、质量、采购、人力资源、风险、沟通协调、文档管理的业务需求，又蕴涵了“以计划为龙头，以合同为中心，以投资控制为重点”的现代项目管理理念。优秀的 PMIS 突出进度、合同和投资三个中心点，又明确了它们之间的内在联系，为在新环境下整个工程管理业务‘如何进行?’确立了原则和方法。这种务实地利用信息技术的策略方法，为提高工作效率，实现良好的大型项目群管理，将信息优势转化为决策优势，将知识转化为智慧，切实提升了工程项目管理的水平。

PMIS 信息系统软件主要专注于进度控制、投资控制、合同管理、招投标管理、文档管理和信息沟通等某一个或较少的方面，如 Primavera 公司的投资与合同管理软件 Expedition、进度控制软件 P3e/c、上海普华公司的文档和沟通管理软件 PowerCom、微软的 Project、梦龙软件等，这之中有些软件如 P3e/c 和 Project 具备一些集成功能，以此为基础的升级版本逐渐发展成了集成型项目管理软件(系统)，目前 Primavera 公司推出的 P6、Microsoft 公司的 Project2007 已经发展为企业级项目管理软件。

3.2.2 工程项目控制信息系统(PCIS)

工程项目总控信息系统是通过信息分析与处理技术，对项目各阶段的信息进行收集、整理、汇总与加工，提供宏观性的、高度综合的概要性工程进展报告，为项目的决策层提供决策支持。当项目特别大或者面临的是项目群的管理时，管理组织的层次比较多，往往采用 PMIS 供一般管理层进行工程项目管理，而通过 PCIS 让最高决策层对由众多子项目组成的复杂系统工程进行宏观检查、跟踪和控制。项目总控信息系统示意如图 3-2 所示。

项目总控的信息系统的最重要信息来源是执行实际业务管理工作的项目管理信息系统，此外也可以从业主方其他的业务系统如进度、财务等系统获取信息，甚至可以从政府有关部门、工程监理、设计单位、施工单位和供货单位和咨询单位等项目参与方采集信息。

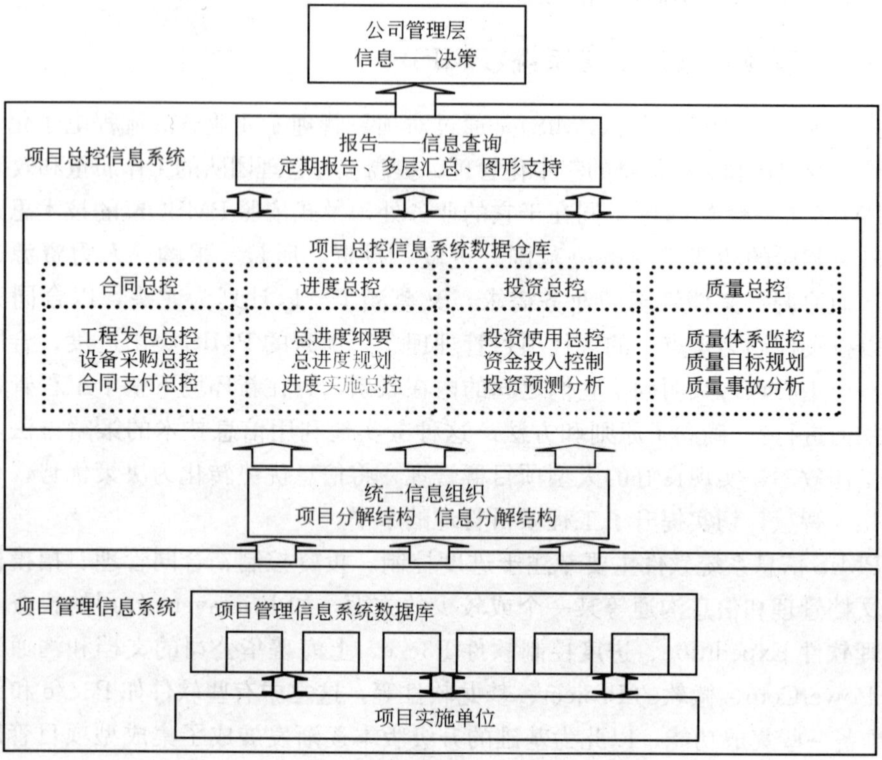

图 3-2 项目总控信息系统示意图

3.2.3 工程项目管理信息门户(PIP)

项目信息门户(Project Information Portal，PIP)是在对工程项目全过程中产生的各类项目信息如合同、图纸、文档等进行集中管理的基础上，为工程项目各参与方提供信息交流和协同工作的环境。不同于传统意义上的文档管理，项目信息门户可以实现多项目之间的数据关联，更强调项目团队的协作性并为之提供多种工具。项目信息门户可以通过在线查看、批注、讨论和自动通知等工具为项目参与各方创造一个多方的网上交流与协同的工作环境，打破传统的组织障碍，加快项目文档流转和决策支持过程。

项目团队还可以利用项目信息门户中内置的表单和标准工作流程，在线进行信息询问、审批提交及变更申请等项目建设过程中的日常业务。通过任务分派，明确并固化管理职责；通过流程自动控制，使项目参与者专注于任务本身，而不是任务的传递，从而提高管理效率，使项目受益。

3.2.4 集成项目管理系统

建筑工程项目是由若干要素组成的。在一个项目的实施过程中，各要素(成本、工期、质量等)彼此密切相关，任何一方发生变化都将会引起其他方面相应的变化，并将会直接或间接地对项目产生影响。为消除这些影响，对项目各活动进行有效地管理和控制，就需要对项目各要素进行集成管理。

项目集成管理的目标是保障一个项目各方面的工作能够有机地协调与配合，它的内容包括为达到甚至超过项目相关利益者的期望去协调各方面的目标和要求、计划安排最佳(或满意)的项目行动方案，以及集成控制项目的变更和协调项目各方面工作等内容。项目集成管理从本质上说就是从全局观点出发，以项目整体利益最大化作为目标，以项目时间、成本、质量、范围、采购等各种项目专项管理的协调与整合为主要内容而开展的一种综合性管理活动。集成管理系统主要体现在以下几个方面：

(1) 全寿命周期的集成。建设项目的生命期，从构思的产生到项目投入使用，按主要工作活动内容，一般可分为四个阶段，即前期决策阶段、设计/计划阶段、施工阶段和运行阶段。建立信息系统，按照项目管理理念，以计划为龙头，实现建设项目全生命期各阶段过程的一体化，使各阶段有效衔接，减小阶段界面之间的能量损失。

(2) 组织、过程、责任体系的集成。建设项目本身是由建设参与方、利益相关者围绕着业主方的项目管理形成以合同为约束、以法律为准绳的虚拟组织。建立统一的信息系统，实现虚拟组织内部规范的、有序的信息沟通、信息共享。同时，各参与方还应设法将项目的信息系统与企业的信息系统融合起来，实现项目流程与企业业务流程的协同。

(3) 目标的集成。按照《项目管理知识体系》PMBOK 的理论，9 个知识领域(项目集成管理、项目范围管理、项目时间管理、项目成本管理、项目质量管理、项目人力资源管理、项目沟通管理、项目风险管理和项目采购管理)的核心在于项目集成管理，通过集成统筹实现各目标。《项目管理知识体系》PMBOK 应用到国内建设项目即是以计划为龙头，实现“四控、四管”的目标。建立信息系统，实现在计划统筹和协调下的目标与过程的集成。

(4) 信息化集成。信息化集成指业务信息管理系统 PMIS、项目总控信息系统 PCIS、项目信息门户 Portal 的集成。

3.3 现状分析

相对于与项目管理具有相同核心思想的系统工程和运筹学在国内的推广速度，项目管理在国内的推广普及速度是超现代的。通过国家外专局组织的PMP考试，在国内已得到十分踊跃的响应；PMI在国内授权了大批指定教育机构；IPMA在中国设立了专门的中国项目管理委员会，进行IPMP系列专业资格的教育培训与资格认证；不少超前的企业进行了项目管理内训、建立自己项目管理体系文件和软件系统；出现了像www.mypm.net这样十分受欢迎的项目管理爱好者论坛；……项目管理正以势不可挡的态势迅猛发展。

然而，如同任何处在发展期的新事物一样，项目管理在国内的发展也遇到了不少问题。首先，政府指导性的配套措施未到位，整个发展目前更多的是自觉的、民间的行为。虽然人事部设置了项目管理师资质认证机制，建设部以国家规范的形式颁布了《工程建设项目管理规范》，但是如果政府能像推广ISO那样力荐项目管理，效果就会更好。其次，教育基础还相对薄弱。大专院校还没有相应的学科教育与之配套，而社会性培训难免追求证书的获取为目的。还有，起步阶段的一些片面宣传，给人造成了项目管理是万能的假象，没有恰当地突出项目管理的重点和优势，没有恰当地说明项目管理与其他管理体系的依存、互补关系，造成了认识上不少混沌。再者，传统体制下的组织模式与实施项目管理所要求的、以项目为核心的组织模式之间的矛盾，仍是相当一段时间内需要解决的涉及体制、传统势力等深层次因素的问题；基础管理水平薄弱，基础数据积累不足，企业的IT水平低下等也是目前实施项目管理会遇到的常见问题。

当前建设项目管理软件现状是：

(1) 我国建设项目管理信息系统总体上处在由分阶段(即规划、设计、施工、投产)，分流程(即造价管理、财务管理、进度管理、质量管理、文档管理、材料设备管理等)的局部应用水平，到项目各阶段的信息和项目各管理流程信息之间实现数据交换和共享的集成应用的发展过程中。

(2) 项目管理软件的功能的完备程度和应用效果并不成正比，从实际应用情况看，目前项目管理软件的应用还存在诸多问题，如软件引进不当、应用范围较窄、应用力度不够、应用缺乏规划和制度保证等等，因此国内项目管理软件应用成功的案例也并不多。这之中有很多影响因素，如制度问题、项目管理软件的理解问题、组织问题、人员问题、知识管理问题、数据管理问题等，阻碍了项目管理软件的深层次运用。

（3）根据国内知名咨询公司 2006 年预测，中国项目管理软件市场将以每年 23.3%的同比增长率继续快速增长，市场规模将达到 5.40 亿元人民币。同时未来五年这一市场将以 18.4%的年均复合增长率较快增长，到 2010 年这一市场规模将超过 10 个亿，达到 10.20 亿元人民币。

4 以进度控制为核心功能的专业软件

4.1 以进度控制为核心功能的专业软件的主要理念

4.1.1 基础理论

进度控制是在一定的约束条件下，以高效率地实现项目的目标为目的，并按照项目内在的逻辑规律进行有效的计划、组织、协调、控制的系统管理活动。进度控制的核心技术是广义网络计划技术，其管理理念大都遵循 PMI 编撰的 PMBOK 项目管理九大知识体系之核心的项目整体管理(Project Integrated Management)，或称项目集成管理。

(1) 广义网络计划技术

网络计划技术是 20 世纪 50 年代中期发展起来的一种科学的计划管理技术，主要有两个起源：其一，1956 年美国杜邦公司首先在化学工业上使用了 CPM(关键路径法)进行计划编排；其二，美国海军在建立北极星导弹时，采用了 Buzz Allen 提出的 PERT(计划评审法)技术。这两种方法逐渐渗透到许多领域，为越来越多的人所采用，成为网络计划技术的主流。

我国从 60 年代中期开始，在著名数学家华罗庚教授的倡导和亲自指导下，开始在全国各个部门试点应用网络计划，并根据“统筹兼顾，全面安排”的指导思想，将这种方法命名为“统筹方法”。网络计划技术从此在国内生产建设中卓有成效地推广开来。

广义网络计划技术是对网络计划技术的扩展，凡是可以将时间作为坐标轴表示的内容，都可以纳入进度计划的范畴。比如资源的使用情况，可称为资源进度计划(资源计划)；项目的资金，表现在时间轴上可称为资金进度计划(资金计划)等。

(2) PMBOK 和项目整体管理

从 PMBOK 的描述可以看出，整体管理的目的是保证项目运行的协调，这里被称为“集成管理”的行为，并不是独立于传统管理行为之外而存在的“新”事务，而是在传统管理行为中强调了整体的理念，事实上等同于系统化概念。整体管理是通过对项目计划(包括它的制订、实施和变更/管理)得以实现的。这里的“计划”，有着非常广泛的内涵，包括项目中最基本的要素，如项目要解决的问题、项目产品描述(合同是卖方项目的产品描述)、项目管理方法综述、项目目标和目标管理计划等，还包括工作分解结构(工程中常用分部、分项工程描述)、风险管理计划、人员、协调和合同管理的计划内容，是一个计划系统。项目计划作为共同的信息平台，为项目管理行为提供了完备和可靠的信息接口，管理者通过对项目计划的管理，实现管理行为间多层次、全方位、跨组织和整个项目周期的协调，应注意的是，项目计划是不断完善、细化的动态过程。

利用进度控制软件，不同的责任单位编制自己的计划，因其所处的管理层次不同、管理的宏微观差异，计划分为不同等级；不同级别计划之间有内在关联，并能够进行比较和分析，但不能互相替代；业务计划围绕施工或设计等关键业务编制的主导计划开展，通过作业进度协调体系建立各种业务与主体计划的作业进度关联，从而使得各专业部门在统一的作业进度协调下协同工作。

各业务基础管理元素与进度管理基础元素(作业工序)关联，各业务管理模块均与进度管理模块有机结合，在各模块中可以体现作业进度对相应业务的时间要求，同样也可以监控相应业务处理对作业进度的制约。总进度计划与分项业务计划的关系如图 4-1 所示。

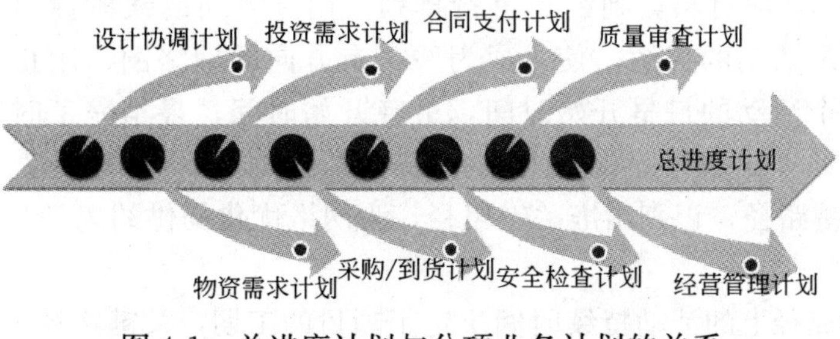

图 4-1　总进度计划与分项业务计划的关系

4.1.2 相关技术与工具

项目管理知识体系中有许多使用的进度控制的技术和工具，这些技术和工具能够帮助项目管理工作者有效地实现项目进度控制的目标。本节仅就一些常用的技术作简短介绍。

(1) 工程分解结构——WBS

WBS是通过将细分化了的所有项目要素统一编码，使其代码化，WBS还可以充当一个共同的信息交换语言，为项目的所有信息建立一个共同的定义。这样，将所有的要素在一个共同的基础上相关联，在此基础上建立信息系统之间的所有信息沟通。应用WBS作为信息的共同基础的最大优点是，为监控及预测费用、进度、实施不同的项目信息，WBS的应用给所有的项目管理人员提供了一个均可以与之作对比的一致基准，并且在大型项目中，由于参加者众多及人员可能发生的变化，使所用的全部名词对所有的参加者都具有相同意义是很重要的，而WBS通过代码和代码字典的编制可使这一点得到保证。

(2) 关键路径法——CPM

关键路径法(Critical Path Method，简称CPM) 是时间管理中的一项成熟技术，或者称为一种网络图方法，由雷明顿-兰德公司(Remington-Rand)的JE克里(JE Kelly)和杜邦公司的MR沃尔克(MR Walker)在1957年提出的，用于对化工工厂的维护项目进行日程安排。它适用于有很多作业而且必须按时完成的项目。关键路径法是一个动态系统，它会随着项目的进展不断更新，该方法采用单一时间估计法，其中时间被视为一定的或确定的。

对于一个项目而言，只有项目网络中最长的或耗时最多的活动完成之后，项目才能结束，这条最长的活动路线就叫关键路径(Critical Path)，组成关键路径的活动称为关键活动。其通常做法是：将项目中的各项活动视为有一个时间属性的结点，从项目起点到终点进行排列；用有方向的线段标出各结点的紧前活动和紧后活动的关系，使之成为一个有方向的网络图；用正推法和逆推法计算出各个活动的最早开始时间，最晚开始时间，最早完工时间和最迟完工时间，并计算出各个活动的时差；找出所有时差为零的活动所组成的路线，即为关键路径；识别出准关键路径，为网络优化提供约束条件。它具有以下特点：

1) 关键路径上的活动持续时间决定了项目的工期，关键路径上所有活动的持续时间总和就是项目的工期。

2）关键路径上的任何一个活动都是关键活动，其中任何一个活动的延迟都会导致整个项目完工时间的延迟。

3）关键路径上的耗时是可以完工的最短时间量，若缩短关键路径的总耗时，会缩短项目工期；反之，则会延长整个项目的总工期。但是如果缩短非关键路径上的各个活动所需要的时间，也不至于影响工程的完工时间。

4）关键路径上活动是总时差最小的活动，改变其中某个活动的耗时，可能使关键路径发生变化。

5）可以存在多条关键路径，它们各自的时间总量肯定相等，即可完工的总工期。

6）关键路径是相对的，也可以是变化的。在采取一定的技术组织措施之后，关键路径有可能变为非关键路径，而非关键路径也有可能变为关键路径。

(3) 计划评审方法(program evaluation and review technique，PERT)

PERT(Program Evaluation and Review Technique)即计划评审技术，最早是由美国海军在计划和控制北极星导弹的研制时发展起来的。PERT 技术使原先估计的、研制北极星潜艇的时间缩短了两年。

简单地说，PERT 是利用网络分析制定计划以及对计划予以评价的技术。它能协调整个计划的各道工序，合理安排人力、物力、时间、资金，加速计划的完成。在现代计划的编制和分析手段上，PERT 被广泛地使用，是现代化管理的重要手段和方法。

PERT 网络是一种类似流程图的箭线图。它描绘出项目包含的各种活动的先后次序，标明每项活动的时间或相关的成本。对于 PERT 网络，项目管理者必须考虑要做哪些工作，确定时间之间的依赖关系，辨认出潜在的可能出问题的环节，借助 PERT 还可以方便地比较不同行动方案在进度和成本方面的效果。

(4) 甘特图(Gantt Chart)

甘特图，也称为条状图(Bar chart)，是在 1917 年由亨利·甘特开发的，其内在思想简单，基本是一条线条图，横轴表示时间，纵轴表示活动(项目)，线条表示在整个期间上计划和实际的活动完成情况。它直观地表明任务计划在什么时候进行及实际进展与计划要求的对比。管理者由此极为便利地弄清一项任务(项目)还剩下哪些工作要做，并可评估工作是提前还是滞后，抑或正常进行，是一种理想的控制工具。

甘特图包含以下三个含义：一是以图形或表格的形式显示活动；二是现在是

一种通用的显示进度的方法；三是构造时应包括实际日历天和持续时间，并且不要将周末和节假日算在进度之内。甘特图具有简单、醒目和便于编制等特点，在企业管理工作中被广泛应用。甘特图按反映的内容不同，可分为计划图表、负荷图表、机器闲置图表、人员闲置图表和进度表五种形式。

4.2 以进度控制为核心功能的专业软件的主要功能

参考进度计划管理过程，以进度控制为核心功能的专业软件的功能大都围绕着下列因素展开：

(1) 项目范围规划和责任落实，相当于软件系统的基础架构数据；

(2) 综合计划编制(调整)、优化，并建立目标，相当于事前控制；

(3) 进展反馈和跟踪，相当于事中控制；

(4) 计划分析、更新和纠偏，相当于事后控制；

(5) 通过计划积累建设管理经验。

4.2.1 项目范围规划和责任分配

项目范围管理是指对项目包括什么与不包括什么的定义与控制过程。这个过程用于确保项目组和项目干系人对作为项目结果的项目产品以及生产这些产品所用到的过程有一个共同的理解。

范围定义是指将项目主要的可交付成果细分成较小的、更易管理的组分。这个过程中，项目组要建立一个企业项目分解体系(Enterprise Project Structure，简称 EPS)和项目的工作分解结构(Work Breakdown Structure，简称 WBS)。EPS 和 WBS 的建立对项目来说意义非常重大，它使得原来看起来非常笼统、非常模糊的项目目标一下子清晰下来，使得项目管理有依据，并将 WBS 分配给相应的责任人(Organization Breakdown Structure，简称 OBS)，项目责任团队的工作目标清楚明了。图 4-2 为 EPS/WBS 结构与 OBS 对应分配关系。

除 EPS、WBS 和 OBS 外，费用科目体系(Cost Breakdown Structure，简称 CBS)和资源库 RBS(资源分解体系，Resource Breakdown Structure，RBS)也是进度计划管理专业软件所必备的基础数据。

作为进度控制专业软件，所具有的基本功能如下：

(1) 具备 5 级以上的项目分解结构体系功能。

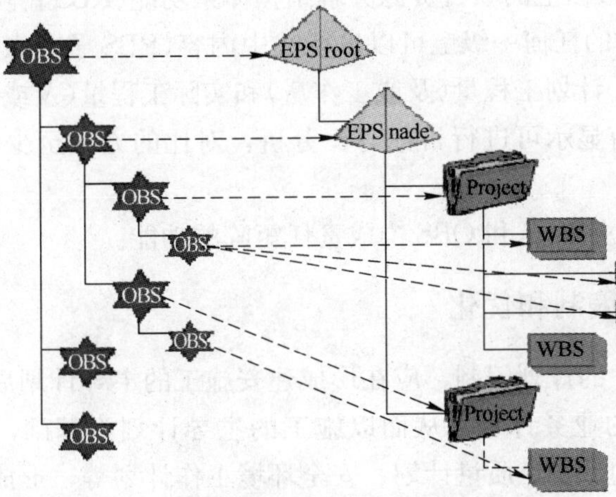

图 4-2　EPS/WBS结构与OBS对应分配关系

(2) 在项目分解结构体系的任何一级上可以进行选中内容(子项目)的计划进度显示、实际进度显示、计划工程量(及或工作量)和实际工程量(及或实际工作量)的统计汇总显示。所有显示可进行目标对比分析，对比的方式至少包括横道对比、曲线对比。

(3) 应具备10级以上的项目工作分解结构体系功能(WBS树功能)。

(4) 在WBS树的任何一级上可以进行选中内容(WBS子节点)的计划进度显示、实际进度显示、计划工程量(及或工作量)和实际工程量(及或实际工作量)的统计汇总显示。所有显示可进行目标对比分析，对比的方式至少包括横道对比、曲线对比。

(5) 应具备10级以上的项目管理组织机构分解结构体系功能(OBS树功能)。

(6) 在OBS树的任何一级上可以进行选中内容(OBS子节点)的计划进度显示、实际进度显示、计划工程量(及或工作量)和实际工程量(及或实际工作量)的统计汇总显示。所有显示可进行目标对比分析，对比的方式至少包括横道对比、曲线对比。

(7) 应具备10级以上的项目投资分解结构体系功能(CBS树功能)。

(8) 在CBS树的任何一级上可以进行选中内容(CBS子节点)的计划进度显示、实际进度显示、计划工程量(及或工作量)和实际工程量(及或实际工作量)的统计汇总显示。所有显示可进行目标对比分析，对比的方式至少包括横道对比、曲线对比。

(9) 应具备10级以上的项目资源分解结构体系功能(RBS树功能)。

(10) 在RBS树的任何一级上可以进行选中内容(RBS子节点)的计划进度显示、实际进度显示、计划工程量(及或工作量)和实际工程量(及或实际工作量)的统计汇总显示。所有显示可进行目标对比分析，对比的方式至少包括横道对比、曲线对比。

(11) 应具备通过WBS和OBS构成责任矩阵的功能。

4.2.2 综合计划编制和优化

工程建设过程中的计划编制，应在形成建安施工的主导计划后，让配合的职能部门配套上各自的业务计划，从而以施工的主导计划为基础，派生出资金计划、设计计划、采购计划、质量计划、安全环境工作计划等，形成涵盖工程建设管理绝大部分内容的综合进度计划。

项目部或承包单位在建安施工的主导计划编制完成后，可以在进度计划管理专业软件中结合工程进度(施工作业)编制施工作业的质量签证工作计划；设计审核部门也可以制定出相应的图纸需求计划；采购部门可以配套上采购计划；另外，质检部门或人员可以结合采购计划制订质量类文件送审/报验工作计划；承包单位质检部门或人员，还可以根据整个施工计划的安排，配套地编制出质量验评及相关工作计划；安全部门可以编制现场施工安全环境计划。

计划编制和优化的功能主要包括：

(1) 作业工序定义，时间估算，四种逻辑关系及延时，各种约束条件的定义。

(2) 按照关键路径法进行进度计算，并得出关键路径及总浮时、自由浮时等参数。能够从前向后进行计算，也可以从后向前倒排计划。能够设置关键路径的条件。

(3) 作业工序加载资源、资金等数据，并能够设置资源驱控及日历等参数，并作为进度计算的依据。

(4) 能够统计资源和费用用量，对于超出可用量的区间进行指示，并能够进行优化和分析。

4.2.3 目标管理

计划设立目标的目的便于项目执行控制，能够将实际的绩效与目标进行比较，发现可能发生的重大偏差，及时采取必要的矫正行动。进度计划专业管理软件一般具有以下目标管理功能：

(1) 具有目标的建立、维护功能，将现行计划保留成为目标的功能；

(2) 具备主要目标(进度、资源、费用)与项目计划结合功能；

(3) 一个项目可以有多个目标项目对比的功能；

(4) 具有可视化项目组合分析对比功能；

(5) 具有目标监控值设置、定期监控功能；

(6) 具有警示提醒功能，便于实施计划例外管理；

(7) 关键目标信息可逐层汇总功能；

(8) 在 EPS、项目、WBS 等不同的层面可关联目标。

4.2.4 计划反馈及分析和更新

分析是控制决策与优化管理的基础，目标与实际反馈是分析的依据。进展分析的内容与深度对不同的管理层有不同的要求。对于工程建设项目需要以下进展分析：

(1) 责任事项综述，近期的进度安排。

(2) 工程量完成情况汇总。汇总数据包括：本期完成、累计完成、计划要求完成、与目标计划的差值以及进度趋势。

(3) 资源分析。分析包括：本期数、累计值、计划值、差值、劳动生产率、资源使用情况以及费用情况。

由于目标的多样性，作业反馈确认时限的不一样，对于不同类型目标，可采用不同的分析周期控制措施。图 4-3 反映了进展分析与控制的基本流程。

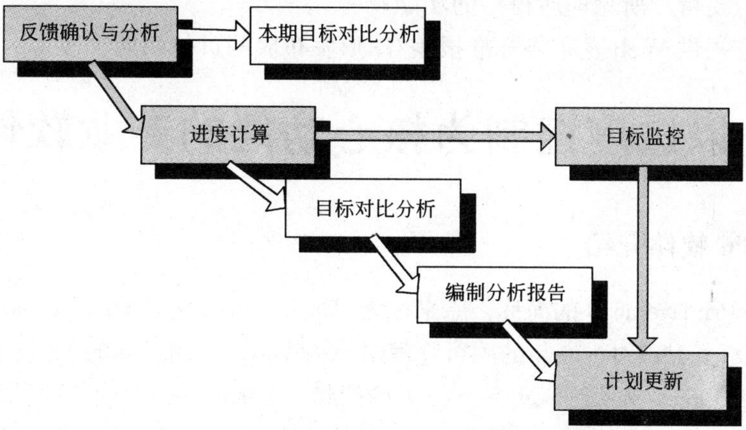

图 4-3　项目进度分析与控制的基本流程

进度控制专业软件一般具有以下计划反馈、进度分析和更新的功能：

(1) 支持多目标对比分析功能；

(2) 支持进行时间、工程量和工作量三方面的进度评价；

(3) 支持赢得值技术的评价方式；

(4) 可以对工序、工序步骤、里程碑和 WBS 节点进行进度跟踪，即可以基于这些对象反馈实际进度；

(5) 可以给出进度差值 SV 和费用差值 CV；

(6) 可以给出进行执行指数 SPI 和费用执行指数 CPI；

(7) 可以简约地显示出实际与计划的差别，横道图和 S 曲线的对比是必需的，最好能够以表格的形式显示具体的数据(计划的和实际+预测的)；

(8) 必须简约地显示出进度时间线；

(9) 应提供多样化的进度采集方法：通过局域网、电子邮件和 Web 工具都应可以实现进度采集；

(10) 可以自动派发计划的工作给相关的责任人/部门/单位进行进度情况的反馈。

4.2.5 报表与信息发布功能

(1) 应具有反映计划安排的标准报表(时间、工程量和工作量都需要)；

(2) 应具有反映实际进度的标准报表(时间、工程量和工作量都需要)；

(3) 应具有反映计划安排与实际进度对比的标准报表(时间、工程量和工作量都需要)；

(4) 应支持“所见即所得”的功能；

(5) 应提供 Web 发布将标准报表/图形发布成网页的功能。

4.3 以进度控制为核心功能的专业软件介绍

4.3.1 P6 软件介绍

P6 是 Primavera6.0 的简称，原来称为 P3e/c 软件，它是美国 Primavera 公司产品。P6 荟萃了 P3 软件 20 年的项目管理精髓和经验，采用最新的 IT 技术，在大型关系数据库 Oracle 和 MS SQL Server 上构架起企业级的、包含现代项目管理知识体系的、具有高度灵活性和开放性的、以计划—协同—跟踪—控制—积累为主线的企业级工程项目管理软件，是项目管理理论演变为实用技术的经典之作。

项目管理是一项真正意义上的团队运动。项目实施中的业主、监理、计划工程师、项目经理、商务经理、承包商、分包商及供应商等都需要进行快速而高效的沟通与协作才能正确地完成自己承担的工作。Primavera6.0 支持多用户在同一时间内集中存取所有项目的信息，它是一个集成的解决方案，包括有基于 Web、基于 C/S 结构等不同的组件以满足不同角色的项目管理人员的使用。

Primavera6.0 使得承包商进度的集成简单化、增强了协同工作功能(沟通协作平台)，并且既能支持团队管理单一项目，也支持管理复杂的大型项目(包含多个项目)。P3 只能管理单一的大型项目，而使用最新版本 P6 软件可以使企业在优化有限的、共享的资源(包括人、材、机等)的前提下来对多项目进行预算、确定项目的优先级、编制项目的计划并且对多个项目进行管理。它可以给企业的各个管理层次提供广泛的信息，各个管理层次都可以分析、记录和交流这些可靠的信息并且及时地做出有充分依据的符合公司目标的决定。P6 包含进行企业级项目管理的一组软件，可以在同一时间跨专业、跨部门，在企业的不同层次上对不同地点的项目进行管理。

1. P6 组成及各组件使用对象

P6 支持多用户在同一时间内集中存取所有项目的信息，它是一个集成的解决方案，包括有基于 WEB、基于 C/S 结构等不同的组件以满足不用角色的项目管理人员的使用。为了提高效率，必须让不同的管理人员使用不同的管理工具，为此 P6 采用了分模块化的设计思路。P6 由 5 个相互独立又相互依存的组件组成。各模块之间的关系如图 4-4 所示，它们是：

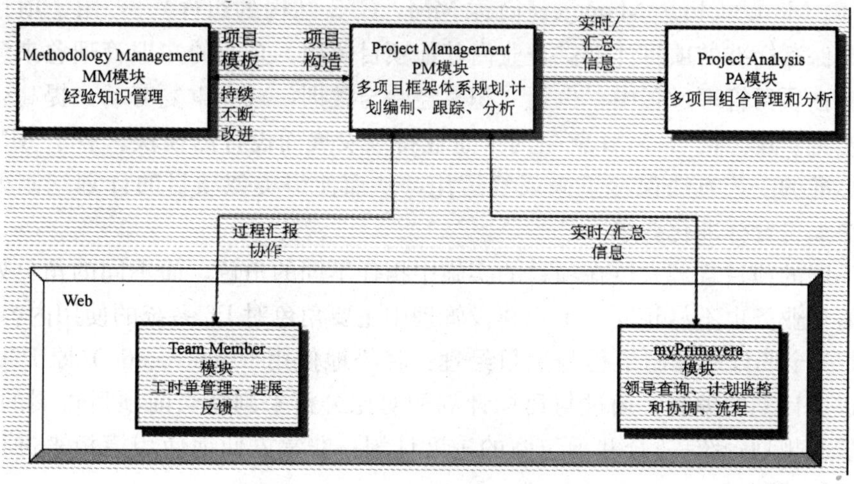

图 4-4　P6 各模块之间的关系

(1) P6(基于C/S结构的组件)——用于企业项目管理体系规划、编码设定、详细计划编制、进度计算、计划下达、反馈批准、统计分析，是整个企业级项目管理的核心软件。

(2) Primavision(简称PV，基于Web的组件)——用于在Web下实现项目的建立、项目纲要计划的编制、项目资源的分配、企业资源需求分析、反馈完成进度、项目组合的执行情况赢得值分析、项目组合的临界值监视、项目组合的问题报告发布等。一般供管理层和项目经理使用。Web-Enabled(Web下运行)是全世界的呼声。PV将项目管理在Web下发挥到极致。P6所有能够置于Web之下的功能都已经在PV中，包括创建新项目、项目计划编制、更新已存在的项目进度、沟通与协同工作、项目组合分析(Portfolio Analysis)、项目信息查阅、资源管理、资源对项目或作业的分配、项目关于资源的需求分析等。

(3) Progress Reporter(简称PR，基于WEB的组件)——供项目的执行层读取计划安排和上报完成情况。一个简便易用的IE下的工具，让执行者实现作业接收与实际情况反馈，让管理者在工时单(Timesheet)提交后能够进行审核批准。

(4) Portfolio Analyst(简称PA，基于C/S结构的组件)——在C/S结构下实现项目组合的执行情况赢得值分析，项目组合的临界值监视，项目组合的问题报告发布。Portfolio(项目组合)近年来十分耳熟，它的意思是从项目群中选择关心的若干项目或其局部形成一个组合，将组合保存，以便反复地分析研究。这一功能在PA和PV中都表现得十分出色。

(5) Methodology Manager(简称MM，C/S结构的组件)——用于项目知识管理，保存标准的项目计划供企业内其他项目使用。企业的知识管理愈来愈受到重视。在项目管理过程中，也要"积累经验与教训，减少重复劳动；提高企业智商，避免企业失忆"。MM就是为了企业持续发展而设计的模块。有了MM，可以将标准的工艺方法保存下来反复运用，从而使得类似项目的计划编制更加简单，更加符合标准化要求。

不同的项目管理人员在项目的实施中担任不同的角色，而不同的角色处理的项目管理业务也不尽相同。工程建设管理中主要角色对P6系统的使用内容如下：

(1) 全职计划控制工程与项目经理：轻松地使用Primavera6.0(原P3e/c)来进行进度计划的编制；通过与目标计划的对比分析来判断当前项目进展的好坏；进行资源规划；统一/合并承包商的进度计划；非常方便地使用模板来进行项目的启动与管理。

(2) 经理：进行某一时间段跨部门/分公司的项目的赢得值分析。Primavera6.0(原 P3e/c)支持公司的管理层人员通过使用自上而下与自下而上的费用控制方法来对预算估计与项目实际费用进行对比分析。

(3) 大型项目经理：需要有一简单的视图界面来启动项目、更新项目及通过红、绿灯指示器来监控项目的状态。项目信息可通过 Web 或 Plam(掌上电脑)来进行存取，从而每一团队的组员均可以收到与反馈实时的资源分配与作业信息。

(4) 业主：需要随时随地都可以存取与查看项目的状态。另外，通过与项目经理及计划控制人员沟通与协作以明确项目的具体交付日期。最大的价值就是任何项目经理均可提供给他们的业主这方面的信息并可持续更新这些信息，而 Primavera6.0(原 P3e/c)则使得这一要求比以前更易实现。

(5) 承包商与分包商：作为项目的参与者同样也需要与项目的组员协同工作；根据作业范围清单进行问题的询问；澄清在项目中承担的角色及其实施的步骤与规范等。使用 Primavera6.0(原 P3e/c)，在施工过程中出现那些怀疑、猜测、沟通不顺畅等情况将不复存在。

2. P6 主要功能特色

(1) 精深的编码体系

P6 中可以设置一系列层次化编码：诸如企业组织结构(OBS)、企业项目结构(EPS)、项目工作分解结构(WBS)、角色与资源结构(RBS)、费用科目结构(CBS)；此外还有灵活的日历选择、无限的项目分类码、资源分类码、作业分类码，以及用户自定义字段。这些编码的运用使得项目管理的责任明确、高度集成、纵横沟通、有序行进。

(2) 简便的计划编制

20 年来倾听客户的心声，使 P6 具有最为专业的计划编制功能，如图 4-5 所示。标准的计划编制流程、在 WBS 上可设置里程碑和赢得值、方便地增加作业、可视的逻辑关系连接、全面的 CPM 进度计算方式、项目工作产品及文档体系与作业的关联、作业可加载作业分类码、作业可分配记事本、作业可以再分步骤、步骤可以设权重等等。

(3) 深度的资源与费用管理

资源与费用的管理历来是 P3 的强项。在 P3 功能的基础上，P6 还增加了角色、资源分类码功能；此外，对其他费用的管理，使得费用的管理视角更加开阔；投资与收益的管理，使得投资回报率始终在掌控之中，如图 4-6 所示。

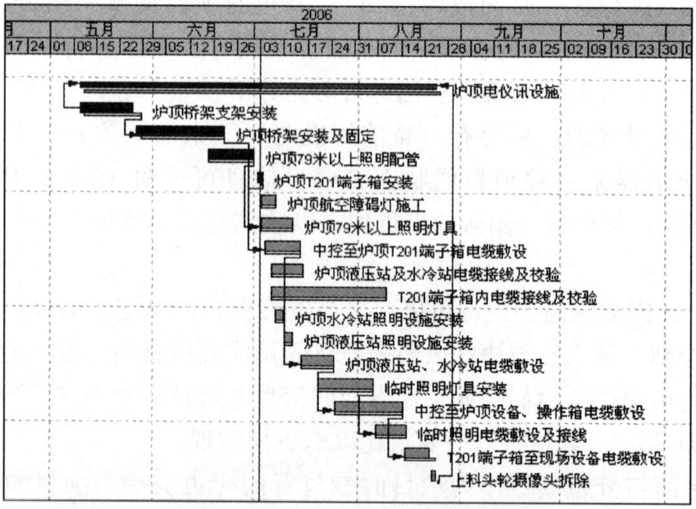

图 4-5　在 P6 软件中编制计划

图 4-6　在 P6 软件中进行资源和费用管理

(4) 理想的协同工作与计划更新

P6 引导标准的项目控制与更新流程。在项目的优化与目标项目建立后，可以进行临界值的定义，以便实现及时的监控。为了实现协同工作，P6 可以采用任务服务的方式自动按时定期将计划下达给执行单位或人员，让他们知道"什么时候该做什么"。项目进度的反馈更是不拘一格，使用 P6 可在本地局域网上反馈进度；使用 Progress Reporter 则可通过 IE 反馈进度；还可以使用 Primavision 通过 Web 来反馈进度。但是，不管采用什么方式反馈进度，P6 中都有批准的机制把关。

(5) 全面的项目更新数据分析

进度跟踪反馈之后，P6 提供了专业的数据分析，包括现行计划与目标的对比分析、资源使用情况分析、工作量(费用)完成情况分析和赢得值分析。特别设置的"问题监控"功能可以将焦点一下子聚集到最为关心的事情上。所有这些数据分析，既可以在 P6 中进行，又可以通过 PA 和 PV 实现。

(6) 专业的项目管理辅助工具

到目前为止，所有能够想到的辅助管理工具在 P6 中都考虑到了：客户化的视图制作；多种预设好的报表；脍炙人口的总体更新；计划任务自动下达(Job Service)；项目信息发布到网站；P3 项目的导入/导出；满足移动办公的 Check In /Check Out；获取 EXP 相关数据的功能等。

(7) 体系的多级计划处理

管理好复杂的大型项目或项目群，一项非常重要的工作是要建立起完备的计划进度控制管理体系。P6 继承了 P3 在过去 20 年里的成功经验，利用其建立计划级别及编制流程、实现多级计划的数据传递与交换、实现多级计划的跟踪与分析。

(8) 缜密的用户及权限管理

整个 P6 系列软件具有良好的安全配置，为用户设置了企业级项目管理软件所要考虑的一切必要的安全管理功能。

(9) 实用的工时单管理

为了良好计划的落实，让执行人员或单位及时获得计划任务并反馈进度是至关重要的。P6 自动定期派发作业任务和工时单。对通过 PR 反馈上报的工时单，P6 还考虑了工时单批准功能，只有批准的工时单才能更新 P6 数据库的内容。

4.3.2 MS Project 软件介绍

由 Microsoft 公司 Microsoft Project 是到目前为止在全世界范围内应用最为

广泛的、以进度计划为核心的项目管理软件，Microsoft Project 可以帮助项目管理人员编制进度计划，管理资源的分配，生成费用预算，也可以绘制商务图表，形成图文并茂的报告。以下对 Microsoft Office Project 2007 版本进行介绍。

Microsoft Project 和其他辅助工具一起可以满足一般要求不是很高的项目管理的需求；但如果项目比较复杂，或对项目管理的要求很高，那么该软件可能很难让人满意，这主要是该软件在处理复杂项目的管理方面还存在一些不足的地方，例如，资源层次划分上的不足，费用管理方面的功能太弱等，但就其市场定位和低廉的价格来说，Microsoft Project 是一款不错的项目管理软件。图 4-7 为软件功能界面。

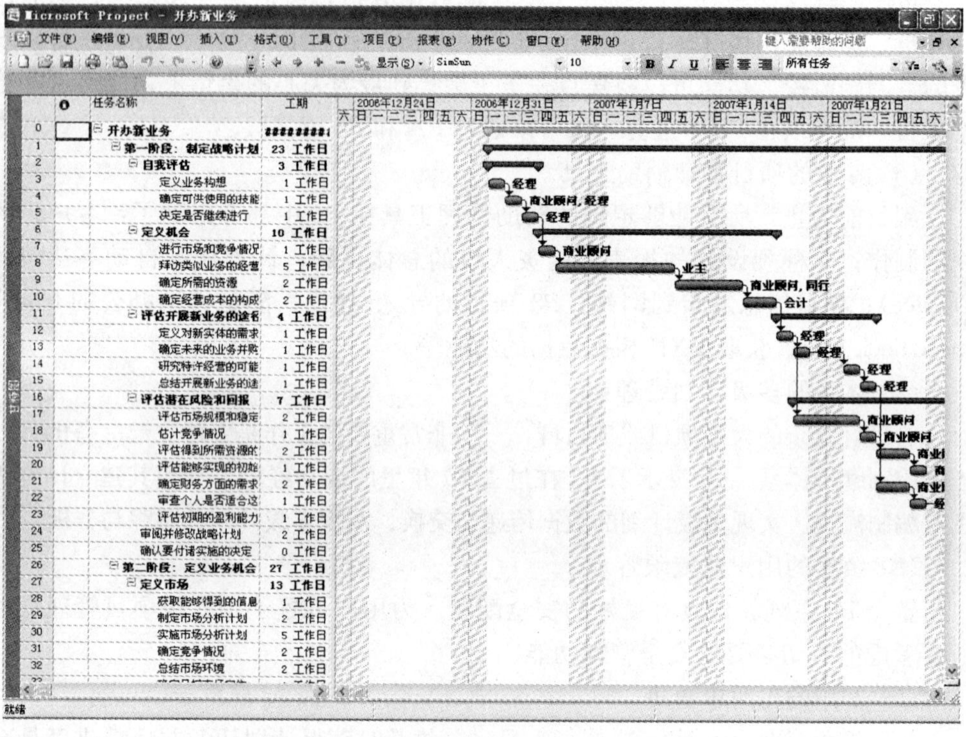

图 4-7 Microsoft Project 2007 功能界面

Microsoft Project 2003 & 2007 广泛应用在各类 IT 集成及开发项目、新产品研发、房地产项目、设计项目、工程建设项目、投资项目、企业多项目管理中，它将先进的项目管理思想与信息技术结合，帮助企业规范项目管理的流程和增强执行效果。系统学习和使用 project 软件，可以帮助企业提高项目经理和管理人员的实战能力，有效地监控和管理各类运营项目，更有效地进行团队的协作管理和项目目标的完成，优化工作流程，提升企业竞争力。

Microsoft Office Project 2007 系列包括的产品众多，具体有以下几种：

(1) Microsoft Office Project Standard 2007 用于项目管理的基于 Windows 的桌面应用程序。此版本为单一项目管理人员设计，并且不能与 Project Server 交互。

(2) Microsoft Office Project Professional 2007 基于 Windows 的桌面应用程序，包括 Standard 版的完整特性集，还有使用 Project Server 时需要的项目团队计划和通信功能。Project Professional 加上 Project Server 是 Microsoft 的企业项目管理(Enterprise Project Management，EPM)产品的代表。

(3) Microsoft Office Project Server 2007 基于内联网的解决方案。结合 Project Professional 使用时支持企业级的项目合作、时间表报表和状态报表。

(4) Microsoft Office Project Web Access 2007 使用 Project Server 时所用的基于 Internet Explorer 的界面。

(5) Microsoft Office Project Portfolio Server 2007 组合(Portfolio)管理解决方案。

Office Project Standard 2007 提供了一系列可靠的项目管理工具，这些工具将可用性、功能和灵活性完美地融合在一起，使项目管理者可以更加有效地管理项目。通过与熟悉的 Microsoft Office System 程序、强大的报表选件以及指导性的计划、向导和模板进行集成，用户可以对所有信息了如指掌，控制项目的工作、日程和财务状况，与项目组保持密切合作并提高工作效率。Office Project Standard 2007 的主要特点包括：

(1) 有效地管理和了解项目日程。使用 Office Project Standard 2007 设置对项目组、管理和客户的现实期望，以制定日程、分配资源和管理财务。通过各种功能了解日程，这些功能包括用于追溯问题根源的“任务驱动因素”、用于测试方案的“多级撤销”以及用于自动为受更改影响的任务添加底纹的“更改突出显示”。

(2) 快速提高工作效率。项目向导是一种逐步交互式计划辅助工具，可以帮助用户快速掌握项目管理流程。该工具可以根据不同的用途进行自定义，它能够引导您完成创建项目、分配任务和资源、跟踪和分析数据以及报告结果等操作。直观的工具栏、菜单和其他功能使您可以快速掌握项目管理的基本知识。

(3) 利用现有数据。Office Project Standard 2007 可以与其他 Microsoft Of-

fice System 程序平滑集成。通过将 Microsoft Office Excel 和 Microsoft Office Outlook 中的现有任务列表转换到项目计划中，只需几次键击操作即可创建项目。可以将资源从 Active Directory 目录服务或 Microsoft Exchange Server 通讯簿添加到项目中。

(4) 构建专业的图表和图示。“可视报表”功能可以基于项目数据生成 Microsoft Office Visio Professional 图示和 Office Excel 图表的模板，用户可以使用该功能通过专业的报表和图表来分析和报告项目数据。用户可以与其他用户共享您创建的模板，也可以从可自定义的现成报表模板列表中进行选择。

(5) 有效地交流信息。根据负责人的需要，轻松地以各种格式显示信息，可以设置一页日程或其他报表的格式并进行打印。可以顺畅地将 Project 数据导出到 Microsoft Office Word 中以用于正式文档，导出到 Office Excel 中以用于自定义图表或电子表格，导出到 Microsoft Office PowerPoint 中以用于清晰演示文稿或导出到 Office Visio 中以用于图示。

(6) 进一步控制资源和财务。使用 Office Project Standard 2007，可以轻松地为任务分配资源，还可以调整资源的分配情况以解决分配冲突。通过“预算跟踪”，您可以为项目和计划分配预算，从而控制财务状况。通过“成本资源”和新的财务字段，您可以改进成本估算，这些字段可以轻松映射到项目的会计和财务系统中。

(7) 快速访问所需信息。用户可以按任何预定义字段或自定义字段对 Project 数据进行分组。这样会合并数据，可以快速查找和分析特定信息，从而节约了时间。可以轻松标识项目不同版本之间的更改，因此可以有效地跟踪日程和范围的更改。

(8) 根据需要跟踪项目。可以使用一组丰富的预定义或自定义衡量标准来帮助您跟踪所需的数据(完成百分比、预算与实际成本、盈余分析等等)。可以通过在基准(最多 11 个)中保存项目快照来跟踪项目进行期间的项目性能情况。

5 以投资控制与合同管理为核心功能的专业软件

5.1 建设项目投资控制与合同管理

5.1.1 建设项目投资控制

建设项目投资控制是一项复杂的系统工程，它不仅仅是为了防止投资突破预算限额，更积极的意义在于促进参与建设项目活动各方加强管理，使有限的财力、物力、人力发挥出最佳的经济效益和社会效益。

建设项目投资控制工作应从投资立项开始，对设计阶段、承发包阶段、施工阶段以及竣工结算阶段进行全过程的管理和控制。

5.1.2 建设项目合同管理

在项目全过程投资控制中，工程建设合同具有独特的地位。合同体现了工程项目的投资、进度和质量的目标和控制内容，在某种意义上可以认为投资控制、进度控制和质量控制是在合同管理的基础上展开的，合同体现了三个控制目标的统一，如图 5-1 所示。

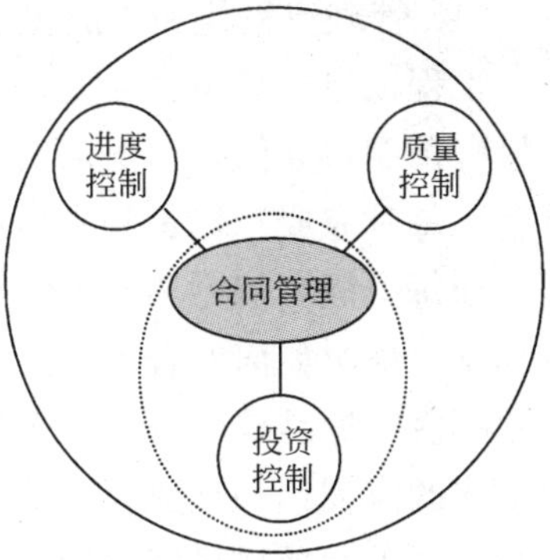

图 5-1 合同管理是投资控制的基础和保障

合同确定了工程实施和工程管理的主要目标，是合同双方在工程进行中各种经济活动的依据。合同一经签订，工程建设各方的关系都转化为一定的经济关系，合同是调节这种经济关系的主要手段，合同是工程建设过程中双方的最高行为准则。业主通过合同分解和委托项目任务，实施对项目的控制。合同是工程过程中双方解决争执的依据。

由于建设项目一般投资量大，建设周期长，工程变更及干扰事件多，合同管理是工程项目全过程投资控制的核心和提高管理水平、经济效益的关键。建设项目合同管理工作贯穿于工程实施的全过程和各个方面，必须遵守公平合理的原则。在合同签订过程和实施过程中必须兼顾双方的利益，公平合理，从而实现合同管理的目标。在合同中必须坚持诚实信用原则，履行合同约定的各种义务，用经济的、法律的形式来保障自身的合法权益。

建设项目合同管理要以投资控制为中心，做好合同签订管理、索赔管理、支付管理、结算管理等工作，确保项目的经济效益，要求如下：

(1) 加强对承包商、供应商的资质管理；

(2) 加强工程招投标管理，建立与工程量清单相配套的合同管理制度；

(3) 借鉴国际经验，推行适用于市场经济的合同示范文本；

(4) 推行合同管理专业人员持证上岗；

(5) 加大合同管理力度，加强合同法律意识；

(6) 加强合同变更、索赔管理工作；

(7) 加强合同管理体系和制度建设，加强合同及相关文件归档管理工作。

5.1.3 建设项目投资控制与合同管理信息集成

1. 建设项目投资控制与合同管理信息集成的必要性

(1) 管理流程化和集成化的需要

工程项目的高层领导经常会碰到一些简单而又很难确切回答的问题，如工程总投资控制得如何？大概需要多少投资才能完成本工程？到目前为止，每年、每季度、每月完成工作量和支付情况如何？同样，职能管理部门也会遇到类似的问题，如每个概算费用项的控制情况如何？费用是如何花费的？每个月的完成工作量和支付情况如何？合同执行情况怎么样？除此之外，经常碰到的一个问题是不知道哪些数据是准确的。产生这些问题的主要原因是没有做到投资控制与合同管理工作的流程化和集成化，最终的结果常常是管理者当“消防员”，领导也不能及时掌握工程项目投资控制和合同执行的实际情况。

(2) 管理规范化和透明化的需要

工程管理行业是一个“高危”行业，高层领导在此落马不在少数，项目审计中也常有发现经济问题、违规操作、质量不过关等不少问题，其中最主要的还是经济问题。产生这些问题的主要原因是管理不规范、不透明，缺少监督和制约机制。如果能制订一整套完善的、切实可行的投资管理制度、合同管理办法，使得投资控制和合同管理工作规范化、流程化，建立各项工作的会签和审批制度，并通过建立一套投资控制与合同管理信息集成化系统予以支撑，将所有操作过程和信息透明化，将会极大地遏制腐败事件的发生，同时也给项目审计工作带来便利。

（3）工程管理信息化建设的需要

工程管理的发展方向和研究热点为工程管理信息化，而信息集成化管理又是工程管理信息化研究的一个很重要的方面，其中投资控制与合同管理信息的集成化问题一直困扰着整个工程管理行业。因此，投资控制与合同管理信息集成化的成功实施将对整个工程管理信息化建设进程具有很重要的推动作用，尤其对于正处于快速发展经济、大规模基本建设投入的我国而言，更具有很强的实践应用价值，必将产生巨大的经济效益，大大提升我国工程管理人员信息化管理的水平和能力。

2. 建设项目投资控制与合同管理信息集成的原则

（1）先进性和实用性相结合

工程管理信息集成化管理在我国尚处于研究和局部应用阶段，势必要经历一个循序渐进的过程，不能一味地追求理论的先进性，在保证理论一定的先进性和前瞻性的基础上，更要考虑实践应用过程中的可操作性，即处理好先进性和实用性的关系问题。在思想、理论、方法等方面可以借鉴国外的一些先进经验和做法，但绝不能死搬硬套，应将其与我国工程管理体制和管理模式相融合，从而探索出适合我国国情的投资控制与合同管理信息集成的模式和方法。只有这样才能在全行业得以推广和应用，真正达到预期效果。

（2）既与国际接轨又符合我国国情

投资控制与合同管理信息的集成化管理体现着工程项目投资控制与合同管理的管理理念、管理模式以及管理方法，因此，在信息集成化管理过程中，既要吸收国际项目管理的先进经验和方法，与国际项目管理惯例相接轨，又要充分考虑到我国基本建设法规、规定、建设程序以及管理习惯。只有既与国际接轨又符合我国国情的信息集成化管理才能既具有先进性又具有可操作性，才能从根本意义上提升我国工程项目管理的效率和水平。

5.2 以投资控制与合同管理为核心功能的专业软件的主要理念

5.2.1 投资控制与合同管理总框架

投资控制与合同管理的集成化主要目的是为了有效地控制工程项目的总投资。其管理总框架如图 5-2 所示。

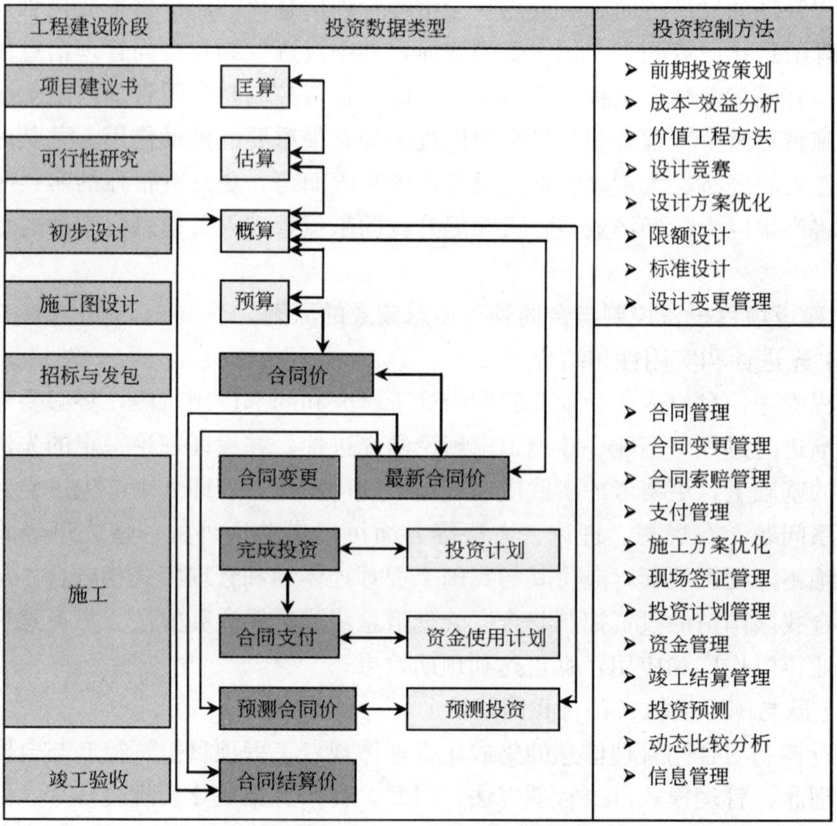

图 5-2　投资控制与合同管理总框架

5.2.2 投资分解结构及控制目标

目前国际上通行的建设项目投资分解和编码大体上可划分为两类：

(1) 按建设工程的工种工程作为划分的主要依据对项目进行投资分解和编码，如美国、加拿大等国的 Masterformat 投资分解体系，以及我国广泛采用的定额投资分解体系。它们将投资分解为基础工程、墙体工程、门窗工程、金属结构工程、装饰工程、安装工程……这种划分对投资的费用项划分的十分详细具体，适用于费用审查。但是对于项目投资的动态控制和投资动态预测来说有缺陷，因为它不能在时间上与施工的动态进展相匹配。所以它只适用于对建设项目进行静态的控制和投资估算。

(2) 按建设项目的构成、工程部位作为划分的主要依据，如美国的 Uniformat 投资分解和编码体系。它将投资分解为基础、地下结构、主体结构、装饰工程、电气系统……这种划分与建设工程的施工进度相关联，能动态地比较、分析投资，但是它不能对项目费用进行详细的审查，尤其是不能核查施工工程量，这样就不能有效地进行投资偏差分析。

20 世纪 80 年代以后，许多国外的学者在对已有的标准投资分解结构和编码研究后得出结论，认为传统的体系各有缺点，难以应用于项目实施中的全过程动态控制。投资的动态控制简单地说就是能在施工的任何阶段对投资的流向进行确切的控制，进行投资预测和偏差分析，一般要达到以下几点要求：

(1) 能进行详细的工程量审查

在动态控制中进行工程量详查是必需的，这是因为要控制就必须清楚地了解投资的流向。投资＝各项工程量×单价，只有掌握了确切的施工工程量才能明确施工阶段各工程的投资金额。这就要求投资分解结构与施工预算体系相容，因为我国施工企业上报的工程量一般都按预算体系列出。

(2) 能动态地了解投资

施工阶段是实际使用投资的阶段，随着施工的进展，投资不断地转化为固定资产，所以在施工阶段实际存在资金流。如何才能随工程的进度确切的了解投资流向，是动态控制投资的重要问题。

(3) 可以进行投资预测

对未完工程投资进行预测可以及时了解整个项目实施过程中今后各期所需要的投资数额，使投资控制人员分析掌握项目投资变化趋势，明确项目投资将来可能产生的偏差，这样就可以实现采取预防偏差的措施。

(4) 可以进行投资比较

将估算与预算相比较，预算与实际值相比较，这是投资控制中关键的步骤，只有通过投资比较才能发现投资超支的原因以及超支项，为以后动态的控制投资做好基础。

（5）偏差分析

要控制投资，不仅要比较投资，更要分析投资的偏差，要明确造成投资超支的原因到底是设计原因、进度原因、施工方法的原因还是其他原因造成的。发现病因才能解决问题，只有不断地分析偏差，解决施工中产生的各种问题，才能做到真正的动态控制投资。

为了满足投资动态控制的要求，投资分解结构应该至少分为两层，一层按工种工程分类进行工程量的详查，另一层按工程部位分类与施工进度相配合可以进行投资预测。

投资目标的设定是根据项目的实际进展而动态变化的。项目初期一般以批准的项目建议书匡算作为投资控制目标，一旦项目通过工程可行性研究报告审批，则以工程可行性研究报告批复的估算作为其总投资控制目标，项目通过初步设计审批后，初步设计批复的概算是其总投资控制目标。项目以项目建议书、工程可行性研究报告、初步设计批复的匡算、估算或概算作为其投资控制目标。

一般，项目的投资分解结构以批准的初步设计概算作为分解依据。对于项目的投资控制，既要控制该项目的总投资，又要控制每个概算费用的分项投资。

5.2.3 投资控制与合同管理模式与方法

投资控制目标和投资分解结构确定之后，项目总投资控制问题即转化为各个项目投资分项的控制问题。同时，对投资计划、投资预测以及资金进行管理，运用动态控制原理对建设项目投资进行全方位的控制。

（1）投资动态比较分析

建设工程从立项到竣工都有一个较长的建设期，在此期间会出现各类投资数据，并会出现一些不可预料的变化因素对建设工程投资产生影响，这些不同的数据和变化必然要引起建设工程投资的变动。所以，建设工程投资在整个建设期内都属于不确定的，需随时进行动态跟踪、调整，直至竣工决算后才能真正形成建设工程投资。

在建设项目实施的整个周期中，可对各种投资数据进行整体和分项比较，包括：前期匡算与可研估算的比较、估算与概算的比较、概算与预算的比较、预算与决算的比较等。结合动态的合同执行数据，还可对投资目标及实际动态值进行对比分析，包括：投资目标与最新合同价的比较、投资目标与完成投资的比较，投资计划值与实际完成值比较等。

(2) 投资计划管理

投资计划是根据建设项目已有的投资分项目标，结合工程现场的实际情况而编排的。投资计划可以依据管理的精度而采用月度、季度、年度的方式进行编排。投资计划管理将投资控制目标根据时间坐标进行细化和分解，同时有利于项目资金计划的编排和落实。

(3) 全面的投资预测

建设项目的投资预测是建设项目投资控制的重要功能和基础，为编制科学、合理的投资控制目标提供依据。有效的投资预测需要适合目前国内建设项目实际情况且能进行计算机处理的投资预测模型。应全面考虑建设项目实施过程中影响建设项目投资的全局因素和局部关键因素的变化，灵活机动，从多个角度对投资进行全面预测。

(4) 资金管理

实行资金管理在于充分发挥建设项目资金效益，确保项目资金流健康，杜绝项目资金截留、挪用、改变专款用途的违规现象发生。

投资控制目标通过投资分项进行分解，投资分项体现和代表着相应的工作内容，这些工作绝大部分是通过合同发包的方式完成的，因此投资的控制问题在项目实施过程中转化为合同管理问题。为了全面、统一、规范项目投资控制工作，应确立以合同管理为核心的投资控制管理模式。加强对合同以及与合同相关的信息、文本、变更、支付、完成投资的管理。

(1) 规范合同签订过程

规范合同信息，保证合同的合法性、严肃性和可操作性。签订的合同应明确合同双方权利和义务关系，签订的合同一般应包括以下基本内容：明确的合同标的，即合同履行内容、范围等；数量；质量；价款或报酬以及支付方式；履行期限、地点和方式；变更和索赔；奖惩和违约责任；解决争议的方法。订立的合同尽量使用标准合同文本。

加强对合同形成过程中文本的管理，包括合同草案、谈判工作纪要及有关附件、保密协议、廉政协议和安全生产责任协议书等资料。加强合同签订流程的管理，应用工作流机制管理合同的流转和签署，确保各方在合同签订过程中的职责。对于合同履行过程中发生的变更、修改或补充，也应按合同签订流程办理补充合同的流转和签署。

(2) 跟踪检查合同履行情况

合同签订生效后，应密切跟踪检查合同的履行情况，掌握合同动态，发现问题及时汇报，并根据合同履行中出现的问题，采取有效措施加以纠正或解决，必要时对合同进行变更、修改或补充。若发现对方确实不具履约能力或违约时，应及时采取措施，必要时协助司法部门做好诉讼或仲裁。

(3) 全面管理合同款的支付

合同款存在两种方式的结算支付：按月度完成工作量和按形象节点完成工作量。对于合同支付，进行全面的流程管理。

对于第一种支付方式，施工单位在规定日期内上报完成工程量和工作量，并提出请款申请，经工程监理、投资监理审核后上报项目部，由项目部送交业主方进行会签，最后由业主代表审批后予以支付。

对于第二种支付方式，设计、施工、供货等单位在完成合同约定的形象节点目标后，提出请款申请，遵循相关流程进行审核和会签，最后由业主代表审批后予以支付。预付款和质量保证金将严格按合同规定扣留。

(4) 合同竣工结算管理

合同的竣工结算表示合同双方已经全部履行了合同规定的各项任务，必须在合同内容全部完成和工作质量达到合同要求并经验收合格以后，才能办理。

办理竣工结算必须依据充分、基础资料齐全，以批准的施工图设计和变更设计为基础，对工程项目内容作全面认真地清点和检查，逐项核算工程量和工作量。凡在原合同预算基础上新增的内容，均须提供详实的依据材料。

竣工决算应按照规定的控制流程进行，各单位提交结算报告或结算申请后，经监理单位、项目部审核后，报业主代表审批同意，结清合同费用，必要的时候进行结算变更，合同履行结束。对于具有保修义务的合同，进入保修阶段。

5.2.4 投资控制与合同管理集成信息化管理

从管理角度而言，投资控制与合同管理的集成管理是处理投资控制与合同管理的工作相关性问题；从信息角度而言，是处理投资与合同的信息相关性问题。投资控制与合同管理的管理关系和信息关系如图 5-3 所示。

(1) 费用合同化是投资与合同信息集成的主要方法

按照结构分解法原理，工程项目总投资控制问题将归结为如何控制各个投资费用项，如图 5-3 中的工程费用、其他费用、预留费用等(费用细目按投资控制细度分)的问题；各个投资费用项代表着相应的工作内容，而这些工作的完成是依靠一个一个合同来完成的，因此，投资费用项的控制问题即转化为合同的管理问题。如此，投资控制与合同管理信息集成的方法可概括为投资费用合同化。

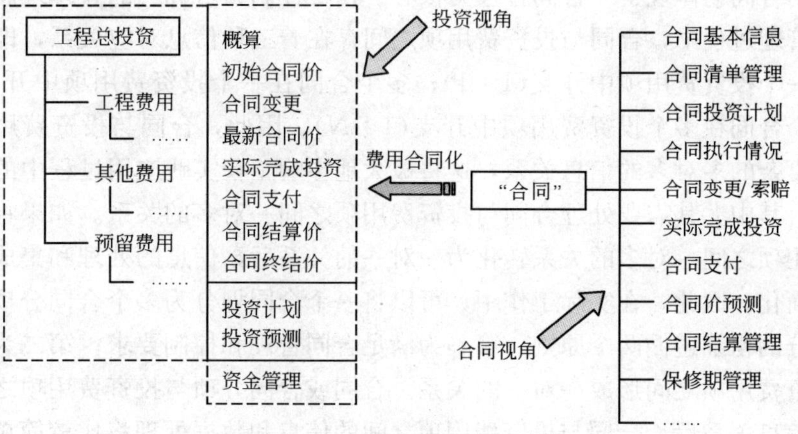

图 5-3 投资控制与合同管理信息关系图

通过费用合同化之后，每个投资费用项将产生除了投资控制目标(如概算)之外的其他投资数据类型，如初始合同价、合同变更、最新合同价、实际完成投资、合同支付、合同结算价、合同终结价等，管理者可运用动态比较分析方法对这些不同投资数据类型进行比较分析，发现产生投资偏差的问题，及时寻求合适的纠偏措施。

(2) 合同概念的拓展是投资与合同信息集成的一个关键

费用合同化中的"合同"并不完全是我们平常意义上的合同概念，它是一个广义的概念。从费用发生的情况看，大部分的投资和费用是通过合同方式发生的，但还有相当一部分的费用并不是通过合同方式发生的，如建设单位管理人员的工资福利、技术资料费、会务费、水电费、招标公告费等，这些费用往往不以合同形式出现，由财务直接支付的，但这些费用都是工程总投资的组成部分，也应囊括在投资控制的范畴内。因此，为了全面使用费用合同化方法控制工程总投资，应拓展费用合同化中的合同概念。

费用合同化中的合同可分为三类合同，第一类是平常意义上有着明确甲乙方的合同，第二类是不以合同方式发生的费用，第三类是待签合同，其中第二类合同即为非合同的财务支出，我们称之为"虚拟合同"。通过对费用合同化中合同概念的拓展，就勾勒出了投资控制与合同管理信息集成的总体框架。实际发生的投资和费用控制问题即转化为第一类合同和第二类合同管理的问题；投资计划和投资预测问题即转化为三类合同管理的问题。

(3) 合同与投资费用项之间信息对应关系的处理

费用合同化体现了“合同管理为核心、投资控制为目标”的管理理念，在工程实际管理过程中，合同与投资费用项之间存在着三种信息对应关系，即一个合同只在一个投资费用项中开支(1：1)；多个合同在一个投资费用项中开支(N：1)；一个合同在多个投资费用项中开支(1：N)。因此，合同与投资费用项之间存在着复杂的多对多的信息关系，这将极大地影响工程实践应用过程中的可操作性问题，其中尤其需要处理合同与投资费用项之间一对多的关系。如果将合同与投资费用项之间一对多的关系转化为一对一的关系后，信息的处理和集成将会变得更加简化。因此，在实际工作中，可以将一个合同划分为多个合同分项，合同分项划分的粗细遵循两个原则：第一为满足合同管理和控制要求；第二为合同分项与投资费用项之间形成一对一的关系。合同或合同分项与投资费用项之间形成一对一信息关系后，合同与投资费用项之间的信息和数据处理将比较简单，也具有更强的可操作性。

(4) 注重投资的事前和事中控制

投资控制既要注重事中控制，更需要关注事前控制。投资预测和投资计划是投资控制的事前控制，投资的计划管理和预测管理都与以上所述的三类合同相关，既要对已签合同(包括虚拟合同)进行计划管理和预测工作，还要对待签合同进行计划和预测。

5.3 以投资控制与合同管理为核心功能的专业软件介绍

5.3.1 C3A 软件介绍

1. C3A 软件概况

上海科瑞信息技术开发有限公司的 C3A 软件是典型的以投资控制与合同管理为核心功能的专业项目管理软件。C3A 是 Cost Control & Contract Administration 的英文缩写，意即“投资与合同的集成控制和管理”，是为建设工程项目的投资与合同的集成控制和管理工作提供辅助服务的专业化软件。该软件是同济大学数十位工程管理教授、博士和硕士将国际先进的工程管理理念与信息技术相结合，并根据国内大型建设工程项目的特点，历经 10 年时间开发而成，已在多个国家重点工程项目和大型建设项目中得以应用，并在应用过程中不断修改、调整和优化，现已逐渐趋向成熟和完善。其基本界面如图 5-4 所示。

图 5-4 C3A 功能界面

C3A 软件基于科学的投资控制与合同管理理论，创造性地提出了投资与合同集成化管理的方法和模式，采用先进的信息技术和通信技术，以 B/S 的方式为建设工程项目提供了一套完整的投资控制与合同管理方法和工具。该软件具有完善的投资控制与合同管理功能，适用于各种类型、各种规模的民用建筑、工业建筑以及基础设施建设工程项目，能满足各级政府主管部门、工程建设指挥部、建设单位、项目管理咨询公司和工程监理公司等各方对投资控制与合同管理工作的要求。

2. C3A 软件特点

(1) C3A 软件管理理念来自于大型建设工程项目，实践于大型建设工程项目，服务于大型建设工程项目，所以更熟悉建设工程项目的投资控制与合同管理工作和需求，更具有针对性和专业性；

(2) 创造性地提出了投资与合同的集成控制和管理的方法和模式，从而解决了投资控制与合同管理长期存在的信息孤岛问题，既避免了数据多次重复输入、数据不一致等问题，又发挥了投资控制与合同管理集成后的强大功能和作用；

(3) 软件拓展了“合同”的概念，从而使得“以合同管理为核心，控制项目总投资”的理念真正得到贯彻和实施；

(4) 提出“以数据管理为中心”的建设工程项目信息管理的理念，融合了投资控制与合同管理的各项工作；

(5) 软件体现“管理合同化、信息透明化”的原则，随时提供有理有据、有案可查、清清白白的工程建设经济账；

(6) 对建设工程项目的估算、概算、预算、合同价、结算价、终结价、合同变更、合同索赔、实际完成投资、合同支付等各种投资数据类型的数据作全面处理和比较分析；

(7) 对勘察合同、设计合同、施工合同、监理合同、科研合同、技术服务合同、材料设备采购合同等各类建设工程项目的合同进行全方位地管理；

(8) 软件既能很好地管理操作层面的投资控制和合同管理数据，又能从不同层次、不同角度归纳整理、统计投资控制与合同管理信息，为项目高层领导提供强大的决策信息支持服务；

(9) 软件具有强大的自动统计和分析功能，提供各个层次、各个方面的详细和汇总统计数据，并提供各种所需的信息报告和报表；

(10) 提供强大的安全管理功能，采用三维权限管理模式，满足任何层次的安全管理要求；

(11) 软件操作异常简单，对使用人员没有专业水平要求，不需操作培训或经过短暂操作培训即可上手操作；

(12) 软件采用了世界上最为高效的数据处理平台 Oracle10g，充分满足了大型建设工程项目投资控制和合同管理数据量大、面广、数据处理时间性和安全性的要求；

(13) 采用 B/S 结构实现瘦客户端要求，在互联网平台上运行具有数据处理快、响应时间短的优势，使得“互联网上的项目管理”的愿景得以真正实现。

3. C3A 软件主要功能(如图 5-5 所示)

投资控制和合同管理无论对业主方，还是设计、施工方，或供货方乃至监理方，都是非常重要的工作内容。投资控制和合同管理贯穿于项目建设全过程，是项目管理的关键组成部分。尤其是项目建设过程中浩如烟海的投资控制和合同管理数据以及紧迫的时间使得手工处理往往难以满足管理要求。C3A 提供了项目全过程，特别是实施阶段的投资控制和合同管理辅助管理作用，其主要包括投资控制、投资计划管理、投资预测管理、资金管理、合同管理、合同分析、工程文档管理、信息及流程管理、报表系统、系统管理等十大功能模块。

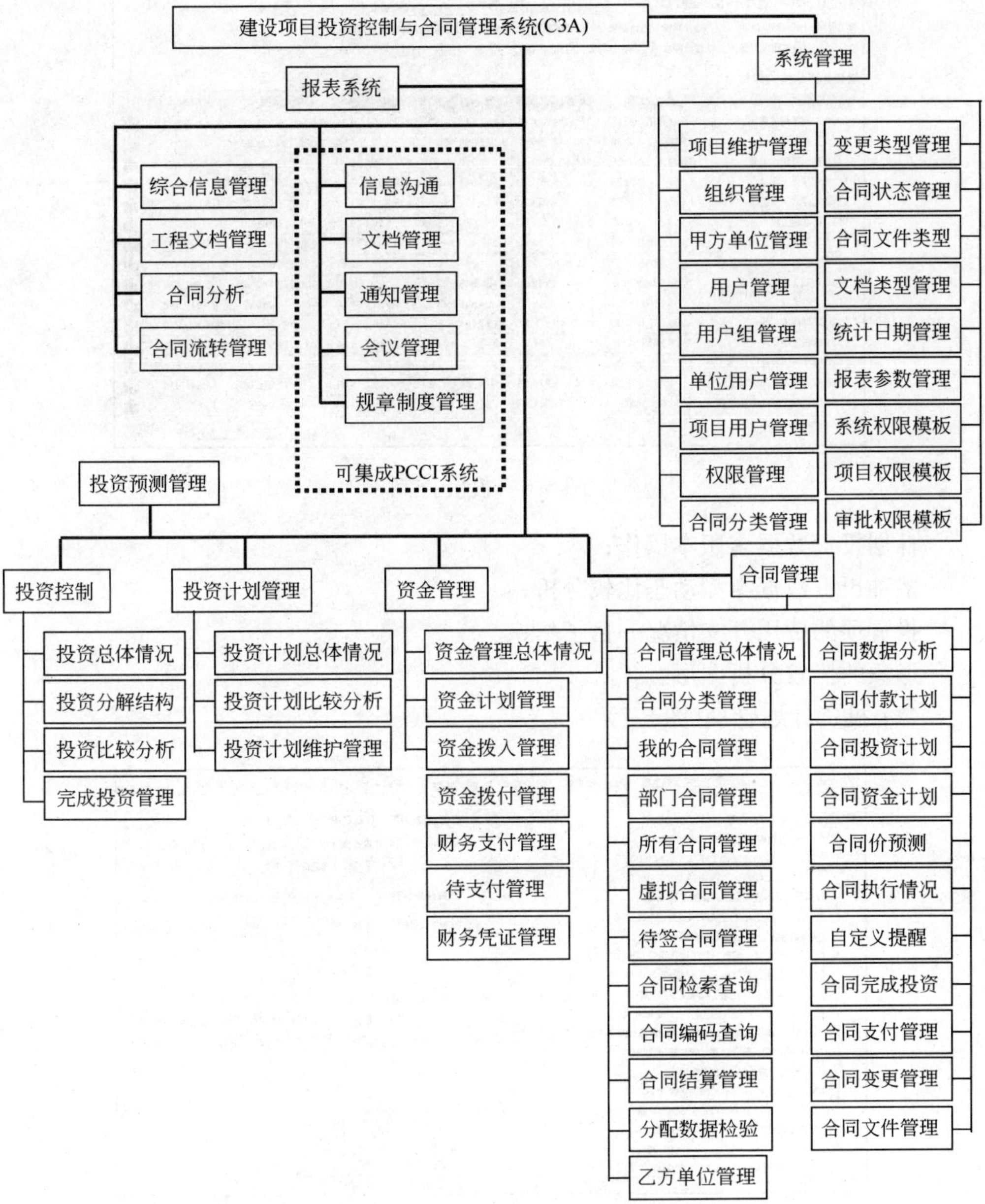

图 5-5　C3A 系统功能框架图

(1) 投资控制(图 5-6)

分解投资结构，确定投资控制目标；

投资分项名称	概算	最新合同价	初始合同价	合同变更	完成投资	合同支付
1000 二期工程总费用	5,961,030,000.00	5,776,279,827.43	4,937,113,698.08	839,166,229.35	5,664,819,305.14	5,397,859,134.81
1100 工程费用	4,938,450,000.00	4,906,476,355.11	4,127,099,850.31	779,376,504.80	4,808,215,024.50	4,549,254,311.25
1110 整治建筑物工程	3,429,940,000.00	3,425,132,863.43	2,812,326,980.17	612,805,883.26	3,424,802,503.43	3,263,324,685.47
1111 北导堤工程	1,652,570,000.00	1,631,245,564.78	1,290,341,984.05	340,903,580.73	1,630,915,204.78	1,317,923,985.41
1112 北导堤丁坝工程	415,010,000.00	415,007,834.33	443,991,436.95	-28,983,602.62	415,007,834.33	276,086,550.68
1113 南导堤工程	666,620,000.00	661,616,788.00	560,576,115.00	101,040,673.00	661,616,788.00	575,702,707.62
1114 南导堤丁坝工程	431,750,000.00	431,743,343.00	243,239,145.00	188,504,198.00	431,743,343.00	297,134,103.76
1115 大圆筒结构试验段工程	28,880,000.00	28,876,452.03	21,577,349.60	7,299,102.43	28,876,452.03	27,283,625.69
1116 一期丁坝续建工程	168,930,000.00	168,928,139.58	168,846,929.58	81,210.00	168,928,139.58	136,801,120.95
1117 大临工程	66,180,000.00	66,174,959.22	64,697,895.22	1,477,064.00	66,174,959.22	63,810,556.90
1120 二期疏浚工程	1,288,300,000.00	1,280,741,346.87	1,127,294,732.63	153,446,614.24	1,188,690,962.87	1,095,322,014.24
1121 疏浚工程	836,190,000.00	831,511,951.87	819,706,433.63	11,805,518.24	831,511,951.87	830,641,151.67
1122 横沙东滩吹泥区围堰工程	452,110,000.00	449,229,395.00	307,588,299.00	141,641,096.00	357,179,011.00	264,680,862.37
1130 疏浚吹泥上滩试验工程	4,850,000.00	4,841,975.00	5,364,600.00	-522,625.00	4,841,975.00	4,841,975.00
1140 施工期工程区域测量费	33,860,000.00	27,139,221.97	26,691,151.97	448,070.00	24,325,082.81	23,670,869.83

图 5-6　投资控制

计划投资数据多版本操作；

多种投资数据类型动态比较分析；

投资项的费用开支情况一目了然；

形象的比较分析图形。

(2) 投资计划管理(图 5-7)

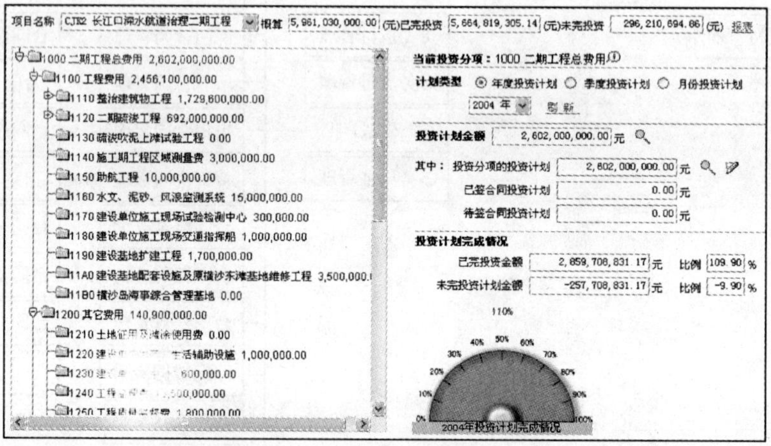

图 5-7　投资计划管理

投资项、已签合同、待签合同的年度、季度、月度投资计划的编制；

各个投资项投资计划的汇总和统计；

各个投资项投资计划完成情况动态比较分析。

(3) 投资预测管理(图 5-8)

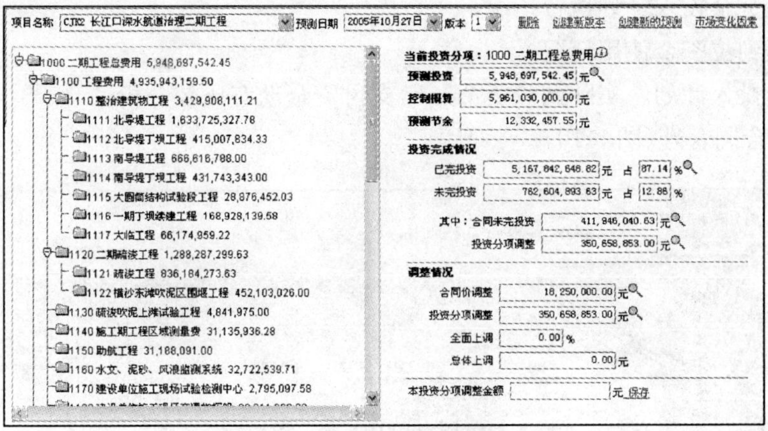

图 5-8　投资预测管理

从投资项、合同以及市场条件变化等三个方面对未完投资进行预测；

在不同时间点对投资进行预测；

在同一时间点支持多个版本的预测；

预测值与目标控制值的动态比较分析。

(4) 资金管理(图 5-9)

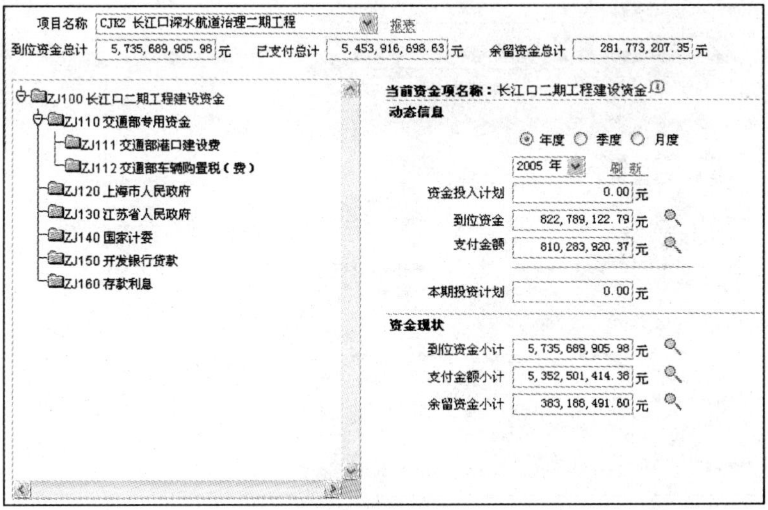

图 5-9　资金管理

年度、季度、月度资金投入计划的编制；

记录资金实际到位情况；

掌握资金投入计划执行情况；

掌握到位资金使用情况；

资金投入计划、实际到位资金、已支付资金动态比较分析。

(5) 合同管理(图 5-10)

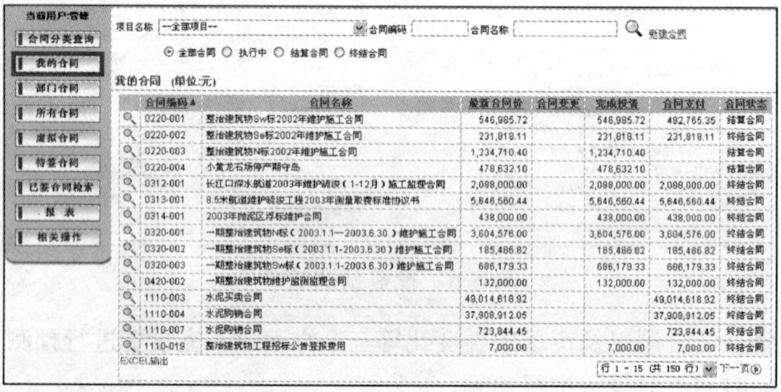

图 5-10 合同管理界面(一)

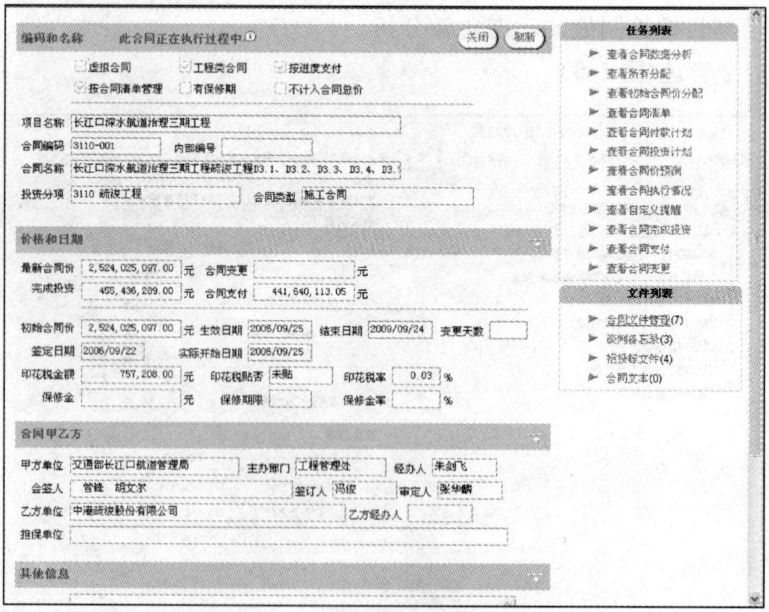

图 5-10 合同管理界面(二)

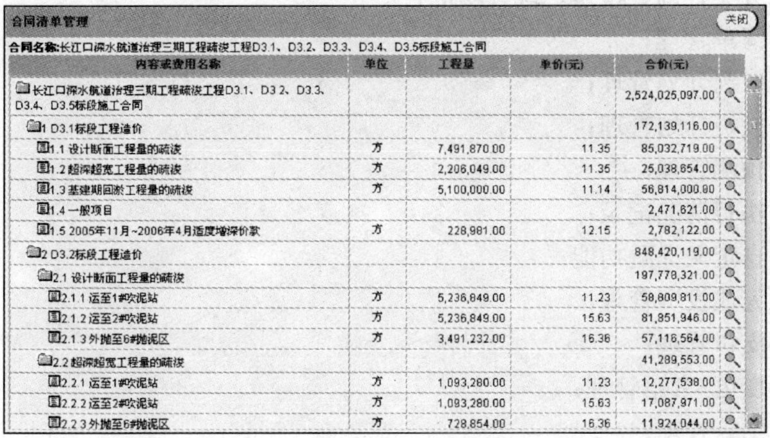

合同清单管理

合同名称:长江口深水航道治理三期工程疏浚工程D3.1、D3.2、D3.3、D3.4、D3.5标段施工合同

内容或费用名称	单位	工程量	单价(元)	合价(元)
长江口深水航道治理三期工程疏浚工程D3.1、D3 2、D3.3、D3.4、D3.5标段施工合同				2,524,025,097.00
1 D3.1标段工程造价				172,139,116.00
1.1 设计断面工程量的疏浚	方	7,491,870.00	11.35	85,032,719.00
1.2 超深超宽工程量的疏浚	方	2,206,049.00	11.35	25,038,654.00
1.3 基建期回淤工程量的疏浚	方	5,100,000.00	11.14	56,814,000.00
1.4 一般项目				2,471,621.00
1.5 2005年11月~2006年4月适度增深价款	方	228,981.00	12.15	2,782,122.00
2 D3.2标段工程造价				848,420,119.00
2.1 设计断面工程量的疏浚				197,778,321.00
2.1.1 运至1#吹泥站	方	5,236,849.00	11.23	58,809,811.00
2.1.2 运至2#吹泥站	方	5,236,849.00	15.63	81,851,946.00
2.1.3 外抛至6#抛泥区	方	3,491,232.00	16.36	57,116,564.00
2.2 超深超宽工程量的疏浚				41,289,553.00
2.2.1 运至1#吹泥站	方	1,093,280.00	11.23	12,277,538.00
2.2.2 运至2#吹泥站	方	1,093,280.00	15.63	17,087,971.00
2.2 3 外抛至6#抛泥区	方	728,854.00	16.36	11,924,044.00

图 5-10　合同管理界面(三)

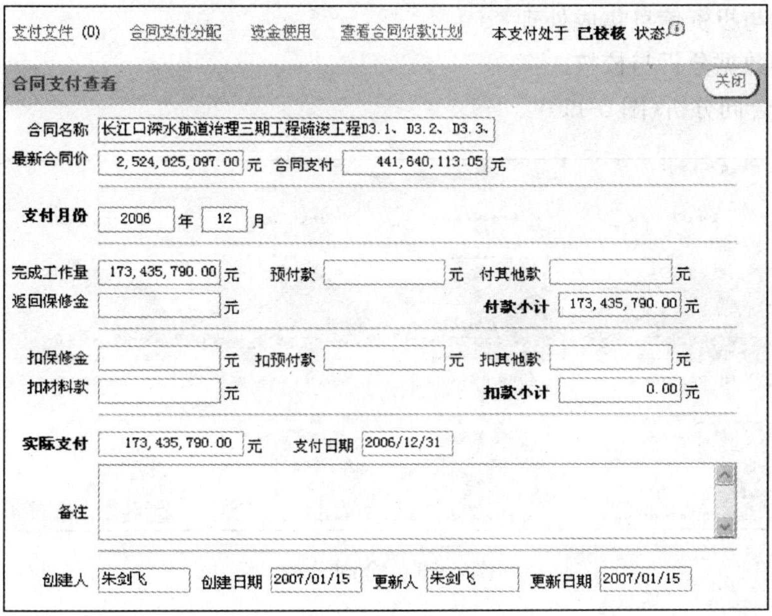

图 5-10　合同管理界面(四)

合同信息管理；

多种类型合同数据的处理；

我的、部门的以及所有合同的管理；

合同分类查询、检索、统计功能；
合同清单管理；
合同付款计划管理；
合同投资计划管理；
合同预测管理；
合同执行情况记录；
合同自定义提醒功能；
合同完成投资管理；
合同支付管理；
合同变更/索赔管理；
合同结算管理；
保修期满管理；
合同相关文件管理；
合同与投资信息集成处理；
合同数据分析与校核。

(6) 合同分析(图 5-11)

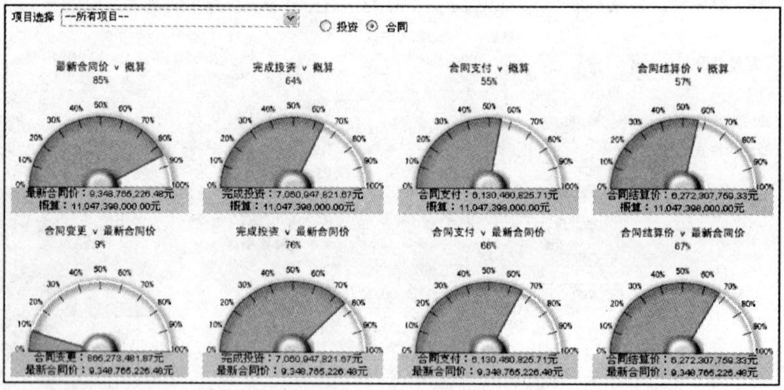

图 5-11　合同分析

从投资和合同角度对单个或所有项目进行总体分析；
合同变更分析；
合同完成投资分析；
合同支付情况分析。

(7) 工程文档管理(图 5-12)

图 5-12　工程文档管理

工程文档结构维护；

上传、下载工程文件；

工程文件权限设置；

文件查看提醒；

文件浏览记录跟踪；

文件快速检索。

(8) 信息及流程管理(图 5-13)

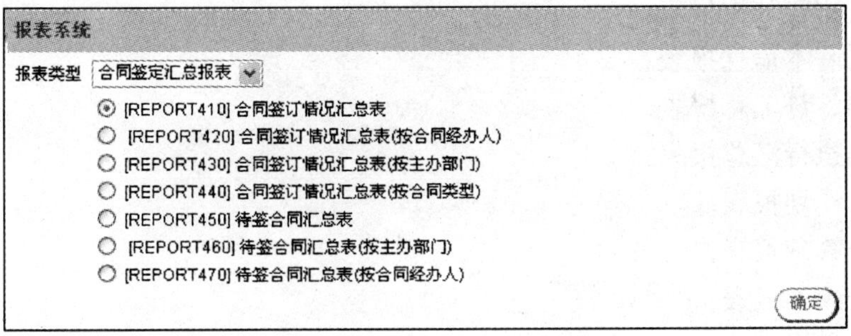

图 5-13　信息及流程管理

项目前期工作信息；

项目综合信息提醒与预警；

审核流程管理；

数据校验机制及流程管理；

自定义流程设置。

(9) 报表系统(图 5-14)

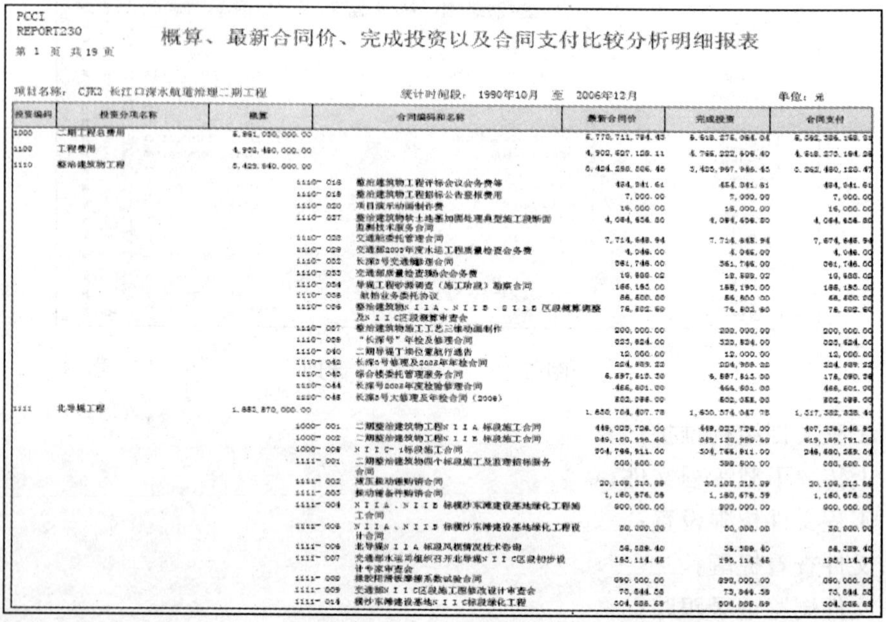

PCCI
REPORT230
第 1 页 共19 页

概算、最新合同价、完成投资以及合同支付比较分析明细报表

项目名称：CJK2 长江口深水航道治理二期工程　　统计时间段：1990年10月 至 2006年12月　　单位：元

投资编码	投资分项名称	概算	合同编码和名称		最新合同价	完成投资	合同支付
1000	二期工程总费用	6,861,050,000.00			6,770,711,784.43	6,618,276,064.04	6,362,386,168.8[illegible]
1100	工程费用	4,900,480,000.00			4,902,627,128.11	4,766,222,606.40	4,618,270,194.2[illegible]
1110	整治建筑物工程	5,423,940,000.00			5,424,258,806.48	3,425,967,946.45	5,262,480,120.47
			1110-016	整治建筑物工程评标会议会务费等	484,941.61	484,941.61	484,941.61
			1110-018	整治建筑物工程招标公告登报费用	7,000.00	7,000.00	7,000.00
			1110-020	项目展示动画制作费	16,000.00	16,000.00	16,000.00
			1110-027	整治建筑物软土地基加固处理典型施工段断面监测技术服务合同	4,064,656.80	4,064,656.80	4,064,656.80
			1110-028	交通船委托管理合同	7,714,648.94	7,714,645.94	7,674,645.94
			1110-029	交通部2005年度水运工程质量检查会务费	4,046.00	4,046.00	4,046.00
			1110-032	长深5号交通艇修理合同	361,746.00	361,746.00	361,746.00
			1110-033	交通部质量检查现场会会务费	19,688.02	19,689.02	19,688.02
			1110-034	导堤工程砂源调查（施工阶段）勘察合同	166,185.00	166,190.00	166,185.00
			1110-038	航拍业务委托协议	86,800.00	86,800.00	86,800.00
			1110-036	整治建筑物N I I A、N I I B、S I I B区段概算调整及N I I C区段概算审查会	76,602.60	76,602.60	76,602.60
			1110-037	整治建筑物施工工艺三维动画制作	200,000.00	200,000.00	200,000.00
			1110-039	“长深号”年检及修理合同	323,624.00	323,624.00	323,624.00
			1110-040	二期导堤丁坝位置航行通告	12,000.00	12,000.00	12,000.00
			1110-042	长深6号修理及2005年年检合同	224,989.22	224,989.22	224,989.22
			1110-043	综合楼委托管理服务合同	6,597,613.30	6,597,613.30	178,090.26
			1110-044	长深号2005年度检验修理合同	466,601.00	466,601.00	466,601.00
			1110-045	长深5号大修理及年检合同（2006）	802,088.00	802,088.00	802,088.00
1111	北导堤工程	1,882,870,000.00			1,630,784,407.78	1,630,574,047.78	1,317,382,828.4[illegible]
			1000-001	二期整治建筑物工程N I I A标段施工合同	449,023,726.00	449,023,726.00	407,236,246.92
			1000-002	二期整治建筑物工程N I I B标段施工合同	849,150,996.66	849,150,996.66	619,169,791.56
			1000-006	N I I C-1标段施工合同	304,766,911.00	304,766,911.00	246,680,269.04
			1111-001	二期整治建筑物四个标段施工及监理招标服务合同	600,600.00	399,600.00	600,600.00
			1111-002	液压振动锤购销合同	20,108,210.99	20,108,210.99	20,108,210.99
			1111-003	振动锤备件购销合同	1,160,676.59	1,160,676.59	1,160,676.59
			1111-004	N I I A、N I I B标横沙东滩建设基地绿化工程施工合同	900,000.00	900,000.00	900,000.00
			1111-005	N I I A、N I I B标横沙东滩建设基地绿化工程设计合同	30,000.00	30,000.00	30,000.00
			1111-006	北导堤N I I A标段风模情况技术咨询	56,329.40	56,329.40	56,329.40
			1111-007	交通部水运司组织召开北导堤N I I C区段初步设计专家审查会	195,114.45	195,114.45	195,114.45
			1111-008	橡胶阻滑板摩擦系数试验合同	690,000.00	690,000.00	690,000.00
			1111-009	交通部N I I C区段施工图修改设计审查会	70,844.58	70,844.58	70,844.58
			1111-014	横沙东滩建设基地N I I C标段绿化工程	304,886.69	304,886.69	304,886.69

图 5-14　报表系统

投资数据基本报表；

投资比较分析报表；

合同基本信息报表；

合同签订汇总报表；

合同执行汇总报表；

投资计划报表；

资金管理报表；

投资预测报表；

自定义报表。

(10) 系统管理(图 5-15)

组织结构设置；

用户系统模块权限设置；

用户项目权限设置；

用户流程审核权限设置；

用户报表权限设置；

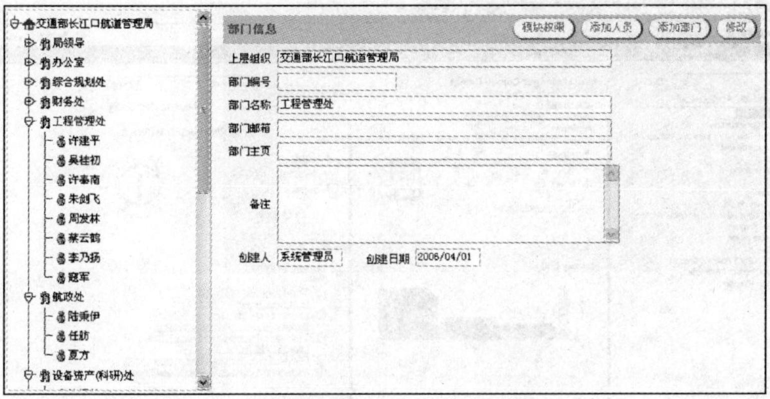

图 5-15　系统管理(一)

图 5-15　系统管理(二)

用户合同权限设置；

系统项目设置；

系统数据及参数维护；

权限模板维护。

5.3.2　EXP 软件介绍

EXP 是合同事务管理软件 Expedition 的简称，现在称为 Primavera Contract Manager 软件，由著名的项目管理解决方案软件供应商美国 Primavera 公司研发。它是国际规范的施工管理和合同管理软件，以合同管理为中心有机地管理合同履行过程。图 5-16 为软件界面。

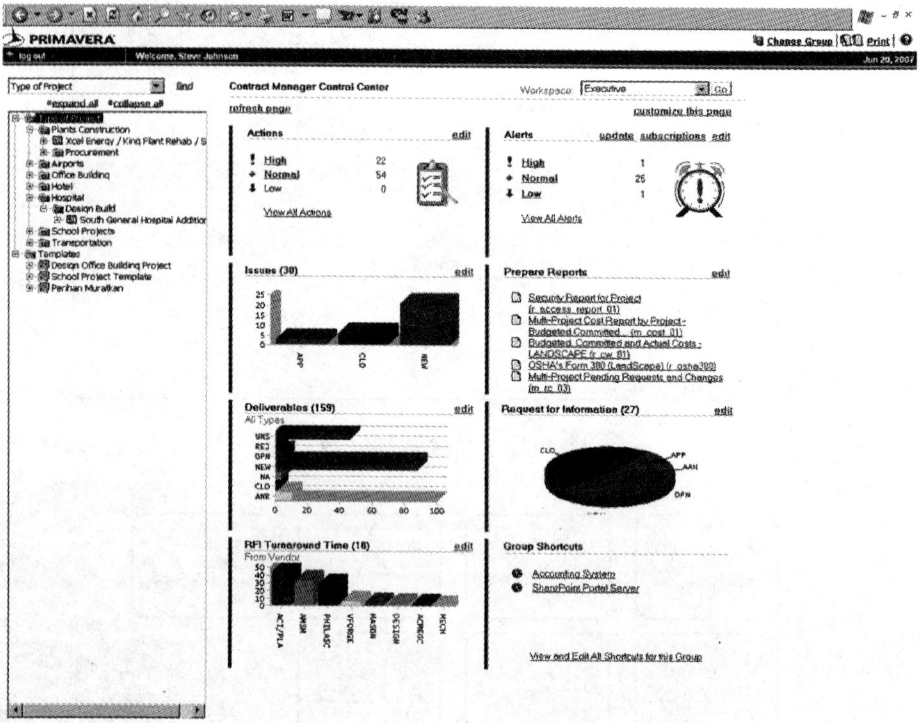

图 5-16　Primavera Contract Manager(EXP)主界面

EXP 内含几个专家系统，其中最富吸引力的有：费用的管理以一张费用表为中心，将工程概算、合同、实际费用予以全面及时地跟踪，任何数据都有“依据”记录在不同的事务记录中。拨入概算多少？已签合同工作量多少？已完成工作量多少？已实际支付多少？这些事务都是什么时候以什么名义发生的？一切依据文件随时可查。EXP 软件以合同管理为中心、以费用控制为主线，为客户提供一整套合同事务管理方案。EXP 软件主要包括以下功能：

(1) 合同台账管理：不论是单价合同还是总价合同、混合模式，也不论是施工合同还是设计合同、采购合同等等，EXP 都可以完整地将其记录下来，并可任意方式对其分类统计。

(2) 合同支付管理：不论是简单的采购合同的支付，还是复杂的包含各种预付款、回扣、质保金的施工合同的进度款支付，EXP 都能解决。结合 EXP 的邮件功能，还可以完成从承包商申请、监理单位核准、业主审批的远程进度款支付的难题。

（3）合同变更管理：EXP的变更管理让用户设计变更流程，从变更的起始到变更令的签发，其间往往复复，不管多少周折，全部记录在案，而且“链接”在一起，以便日后检索、处理争议、进行索赔或反索赔。

（4）合同费用监控：费用的管理以一张费用表为中心，将工程概算、合同、实际费用予以全面及时地跟踪，任何数据都有“依据”记录在不同的事务记录中。拨入概算多少？已签合同工作量多少？已完成工作量多少？已实际支付多少？这些事务都是什么时候以什么名义发生的？一切依据文件随时可查。

（5）还有图纸管理、采购与到货管理、往来文件管理、会议纪要、备忘录、电子办公、提交件审批跟踪与催办、关键词检索等模块。

EXP软件将为使用者提供统一的合同事务管理平台，通过细致且有序的管理方法将规范项目的合同管理行为，提高管理效率。利用EXP软件，客户的管理人员可以很好地完成：

1）工程投资及筹资情况管理；

2）工程及采购合同管理；

3）进度款支付与合同结算管理；

4）变更与索赔管理；

5）工程信息管理；

6）项目费用分析；

7）物资交接管理；

8）送件审查管理。

6 以沟通管理与协同工作为核心功能的专业软件

6.1 建设项目沟通管理与协同工作

6.1.1 信息沟通与协同

信息沟通是指可解释的信息由发送人传递到接收人的过程。具体地说，它是人与人之间思想、感情、观念、态度的交流过程，是情报相互交换的过程。

信息沟通根据参与对象的不同可以分为团体沟通和个体沟通。“团体沟通”，顾名思义是指至少三人以上参加的信息沟通活动。所谓“个体沟通”，是指两人之间的沟通。而目前需要研究和解决的关键是团体沟通中信息的共享和流通问题。

团体沟通主要有以下三种常用的沟通方式：会议沟通、E-mail(或书面)沟通和通知沟通。

(1) 会议沟通

“会议沟通”是一种成本较高的沟通方式，沟通的时间一般比较长，因此常用于解决较重大、较复杂的问题。如下的几种情境宜采用会议沟通的方式进行：

1) 需要统一思想或行动时(如项目建设思路的讨论、项目计划的讨论等)；

2) 需要当事人清楚、认可和接受时(如项目考核制度发布前的讨论、项目考勤制度发布前的讨论等)；

3) 传达重要信息时(如项目里程碑总结活动、项目总结活动等)；

4) 澄清一些谣传信息，而这些谣传信息将对团队产生较大影响时；

5）讨论复杂问题的解决方案时（如针对复杂的技术问题，讨论已收集到的解决方案等）。

（2）E-mail（或书面）沟通

"E-mail（或书面）沟通"是一种比较经济的沟通方式，沟通的时间一般不长，沟通成本也比较低。这种沟通方式一般不受场地的限制，因此被我们广泛采用。这种方式一般在解决较简单的问题或发布信息时采用。在计算机信息系统普及应用的今天，我们很少采用纸质的方式进行沟通，因此以下只针对"E-mail"的沟通方式进行总结。如下的几种情境宜采用 E-mail 的沟通方式进行：

1）简单问题小范围沟通时（如 3～5 个人沟通一下产生最终的评审结论等）；

2）需要大家先思考、斟酌，短时间不需要或很难有结果时（如项目组团队活动的讨论、复杂技术问题提前知会大家思考等）；

3）传达非重要信息时（如分发周项目状态报告等）；

4）澄清一些谣传信息，而这些谣传信息可能会对团队带来影响时。

（3）通知沟通

"通知沟通"是一种面向所有或大部分项目参与成员的广播式沟通方式，通知的目的一般在于发布信息让相关人员获知，沟通的时间一般较长，因此常用于发布项目进展情况、项目制度以及政策内容等。如下的几种情境宜采用通知沟通的方式进行：

1）临时性的发布信息通告（如临时召开会议、假期时间安排等）；

2）定期的发布项目进展信息（如项目大事记、项目周报等）；

3）广播传达重要信息时（如新政策的宣传等）；

4）需要长期贯彻执行的规章制度（如项目管理制度、合同管理办法的实施等）。

沟通的主体是信息的发出者和信息的接收者，其目的是为了相互之间的交流，对于交换信息、拓宽思路和统一认识，沟通的作用巨大，而且很多时候是必不可少的。但是同时，沟通也需要付出一定的成本。最主要的成本是两方面的：一是沟通所花费的时间和精力，二是沟通过程中信息的失真和损失。信息在一个人的头脑里处理的时候，信息传递不需要时间和精力，而且没有失真和损失，这两种成本为零；当信息被两个人相互传递的时候，将花费时间和精力的成本和信息的失真和损失成本，成本的具体大小取决于两个人的表达能力、理解能力、观点和思维的一致性以及达成一致的意愿强烈程度等多种因素。

因此，高效的信息沟通旨在降低沟通的成本，缩短信息沟通的环节和时间，减少由于沟通而额外花费的精力，同时确保信息的正确性和时效性。

协同工作的含义包括三方面，即个人和组织之间以及各自内部之间的沟通，合作和协调。沟通由人(成员)和通信媒介(文本、声音、视频……)组成的，成员之间借助于通信网络传输媒介进行沟通。人与人和人与计算机之间的信息交换。合作指拥有不同技能的成员之间的一起配合完成某项工作。协调是指为完成一个总的目标而对协同工作成员的个体活动进行的合理调整和有机集成。沟通是协同工作的基础，合作是协同工作的方式，协调则是对协同工作过程进行控制。

6.1.2 建设项目信息沟通与协同

现代建设项目规模大，参与单位和人员众多，而且往往涉及国外设计师事务所，建设工程文件多，如信函、通知、图纸、合同、进度报告、采购订单、检查申请和批准、设计变更记录等，信息量大。传统以纸为载体的项目信息管理方式已难以胜任工程需要，亟需充分利用信息技术。当前我国建筑业工程项目管理沟通方式如图 6-1，存在弊病如下：

图 6-1 工程项目信息沟通方式

(1) 信息沟通方式的缺陷

工程项目参与方众多，各方之间的联系大多是一对一联系，加大了信息沟通的路径和层次，容易造成信息沟通的延误与过载，增加了信息沟通的成本。这样的结果是一方面面临着信息过载的问题，另一方面却在处理具体问题时信息的供给严重不足。现在中国建设项目信息沟通主要为纵向模式，缺乏横向的信息流，且业主、设计、施工和供货单位之间无法畅通地互相交流信息，如施工单位不能直接得到业主的要求，供货单位不能直接得到设计单位的要求等等。这会直接影响到工程项目在实施过程中协同工作的效率与项目决策的质量。

(2) 信息沟通手段的落后

建设项目参与各方之间通过电话、传真、邮寄图纸和文件，以及面对面开会来进行协调，为了保证信息传递的准确和及时需要花费大量的时间和金钱，而且信息被错误传达的可能性很高，即使是项目中的一个小改动也可能带来不小的花费，并且常常会导致工期延误。

（3）信息很难进行共享和重复使用

由于大量通过纸质媒介和电话进行沟通，许多信息未能存储在计算机内，即使是存储在计算机内，由于信息的整理和组织不当，很难进行共享，对后续的项目也很难重复使用，造成极大浪费。研究表明 80%以上的建设知识在重复使用，这表明建筑业在信息的共享和重复使用方面有很大的潜力。

（4）产生项目变动的风险

传统工程管理方式和信息沟通方式，只有相关参与人员掌握工程的有关数据和信息，一旦此人离职或其他原因退出项目，将导致相应信息的丢失甚至项目工作的中断，严重阻碍了项目的顺利进行，产生项目延期、成本上升的风险。

建筑业经过长期的发展，各个专业工种的分工已经相当完善。但是，分工加剧了信息不对称。所谓的信息不对称，是指信息拥有者比信息获取者掌握的信息内容要多。在工程管理中，“信息不对称”的现象非常普遍。如业主招标工程中对投标者的真正实力的了解，监理单位对隐蔽工程的验收，承包商接受来自业主方的工程变更指令、业主对承包商按图设计的情况，业主对材料设备质量的了解。这可以通过规定投标者的资质和签订违约合同，监理工程师旁站监督，签收工程变更单以及聘请监理单位，一定程度上解决这个问题。如何避免项目中信息不对称正是项目沟通管理所要解决的问题之一。

互联网的兴起，信息转换瞬间就能完成，所有的信息都成为可数字化的，而所有的数字化信息可及时为任何地方的任何人所用。在获取信息方面，不同地域所存在的巨大差异将会消失。所以，互联网的技术发展为信息发送提供了一个更大更快更有效率的平台，降低了信息沟通的成本，进一步解决了“信息不对称”的问题，有利于工程参与各方进行项目管理时的信息共享。

互联网的出现催生了新一代协同工作技术——项目网站。项目网站的出现标志着成熟技术逐渐移植到随时可以访问的中介平台——网站。虽然各种协同功能模块使用了一段时间，但只有在将大部分功能集成到单一的网络平台后，才是重大突破。此时，许多应用服务提供商通过网站提供项目的外包服务。这些基于网站的工程项目协同工作系统采用各种先进的计算机技术和通信产品，但由于在“建立一个网上协同工作环境以满足现实世界的参与各方的合作要求”的问题上仍有差距，众多网站的服务和产品缺少标准不统一、互操作性差。

因此，开发应用以互联网为平台的项目信息管理系统是建筑业运用信息技术的重点，建立数据库和网络连接，实现网上沟通与协同工作，实现信息资源共享，变纵向交流为横向交流，改进信息沟通与合作，以大大提高项目管理的效率和有效性，保证决策的科学性和时效性。

6.2 以沟通管理与协同工作为核心功能的专业软件的主要理念

为了更好地让工程项目参与各方进行信息沟通与协同工作，单单靠传统的方法和手段已经无法满足人们的需要。近年来，“计算机支持协同工作”(Computer Supported Cooperative Work，CSCW)作为一门新兴的学科，已在许多行业包括建筑的工程设计领域为人们之间的信息沟通与协同工作提供先进的计算机通信支持。同样，在工程项目管理中，我们也迫切需要采用 CSCW 来支持工程项目中的信息沟通与协同工作的需要。

工程项目信息沟通与协同工作，是以协同学为理论依据，以 CSCW 为技术基础，借鉴并行工程方法，对项目参与各方进行信息集成和组织集成，通过互联网进行工程项目管理。

网上工程项目协同工作内容包括了业主方、咨询方、设计方、承包商、分包商和供应商等之间的沟通、合作和协调。这些项目参与方之间在工程项目实施的不同阶段，存在各自不同的信息沟通与协同工作需求。根据他们之间的信息沟通与协同工作方式的时空关系，交互合作方式可分为同步和异步或实时和非实时，合作者的地域分布可以是本地的或远程的。

在平台设计中应把沟通与协同思想(COMMUNICATION & COOPERATION)、工作流技术(WORKFLOW)、知识管理思想(KNOWLEDGE MANAGEMENT)、信息集成思想(INFORMATION INTEGRATION)全面引入，结合国内建设项目管理实际情况，深入浅出地应用于信息系统。作为一套现代化的信息沟通与协同工作平台，所要实现的目标不仅仅是无纸化办公，而是要实现全面的信息共享、信息集中存储、信息推动、协同工作以及实现知识管理。

(1) 沟通与协同思想(COMMUNICATION & COOPERATION)

沟通与协同的含义主要是所有各种不同的项目参与人员在一个沟通平台和互相协同的环境当中进行工作，完成一个相同的项目。它的特点主要是以团队之间信息的沟通与协作和项目管理为目标，把各种分散的资源整合在一起，形成一个共享信息系统。通过网络实现信息沟通与协同工作，以达到数据的传输、数据的共享以及数据的编辑和查阅功能；通过网络通讯和公共信息，提供良好的信息交流和信息发布；更通过工作流管理，任务管理，项目管理来实现更高程度的协作。

(2) 工作流技术(WORKFLOW)

工作流是指工作任务在多个人或参与方之间的流转。在计算机网络环境下，这种流转实际上将表现为信息或数据在多个人之间的传送。按照工作流管理联盟的定义，工作流指的是“业务过程的部分或全部在计算机应用环境下的自动化”，它所要解决的主要问题是“使在多个参与者之间按照某种预定义的规则传递文档、信息或任务的过程自动进行，从而实现某个预期的业务目标，或者是促使此目标的实现”。

通过工作流技术的支持，应用强大的工作流引擎，实现各类收发文管理，并将其应用拓展到其他的业务流程，大大提高行政和业务流程的规范和效率。

(3) 知识管理(KNOWLEDGE MANAGEMENT)

知识管理就是为系统用户实现显性知识和隐性知识共享寻找新的途径。知识管理型组织能够迅速对外部需求作出反应、精明地运用内部资源预测外部市场的发展方向及其变化。更可以从已有的知识经验来指导正在进行的工作。知识管理面临的最大难题是知识的积累与运用。许多成功的知识型组织都建立了可以实现知识共享的信息平台，都建立了对积极参与知识共享而设置的激励机制。

知识管理思想应融入到信息化系统中，并提供的信息分类整理以及为每一类的信息设定访问权限。

(4) 信息集成思想(INFORMATION INTEGRATION)

信息沟通与协同平台一个重要任务是在未来整合集成项目管理过程中需要应用的其他目标管理信息系统，整合信息孤岛，实现信息门户。平台应结合各类信息集成技术，使得信息集成这项繁琐的工作变得轻松可行。

6.3 以沟通管理与协同工作为核心功能的专业软件介绍

6.3.1 PCCI 软件介绍

1. PCCI 软件概况

上海科瑞信息技术有限公司开发的项目协同与控制信息平台(PCCI)旨在集中管理、共享建设项目内部资源和信息，为业主方以及项目管理人员提供一个能及时、准确、快速获取信息和信息沟通与协同的管理平台。PCCI 的应用将大幅度提高和整合项目管理人员的信息管理意识、管理方法、管理流程，从而达到提升管理水平的目标。

PCCI 开发原则：

(1) 注重管理方法和管理流程建设；

(2) 信息集成存储，并兼顾信息共享和个性化处理；

(3) 关注信息的集成化管理与信息的协同工作；

(4) 其他项目管理系统的集成接口设计；

(5) 管理理论和管理方法具有适度的超前性；

(6) 数据的可重复使用性；

(7) 操作以快速、简便、实用为主，体现“以人为本”思想。

2. PCCI 的整体功能框架

PCCI 由文档管理、公文管理、档案管理、会议安排、工作计划、通知、内部规章制度 7 个独立模块组成，同时可整合投资控制、合同管理等 C3A 系统模块以及形象进度管理模块等。个性化主页将登录用户需要关注的信息进行分类和信息提醒，PCCI 功能整体框架如图 6-2 所示。

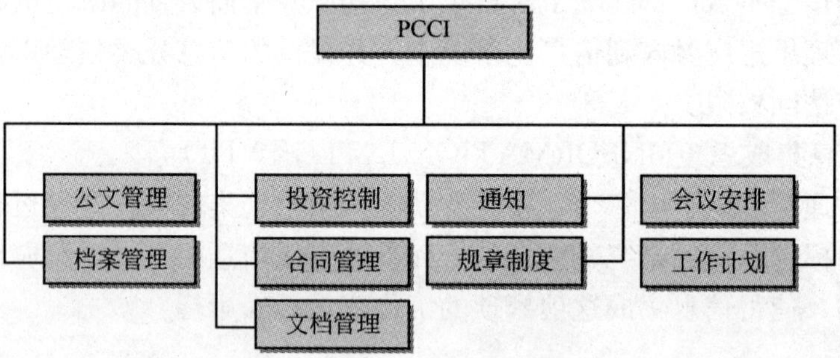

图 6-2　PCCI 功能整体框架

3. PCCI 的功能介绍

(1) 公文管理

通过 web 页面，实现公文的收发与流转，实现收发文与档案的自动化管理。该模块具备系统自动提醒与过期警示功能，使用户在每次登录系统时明确各类待处理事项，使办公过程更及时、流畅和便捷。模块提供完善的权限控制，可以为每个用户设置对每项功能的操作权限，没有授权的用户无法查看其他人经办的文件，使公文的保密性有了很高的保障，如图 6-3 所示。

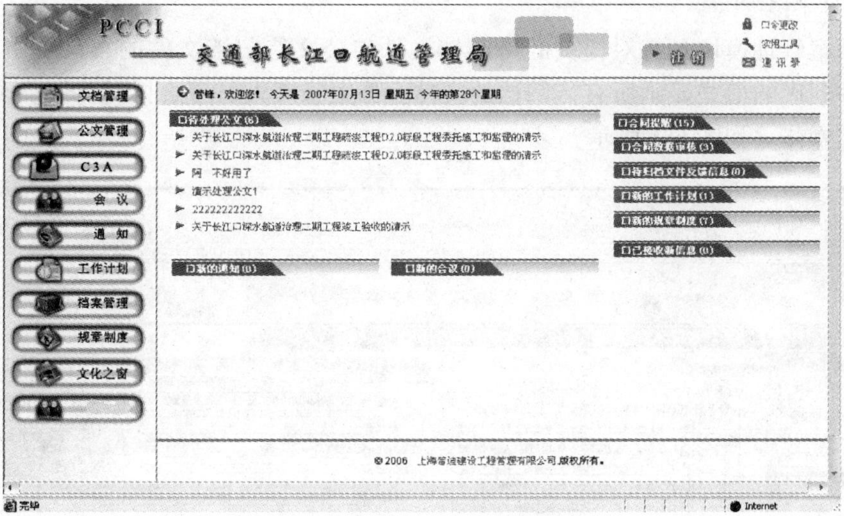

图 6-3　PCCI 公文管理功能

公文管理模块提供以下功能：

1）办文提醒：提示当前登录用户待处理事项，并有过期警示功能。对于列出的待办事项直接链接至处理模块，使工作更流畅、更便捷。

2）办文状态查看：具有对所发公文的流转状态查看功能，能查看文档流转过程中各步骤处理意见，及时、方便地了解所发公文的流转情况。

3）收文管理：对外单位来文进行登记，以文件列表的形式显示收文信息，方便用户查找及处理。

4）发文管理：遵循实际办公的处理流程，由发文人员根据实际情况确定公文流向。包括拟稿、部门核稿、会签、核稿、签发和分发整个发文流程。提供公文模板及正文自动添加标题等主要信息功能，免去打印人员修改格式等繁琐步骤，提高工作效率。具有对正文的修改痕迹保留技术。

5）归档管理：提供收发文的选择性归档功能。根据不同情况提供多种归档方式，加快工作进程，并实现与电子文档的自动关联。

6）检索与报表：对发文、收文、进行分类检索，根据检索权限决定检索范围，没有授权的用户无法查看其他人经办的文件，使公文的保密性有了很好的保障。支持组合检索、多关键字检索、模糊检索，支持档号和文号的特殊检索。提供对查询结果进行排序并打印的功能，操作方便，格式灵活，使用户能够根据自己的要求打印出各类满足不同要求的报表。

（2）档案管理

档案管理模块具有对提交的待归档文件与公文待归档文件的自动提醒功能，以文件列表的形式显示所有待归档的文件。档案管理人员可直接对待归档文件进行归档操作，如图 6-4 所示。

图 6-4　PCCI 档案管理功能

以树型结构方式显示档案数据，利于对档案的维护和管理。该模块支持档案移动，满足档案的自定义排序。模块提供对档案页数和日期的自动统计和汇总、对档号和文号格式的自定义、提供打印档案封面等功能。

（3）文档管理

以树型结构的形式组织文档分类，提供针对繁杂的文档资源进行集中管理的平台，方便文档资源的收集、整理、分发、归档等工作，提高协同工作能力，如图 6-5 所示。

文档管理模块提供以下功能：

1）采用 Web 访问方式，将项目管理相关人员的文档资源统一上传至服务器，进行集中与共享管理。对文档文件的操作包括：上传文件，下载文件，编辑文件，删除文件，文件分发，文件意见反馈，版本增加，文件属性设置，文件归档等。

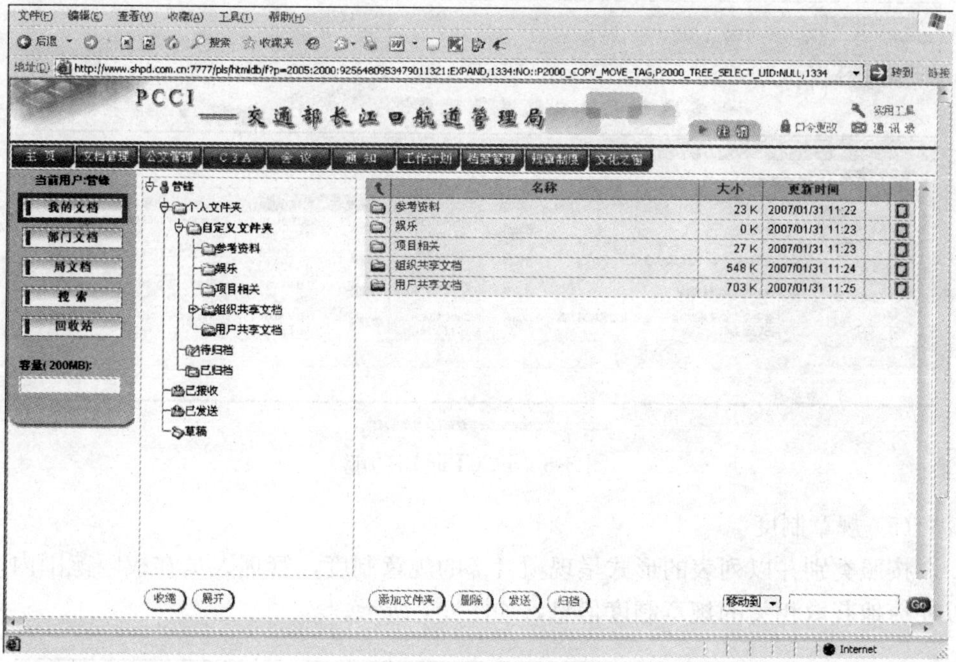

图 6-5　PCCI 文档管理功能

2）采用简单直观的树型结构对文档资源进行分层次、分类别管理。对文档分类文件夹可进行新建文件夹，文件夹维护，删除文件夹，文件夹下载等操作。

3）提供对用户存储容量的提醒与控制，以达到系统资源的最大化利用。

4）对新的上传至服务器的公共文档以及接收到的新文档进行提醒。对发送的文档反馈信息进行提醒。

5）提供对文档属性的设定，提供全文检索功能，方便快速查找文档信息。

6）提供文档的归档功能。

7）对文档类别实行权限控制，保证文档的安全性和私有性。

（4）通知

以列表的形式显示项目的各项公开通知，并具备新录入通知的提醒功能。公开通知是指项目部发布的面向所有项目管理人员的通知。对于具有保密性质的个别通知，通知录入人员可以在通知发布前设定具备查看权限的人员名单。通知发布后，该通知信息将自动添加到各人员的我的通知栏位而不在此显示。该模块具有通知录入、通知维护、通知查询功能，如图 6-6 所示。

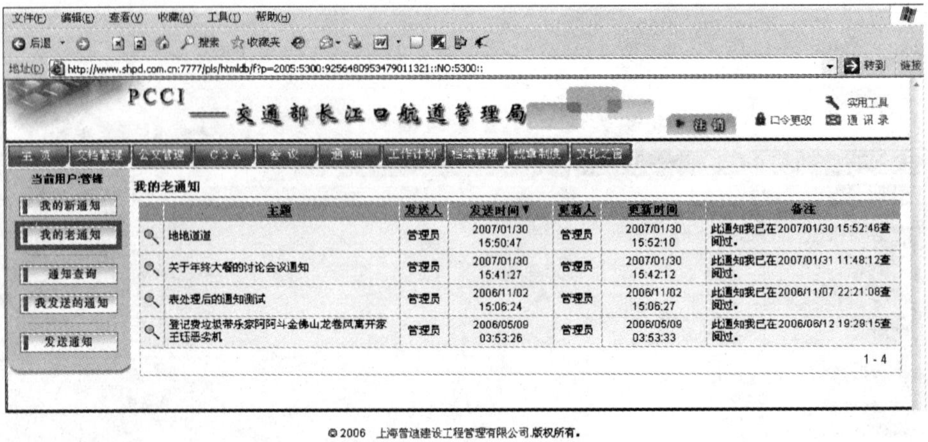

图 6-6 PCCI 通知功能

(5) 规章制度

按照类别并以列表的形式呈现项目部的规章制度，管理人员在权限范围内可以便捷地获取相关的规章制度信息，如图 6-7 所示。

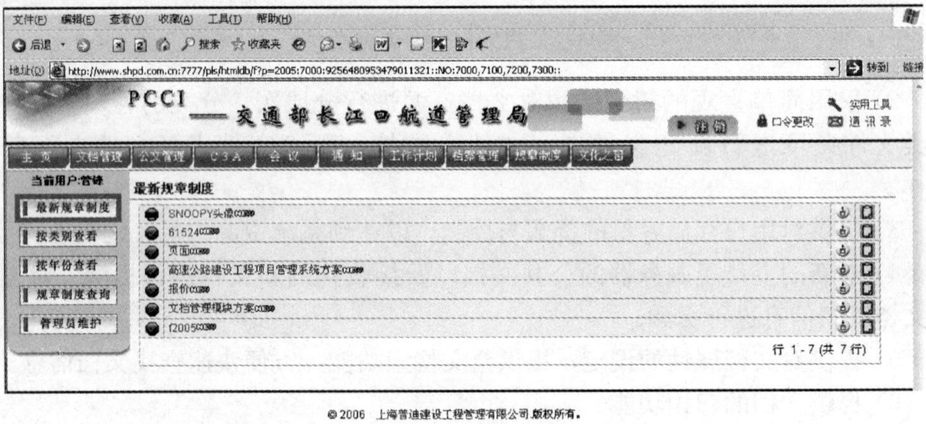

图 6-7 PCCI 规章制度管理功能

该模块提供以下功能：

1) 规章制度分类维护；

2) 权限设置；

3) 规章制度文件的增加、删除、修改等操作；

4) 标题、内容模糊查询；

5）在线查看规章制度内容；

6）下载规章制度文件；

7）新的规章制度提醒功能。

（6）会议

会议模块以列表或日历的形式显示各方组织的会议安排情况。提供直接发布会议信息和会议提请审批功能，如图6-8所示。

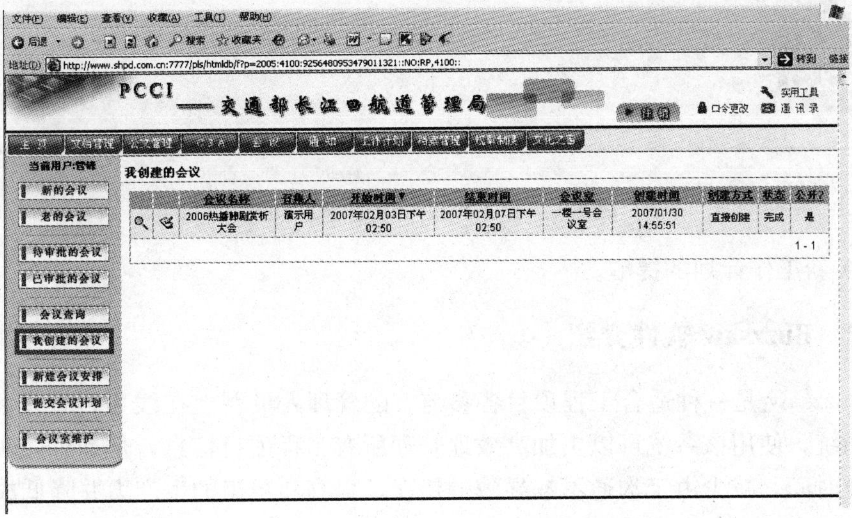

图6-8　PCCI会议管理功能

该模块提供以下功能：

1）增加、删除、修改会议安排信息；

2）以日历方式查看局、处、其他人员的会议安排情况；

3）会议提醒功能；

4）权限设置。

（7）工作计划

工作计划模块以列表或日历的形式显示项目管理人员近期的工作计划安排以及被委派的各项工作计划安排，并具备新计划的提醒功能。如图6-9所示。

该模块提供以下功能：

1）工作计划录入与委派；

2）工作计划维护；

3）工作计划查询；

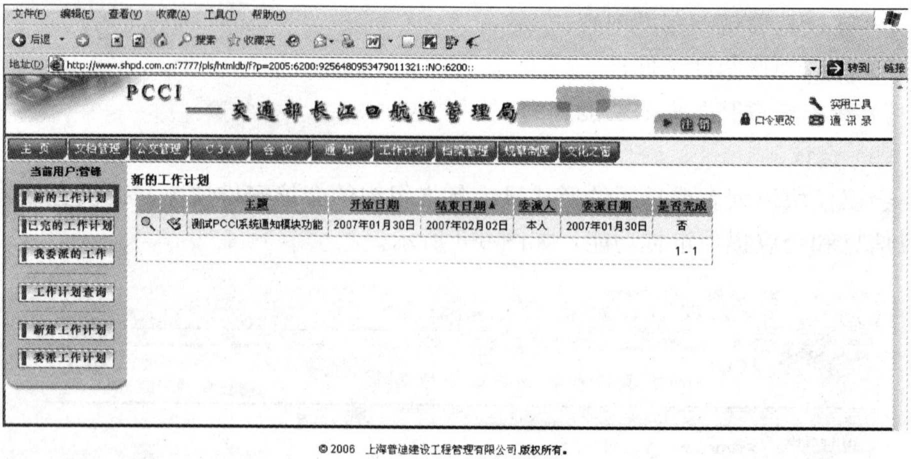

图 6-9　PCCI 工作计划管理功能

4）新工作计划的提醒。

6.3.2　Buzzsaw 软件介绍

Buzzsaw 是一种适合工程项目各参与方的管理人员网上在线项目管理和协同作业系统，使用该系统可以更加高效地管理所有工程项目信息，从而缩短项目周期作业时间，减少由于沟通不畅导致的错误，提高项目组的生产力并降低成本。

1. Buzzsaw 的产生背景

Buzzsaw 产生的主要背景是建筑业中存在的一些需要解决的问题。这些问题主要有：

（1）建筑业存在的浪费问题；

（2）建筑业生产效率下降；

（3）建筑业不同阶段之间信息传递面临的挑战；

（4）全球范围内建筑业在 IT 的投资不足。

为了解决建筑业上述存在的问题，Autodesk 公司提出了建设工程生命周期管理(Building Lifecycle Management，BLM)概念和技术，用于提高建筑业的效率。

BLM 是指在项目中所有数字化设计产品，通过分享内容，共同合作。BLM 包括两个方面，其一是项目创建过程采用数字化模型，其二是在整个项目生命周期中管理和共享信息。BLM 的关键是始终将信息保持在数字化。

Autodesk BLM 的目标是，通过协同作业，改善信息的创建、分享与过程管理，从而达到提高决策准确度、提高运营效率、提高项目质量和提高用户获利能力的目标。

（1）BLM 解决方案的第一个层面：基于数据层面的协同作业

改善工程项目信息的“创建”过程，采用建筑信息模型 BIM(Building Information Model)技术。在技术上，从工程项目信息创建过程的二维到三维的转变，即从图形(Drawing)到模型(Model)的转变。在产品上，从 AutoCAD 转变到 Civil 3D 和 Revit 软件。

（2）BLM 解决方案的第二个层面：基于沟通层面的协同作业

改善工程项目信息“管理”和“共享”过程，采用 BLM 技术。在技术上，从工程项目各参与方杂乱无序的沟通方式到有序的在线协同作业，如图所示。在产品上，从原来用 EMAIL 传输文件转变到通过 Buzzsaw 传输文件，从原来 DWG 格式传输具有流量大、速度慢等特点转变为以 DWF 传输具有方便和流量小等优点的方式转变。

（3）采用 BLM 可以使项目总体周期缩短 5%

根据研究报告，BLM 技术可以使项目管理在许多方面得到改善：

1）交流时间

沟通交流时间节省 30%～60%。

2）项目周期

项目整体周期可以缩短 5%；

平均工作流程缩短 30%～60%。

3）资源管理

行政人员化在人物上的时间节省 20%～50%；

打印、邮寄、旅差成本节省 20%～30%；

信息搜索时间节省 50%。

4）财务/现金流

5%的收入增加，5%的成本减少。

5）责任和档案

增加项目透明度和责任感；

完整的项目档案和项目历史。

2. Buzzsaw 软件系统的特点

从工程项目生命周期过程内的信息生命过程，即创建、管理、共享来看，Buzzsaw 主要表现在改善工程项目信息的“管理”和“共享”过程。其界面见图 6-10 所示。

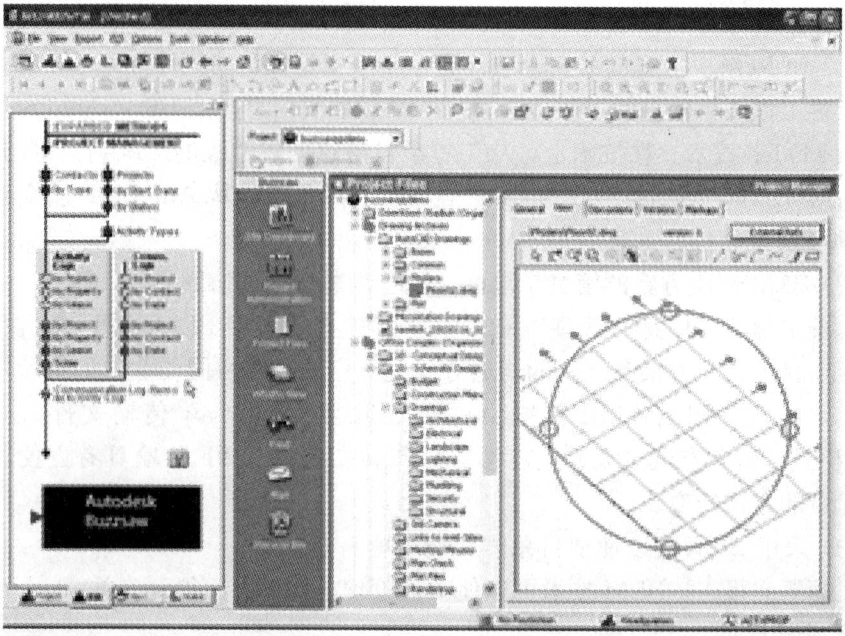

图 6-10　Buzzsaw 功能界面

从改善工程各项目管理的行为要求和 Buzzsaw 的解决方案来看，Buzzsaw 具有以下特点：

(1) Buzzsaw 是存储完整的项目资料的信息中心

完整的项目资料是项目管理的主要成果之一。项目资料管理有两个基本目标，一是集中统一管理，二是方便安全利用。前者是为后者服务的。项目资料主要包括工程图纸和工程文档。同时，由于项目资料具有不同的创建者和使用者，需要分层次进行管理。因此，项目资料的管理标准、分类结构以及行程过程(即项目的实施过程)也是重要的项目资料。

Buzzsaw 提供的项目资料管理的解决方案是：

1) 集中化：所有项目资料集中存放；

2) 数字化：减少打印、投递作业和费用；

3) 标准化：所有项目资料管理模式和文件类型统一；

4) 完整性：包括图纸、文档、标准、事件、目录结构等项目资料；

5) 一致性：所有项目成员获取同样信息；

6) 安全性：SSL 安全机制、多级权限控制，保证合适的人看到合适的资料；

7) 可检索：包括内容查询在内的多种检索方法；

8）再利用：包括项目、文件夹、文件级的管理模式和项目资料再利用。

（2）Buzzsaw 是沟通项目成员协同作业的平台

在找到合适的项目成员以后，影响项目周期、预算、质量的最主要因素，就是项目成员之间的沟通、决策、审批方式和渠道。

Buzzsaw 为此提供的解决方案是：

1）每周 7 天、每天 24 小时可以随时上网；

2）不同地区的成员可以使用不同的语言；

3）可以使用不同的工作时间；

4）自动 E-mail 通知；

5）项目事件的自动记录、跟踪、汇总。

（3）Buzzsaw 具有检查项目进展动态追踪的手段

项目管理过程中最大的问题，是不知道何时何地有问题存在。在项目的实施计划确定以后，如何随时随地看到每个项目成员和每个事件的执行情况，并对出现的问题采取及时措施，是保障项目按计划实施的关键。

Buzzsaw 为此提供的解决方案是：

1）总经理：所有项目进展状态的动态显示；

2）项目经理：本项目进展状态的动态显示；

3）项目成员：本人负责项目事件动态显示；

4）事件、项目、企业级的各类报表；

5）通过项目动态追踪保障项目按时按预算完成。

（4）Buzzsaw 具有实施版本控制和浏览批注工具

项目成员上至企业高层，下到一般文员，层次复杂。项目资料从工程图纸、Office 文件到传真、照片，内容繁杂。因而易学易用是项目管理和协同作业系统能够成功的关键。

Buzzsaw 为此提供的解决方案是：

1）Office 用户界面，容易使用；

2）与 AutoCAD 无缝集成；

3）跨项目条目检索和内容检索；

4）具有版本控制功能；

5）可以浏览各种文件格式：DWG、DWF、Microsoft Word、Excel、Project 等；

6）具有红线批注功能。

从 Buzzsaw 具有的特点和功能来看，该系统不仅可以用于工程项目，还适用于其他类型的项目。

3. 使用 Buzzsaw 的优点

使用 Buzzsaw 的优点主要体现在以下五个方面：

（1）Buzzsaw 提供了更强大的过程控制能力；

（2）Buzzsaw 提供了良好的项目能见度；

（3）Buzzsaw 带来项目生命周期的全面节省；

（4）使用 Buzzsaw 能给客户带来更多的利益；

（5）Buzzsaw 具有较高的商业应用价值。

7 集成管理专业软件

7.1 集成管理思想发展

7.1.1 成本/工期集成与挣值管理

集成是指将基于信息技术的资源及应用集聚成一个协同工作的整体。项目集成管理的思想在很早以前就已经萌生了，只是以前将这种项目管理的思想称为“系统”思想(例如，中国战国时期李冰父子组织修建的都江堰工程中就充分运用了系统管理的思想和方法)。特别是在二战之中和之后的一段时间内，系统思想对于项目集成管理的发展起到了很大的推动作用。例如，在美国宇航局组织开发的“阿波罗计划”(APollo Program)中，由于采用了基于工期的(Time Oriented)项目系统管理思想和方法，使得整个项目的工期大大缩短，并使该项目的管理成了传世杰作。然而，随着现代项目管理知识体系的逐步建立，这种系统管理的思想在项目管理中逐步演变成整个项目管理知识体系中的一个独立的部分，即“项目集成管理(Project Integrated Management)”。

研究表明，虽然项目集成管理这一提法出现较晚，但是相关的研究在 20 世纪 50 年代末期就开始了。美国国防部、能源部和 NASA 等美国政府是项目的主要业主部门，通过开展有关项目工期和项目成本的集成计划与控制方法的研究，开创了项目集成管理研究的先河。其中，1958 年由美国国防部组织美国海军研究推出的项目计划评审技术(Porject Evaluation and Review Technique，简称 PERT)就是最初基于工期的项目集成管理技术方法之一。此后推出的是同时考虑项目工期与成本的项目计划评审方法(PERT/Cost)，虽然不很成功，但是已经具备项目工期和成本集成管理的雏形了。特别是美国国防部 1967 年推出(并几经改进，而且一直在使用）的由美国空军为主研究开发的“成本/工期控制系统规范”（cost/Schdeule Control System Criteria——C/SCSC），更是一种项目集成管理的实际应用方法。后来在此基础上开发出了“挣值管理（Earned Value Management，简称 EVM）”的项目成本与工期的集成管理方法。直到今天，在美国国防部等主要政府性业主项目的招投标中都要求承包商采用这种项目工期与成本集成管理的方法以及相应的项目报告标准。

C/SCSC 这种项目集成管理的方法多年来一直是美国军方专用的，到 1995 年美国全国担保业协会为代表的私营部门才获准进行有关“成本/工期控制系统规范”（挣值管理）理论和方法的评价与推广研究工作。经过一年多的调研，他们才制定出适合私营部门项目管理使用的“挣值管理”方法和规范。这一新的规范被称为“挣值管理系统”（Earned Value Management System——EVS），该规范在 1996 年得到了美国国防部的认可闪。至此，挣值管理的理论和方法才被名正言顺地用到了各种项目的集成管理之中。现在许多学术界和实业界的权威们都认为，“挣值管理系统”将会发展成为 21 世纪项目管理的主导性方法之一。特别是近年来，美国项目管理协会（PMI）汇集了一大批相关的学者正在深入研究如何运用挣值管理理论开展项目集成管理的方法并已获得了一定的进展。

但是必须指出的是，这种挣值管理方法只是涉及了项目工期和成本两个方面（或要素）的集成管理，而一个现代项目的成功涉及项目成本、工期、质量、范围、风险等诸多要素，因此必须设法对这些要素进行全面的集成管理，才能够真正实现项目相关利益者的期望和项目目标。所以项目集成管理的方法不应该仅仅局限于对项目工期和成本的集成管理，还应该进一步扩展为包括项目成本、工期、质量、范围、风险等诸要素的项目全要素的集成管理。

7.1.2 项目管理知识体系与集成管理

项目集成管理是项目管理知识体系 PMBOK 的核心和灵魂，也是项目管理对世界管理科学最大贡献之一，集成管理的理念就是以进度为主线进行综合计划管理，实现统筹和协调。

从 PMBOK 的描述可以看出，集成管理的目的是保证项目运行的协调，这里被称为“集成管理”的行为，并不是独立于传统管理行为之外而存在的“新”事务，而是在传统管理行为中强调了整体的理念，事实上等同于系统化概念。集成管理是通过对项目计划（包括它的制订、实施和变更/管理）得以实现的。这里的“计划”，有着非常广泛的内涵，包括项目中最基本的要素，如项目要解决的问题、项目产品描述(合同是卖方项目的产品描述)、项目管理方法综述、项目目标和目标管理计划等，还包括工作分解结构(工程中常用分部、分项工程描述)、风险管理计划、人员、协调和合同管理的计划内容，是一个计划系统。项目计划作为共同的信息平台，为项目管理行为提供了完备和可靠的信息接口，管理者通过对项目计划的管理，实现管理行为间多层次、全方位、跨组织和整个项目周期的协调，应注意的是，项目计划是不断完善、细化的动态过程。

7.1.3 全寿命集成化管理

传统项目管理模式中的DM，PM和FM相互独立，造成全寿命周期不同阶段用于业主方(运营方)管理的信息支离破碎，形成许多信息孤岛，决策和实施阶段生成的许多对物业管理有价值的信息往往不能在运营阶段被直接、准确地使用，造成极大的资源浪费，不利于全寿命周期寿命的实现。

建设项目全寿命周期集成化管理(Life Cycle Integrated Management，简称LCIM)是一种新型的管理模式，它将传统管理模式中相对独立的决策阶段开发管理(DM)，实施阶段项目管理(PM)、运营阶段物业管理(FM)运用管理集成思想，在管理理念、管理目标、管理组织、管理方法、管理手段等各方面进行有机集成(不是简单叠加)。业主方、运营方、开发管理方、项目管理方和物业管理方运用公共的、统一的管理语言和规则及集成化的管理信息系统，实施建设项目全寿命周期目标。图7-1形象地表示了LCIM的内涵。

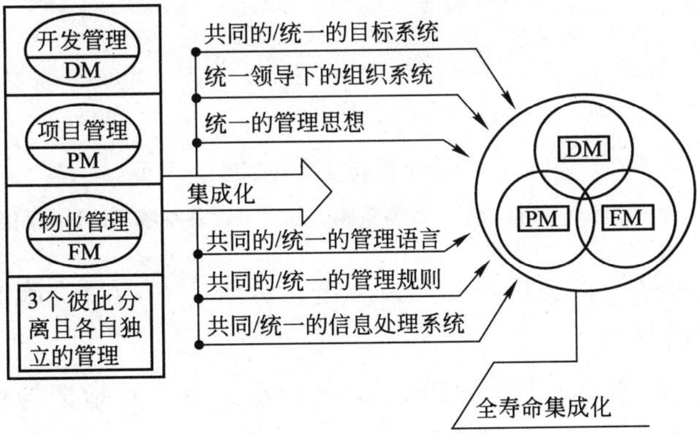

图7-1 全寿命集成化管理的内涵

7.1.4 项目总控集成管理

项目总控(Project Controlling)是在项目管理(Project Management)基础上结合企业控制论(Controlling)发展起来的，是一种运用现代信息技术为大型建设工程业主方的最高决策者提供战略性、宏观性、总体性咨询服务的新型组织模式。该组织模式以对传统大型建设工程组织模式的实践分析为基础，结合最新的项目管理研究，提出一种适合大型建设工程管理需要的组织模式。项目总控以现代信息技术为手段，对大型建设工程信息进行收集、加工和传输。用经过处理的信息流指导和控制项目建设的物质流，支持项目最高决策者进行规划、协调和控制。

项目总控信息系统进行信息处理的系统方法是运用信息处理映射原理，把信息的处理分解为四个平面，即：目标平面、信息平面、报告平面和用户平面，可以为不同要求的决策者提供不同角度与深度的总控报告信息，如图 7-2 所示。

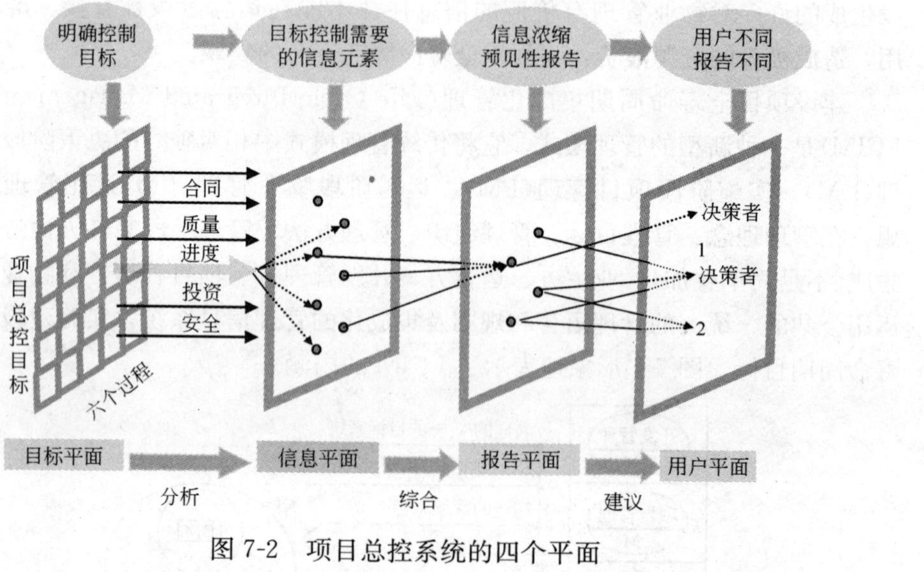

图 7-2 项目总控系统的四个平面

注：六个过程指设计、工程招标、设备采购、施工、设备系统调试、动用准备过程。

(1) 目标平面是指将项目的三大目标进行分解，在项目实施的六个过程都有目标策划与控制的任务。

(2) 信息平面由目标控制所需要的信息元素组成，是指把与整个项目目标有关的信息收集起来，并对信息收集与处理做出规定，包括：规定基础信息的范围和信息量；各实施单位报告信息的时间和内容；统一的信息分类及编码；数据库及计算机网络的使用规定等。

(3) 报告平面就是浓缩信息。项目总控信息系统采集项目建设过程信息，分析项目实施的情况，综合项目实施的信息，编制有价值的项目总控策划与控制报告作为决策的依据。

(4) 用户平面是指项目总控报告的对象，即业主方的最高决策者。不同决策者获取各自需要的策划与控制的信息，不同层面的决策者根据项目总控信息系统提供的控制报告及决策者个人的知识和经验进行决策。

7.1.5 参与方集成及虚拟建设

虚拟建设是一种适应当今超大型工程建设项目管理新模式，是运用虚拟组织原理，借助现代信息技术的强大支持，采用无层次、扁平化的管理组织方式和管理方法，通过基于网络的项目信息系统，共享信息、知识，实现工程建设项目费用少、进度快、质量好的目标。虚拟建设模式研究的是工程建设项目各参与方之间的关系，而不是研究单个企业的内部关系；虚拟建设模式在组织范畴上属于虚拟组织，是一种组织形式，同时也是一种管理方式；虚拟建设模式是围绕工程建设项目展开的，而不是针对企业；虚拟建设模式主要适用于大型工程建设项目。

传统的工程建设项目是由很多独立的设计、施工及供货参与方完成的，每一个独立的参与方从其合同的签订者那里得到信息，因此，信息的流动是纵向的。通过虚拟建设模式，可以把纵向的信息流动改为横向的信息流动，使各参与方得到的信息真实、全面，并实现以下目的：

(1) 设计、施工的集成，可以系统地考虑业主的需求，提高工程建设项目的整体质量，使得工程建设项目增值；

(2) 项目参与方在充分了解对方的工作安排的基础上，通过工作界面，缩短工程建设项目产品的生产周期；

(3) 减少不必要的返工或其他不产生价值的工作，降低工程建设项目的费用，各参与方在充分掌握信息的基础上，降低工程建设项目生产的不确定性，减少项目的风险；

(4) 在项目实施过程中，支持业主、咨询方、设计方、施工承包商等提出的合理的方案变更；

(5) 通过增加生产过程的透明性，使业主、咨询方、设计方、施工承包商、供应商了解工程建设项目的全过程，使他们可以更有效地进行控制。

虚拟建设的基本特征可以归纳如下：

（1）“地理上分散”和“充分利用现代信息技术”

虚拟建设一般适用于大型工程建设项目，项目的参与方众多，工作地点离散化，各参与方位于不同的地理位置，尤其超大型工程建设项目的参与方常常来自不同的国家。这个特征使得各项目参与方在项目实施期间需要大量的信息传递、协调和沟通，这些信息的传递、共享自然离不开现代信息技术强有力的支持。所以，虚拟建设对现代信息技术有很强的依赖性，现代信息技术是虚拟建设实施的必要条件，通过现代信息技术将地理上分散的项目参与各方紧密联系在一起，各方的协作不再依赖于物理距离，使得项目信息得以有效的沟通，虚拟建设更强调参与各方信息沟通的效率。

（2）“跨组织边界”和“互补核心竞争力、共享资源”

依靠任何单独的一家或几家公司的力量都难以承担现代超大型工程建设项目的全部建设任务，虚拟建设为此提供了跨越多个组织边界进行合作的机会。各组织之间通过提供彼此互补的核心竞争力和共享资源来进行合作。对于超大型工程建设项目的实施，核心竞争力一方面指的是参与方之间的工作链或价值链关系，另一方面则指的是参与方各自的专长或特殊经验。虚拟建设模式下的合作可以是不同组织间的全面合作，可以是组织之间的部分合作，甚至可以是组织与个人之间的合作。虚拟建设实际上是项目参与方核心竞争力的集成。

（3）“参与方不断变动”和“参与方地位平等”

超大型工程建设项目的实施周期往往很长，其全寿命期的不同阶段需要有不同的参与方，每一方何时参与何时退出取决于项目工作的需要。在虚拟建设模式下，所有项目各参与方之间的地位都是平等的，他们是基于相互信任，共享信息、知识和经验，共同努力使项目顺利完成。当然对于虚拟建设模式而言，仍然需要由业主或代表其进行项目管理的管理承包商，如PMC承包商对各项目参与方进行统一的协调和管理，参与方在虚拟组织中的地位可以是有层次的，但以平行的组织形式为主。

虚拟建设模式下工程建设项目各参与方的集成，就是在虚拟组织的环境中，借助于现代信息技术建立一个工程建设项目信息平台，供各参与方共同使用，通过各参与方之间的协作、沟通，实现优势互补，从而使得项目的整体利益最大化，进而实现各参与方的利益，实现各参与方“共赢”的最终目标。

7.1.6 企业级多项目并行管理

随着项目管理发展的不断深入，企业逐渐意识到项目管理不仅仅是一次性的活动，它应该和企业的长期发展战略相协调，支持企业的长期发展，是企业经营中的永续性的管理与KM(知识管理)的有机结合，将带来企业项目管理的改进。项目管理经验应该作为企业智力资产的一部分长期保存。

对于工程类企业的管理包括两个层面：一个是项目层面；一个是企业层面。其中项目层的管理是建筑企业管理的核心，企业层的管理为项目层服务。传统离散的管理模式使项目信息不能有效集成，容易产生信息流失、扭曲、孤岛、过载等问题，也很难实现企业的生产要素和资源的有效配置。企业多项目集成管理就是要将企业层面的管理、项目层面的管理以及多个项目的管理集成起来。

多项目管理由美国迈克尔·托比(Michael Tobis)博士，艾琳·托(IrenE Tobis)博士提出，主要表现为一个项目经理同时管理多个项目，并对企业所拥有的或可获得的生产要素和资源进行优化组合，有效地、最优地分配企业资源，以分散企业经营风险。企业多项目集成管理就是运用集成化的管理思想，以多个建设项目为管理对象，合理配置企业所拥有的各种生产要素和资源，为保证各个项目各项工作能够有机地协调和配合所开展的综合性和全局性的项目管理活动，它是运用统一的管理语言、统一的管理规则和集成的管理信息、管理系统将企业层面的管理、项目层面的管理以及多个项目的管理集成起来的活动。

最近几十年来，美欧的企业已普遍采用通用的企业级项目管理(Enterprise Project Management，简称EPM)，应用系统支持企业的发展。EPM应用系统需要能在一个分布式数据环境下共享信息，便于处理多任务的项目。可以与企业其他信息系统连接，如会计、采购、库存、人力资源管理等系统，而且通常对计划、进度及资源配置有非常完善的算法。一般具备以下几个方面的特征。

(1) 可满足企业组织体系的要求

EPM系统中的组织结构模块应能根据企业实际的要求进行配置，根据实际的组织结构体系，分层、分部门、分区域等自下而上地汇总有关信息。通过这种方式，企业可在企业级的项目管理应用系统中反映其业务组织体系，实现业务体系汇总或分析项目数据，从而找出原因，将需要采取的措施落实到组织体系的有关节点上即有关部门、层次、区域、生产线、项目组等。如果分布在各个部门、区域、项目组的许多项目在不同的时间而要用到同类物资，则可利用系统的汇总功能产生物资需求报告，根据这份报告，企业可以选择供货商，同供货商就供货价格、交货计划和进度进行谈判，从而实现企业范围内的项目物资采购，发挥集团采购的综合实力。

(2) 提供系统化方法

EPM系统应能支持并加强企业项目管理的程序，包括工作过程及工作标准的管理。例如，企业通过了ISO认证，则系统应能满足认证后提出的管理程序的要求。EPM应用系统不仅可以按时间安排计划或进度，还可以支持ISO提出的过程管理和业务的需要，从企业各个方面安排项目的计划或进度。根据企业组织结构汇总企业全部项目各个层次的资源计划，提供从各个角度分析项目资源需求的手段，包括多个项目的组合分析。总之，EPM应用系统提供了独立的项目管理软件无法比拟的数据分析手段，不需要通过额外的手段就能得到有关企业项目管理各个层次方面需要的信息。

(3) 可支持各个业务部门的需求

传统的项目管理软件的主要功能是围绕项目实现目标，重点在项目计划、进度等的管理。应用系统除了具备项目计划、进度管理功能外，还具备从企业项目资源管理的角度实现企业项目的费用、预算、风险等的分析管理功能。通过对各个项目的资源、费用等数据的跟踪和分析，可以比较精确地确定这些项目的资源需求，从而这些资源的管理者可以提前开展项目资源的需求规划。如人力资源管理部门可以应用这些信息决定在未来几个月或年中支持各个项目的特种技能人员的需求；财务部门可以应用这些信息筹措项目的资金；采购部门可将不同项目同类的物资需求打包后与供货商商谈以便取得较好的采购价资产管理部门可以利用这些信息提前准备项目需要的实施场地等。

(4) 项目组合分析(Project Portfolio Analysis)的功能

EPM应用系统与独立的项目管理软件相比，最大的差别在于其具有不同项目之间的组合分析(Portfolio Analysis)功能。单个项目的管理并不需要开展项目之间的比较分析，而从企业层面的项目管理角度，则需要开展从整个企业的角度开展不同项目之间的组合分析，从而产生具有极大价值的信息。企业可以通过将类似的项目放在一起评估，通过比较项目之间的数据，建立项目的有关基准，如特定类型的项目实施时间，需要何种类型的资源等。企业的资源往往有限，每个项目又有其特有的决定因素，如项目持续时间、资源和回报的资源，因此确定正确的项目实施策略是非常关键的。通过项目的组合分析，企业可以对影响项目的诸多因素进行平衡，确定实施项目的最佳策略。如根据市场机遇对一些项目提供额外的资源从而加快项目的实施计划对其他一些项目通过减少费用，放慢项目实施计划对另外一些项目则采取完全中止的措施。

(5) 支持多用户的应用

EPM应用系统是一个多用户的系统，能支持多个用户同时对数据库进行读写操作，当修改项目的活动时能动态地对其进行闭锁解锁，以避免数据冲突。在这样的系统中，可允许多个用户实时创建或修改一个大型的项目。

从多个数据源抽取数据汇总也是 EPM 系统的基本功能，但不作为收集整个企业项目数据的唯一手段。系统应允许未联入系统的用户在现场按进度要求开展工作，然后将有关数据送入中央数据库实现数据的汇总。这种方法比较适用于一对一的项目管理，通过信息汇总进行项目的交叉分析，但对于一个项目有多个用户管理的情况则不太现实。

EPM 系统还能根据系统用户的角色要求配置应用功能，配置能力要足够灵活以便能与企业实际组织结构相配套，而不是简单地根据不同角色的要求提供预先设定的界面。如项目负责人能获得与其管理项目相关的所有功能，公司官员能以只读的方式访问所有的项目，并进行财务分析，项目现场负责人只能获得有限的功能，开展对分配给其负责的项目进行管理。

(6) 信息处理和发布功能

EPM 的核心是使项目中的每个成员协同工作，形成一个团队。应用系统必须在正确的时间将正确格式的正确数据提供给正确的人员。因此，EPM 系统应能提供足够灵活的手段，根据企业项目各个层次、各个角度的要求产生各种经过提炼的信息。如根据现场施工人员要求的日工作报表，项目负责人要求的项目计划、进度、费用等报表，公司官员要求的项目组合报表等。这些报表可以通过 Web 方式发布，也可以用纸质方式发布。

发布的信息要能根据要求动态地改变，而不仅仅是按预定的方式。用户能通过特定的接口根据其自身的工作特性从系统的数据中提炼需要的信息。接口界面尽可能简单明了，并减少对培训的要求。

(7) 与其他系统的集成能力

系统需要有开放的接口，以便实现与其他业务系统的集成。如与企业的财务、采购、库存、人力资源等管理系统集成。通过集成，可以使各企业和项目管理人员从不同的角度分析各个项目、项目之间的资源分配、进度、风险等，从而实现项目间进度、资源的调整和优化配置，降低企业项目实施过程中的风险。

7.2 集成管理的内涵和特征

7.2.1 集成管理的内涵

工程项目集成管理是为确保项目各专项工作能够有机地协调和配合而开展的

一种综合性和全局性的项目管理工作。综合前面章节所述的内容，本书给出工程项目集成管理的定义：工程项目集成管理是以集成思想为指导，依据工程项目和工程项目管理的特点，以质量、成本、进度三个要素组成的项目目标体系为核心，以定性分析与定量分析相结合的集成方法论为基础，通过科学而巧妙的创造性思维，将集成贯穿于工程项目管理活动的全局和整个过程的项目管理模式。

工程项目的目标体系是工程项目集成管理系统的核心内容。它能够吸引各种各样不同的人员、资金、设备、智力资源、生产技能、管理经验等项目单元，使它们聚集成一个有机的整体，并担负着决定整个项目系统的发展方向的重任。该集成系统的目标具有多重性，它追求的不是项目单个目标的最优，而是要同时追求进度、成本、质量等多个目标的优化。不论是集成思想贯彻还是项目管理方法的运用，都是为了最终实现项目的目标，整个项目管理系统都是围绕项目目标系统展开的。

工程项目集成管理从本质上说就是从全局的观点出发以工程项目整体利益最大化作为目标，以项目各专项管理(包括：项目时间、成本、质量等)的协调与整合为主要内容所开展的系统性项目管理活动。由于某个项目专项目标的实现或某个项目实施与管理活动的变更会破坏另一个项目专项目标的实现，甚至改变另一个项目实施与管理活动的内容和要求，所以必须充分认识工程项目各专项工作之间的相互关系和相互影响，并通过开展项目的集成管理去全面地把握和管理好项目。

7.2.2 集成管理的特征

由于工程项目集成管理涉及项目时间、成本、质量等多方面管理的协调与整合，所以它是一项具有综合性、全局性与系统胜的项目管理工作。项目集成管理的主要特性有：

(1) 综合管理的特性

项目集成管理的最大特性是它的综合性，即综合项目各个方面和各个要素开展管理的特性。在一个项目中会有许多方面的专项管理工作，但是不管哪个专项管理都是针对项目的某一个特定的目标而开展的。例如：项目的时间管理是针对项目工期与进度目标而开展的管理与控制工作，项目成本管理是针对项目预算目标而开展的管理与控制工作。由于项目管理中存在着一系列的专项管理，所以就需要有一种综合性的管理工作来协调和综合这些专项管理的目标、工作和过程，项目集成管理正是为此而开展的一项综合协调性的项目管理工作。

(2) 全局管理的特性

项目集成管理第二个特性是它的全局性，即从项目全局出发去协调和控制项目各方面与各个局部的管理工作。一个项目通过项目分解会划分成许多方面和许多局部的项目实施与管理工作，这些工作都是为实现某个具体的项目目标而开展的；而且这些专项和局部的工作也是分别由不同的部门或人员去实施的，特别是当项目的环境条件发生变化时会引发项目某个方面或某个局部的计划变更。这些都需要有一种全局性的管理工作来协调和统一，以便从项目全局出发控制和管理好项目的专项管理工作和各种变更，项目集成管理就是这样一项全局性的项目管理工作。

(3) 内外结合的管理

项目集成管理另一个特性是它的内外结合特性，即全面控制和协调项目内部与外部的变化的特性。在项目的实施过程中，对于项目的管理和控制并不仅仅是对项目内部因素和条件的管理与控制，还需要对许多来自项目外部的环境和影响因素进行必要的管理与适应。这包括对项目相关利益者在项目实施过程中提出的各种项目目标和任务变更请求的协调，对项目所在地政府或社区提出各种干预和变更要求的适应，对项目供应商和承包商与项目业主的变更请求的协调等。这些来自项目内部和外部的影响要求项目组织必须集成管理好项目内部和外部各种影响要素的综合作用，项目集成管理正是这样一种内外结合的项目管理工作。

7.3 集成管理专业软件的功能需求

7.3.1 企业级信息编码的需求

集成管理专业软件应首先是企业级管理软件。集成管理专业软件应能根据企业实际的要求进行配置，根据实际的组织结构体系，分层、分部门、分区域等自下而上地汇总有关信息。例如能满足图 7-3 所示的企业项目组织结构体系的要求。针对工程建设项目也要具备多个纬度目标层层分解的功能，并能够将这些分解后的细小单元落实到建设过程中的建设活动和管理活动中，这些正是工程建设项目信息的主要来源和交流的地方。运用现代信息技术对工程建设项目信息进行集成，首先要对工程建设项目过程进行分解和关联。其中 EPS、WBS、OBS、RBS、KBS、CBS 是最基础的编码体系。

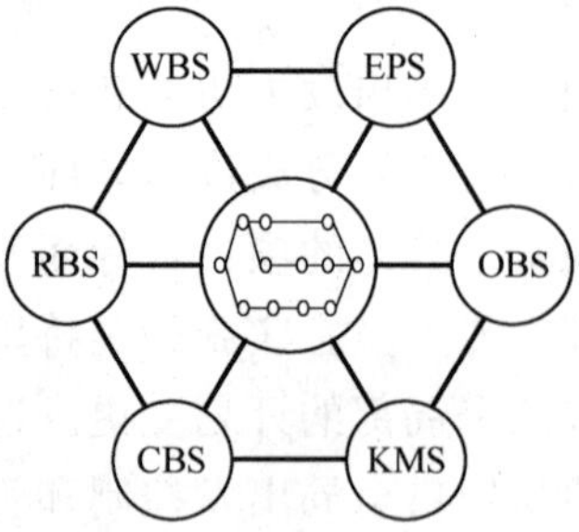

EPS(Enterprise Project Structure)	企业项目分解体系
WBS(Work Breakdown Structure)	项目群下工作分解体系
RBS(Resource Breakdown Structure)	项目群资源分解体系
OBS(Organization Breakdown Structure)	组织责任分解体系
CBS(Cost Breakdown Structure)	项目群费用分解体系
KMS(Knowledge Management Structure)	项目群知识管理体系

图 7-3 项目分解结构体系

EPS 是企业级多项目管理和大型建设工程内所有项目一种组织分解结构。EPS 与 OBS 对应形成严密的责任矩阵，是多层次、跨组织、多项目管理的基础，并作为数据集成统计分析的主要途径之一。WBS 是将具体项目逐级分解成管理单元或者工作包，基于 WBS 进行项目综合计划的细化与编制、责任的落实与监控，它是集成管理的枢纽。OBS 是组织责任分解体系，它与 EPS、WBS 对应形成严密的责任矩阵和权限控制体系。RBS 是资源分解体系。根据 RBS 建立的资源库进行统计、分析和逐层汇总资源的分配和负荷情况，为资源平衡、监控和管理提供保证。CBS 是费用分解体系，保证企业、多项目费用统一管理和统计分析。KMS 是企业知识和文件分类体系。

7.3.2 "四控、四管"业务系统的需求

集成管理专业软件首先必须能够协助进行业务处理，提高管理人员工作效率。PMI 的 PMBOK2000 主要从业主方对项目的管理将项目管理知识领域划分为：项目集成化管理、项目范围管理、项目时间管理、项目费用管理、项目质量管理、项目人力资源管理、项目沟通管理、项目风险管理、项目采购管理。九大知识领域对应九个业务范围。

根据我国工程项目管理的基本活动，即"四控制"（进度、质量、成本和安全控制）、"四管理"（信息、合同、生产要素和现场管理）和"一协调"。

（1）进度控制

通过网络计划技术进行项目的计划安排和调整、资源配置和优化；网络计划应该包括项目建设的前期、初设、施工、调试等全过程，作业内容不仅包括土建、安装和调试工程，还包括设备、设计交付；要在确定的一级网络进度的基础上编制更加明细的网络计划；应能实时调整网络计划的数据，以保证计划数据能

够指导工程建设，实际数据能够如实反映工程的进展，定期更新数据的周期不能超过三天。

能够进行工程项目(包括建设前期、初设、施工、调试等)的计划安排和调整、资源配置和优化，涵盖土建、安装、设备交付进度、设计交付进度等内容，能够实时查询项目进度水平、里程碑计划、一级网络、二级网络计划完成情况。应该能够利用形象化的进度图对已经正式开工实施的工程项目进行跟踪，实时掌握工程的当前状态和后续工程情况，以及可能影响工程进度情况的工作任务等工程项目信息；对分项作业当前进度情况的监控同时，可以理解作业的资源计划情况、实际使用情况等综合信息。能够进行赢得值分析。

(2) 费用与投资控制

费用及投资控制主要能体现概预算管理、投资执行、费用控制、财务结算。

概预算管理分为概预算台账、概预算调整、费用划分、资金到账。投资要能与工程计划相关联，建立资金使用时间计划，并对资金到账情况进行登记。

费用控制分为费用估计、投资安排、支出计划、费用调整、费用分析。

财务结算分为支付凭证、支付汇总、发票登记、资产管理。主要管理费用支付的情况，登记相应的发票，最后形成从下到上的费用汇总。

(3) 合同管理

工程合同管理包括工程招投标、工程合同管理、工程合同执行、现场管理等。

工程招投标部分按照招投标过程进行管理，其过程为招标、投标、投标评分、中标。

工程合同管理对工程合同记录进行管理，包括合同的录入、变更、支付申请，最后对合同进行汇总。

工程合同执行侧重合同量费的跟踪管理。工程量总体计划和工程量周期反馈从工程量角度反映合同执行情况；跟踪合同执行、支付情况，统计分析。按照工作完成情况进行支付；涉及罚金扣款、预付款(回扣)等。

(4) 物资设备采购管理

实现工程建设物资的需求计划、采购、入库、出库、调拨全过程管理，主要分为采购管理(采购计划、采购申请、采购订单、货物跟踪、货物接收、检验入库、退货处理的全过程管理)、仓库管理(实现物资的入库、出库管理、充红、库存盘点以及仓库、货架等仓库基本数据的设置，管理对象为各类物资仓库)几个部分。

设备管理包括安装设备、非安装设备管理、设备合同管理等功能。通过设备编码和全过程管理，建立起设备的属性和全生命周期过程的台账，满足竣工决算对设备类固定资产统计的要求，为生产期项目管理信息系统提供设备管理基础数据库。设备管理要从技术和费用两方面进行，形成全生命周期(基建部分)设备管理、竣工决算和投资控制的主要信息基础。设备管理产生的费用作为投资控制的一部分。

(5) 质量管理

质量控制至少包括质量文件体系管理、质量计划、质量检测、质量分析等。质量文件体系管理指对质量类文档的共享管理。质量计划是对项目质量要求制定项目质量目标，要求系统质量管理与施工进度计划结合，形成质量检查计划。系统要实现对质量签证、质量验评、不合格项的处理，实现质量的过程管理。系统能对最后对评定结果进行分析，形成项目质量统计报表，并可以进行趋势分析。

(6) HSE 管理

HSE 管理至少应包括危害识别与控制、管理台账、检查考核、事故报告几大部分。

危害识别与控制部分能对不同资源、区域下潜伏危害进行识别，并定义危害级别，记录现有的控制措施和制定控制计划，记录相关的危害事件。管理台账主要针对日常安全管理中的一些经常性的活动进行台账记录，包括教育培训、安全活动、安检人员、特种作业人员、及器具鉴定等项目。检查考核根据危害识别中定义的危害制定检评模板，对项目中的危害点进行考核、记录、评分、汇总，并管理其中的不合格记录进行管理。事故报告能形成对承包单位的安全生产统计和事故记录的汇总。系统必须能提供 HSE 管理中危害因素、危害级别、安全区域、控制措施等定义。

(7) 图纸及档案管理

图纸及档案管理包括文档记录、文档流转、借阅管理、文档查询、归档管理等功能。文档记录包括文档的分类归档，以及记录文档的相关信息。借阅管理对文档资料的借阅、归还情况进行登记记录。文档查询能处理文档情况的综合查询，提高企业文档查询的效率。系统要能提供项目文档目录、文件夹设置、文档存放位置、文档类型等定义。

7.3.3 项目总控管理的功能需求

项目总控的任务是向业主提供信息，编制项目总控报告(包括项目总控总体方案、项目总控规划和项目实施期间的总控报告)，其内容包括策划与控制两方面，即进度、投资和质量目标的策划与控制以及组织、管理、经济、技术、发包、合同和资金等的策划与控制。

作为项目总控管理软件，其功能需求主要包括：流程管理、知识和标准管理、数据监控系统、报表系统、例外问题管理系统。

(1) 流程管理

流程管理体现总控策划的内容，是对策划和各项管理制度的落实。流程管理需要集成计划管理及各业务过程实现渠道化、规范化和标准化信息交流的系统。主要要求包括：一是能够根据程序文件和管理规定任意配置管理流程，其到规范化和标准化管理的目的。二是能够预定义和客户自定义流程。三是能够实现并联和串联及组合的流程。四是流转过程中有权限用户能够修改流程。

(2) 知识和标准管理

知识和标准管理是企业逐步积累建设管理经验，各种标准规范程序文件的共享和发布管理，各类模板的管理，档案查询等功能。制度标准定义企业中相关管理的制度体系，进行分类管理。模板管理分为文档模板、文档目录模板、评分模板、WBS模板、作业模板。其中文档模板、文档目录模板建立企业文档管理体系目录，便于各个模块中文档的挂接。

(3) 数据监控，决策支持

数据监控和决策支持是以业务系统为基础进行项目信息的收集与处理，实现信息的逐级加密汇总与再加工。

数据监控和决策支持需要以各项目应用的各类业务系统提供的项目建设过程数据作为基础，在此基础上进行信息的统计汇总与加工处理，并按照合同、投资、进度、质量等目标领域建立主题数据库，从而形成项目总控信息系统的数据仓库。项目总控信息系统数据仓库是进行项目信息多维分析和数据挖掘，从而形成项目总控报告的基础。

数据监控和决策支持最重要信息来源是执行实际业务管理工作的项目管理信息系统，此外也可以从业主方其他的业务系统如CAD、财务等系统获取信息，甚至可以从政府有关部门、工程监理、设计单位、施工单位和供货单位和咨询单位等项目参与方采集信息。

数据监控和决策支持的信息采集需要在统一的信息组织下进行，如统一的项目分解结构以及各类信息分解结构(包括工作分解结构、费用分解结构、合同分解结构、组织分解结构、资源分解结构等)。此外，项目总控信息系统采集信息时还需要遵循输入信息内容格式、编码以及计算机网络技术等方面的规定。

(4) 例外警示提醒管理

“例外”是偏离计划和预期效果的事件。例外在任何企业和任何项目中都会发生，在多变的市场环境下，某些例外(如需求例外)是不可避免的。复杂项目因为外部环境多变和技术复杂，因此“例外”就会更经常发生。对例外管理的需求主要包括三个方面：

一是及时的感知和确认例外的发生。需要在业务系统和决策支持报表系统中设置监控区间。当项目执行的数据超出监控区间后，系统自动触发生成警示提醒。二是例外警示信息在企业内(相关部门)、外(供应商和客户)迅速和充分的沟通。系统预先设置触发邮件、短信提醒等功能。三是预先安排处理例外的业务规则和例外的预防性管理功能。

7.3.4 协同门户系统的功能需求

项目信息门户(Project Information Portal，PIP)是在对项目全过程中产生的各类项目信息如合同、图纸、文档等进行集中管理的基础上，为业主和项目各参与方提供交流和协同的工作环境。

(1) 项目信息集中、实时、单一共享

通过在网上集中存放项目信息和完善的用户管理，项目信息门户可以使业主、设计师、承包商及运营商在任何时间、任何地点安全实时的共享和访问最新并唯一的项目文档、图纸、合同文件等信息，从而提高项目信息的准确度，保证信息传达的高效，同时降低项目团队的交流成本，最终保证参与各方在对项目状态清晰掌控的基础上对项目管理做出最优决策。

(2) 项目信息过程(版本、权限、审批)控制

项目信息门户还提高了项目信息的可追溯性。通过对文档和图纸的版本控制来实现项目全过程信息的完整保存，减少项目阶段跨越时的信息丢失。同时通过保留用户操作痕迹和权限管理，对项目中所有信息的提交与变更进行追踪，从而有利于增加项目管理透明度，明确项目管理职责，避免项目纠纷，最终加快项目进度并提高项目质量。

(3) 项目信息在线交流

项目信息门户可以通过在线查看、批注、讨论和自动通知等工具为项目参与各方创造一个多方的网上交流与协同的工作环境，打破传统的组织障碍，加快项

目文档审批和决策过程。

(4) 项目任务在线协同

项目团队还可以利用项目信息门户中内置的表单和标准工作流程，在线进行信息询问、审批提交及变更申请等项目建设过程中的日常业务。通过任务分派，明确并固化管理职责；通过流程自动控制，使项目参与者专注于任务本身，而不是任务的传递，从而提高管理效率，使项目受益。

第3篇

应用实践篇

8 国内项目管理软件应用现状

8.1 项目管理思想的普及和发展

进入21世纪以来，项目管理受到前所未有的重视。其中主要的原因在于：项目管理在运筹与协同方面的方式方法恰好填充了其他管理体系或管的系统这方面的相对弱项；PMI的PMBOK或IPMA的ICB等关于项目管理的理论体系日臻完善，并在全球范围内展开几近商业性质的普及推广；项目管理软件功能及演绎理论能力的不断提高，使项目管理从理论走向实际实施进而发挥效益成为现实；引导企业管理风向标的跨国公司纷纷开始在企业中采用项目管理技术，形成企业项目管理化的局面；等等。

相对于与项目管理具有相同核心思想的系统工程和运筹学在国内的推广速度，项目管理在国内的推广普及速度是超现代的。通过国家外专局组织的PMP考试，在国内已得到十分广泛的响应；PMI在国内授权了大批指定教育机构；IPMA在中国设立了专门的中国项目管理委员会，进行IPMP系列专业资格的教育培训与资格认证；不少超前的企业进行了项目管理内训、建立自己项目管理体系文件和软件系统；出现了一批项目管理爱好者论坛等等。项目管理正以势不可挡的态势迅猛发展。

然而，如同任何处在发展期的新事物一样，项目管理在国内的发展也遇到了不少问题。首先，政府指导性的配套措施未到位，整个发展目前更多的是自觉的、民间的行为。虽然人事部设置了项目管理师资质认证机制，建设部以国家规范的形式颁布了《工程建设项目管理规范》，但是如果政府能像推广ISO那样力荐项目管理，效果就会更好。

8.2 项目管理软件在国内应用

(1) 项目管理软件的应用形式

一是以业主为主导的统一的项目管理软件应用形式。采用这类形式的往往是大型或特大型工程项目。要做到事前针对项目的特点和业主自身的具体情况对项目管理软件(或项目管理信息系统)的应用进行详细的规划，包括应用范围、配套文档编制(招标文件、合同、系统输入输出表格、使用与审查细则等)、各类编码系统的编制、信息的标准化、工程项目管理网络系统的建立和相关培训工作；在应用的准备过程中，建立实时数据和文档的申报、确认、审查、处理、存储、分发和回复程序，并在合同文件中用相应的条款对这些程序的执行进行约束。

二是项目的某个参与方单独或各自单独应用项目管理软件的形式。这种项目管理软件的应用形式目前在工程项目管理中普遍存在。工程项目的某个参与方自己拥有完善的面向企业管理和项目管理的信息系统，能使项目管理软件的使用方较其他参与方有更高的效率，能掌握更多的信息，能更早地预知风险，能对出现的问题做出快速响应，使其在各个参与方之间处于一种有利的地位。

(2) 项目管理软件应用分析

纵观目前的项目管理软件，规模不一、功能也有所差异，其功能主要是围绕项目管理目标来设置的。有的涉及传统项目管理的三大目标：质量、工期、成本；有的涉及现代项目管理的六大目标：质量、工期、成本、安全、环境、健康；还有的涉及《项目管理知识体系指南》PMBOK Guide 九大知识领域：范围管理、时间管理、费用管理、质量管理、人力资源管理、沟通管理、风险管理、采购管理、整体管理。总的来说，项目管理软件的功能可分为 3 个层次：第 1 层次为基本功能，如进度控制、投资控制、质量管理等，是对基层工作流程的模拟，在一定程度上实现数据共享，减轻了基层项目管理人员的工作强度。这类软件在国外 20 世纪 80 年代已走进普通办公室，并被广大基层项目管理工作人员接受。第 2 层次功能有两个特点：一是分析和预测功能，通过计算机技术的应用、分析，在此基础上产生预测功能，以满足中层管理人员的业务需求。二是计算机网络的使用和通信功能，计算机网络技术主要是局域网上的多用户操作和多项目管理。通信方面主要是借助 Internet、局域网通信、电子邮件、电子信箱等先进的通信工具和手段，减小项目管理工作所受的地域限制。第 3 层次为基于因特网的项目管理。一方面，借助于因特网使传统的项目管理软件能在因特网上运行。

另一方面，是整个项目管理业务与因特网的结合。这个层次的软件提供一个基于因特网的“虚拟”项目环境(virtual project environment)，解决了项目组织和管理全球化问题。

8.3 国内项目管理软件应用存在的问题及原因

一方面，各种项目管理软件种类繁多，功能各异。另一方面，项目管理者缺少有效的项目管理工具，同时国家有关部门积极提倡和推广项目管理信息化，而现实情况是项目管理软件的推广速度缓慢。

通过调查、统计、分析，可以将项目管理软件普及的瓶颈归纳为以下几方面问题。

(1) 意识上的问题

有些企业不愿在工程项目管理软件的应用上增加投入，认为软件价格过高，而且其应用不仅在短期内不会带来效益，还会增加负担。在这种指导思想下，企业很难把项目管理软件的应用变为企业的主动自觉的行为，即使在某些项目上使用了项目管理软件，也经常是在项目的甲方或上级领导的要求下使用的，保证不了使用效果。

人的思维和行为同样受惯性现象的影响，惯性成为项目管理软件应用的一大障碍。我国建成了很多著名工程，过去没有项目管理软件照样做工程，而且项目管理软件应用初期和使用过程中还存在一些不适应性，加之效益的滞后性，使得很多人对软件有种排斥心理。只有打破传统管理思想的束缚和传统管理思维方式的惯性，才能用好这种先进的管理方式。

随着与项目管理软件相关的管理思想和信息技术的成熟及成本下降，会使企业积极性进一步提高，意识上的问题将不成为问题。

(2) 项目管理知识体系的缺乏

由于历史上建筑行业从业人员的素质偏低，且工作环境和工作性质多不利于理论学习，很多人对整个项目管理知识体系知之甚少，多数人仅限于对本职工作的操作掌握。大部分业主单位是为项目才组建的，其人员大多数也缺乏现代项目管理方面的专业知识。由于理论的缺乏，有些尝试使用软件系统的工程，软件应用流于形式，甚至给项目带来了人力和财力的浪费，成为项目实施的一种负担。应该说，这种现象目前仍然存在，而且阻碍着项目管理软件的应用。解决这一问题的方法是对员工进行培训，根据内容、对象、目的以及方法的不同，分别进行项目管理知识体系培训、项目管理软件培训，从而提高软件的使用水平，加深软件使用深度，从制作网络图和横道图的表面形式，转向以控制为目的的深层次应用。通过培训，统一思想，提高能力，为现代项目管理的实施创造关键而坚实基础。

(3) 有关软件产品的问题

首先是洋软件水土不服。许多国外的优秀软件是根据国外的工程管理体制和运行模式编制的，无法适应我国的工程实际。如 Primavera 公司的 P3 和 P3e/c (现在版本是 P6 软件)、Gores 技术公司的 Artemis、ABT 公司的 WorkBench、Welcom 公司的 OpenPlan、Microsoft 公司的 Microsoft Project 等国际著名的项目管理软件，在中国的工程项目管理使用中，多数会出现以下不适应性：一是国内 FIDIC 合同范本使用了不少，但内容并没有真正与国际接轨的，基于 FIDIC 标准合同文本的软件无法在国内广泛地应用。二是国外的软件大都注重计划、预测，而国内投资的项目开工前通常准备不足(也许已经花了很多时间)，导致开工后缺乏使用软件所需的前期准备。三是国内监理无法成为真实意义上的工程监理单位，监理企业在工作中的权威不足，提供的信息不足。四是国外软件不适应我国的工程定额管理的体制，如 Microsoft 公司的 Microsoft Project 的资源库的建设需要花费大量的时间和精力，没有与我国定额库接口。这就需要进行二次开发，进行本土化改造、创新，使其成为适合我国工程环境的好软件。

其次是土软件良莠不齐。国产软件一般在功能设置和运行机制上更符合国内用户的需求和习惯。其中，上海普华面向集团公司和大型项目业主的 PowerPIP 项目管理信息平台，上海普华面向工程总承包、设计院和施工企业的 PowerOn 工程建设管理集成软件，北京邦永 Pm2 工程项目管理系统，梦龙项目管理系统等是出类拔萃的。但是在为数不少的国产项目管理软件中，没有一个能够像 P3 那样知名的品牌。可以说，目前国内性能先进、适合现有工程应用环境的项目管理软件并不多见，大都存在一些问题。有的企业在研发过程中缺乏严格的测试环节，软件的改动和版本的升级频繁，造成成本的增加和维护上的难度，带给用户许多不必要的麻烦。而且由于缺乏行之有效的软件开发管理体制，一个关键性设计人员的变动往往会严重影响软件产品的整个生产过程。

(4) 使用深度和使用范围方面的问题

目前，很多企业都拥有了各种各样的项目管理软件，但由于存在认识水平、重视程度、管理基础、经济效益等方面的差异，这些软件在各个企业和各个项目上的应用水平和应用深度有很大的不同。水平高的企业或项目拥有一整套完整的项目管理软件应用规范和与之相配套的定性、定量相结合的规章制度和相关规定，在项目管理软件的应用上得心应手。而相当一部分项目和企业对项目管理软件的应用仅仅局限于一个比较浅的水平上，这里除了有硬件方面和人员方面的因素外，很大程度上还在于这些项目和企业的意识、管理基础和管理水平与项目管理软件应用的要求存在一定的差距。当前大部分企业和工程项目的参与方应该着手解决，将企业和项目的管理与计算机软件的应用相互融合，实现企业和项目业务流程重组和组织结构优化。

项目管理软件在项目和企业中的应用存在着极大的不平衡，往往是企业的中间技术层，或项目的某个参与方，尤其是设计单位和业主初步实现计算机管理，采用了一些项目管理软件，但企业的决策部门或项目的其他参与方在这方面很薄弱，这种不平衡状况的存在也直接影响项目管理软件的使用效果。

9 进度控制专业软件的应用与实践

9.1 Primavera软件在EPC总包项目中的应用与实践

EPC项目涉及的单位众多，各个单位、单位内部各个部门之间的协调更为困难，信息的流通就显得更为重要。企业级项目管理软件P3E/C采用最新的IT技术，搭建了项目管理的平台，使项目中的各种信息可以在该平台上顺利的流通，各个单位、部门就都可以随时了解整个项目的信息，及时地调整进度，合理地安排资源。P3E/C以进度管理为主线，涵盖了项目管理的各个领域，是EPC项目最佳的管理工具。

9.1.1 EPC总包管理

EPC(Engineering，Procurement & Construction)，即设计、采购、施工总承包合同，作为工程项目管理模式，起源于20世纪60年代。当时，美国和其他发达国家施工技术不断翻新，不断涌现新的项目需要加快建设。激烈的市场竞争要求将新产品早日投入市场，只有抢占先机，才能稳操胜券。传统的设计—招标—施工管理模式已不能满足业主的需要，于是各种工程项目总承包的模式就应运而生。如：设计—施工合同(Designand Build，Design and Construct)；交钥匙合同(Turnkey Deal)；EPC(Engineer，Procure & Construct)；一揽子合同(Package Deal)等。这几种模式的具体内容相异不大，共同之处就是业主仅与一个承包商签约，由总承包商负责将项目从设计、采购、施工、试运转全部完成，使业主获得一个现成的工厂或工程，由业主“转动钥匙”就可以运行。因此，EPC合同的交钥匙方式受到业主们的广泛欢迎。

9.1.2 P3e/c协助设计和采购阶段管理

在进行详细设计的前期阶段，根据专业的不同，确定设计编码。设计编码一般由业主给定，以便与业主的总体计划相吻合。如在煤制油项目中，分为22个专业，即：工艺(PR)、工艺配管(PI)、仪表(IN)、设备(EQ)、机械(ME)、加热炉(HE)、油罐(TK)、电气(EL)、热工(HP)、暖通(HV)、电信(TC)、给排水(WS)、环保(EM)、建筑(AR)、结构(CS)、概算(ES)、总图(GP)、储运(TP)、应力(ST)、化验(AN)、IT(IT)、消防(FF)。然后，根据业主提供的基础设计图纸，确定每个专业大概需要的出图名称和图纸的工作量。并根据图纸的名称，在P3E/C中建立相应的作业名称。例如一座泵房的建筑专业，一般会出现的图纸有：图纸目录、工程说明、建筑平面图、立面图、剖面图、节点详图、门窗表、装修表。在P3E/C中，就可以以图纸的名称作为作业的名称。确定了出图的量之后，根据设计的流程和专业之间的相互关系，再确定每道作业之间的逻辑关系和需要的工期。对于各个专业之间提条件的活动，在P3E/C中，也要以作业的形式表示出来。

以上步骤，只是将设计的计划编制出来了，还需要添加设计资源，主要是设计人员。设计人员的组织机构图，可以参照设计的工作分解结构，将不同专业的人员分类，并为相应的专业添加相应的设计人员。

在设计完成一部分图纸后，要及时提交请购单给采购部门。采购单的编制与提交，在P3E/C里也要形成作业。

在采购人员收到请购单后，应根据合同的要求，确定哪些是业主采购的材料或设备，确定哪些是EPC单位采购的材料或设备，哪些是分包单位采购的材料或设备，并分类表示。在采购编制采购计划的时候，采购的WBS一般以采购包为单位，每一个采购包下的作业可以按采购的过程来表示。

在编制采购单的同时，采购人员将业主采购、EPC采购、分包单位采购的材料或者设备在P3E/C里形成资源库，并分配到各个单元上去。材料或者设备的编码可以参考设计的编码规则。

在P3E/C软件里，采购部门需要根据不同的请购单，对每一个采购包编制相应的采购计划。采购计划应该包括采购过程中的主要流程，每一道流程所需要的大概时间。

9.1.3 P3e/c 协助工程施工阶段管理

施工阶段是将设计和采购的产品变为业主承认的成品(或者是艺术品)的过程。在现场的管理中，重点是“四控二管一协调”(四控：安全控制、质量控制、进度控制、费用控制；二管：信息管理、合同管理；一协调：组织协调管理)。在这个阶段，需要协调的单位主要有：设计方、采购方、业主单位、监理单位、分包单位、供货商等。

1. 进度控制

在各种项目建设中，进度都是主线，是重点。现场的所有活动，都随着进度的进行而展开。P3E/C 不仅仅是项目管理平台，还是专业的进度、资源、费用的控制软件。在编制进度计划的时候，需要根据业主提供的工作分解结构进行。根据该煤直接液化项目的复杂性，我们将工作分解结构分解为 7 级。第一级：项目；第二级：装置或单元；第三级：工程实施阶段(基础设计、详细设计、采购、施工、开车)；第四级：专业；第五级：工作包(分部工程)；第六级：工作项(分项工程)；第七级：工序。为了使编制的计划具有指导性、可操作性。我们在编制实际施工计划的时候，还需要将计划编制到每一道施工的工序上。工序在 P3E/C 里，是最基本的作业，如果部分工序的作业难度比较大，需要做详细的说明，还可以给工序添加作业步骤或再分解。例如某一条工艺管线，安装时候的工序有可能是：原材料喷砂、防腐(底漆)、预制、组装焊接、无损检测、水压试验、气密试验、防腐保温等工序，如果有必要，还可以细分。如图 9-1 所示。

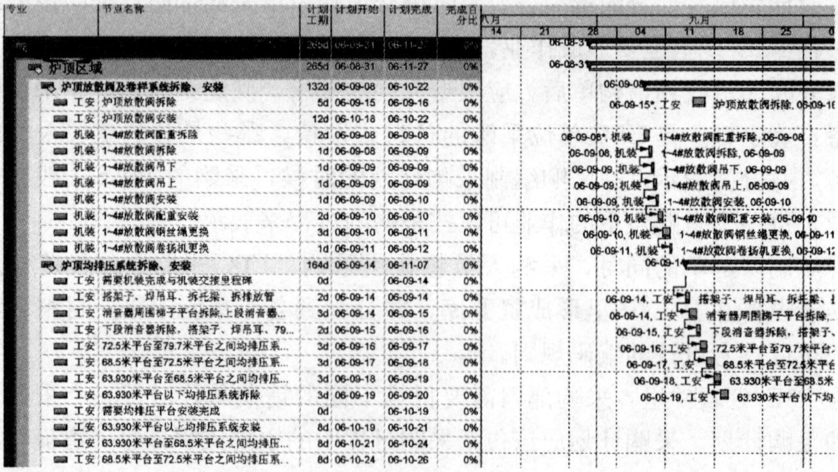

图 9-1 项目结构分解

确定了编制依据后，需要对每一道工序所需要的工作时间做一个估计。工作时间的估计一般根据工程经验并结合施工现场的实际情况来进行确定。工作时间关系到整个项目的工期，需要对每一道工序的工作时间做认真的审核。每道工序的工作时间也不要太长，太长的工作时间会造成估计的不准确。每道作业的工期确定之后，需要根据施工的工序来连接每道作业的逻辑关系。逻辑关系一般分为两种，一种是强制的逻辑关系，比如混凝土浇筑和钢筋绑扎之间的关系，混凝土浇筑必须要等钢筋绑扎完成之后进行，这种关系就是强制的逻辑关系；一种是组织上的逻辑关系，比如电气桥架和仪表桥架的安装，它们之间没有严格的逻辑关系，可以先安装电气桥架，也可以先安装仪表桥架，也可以同时进行，只是为了满足网络计划的要求而人为连接的。

在连接施工工序逻辑关系的时候，还需要把设计、采购的关系考虑在内，这样的计划，才是将设计、采购、施工高度集成的计划，才体现了设计、采购、施工的深度交叉。这样，在做进度更新的时候，需要的材料或设备、进场的人力或机具就可以及时的更新，以便整个团队获得最新的数据资料，并及时调整各自的进度，使得各个部门更加及时地得到沟通，信息更加流畅。施工单位可以及时根据采购的进度安排调整施工计划，采购也可以根据施工的进度合理安排设备、材料采购的时间、协调货物到场时间，避免材料堆积，造成仓储积压。在 EPC 项目里，这点尤其重要。

一个完整的计划，还需要人力、材料、机具的进场计划。可以把人力、材料、机具作为资源库，并分别添加到每道作业上，最后形成整个项目的人力、机具、材料的进场计划。对于采购的材料和设备，还可以为它建立一个采购状态的属性。例如：采购完成、已发货、已入库、已出库、合同编号、产品的规格、型号、生产厂家等，这样，就可以随时查询采购的材料或设备的各种信息。

在完成作业、人力、材料、机具的录入后，需要做一次进度计算。目的是检测施工工期是否符合既定的安排，如果不能满足工期的要求，还需要调整计划中的部分作业时间或者逻辑关系。使编制出的计划既能满足工期的要求，也可以满足经济效益的要求。

调整完成之后，就形成各方面都能认可的目标计划。目标计划是进行工作的期望目标，各个单位、部门都要以目标计划为准则进行各项活动。具体流程如图 9-2 所示。

计划编制的目的在于控制。在项目进行过程中，要按时根据目标计划检测项

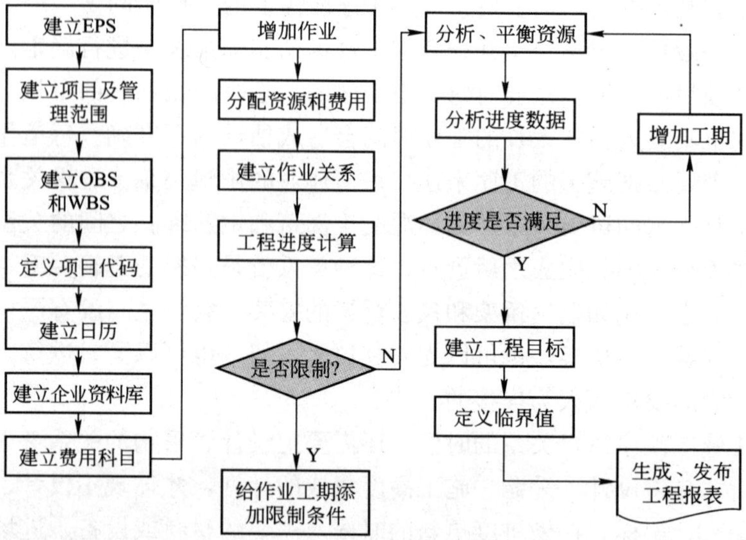

图 9-2　目标计划流程

目中进行的各项活动。确定各项活动的开始时间、完成时间是否与目标计划相一致。对于滞后的工序，分析原因，在不影响里程碑点的情况下，提出切实可行的解决方案。具体流程如图 9-3 所示。

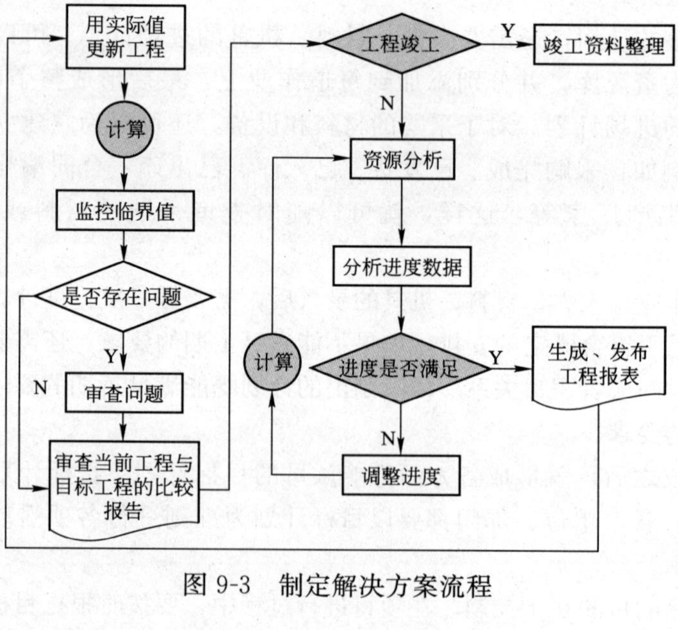

图 9-3　制定解决方案流程

每次进度检测完成之后，需要对下个周期的关键作业提出预警。在 P3E/C 里，通过监控临界值，可以过滤出下个周期里，需要提请 EPC 各个部门需要注意的重要作业。在 P3E/C 里，临界值是指项目管理与控制人员通过设置有关进度、费用方面的上下限值(可以接受的范围)来监控当前项目的执行状况。当项目目前的状况已超出设定的零界值定义的上下限值范围时，监控后就会自动触发生成问题，从而引导项目计划管理与控制人员将精力集中关注当前项目已存在的问题或即将出现的问题。

2. 费用管理

在 P3E/C 里，费用的管理主要有两种方式。

一种方式是自上而下的分配方式。自上而下预算将预计的费用设置在 EPS/WBS 层次，通过为每个 WBS 或者作业设置权重，采用自上而下的工具，将预算的费用按比例分配到每道作业上去。例如：在资源库中建立一个权重资源，单价为 1，每天的数量也为 1，再把这个资源分配到每道作业上去，通过软件自带的工具，可以将费用分配到作业上。通过这种方式可以迅速地建立费用体系，但是每道作业费用的估计不是很准确，需要费控部门测算每道作业的权重比。由于编制的施工计划细化到了每一道工序，而 EPC 的费控部门很少有每道工序上的费用数据，所以需要在施工中不断积累这方面的数据。这种方式建立的权重体系，在以后相类似的工程中，可以迅速地生成每道作业的费用。因为每道作业的权重基本是一致的，只需要将总的权重点数更改为新的预算费用，再采用自上而下的分配工具。

另外一种方式是自下而上的汇总方式。这种方式需要计算出每道作业的各种费用，如直接费、间接费等，利润、税金、管理费、办公费等费用可以按照作业的条数或者每道作业持续的工期，按比例添加到每道作业上，系统会层层按 WBS 汇总，最后累积为该项目的总费用。用这种方式建立预算费用，在控制过程中比较精确，但是工程量很大。

建立完成费用体系后，在施工过程中就有了比较的标准。由于预算的工程量或单价在实际施工的过程中可能会有变化，随着施工的进行，应及时对实际的工程量或单价更新，形成赢得值曲线。赢得值技术是通过对计划工作量的预算费用(BCWS-Budgeted Costfor Work Scheduled)、已完工作量的预算费用(BCWP-Budgeted Cost for Work Performed)和已完工作量的实际费用(ACWP-Actual Cost for WorkPerformed)这三项数据的动态生成、测量、分析和预测，来定量说明费用/进度执行效果，进而实现项目费用/进度的综合控制。其中 BCWP 即所谓赢得值(Earned Value)。赢得值技术可以克服目前采用的对费用和进度实行单独控制的缺点。例如，当费用超支时，它可以判定是费用消耗超出预算，还是由于进度提前所致。相反，当费用节余时，也可以立即判定是节省了费用，还是进度滞后所致。同时，它也可以对项目的费用、进度实行单项监测和控制。

3. 安全管理

在施工过程中，安全是最重要的。施工中的任何活动，都要在满足安全的前提下进行，安全需要每个专业工程师参与。在P3E/C里，可以很好地解决这个问题。

在现场的施工活动中，安全活动包括危险源识别、安全技术交底、安全应急预案等。根据施工进度计划中作业的不同，每道作业存在不同的危险源。在P3E/C里，可以建立一个自定义字段，将自定义字段命名为危险源种类。根据现场的情况对危险源进行分类，可以分为：高空作业类、密闭空间类、放射类、噪声类、粉尘类等，并建立相应的安全技术交底和安全应急预案。再在P3E/C里将这些属性分配给相应的作业。例如：在P3E/C里有一道储罐外保温的脚手架搭设的作业，可以将高空作业类的危险源分配给它，并将安全技术交底和安全应急预案作为附件。这样，当进行到该道作业的时候，相关的专业工程师(也可能不是安全工程师)就可以知道在安全上应该注意些什么？在施工时怎么做才比较安全？出了事故该怎么处理等。同时，项目经理或公司领导也可以查看该项目的安全管理是否落实，编制的安全技术交底是否全面具体。

4. 质量管理

质量管理包括保证项目能满足原先规定的各项要求所需要的过程。在施工中，质量控制点一般分为W(见证点)、H(停工待检点)、S(旁站点)、R(文件记录点)四个等级。质量的验收等级分为4级：A、B、C、D。A级需要业主、监理、EPC、分包单位共同验收通过，B级需要监理、EPC、分包单位共同验收通过；C级需要EPC、分包单位共同验收通过；D级只需要分包单位验收。

由于施工计划编制到了工序这一级，质量控制点和质量验收等级就可以很方便地分配到每道作业上面。例如：框架柱的钢筋绑扎这道工序，质量控制点是H，质量验收等级是A级，在P3E/C里，需要先设定一个自定义字段，并将H和A赋予钢筋绑扎这道工序。当施工进行到这道工序的时候，土建的专业工程师就知道需要进行H级和A级的控制，并形成相应的文件和记录。

质量控制在施工中的各个专业、各个阶段都存在。一个项目的质量控制体系，需要在项目开始的时候制定完成。将质量控制纳入P3E/C，可以形成一套完整的质量检测体系，为企业建立标准化、专业化的管理制度。并为以后的工程建立模板。

9.2 Project 软件的应用操作

在项目管理知识体系中，包括九大知识领域(范围管理、时间管理、费用管理、质量管理、人力资源管理、沟通管理、风险管理、采购管理、综合管理)。但从项目管理辅助工具软件 Project2003(最新版为 2007)来说，它包含了这九大知识领域中的五大核心领域(范围管理、时间管理、费用管理、人力资源管理和集成管理)，另外四个领域需要通过其他辅助工具或人工操作来完成。

9.2.1 Project 软件使用前的环境设置

在进行计划编制前，需先设置好 Project 软件的使用环境，这样可以更方便我们计划编制时的操作。环境设置一是要根据自己的习惯，二是要根据项目的实际情况。下面介绍几种常用的环境设置项。

(1) 设置项目摘要信息，在摘要信息中需输入该项目的标题、项目经理和单位等信息。主要是便于打印时显示的信息。操作方法：选中菜单 文件—》属性—》摘要信息—》。

(2) 设置项目的日历，默认从星期日开始，中国人的习惯一般是从周一开始。操作方法：选中菜单 工具—》选项—》日历—》每周开始于—》。

(3) 设置任务类型，默认为“固定工时”，固定工时的含义是当一项任务分配给一个人做是 10 天，当增加一人时，则工期自动变为 5 天。我们的操作习惯应该是人员增加时，原工期一般要求仍不变。所以需选择为“固定工期”。操作方法：选中菜单 工具—》选项—》日程—》默认任务类型—》。

(4) 设置 WBS 编号，默认无 WBS 编号，为了计划阅读清晰，建议设置大纲编号作为 WBS 编号。操作方法：选中菜单 工具—》选项—》视图—》选中显示大纲编号。

(5) 设置工作时间，默认是按标准日，也即周六、周日休息。行政日指不但考虑周六、周日休息，而且考虑到中国的传统节假日(如国庆、五一等)。我们一般要根据项目的具体情况，如该项目比较工期比较紧，项目组要求每周六加班，周日休息，那么就需将周六设置为“非默认工作时间”。操作方法：选中菜单 工具—》更改工作时间—》选中对象—》非默认工作时间。

(6) 设置条形式样式，可根据自己的习惯，设定关键任务、非关键任务、进度条、里程碑为不同的样式和颜色。

9.2.2 新建项目文件

启动 Project 2003 将自动新建一个空白项目文件“项目 1”，为了便于管理，可以将其以工程名称保存。新建的文件自动打开一个“开始工作”向导，可以利用它的提示来一步一步设置，也可以自己手工设置。

(1) 在项目菜单下选择“项目信息”，打开项目信息对话框。在对话框中的日程排定方法处选定从项目开始之日起。

(2) 在开始日期下输入计划开工日期。在 Project 2003 中日程排定方法有两种，一种是“从项目开始之日起”，此时开始日期可选，完成日期不可选，工期只能由要求的开工之日向将来顺序排。

另一种是“从项目完成之日起”，此时完成日期可选，开始日期不可选，工期只能由要求的完工之日往回排。通常，都以开工日期为准，常选用第一种方法。其余选项暂时不选。

在 Project 2003 中默认的工作时间为每周工作日 5 天：周一至周五，每天工作时间为 8 小时，在视图(甘特图)中显示为白色；周六及周日为休息时间，在视图中非工作日显示为灰色。在安排工期时，Project 2003 将自动跳过非工作日。一般来说，如果施工是连续的，下一步就是要调整工作时间，使得日期成为连续。在工具菜单下选择“更改工作时间…”，打开更改工作时间对话框，在“选择日期”下找到开工月份的日历，可以看到该日历的周六和周日均显示为非工作日。用鼠标单击选择本月的第 1 个非工作日，在“将所选日期设置为：”下选择非默认工作时间，此时，可以看到该日不再是非工作日，照此将工期之内的非工作日均改为工作日。对于大量的修改，可以通过拖动的方式，将整个月份全部选择，然后，单击“确定”按钮回到主界面，可以看到视图中灰色日期已经消失。

9.2.3 调整可视图表

在格式菜单下选择“时间刻度…”，打开时间刻度对话框。时间刻度对话框中有 4 个选项卡，分别是：顶层、中层、底层及非工作时间。如果是跨年度工程，可以在“时间刻度选项显示”中选择顶层、中层、底层，这样，在顶层中可以输入年份，但由于时间跨度较大，在输出报表时常无法显示，故推荐使用中层、底层。在中层中按照习惯，在“中层格式”下选择单位为月，在底层中“底层格式”下选择单位为天，依据工期长短，可以任意选取。然后，在“时间刻度选项”下“大小”选择时间刻度的缩放比例。由于未设定“非工作时间”，所以，不再设定“非工作时间”选项卡。调整网格如下：

(1) 在格式菜单下选择“网格…”，打开网格对话框。在“要更改的线条”选择框下选择“甘特图行”，在标准、类型下选择实线，“颜色”就使用系统默认的自动，间隔选择无。

(2) 在“要更改的线条”选择框下选择“中层列”，在标准、类型下选择实线，“颜色”选择自动或黑色。

(3) 在“要更改的线条”选择框下选择“低层列”，在标准、类型下选择实线，“颜色”选择自动或黑色。这样，表格视图就是常见的形式了。

9.2.4 创建任务

常用的施工进度计划中的分项工程即为任务。用鼠标在甘特视图左侧的工作表的“任务名称”列中选定要添加的任务行，然后输入任务名称，回车或选择其他单元格确定。此时，Project 2003 会自动为其分配 1 个工作日的估计工期，并且自动按照开始设定的开工时间排定工期。可以把所有的任务全部输入再调整，也可以在每个任务输入后即调整。调整任务可以单击快捷栏上的“任务信息”按钮，也可以在“项目”菜单下选择“任务信息…”，或者直接在该任务行上双击。在“任务信息”对话框中共有 6 个选项卡，现在只用到前两个选项卡。

在“常规”选项卡中“名称”已经输入，如果需要更改可以在此直接更改，在“工期”里调整工作天数，或在“日期”下选择开始日期及完成日期，确定后“工期”也随之自动调整。

(1) 如果不能确定确切的工期，即可在其后“估计”选项框中选定，这样，在以后的工期调整中可以用“筛选器”快速地找到。如果该任务没有前置任务，则不需在调整“前置任务”选项卡，如果有前置任务，则在“前置任务”选项卡里“任务名称”下单击。

(2) 在下拉框中选择其前置任务，在“类型”中有 4 种关系类型供选择，选择其与前置任务的关系。

(3) 在“延隔工日”下选择与前置工期延隔的日期，单击“确定”按钮，一个任务就输入完成。

9.2.5 输出图表

在全部任务输入完成后，要将该进度计划打印出来。由于系统默认的打印格式与通常使用的计划表相去甚远，这就需要进行如下调整：

(1) 首先，在格式菜单下选择“条形图样式…”，打开条形图样式对话框，目前只需设置“任务”的条形图格式，选定“任务”，在“条形图”选项卡下按照常规头部及尾部均不设置，在“中部”、“形状”里选择细线，在图案里选择实心，在颜色里选择自动，单击“确定”确认。然后，在格式菜单下选择“版式…”，打开版式对话框，在“链接”下选第一项，在下面选择“延伸条形图填满整天”。在确定后，可以看到整个视图中所有的任务条形图已经变成了需要的黑实线样式。

(2) 在文件菜单下选择“页面设置”，打开页面设置对话框。如果有多台打印机，则需要在文件菜单下选择“打印…”，打开打印对话框，在打印机中选择所要使用的打印机后，按关闭按钮，再打开页面设置对话框。首先，在“页面”选项卡中选择纸张大小，甘特图所需要的表格均较大，有条件尽量使用 A3、B4 等大的纸张。选择“打印方向”为横向。通常要在“缩放”中调整一下页数或比例以适应版面。在“页边距”选项卡中选择合适的边距，在“页眉”选项卡中选择“居中”，然后添入一号字“施工进度计划”。“页脚”按照默认的选项即可。在“图例”选项卡中“图例位置”选择为“无”，在“视图”选项卡中将所有复选框取消然后确定。

(3) 回到甘特视图，双击列标题，在弹出的“列定义”对话框中，在“标题”里添上需要的文字，如序号等，同样，更改各个列的标题名称。对不想显示的列，在右键弹出菜单中选择“隐藏列”即可隐藏；若想添加列，在右键弹出菜单中选择“插入列”，在弹出菜单中选择“域名称”中列的类型。在甘特图中左侧的工作表与右侧的图表中间的分隔可以拖动调整，拖动它可以调整所要打印输出的项目。全部调整完后打印即可。至此，一个完整的进度计划图就完成了。如果在施工中对各分部工程及施工工序都很熟悉，在工程量已知的条件下(不考虑资源)工期也基本能够估计出来，就可以很方便地利用 Project 2003 创建简单的进度计划，并可以随时随地根据不同变化而调整。如果同时考虑人员、物资、机械、资源等，就可系统地考虑创建计划，并且能够根据不同数据的变化，及时调整工期，并且可以马上知道结果。总之，Project 2003 是一个功能强大、操作简单的项目管理软件，还有很多功能等待开发和应用。

10 投资控制与合同管理专业软件的应用与实践

10.1 C3A 软件的应用与实践

10.1.1 项目组织及系统运作职责

C3A 系统在某市旧村改造项目中实施将涉及该项目的业主方、代建单位、监理单位、施工单位以及 C3A 系统提供及实施方等多个单位。结合项目组织结构，C3A 运行组织结构如图 10-1 所示。

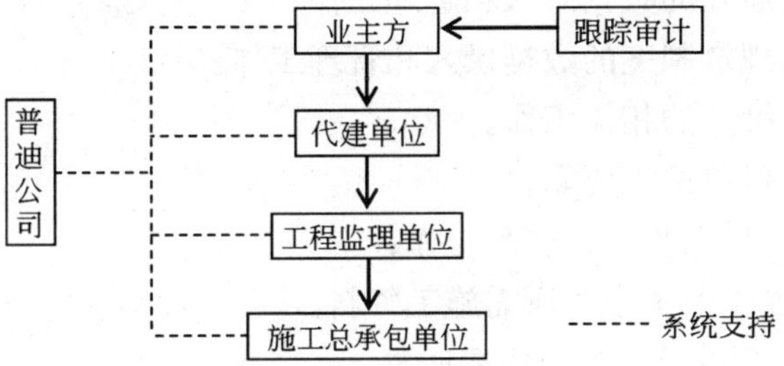

图 10-1 C3A 系统运行组织结构示意图

各项目参与单位在 C3A 系统运行中的职责有：

(1) 业主方主要职责

1) 确定系统所涉及的工程管理要求；

2) 对涉及系统结构性功能调整等重大问题进行决策；

3) 提出统计信息报表的内容和格式；

4）组织、协调系统实施工作；

5）检查各单位系统使用情况；

6）检查各单位数据录入的准确性和及时性；

7）负责合同支付数据的审核工作；

8）为工程监理单位提供系统录入所需要的数据。

（2）代建单位主要职责

1）协助业主检查各单位数据录入的准确性和及时性；

2）编制和录入投资计划；

3）负责合同支付数据的录入工作。

（3）工程监理单位主要职责

1）负责概算投资数据录入工作；

2）负责资金计划和实际到位数据录入工作；

3）负责投资预测工作；

4）负责合同基本信息的录入工作；

5）负责合同变更、索赔数据的录入工作；

6）负责合同结算和终结数据的录入工作；

7）负责虚拟合同的数据录入和管理工作；

8）负责工程文档的录入和维护工作；

9）负责项目会议的数据录入和管理工作；

10）负责项目通知的数据录入和管理工作；

11）负责项目规章制度的数据录入和管理工作；

12）负责系统维护的相关工作。

（4）施工总承包单位主要职责

1）负责施工资料的收集、整理工作；

2）负责及时提供系统录入所需施工资料。

（5）C3A 系统提供及实施方主要职责

1）负责整个系统的修改完善工作；

2）负责整个系统的实施文档的撰写工作；

3）负责整个系统的操作说明的编写工作；

4）负责工程管理相关的培训工作；

5）负责整个系统的操作培训工作；

6）负责系统的数据备份工作。

10.1.2　系统架构及功能介绍

投资控制与合同管理系统(C3A)是一套先进的辅助建设工程项目投资控制和合同管理工作的信息系统。全面集成了建设项目管理中的投资控制和合同管理信息，为投资控制和合同管理的整体性管理带来了极大的便利，提供了完整的投资控制和合同信息管理解决方案。

某市旧村改造项目实施的C3A系统包括工程文档、投资控制、投资计划、投资预测、资金管理、合同管理、合同分析、会议、通知、规章制度、用户管理、系统管理等模块，其系统功能架构如图10-2所示。

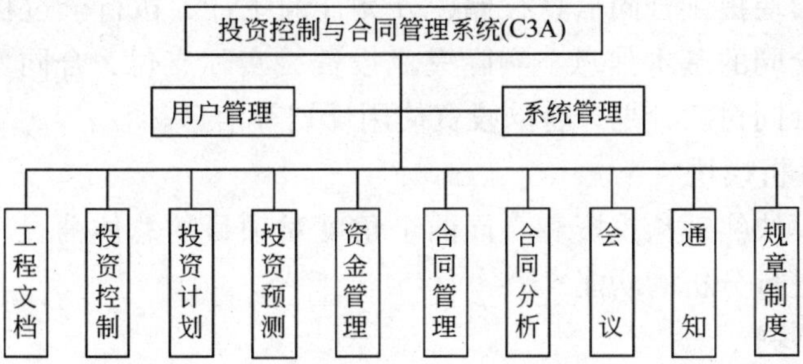

图10-2　某市旧村改造项目C3A系统架构

(1) 工程文档模块

工程文档模块提供对工程文档分类存储和管理的功能。为项目参与各方提供了一个信息共享的平台，通过集中的分类存储，使项目参与各方无论何时、何地可以方便、及时地得到权限范围内所需要的各类信息。将日常的项目文档和竣工移交资料管理紧密结合，充分体现了文档生命周期管理的理念。

(2) 投资控制模块

投资控制模块提供投资控制目标确定、投资费用情况查看、投资数据动态比较分析等功能。对各个投资项的各种投资数据类型做全面的比较分析，控制投资的使用情况；查询各类投资数据类型的详细信息，并提供相应的报表和投资比较分析图形。

(3) 投资计划模块

投资计划模块提供录入、查询各投资分项的年度、季度以及月度投资使用计划功能。可以根据年度、季度以及月度对各个层次的投资分项的已签合同投资计划、未签合同投资计划以及投资分项计划等信息进行查询、统计和分析。

(4) 投资预测模块

投资预测模块通过建立一套先进的投资预测模型供用户随时对建设项目的投资进行预测；系统在投资预测过程充分考虑了各个投资分项、各个合同以及市场条件变化对整个项目投资变化所产生的影响。

(5) 资金管理模块

资金管理模块提供的功能包括录入、查询、统计各种资金来源的年度、季度以及月度的资金拨款计划信息；录入、查询、统计各种资金来源的实际到位和实际支付信息。可以动态地比较分析各个年度、季度以及月度各种资金来源的拨款计划、实际到位和实际资金投入情况。

(6) 合同管理模块

合同管理模块提供合同信息存储、分类查询统计、执行全过程管理等功能。包括各种类型合同的基本信息、实际完成投资、实际支付、合同变更/索赔、合同单价信息、合同付款计划、合同投资使用计划等信息。

(7) 合同分析模块

合同分析模块实现从投资和合同两个角度对项目的总体情况、变更、支付、完成投资情况进行分析的功能。

(8) 会议模块

会议模块用于管理项目中各类会议从提交、审批、安排等整个流程，帮助用户及时、全面地了解项目会议安排情况。

(9) 通知模块

通知模块用于管理项目中通知的发布、接收、查看和存档功能，帮助用户及时获取重要信息。

(10) 规章制度模块

规章制度模块用于存储和管理项目中的各项规章制度，方便项目参与各方进行查阅或了解新的规章制度。

(11) 用户管理模块

用户管理模块提供组织结构的设置、用户信息的维护和用户在系统内所有权限的管理。包括对C3A系统模块的操作权限、合同操作权限、系统报表权限等的管理。

(12) 系统管理模块

系统管理模块提供项目添加和维护、系统的功能参数和管理参数的设置和维护。包括项目设置、合同分类设置、合同变更/索赔类型设置、乙方单位管理、报表参数设置、合同文件类型设置、合同状态设置、系统权限模板设置、项目权限模板设置、审核权限模板设置等功能。

10.1.3 编码体系设置

在项目的进行过程中，会产生大量的文档、合同，为有效的管理好这些文档、合同，必须制定一套完整的编码体系。该项目的编码体系包括：项目编码、投资编码、合同分类编码、合同编码、变更/索赔编码和资金编码。

(1) 项目编码

项目编码由地区名称的首字母和项目简称的首字母组成。市旧村改造项目的简称 SFX，其项目编码为：

HSQ－SFX

SFX——项目简称首字母

HSQ——项目所在地区首字母

(2) 投资分解结构及编码(表 10-1)

投资分解结构以及投资编码表 **表 10-1**

投资编码	投资分项名称
10000	胜丰西拆迁安置房项目总费用
11000	建安工程费用
11100	牛奶场地块建安工程费用
11110	单体建安工程费用
11120	小区及附属配套工程费用
11200	沈家村北村地块建安工程费用
11210	单体建安工程费用
11220	小区及附属配套工程费用
12000	工程建设其他费用
12100	建设管理费
12200	勘察设计费
12300	环境评估费
12400	场地准备及临时设施费
12500	特种设备安全监督检验费
12600	市政公用设施费
13000	预备费
14000	待摊费用
14100	待摊建安工程费用
14200	待摊工程建设其他费用
14300	待摊预备费

(3) 合同分类及编码(表 10-2)

合同分类及编码表 **表 10-2**

合同分类编码	合同分类名称
HT110	勘察、设计合同
HT120	施工合同
HT130	科研、咨询、技术服务合同
HT140	材料、设备采购合同
HT150	监理合同
HT160	其他合同
HT170	虚拟合同

(4) 合同编码

根据该改造项目的实际情况，合同编码由项目简称首字母、合同所对应的投资编码以及两位流水号组成。

例：SFX—11000—01

01——两位流水号

11000——合同对应的投资编码

SFX——项目简称首字母

(5) 变更/索赔类型及编码(表 10-3)

变更/索赔类型及编码 **表 10-3**

变更/索赔编码	变更/索赔名称
	变更类型
111	合同补充协议
112	合同备忘录
113	工程变更指令
114	工程验证
115	设计变更
116	会议纪要
117	信函
118	材料差价
119	结算变更
11A	其他
	索赔类型
121	乙方向甲方索赔
122	甲方向乙方索赔

(6) 资金编码(表 10-4)

资金编码及资金项层次 **表 10-4**

资金编码	资金项名称
ZJ100	某市旧村改造项目建设资金
ZJ110	某市某村改造办公室

(7) 工程文档结构及编码(表 10-5)

工程文档结构及编码设置 **表 10-5**

编码	名称	备注
HSQ-SFX	某市旧村改造项目	
0000	公共文件夹	
1000	工程准备阶段文件	
1100	项目立项文件	(1) 项目立项文件; (2) 可行性研究报告
1200	建设用地与拆迁文件	(1) 用地与征地文件; (2) 拆迁文件
1300	勘测与设计文件	
1310	勘察与测绘文件	
1320	总体设计文件	(1) 总体设计文件; (2) 总体设计优化文件
1330	初步设计文件	
1340	施工图设计文件	
1350	专业深化设计文件	
1400	招投标与委托文件	(1) 工程管理服务委托文件; (2) 总体设计招投标文件; (3) 勘察单位委托文件; (4) 施工监理招投标文件; (5) 施工总承包(管理)招投标文件; (6) 专业分包招投标文件; (7) 设备材料采购招投标文件
1500	开工审批文件	
2000	项目管理文件	
2100	项目大事记	(1) 项目公共信息; (2) 项目干系方信息; (3) 项目实施大事记
2200	项目实施组织及管理制度	(1) 组织设置、管理职能及任务分工; (2) 项目管理制度

续表

编码	名称	备注
2300	请示及政府部门文件	
2400	会议组织及纪要	
2410	设计评审与协调会	(1) 初步设计评审会; (2) 设计协调会
2420	专家咨询会	
2430	工作例会	
2440	监理例会	
2450	工程协调会	
2460	施工协调会	
2470	其他会议	
2500	通知与函件	
2510	通知	
2520	业主方(代建方)函	
2530	项目经理部函	
2540	项目监理部函	
2550	招标代理单位函	
2560	专业设计单位函	
2570	施工总承包(管理)单位函	
2580	专业分包单位函	
2590	设备材料供应单位函	
2600	目标控制文件	
2610	进度控制	(1) 业主方进度报告; (2) 设计方进度报告; (3) 项目总控方进度报告; (4) 施工监理方进度报告; (5) 施工总承包(管理)单位进度报告; (6) 专业分包单位进度报告; (7) 设备材料供应单位进度报告
2620	质量控制	
2630	投资控制	(1) 投资数据及材料; (2) 工程实际投资报告; (3) 投资计划值与实际值比较、分析报告
2700	项目管理总结报告	(1) 项目总控年度总结报告; (2) 项目总控季度总结报告; (3) 工程管理月进度报告
2800	项目管理信息系统的应用	

续表

编码	名称	备注
2810	形象进度系统	
2820	C3A 系统	
2830	PCCI 系统	
2900	工程管理研讨与培训	
2A00	设备材料资料	
2B00	工程保险	
2C00	图像资料	
2C10	会议图像	
2C20	考察图像	
3000	监理文件	
3100	监理规划	(1) 监理规划与实施细则； (2) 监理部总控制计划
3200	监理月报	
3300	监理目标控制文件	
3400	监理单位内部资料	
4000	C3A 系统合同	合同的电子文档，上传合同各类文本时系统自动添加，不允许手动添加和修改，由 C3A 系统自动产生

10.1.4 系统权限设置

C3A 系统的用户权限包括 C3A 系统模块权限、合同操作权限和系统报表权限。

(1) C3A 系统模块权限

C3A 系统模块权限设定了用户对于 C3A 系统各模块的操作权限，具体设置如表 10-6 所示。

C3A 系统模块操作权限　　表 10-6

用户	C3A 系统模块操作权限												
	工程文档	形象进度	投资控制	投资计划	投资预测	资金管理	合同管理	合同分析	项目会议	项目通知	规章制度	用户管理	系统管理
用户一	○	○	○	○	○	○	○	○	○	○	○	×	×
用户二	√	√	√	√	√	√	√	√	√	√	√	√	√
用户三	○	√	○	○	○	○	○	○	○	○	○	×	×

注：√—写权限；○—读权限；×—无权。

(2) 合同操作权限

合同操作权限设定了用户对于合同操作方面的权限，包括合同审核权限、合同变更审核权限、合同支付审核权限、合同结算审核权限、保修期满审核权限、终结合同权限和查看所有合同权限等。具体设置如表 10-7 所示。

合同操作权限 **表 10-7**

用户	合同操作权限						
	合同审核	合同变更审核	合同支付审核	合同结算审核	保修期满审核	终结合同	查看所有合同
用户一	×	×	×	×	×	×	√
用户二	×	√	√	√	√	√	√
用户三	×	×	×	×	×	√	√

注：√—有权；×—无权。

(3) 系统报表权限

系统报表权限设定了用户对于系统中各类报表的访问权限，包括投资数据报表、投资比较分析报表、合同基本信息报表、合同签订汇总报表、合同执行汇总报表、投资计划报表和资金管理报表等。具体设置如表 10-8 所示。

报表权限设置 **表 10-8**

用户	报表权限						
	投资数据报表	投资比较分析报表	合同基本信息报表	合同签订汇总报表	合同执行汇总报表	投资计划报表	资金管理报表
用户一	√	√	√	√	√	√	√
用户二	×	×	√	√	√	×	×
用户三	×	×	×	×	×	×	√

注：√—有权；×—无权。

(4) 文档结构权限

文档结构权限在文档结构以及文件创建过程中针对每一个文档结构、每一个文件进行单独的设置，可采用的权限设置方式包括：继承权限设置、自定义权限设置、他人权限复制等。

10.1.5 相关制度与流程

在该项目的 C3A 系统实施过程中，讨论制定了以下相关制度(具体内容略)：

1) 项目投资控制制度；

2）项目合同管理办法；

3）C3A 项目管理手册；

4）C3A 系统实施方案及实施细则。

在该项目的 C3A 实施过程中，讨论制定了以下相关的流程，对于部分审批流程结合 C3A 系统实现网上流转功能(具体流程图略)：

1）投资控制总流程；

2）投资计划、分析、控制子流程；

3）合同/变更签订流程；

4）合同付款流程；

5）变更控制流程；

6）工程结算流程；

7）C3A 系统数据录入流程。

10.2 EXP 软件的应用与实践

某大桥位于江苏省东部的南通市和苏州(常熟)市之间，西距江阴长江公路大桥 82km，东距长江入海口 108km，是交通部规划的黑龙江嘉荫至福建南平国家重点干线公路跨越长江的重要通道，也是江苏省公路主骨架的重要组成部分。建设该大桥对完善国家和江苏省干线公路网、促进区域均衡发展，缓解过江交通压力、改善长江安全航运条件等都具有十分显著的作用。该项目引进了 EXP 系统进行合同管理。

10.2.1 基础框架数据定义

企业项目管理框架是实现企业项目化管理的基础，只有建立良好的企业项目管理框架，才能真正实现企业对项目的粗放管理向“集约式”管理转变。企业项目管理框架由两大部分组成，一部分是建立在软件系统中的编码结构，另一部分是项目管理体系文件。

企业项目化管理主要编码结构体系，包括：工程的定义及编码、合同的定义及编码、费用科目的定义及编码、合同变更的定义及编码、合同文件的定义及编码、物资的定义及编码。

(1) 工程的定义及编码

此大桥建设工程采用业主、监理共享一套大用户数的 EXP 软件来进行合同管理，业主要求监理使用 EXP 来填报各种数据（如：支付申请、日报等），承包商并没有自己的 EXP 软件。各监理需且只需填报所管的项目的数据。基于上述实际情况，该大桥 EXP 采用在同一个 EXP 数据库中创建多个项目，分别管理各标段的合同事务以及业主的事务。具体实现办法如下：

1）在 EXP 服务器上创建 PMS 工程组。为每个标段建立单独的项目。同时创建两个项目，一是业主工程合同管理项目，用于工程合同的管理；二是业主采购合同管理项目，专用于业主的采购合同的管理。

2）业主在自己的工程中进行概算、采购、图纸等管理。而对于在 EXP 中有工程的承包商其合同管理的内容均在其自己的工程中完成，并通过邮件的方式写入业主工程合同管理项目。

3）监理在各标段的工程中进行合同管理的所有工作：合同录入、费用分摊（费用科目与业主的一样）、变更、支付申请、日报等。监理对合同的录入、支付申请、变更令等只具有录入、分摊的权限，而审批的权限由业主拥有。

4）整个项目的合同、变更、支付、概算等综合性报表可从业主工程合同管理项目中生成，某个或某几个独立标段的报表可从标段项目中生成。

（2）联系单位的编码规则

联系单位是合同事务信息的基础，EXP 中的联系单位缩写采用 8 位（允许少于 8 位），并参照下列标准编码：

A1	A2	A3	A4	A5	A6	A7	A8

A1-A2　单位名称的第一分段的两位缩写，通常指单位所在地区或所属部委。

A3-A6　单位名称的第二分段的前四个字的缩写，取汉语拼音的第一个字母。

A7-A8　表示单位名称的最后一个分段的一到两位缩写，通常指单位的属性值，定义如下："ZX" 中心；"GS" 公司；"KJ" 勘测局；"KY" 勘测院，勘测设计院，勘察院，科学研究院；"GY" 规划设计院；"YS" 研究所；"J " 局；"C " 厂；"FY" 翻译院；"XH" 学会，协会；"BB" 编辑部；"CY" 测绘工程院；"ZS" 杂志社；"JB" 经营部；"DX" 大学；"JZ" 建设指挥部；"JL" 监理公司。

（3）合同的定义及编码

EXP 软件以合同管理为其管理的主线，各种类型的合同均可管理。该大桥项目的合同分为施工合同、监理合同、咨询合同、勘察设计合同、科研合同、材料设备采购合同。合同编码是 EXP 的合同记录的主要标识。合同编码必须以方便编码、方便登录、方便查询、方便分类汇总为原则。

合同编码规则适用于所有合同，合同编码采用 10 位：

B1	B2	B3	B4	B5	B6	B7	B8	B9	B10

B1-B2　表示项目代码，定义如下：

00　虚拟合同

ST　大桥项目合同

B3-B4　表示合同签订的年份

例如 03 表示在 2003 年签订的合同

B5-B6　表示合同类型，定义如下：

01　表示前期工程类

11　表示设计类中的初设，施工图设计

12　表示设计类中的勘探翻译等

21　表示科研试验类中的与工程有关的研究

22　表示科研试验类中的与工程有关的试验等

31　表示工程施工类中的施工

32　表示工程施工类中的检测、观测、施工试验

33　表示工程施工类中的其他类

41　表示交通工程和附属工程类

51　表示工程监理类，对应 7 个监理标段的划分

61　表示征地拆迁类

71　表示有关部门协调类，海事、航道、水文、环保等

81　表示国内外专家咨询类

91　表示建设管理类，招标代理、标底编制等

B7　表示分隔符，分隔符定义为“—”

B8-B10　表示合同流水号

(4) 合同变更定义及编码

合同补充协议、合同结算、合同变更均采用合同变更的方法体现。编码规则如下：

1) 补充协议编码规则：“X—”＋5 位流水号

2) 合同结算编码规则：“J—”＋5 位流水号

3）合同变更编码规则：“C—”＋5 位流水号

（5）词典的定义及编码

词典的定义及编码界面如图 10-3、图 10-4 和图 10-5 所示。

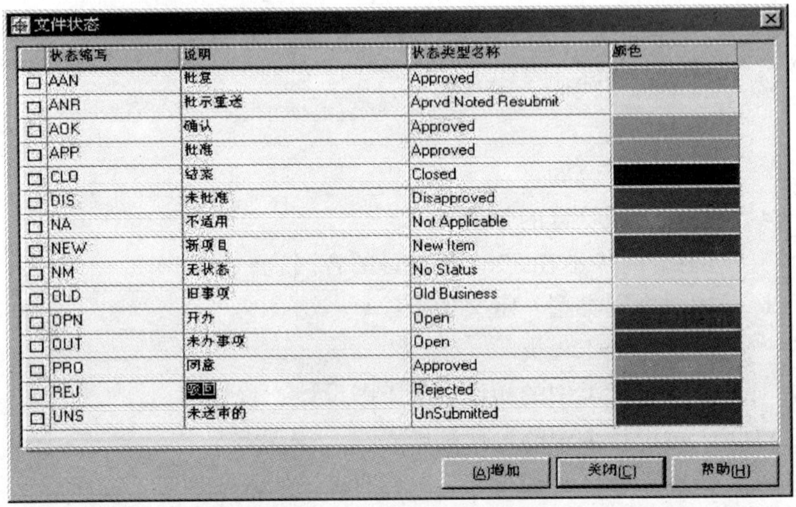

文件状态

状态缩写	说明	状态类型名称	颜色
AAN	批复	Approved	
ANR	批示重送	Aprvd Noted Resubmit	
AOK	确认	Approved	
APP	批准	Approved	
CLO	结案	Closed	
DIS	未批准	Disapproved	
NA	不适用	Not Applicable	
NEW	新项目	New Item	
NM	无状态	No Status	
OLD	旧事项	Old Business	
OPN	开办	Open	
OUT	未办事项	Open	
PRO	同意	Approved	
REJ	驳回	Rejected	
UNS	未送审的	UnSubmitted	

图 10-3　文件状态代码

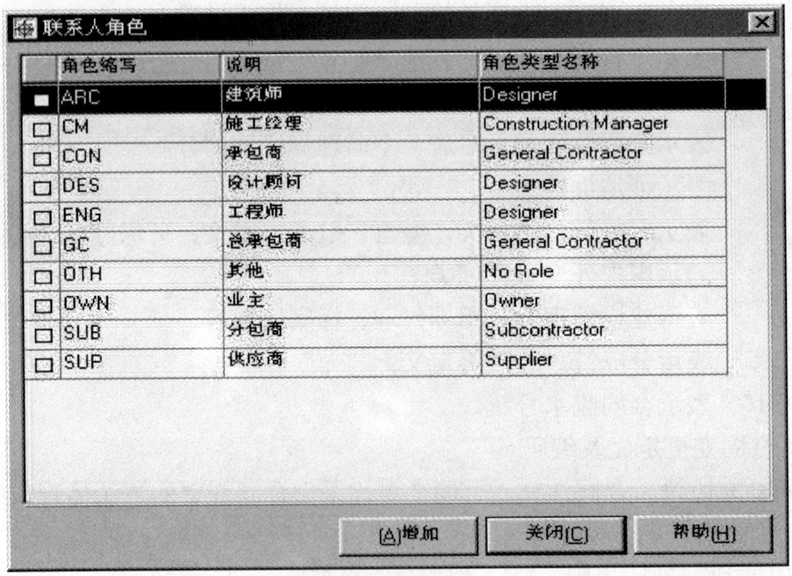

联系人角色

角色缩写	说明	角色类型名称
ARC	建筑师	Designer
CM	施工经理	Construction Manager
CON	承包商	General Contractor
DES	设计顾问	Designer
ENG	工程师	Designer
GC	总承包商	General Contractor
OTH	其他	No Role
OWN	业主	Owner
SUB	分包商	Subcontractor
SUP	供应商	Supplier

图 10-4　管理角色

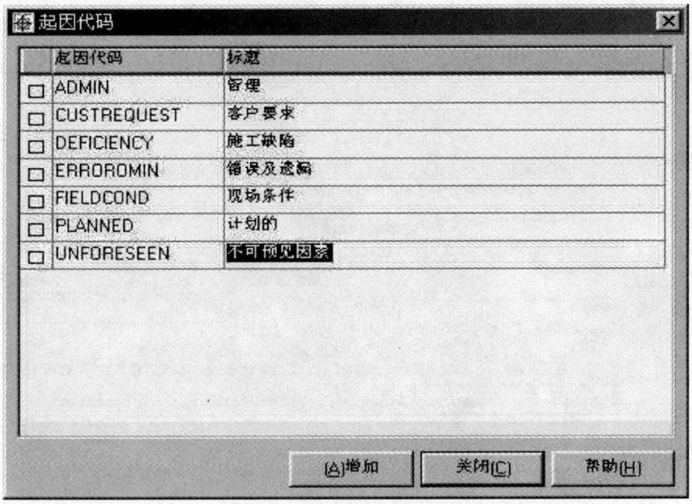

图 10-5　变更起因代码

10.2.2　概算管理

概算的管理将在业主、监理两个管理层次中体现。概算的登录采用概算模块管理;

(1) 概算录入流程

首先，概算人员在各标段工程中录入各标段概算并完成费用分摊。然后，在业主管理工程中录入项目总概算并完成费用分摊。最后，进行核查。

(2) 概算录入原则

概算的录入至少应包含概算编号、概算说明、概算发起方、概算总金额、概算的责任人、概算的费用分摊。其中概算发起方为业主，概算的费用分摊类别为 BUDGET Orignal。

(3) 概算编码

原始概算(批复概算)编号:"YS－"＋标段号(例如: YS－C1 指 C1 标概算); 修正概算编号: 原始概算编号＋"X"＋1 位流水号(例如: YS－C1X1 指 C1 标第一次修正概算); 调整概算的编号:"YS"＋"T"＋1 位流水号(例如: YS－T1 指第一次调整概算)。

10.2.3　合同管理

合同分为两个部分进行台账输入，设计、科研类合同的登录统一由合同管理部门完成；设计、科研类合同以总价合同的方法录入(当合同出现暂定金时，以单价的方法录入。合同将包含两项——QD001 清单价、ZD001 暂定金)，如图 10-6 所示。

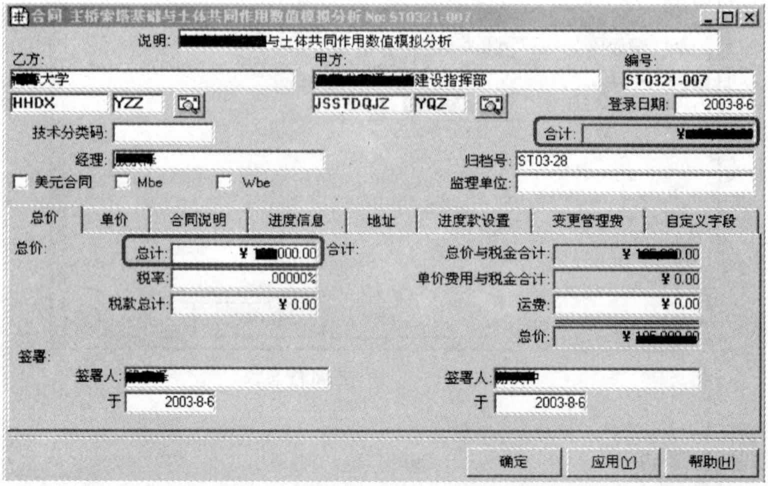

图 10-6　合同信息的录入界面

设计、科研类合同的录入至少应包含合同编号、合同说明、合同甲乙方单位(需选取)、合同的状态(合同状态分为：NEW，新增；APP，批准；CLO，结案)、合同的责任人、合同的费用分摊、合同的年份及合同的类型。

10.2.4　变更管理

(1) 增加变更记录

变更记录直接采用变更指令模块管理，该类变更指令至少需录入变更指令的收发方、变更指令的编号(“C—”＋5 位流水号)、选择变更指令对应的合同、变更指令的金额、变更指令的生效日期、变更指令的批准生效。

(2) 从进度款支付记录中收集变更令

收集变更令进度款支付时，不选择“为变更令建立进度款申请项目”。

(3) 调整进度款支付记录中的支付项

手工增加进度款申请项目(支付项)时，选择以“单价类型”的方式增加。增加进度款申请项目时，需与原变更令对应的问题关联。

新增项目类变更：采用手工增加支付项的方式，支付编号为：“C”＋原有变更号，新增项的单价、数量与原变更令一致。

单价变化类变更：修改原支付项的单价为变更后的单价，手工增加支付项扣回或补偿已完成量的价差部分，新增支付项的支付编号为：原有支付号＋“C”；新增支付项的单价为价差，数量为 0。

数量变化类变更：手工增加支付项，支付编号为：原有支付号＋“T”，新增支付项的单价为原单价，数量为增加部分。

注意因变更产生的支付项的保留金设置，通常该类项“保留金％”为“0”。如图 10-7 所示，为单价变化类变更的样例。支付项“405-2-C”单价从 12257.32 变成 14757.32。

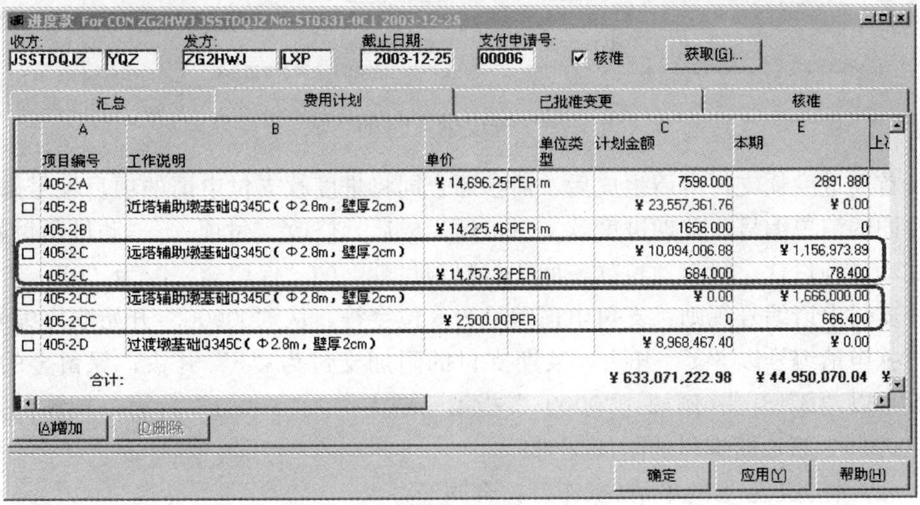

图 10-7　单价变化累变更样例

10.2.5　合同支付管理

(1) 进度款支付的生成(操作者：合同经办人)

首期进度款支付在支付模块中手工添加，其他期进度款支付从上期支付中生成。在支付模块中，双击空白处，在图 10-8 所示的界面中，选取“合同编号”，进度款的发方与收方(发方为合同乙方，收方为工程处 STDQGCC)，输入截止日期(截止日期根据情况而定)，单击“下一步”，并选择“生成新的进度款申请”，“基于合同总价项”，单击“完成”。

从上期支付生成下一期支付的操作坊式为：选中前一期支付，运行“工具”—“生成文件”，选中“复制费用分摊记录”，“与相同问题关联”，单击“下一步”；输入截止日期(截止日期为每月的 25 号)，单击“完成”。

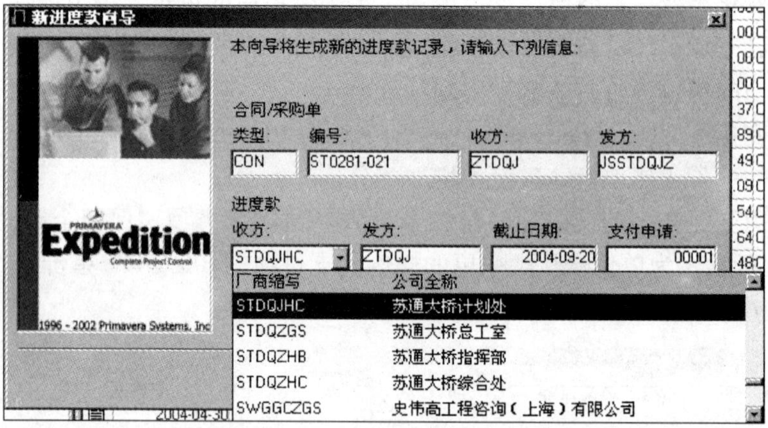

图 10-8　进度款支付的生成

首期进度款支付申请生成后，需参照合同将进度款支付申请的项目编号修改为合同的清单编号。首期进度款支付申请生成后，修改支付项——“动员预付款、回扣动员预付款、材料预付款、回扣材料预付款”的“保留金%”为“0”。

支付申请编号规则：支付申请编号为 5 位字符，从“00000”开始顺序编号；预付款申请编号以“Y”开头；某期支付的附加支付为“F”开头；保留金的支付编号以“B”开头(例如：“00003”指第三期支付，“Y0001”为第一期预付款；“F0003”为第三期支付的附加支付)。

(2) 本期工程量的申请(操作者：合同经办人)

本期工程量的申请在对应的进度款支付记录中输入。本期工程量申请的操作：打开对应进度款支付记录，选择“费用计划”窗口，在各工程量清单的“本期”栏位填写本期完成数量。如图 10-9 所示。保留金申请时，只需生成新的支付记录，本期完成值不用输入。

(3) 实际核准值的填写及支付的核准(操作者：工程财务)

申请值填写的是本期完成工程量，核准值填写的是本期实际付款金额；核准金额将影响下期进度款支付的应付金款。进度款支付记录“核准”将变为只读，并且进度款支付记录只有在“核准”后才能生成下期支付；实际核准值的填写操作：找开对应支付记录，选择“汇总”窗口，在“核准总金额”栏位中输入核准金额。

进度款支付的核准操作：打开对应支付记录，选择“核准”窗口，在“日期”，栏位中输入双方核准日期，并单击核准，在弹出的窗口选择“是(Y)”。

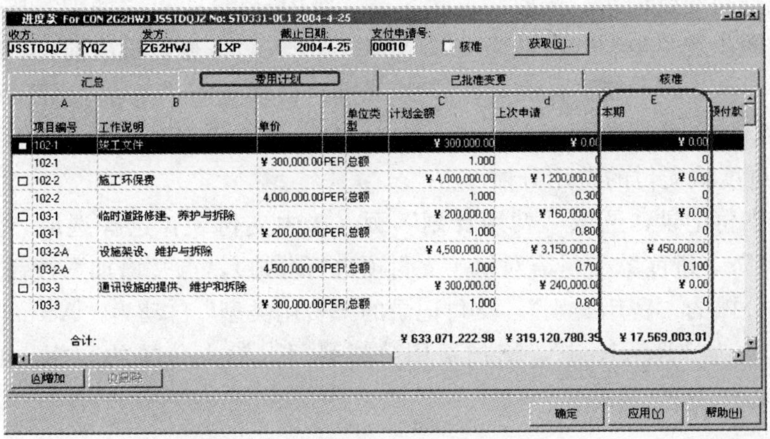

图 10-9　本期工程量的申请示例

10.2.6　费用分摊和费用控制

所有与项目费用相关的记录，例如概算、原始合同、合同变更、合同支付等记录，都必须进行费用分摊；费用分摊是指将项目中各种记录的费用分解到统一的费用统计口径——费用科目中。该大桥的费用科目与 P3EC 中的科目设置一致，最多五级科目，其中：

ST. JA　　建筑安装工程费

ST. QT　　工程建设其他费

ST. SB　　设备及工器具购置费

（1）概算的费用分摊

打开概算记录，选取“显示”－“费用分摊”；点“增加”按钮，选择该概算记录分摊的“费用类别”和“费用类型”。概算记录的“费用类别”为“BUDGET”。批复概算的“费用类型”为“Orignal”；修正概算的“费用类型”为“Approved”；调整概算“费用类型”为“Adjustment”。增加费用分摊科目，输入分摊的金额。

（2）合同的费用分摊

打开合同记录，选取“显示”－“费用分摊”；点“增加”按钮，选择该概算记录分摊的“费用类别”。合同记录的“费用类型”为“COMMITMENT”，增加费用分摊科目，输入分摊的金额。

（3）合同变更的费用分摊

打开合同变更记录，选取“显示”—“费用分摊”；点“增加”按钮，合同变更记录的“费用类型”自动为“COMMITMENT”；变更批准前，“费用类别”自动为“Pending”，变更批准后，“费用类别”自动变为“Approved”，增加费用分摊科目，输入分摊的金额。

（4）进度款支付的费用分摊

打开支付记录，选取“费用计划”页，选中支付项，选择选取“显示”—“费用分摊”；（进度款支付需对每一支付项进行分摊），点“增加”按钮，选择该概算记录分摊的“费用类别”。支付记录的“费用类型”自动为“Actual”，“费用类别”自动为“Received”，增加费用分摊科目，输入分摊的金额。如表 10-9 所示。

费用工作表的基本数据模型 **表 10-9**

Exp 文件种类	费用工作表										
	概算			合同					投资	实际	
	批复概算	概算调整	概算合计	原定合同金额	已批准合同变更	修订后合同金额	待批准合同变更	预计合同总金额	年度投资计划	执行概算完成	已支付合同金额
概算	×	×							×	×	
工程合同				×							
采购合同				×							
变更令					×		×				
发票信息											×
进度款支付											×
Exp 计算栏位			×			×		×			
计算关系	A	B	A+B	D	E	D+E	G	D+E+G	I	J	K

11 沟通管理与协同工作专业软件

11.1 Buzzsaw 软件在某建设公司工程管理信息化建设中的应用与实践

11.1.1 Buzzsaw 软件资料科目设置

在基于 BUZZSAW 软件的实际功能的基础上，根据业务流程、运作方式以及工程建设的实际情况，对进入 BUZZSAW 系统的信息进行归类和编码，以便资料信息的正确输入和查阅。

（1）项目工程信息分类基本采用树状结构划分

第一步：按项目参与单位（如业主、设计等单位）进行划分；

第二步：对业主资料按公用信息和部门信息进行划分，设计资料按设计单位进行划分，施工资料、材料设备资料等按工程标段划分，如此类推；

第三步：将各单位的资料再按其合理类别进行细分。

各项目管理员可以针对具体的项目特点和实际情况，对第三层次的资料文件夹进行合理的调整，调整的原则是：简明合理、详略适当、符合习惯、操作方便。当该调整具有普遍的适用性时，可经公司分管领导批准后调整本资料科目设置。

（2）上传文件名称要求

为了便于资料的管理与查询，上传的资料文件必须起一个电子文件名。电子文件名一般与文件的标题一致，也可以是标题简称；当上传的文件无标题或为图像时，也可以是该资料中心思想或主题内容的概述。

上传的文件名称统一规范格式：

年月日(6位数字)—具体明确的标题性文件名

例：040812—××山庄611、613-615幢开工报告

051216—××山庄601-615幢建设工程规划许可证

061212—××山庄511-525幢主体结构验收照片1

(3) 一般项目资料的具体分类见表11-1

项目资料分类(参考) **表11-1**

建设单位(按3年分段)

2007～2009年

00 公示公告(总裁办公室主要负责：公司公告、文件通知、人事管理、重大活动等)

01 总裁办公室
- **01 共享文件**
  - 01 文件管理(公司受控文件清单、发文登记、文件申请单)
  - ……
- **02 部门文件**
  - 01 会议纪要(纪要、督办记录)
  - 02 基础设施(管理台账、检查记录)
  - 03 办公环境(检查记录)
  - **11 9001贯标**
    - 01 部门质量目标(实施措施、周期考核表)
    - 02 公司管理评审(管评计划、输入材料、管评报告、验证记录)
    - 03 持续改进(改进建议、实施记录、改进报告)
    - 04 部门管评报告(设施与环境评价报告)
  - ……

02 审计法务部
- **01 共享文件**
  - 01 合同示范文本
  - 02 供方名单(勘察、设计、监理、施工、材料设备、物业、咨询等)
  - ……
- **02 部门文件**
  - 01 合同评审(评审登记表)
  - 02 专项工作报告
  - **11 9001贯标**
    - 01 部门质量目标(实施措施、周期考核表)
    - 02 部门管评报告(法务工作报告)
  - ……

03 人力资源部
- **01 共享文件**
  - 01 培训管理(年度计划、培训申请、实施记录等)
  - 02 岗位资格登记表(注册人员上岗证扫描件)
  - ……

续表

建设单位(按 3 年分段)
02 部门文件 01 员工考核(考核汇总表、先进工作名单等) **11 9001 贯标** 01 部门质量目标(实施措施、周期考核表) 02 部门管评报告(人力资源评价报告) ……
04 证券投资部 **01 共享文件** 01 项目控制计划(进度计划、投资计划、销售计划等) 03 工作联系单 …… **02 部门文件** 01 土地竞投(市场调研、项目建议书、竞投方案、评审记录、竞投后评估等) 02 可行性研究(市场调研、可行性研究 S1—n、评审记录、竣工后评估等) **11 9001 贯标** 01 部门质量目标(实施措施、周期考核表) 02 部门管评报告(投资研究与土地竞投工作报告) ……
05 前期开发部 **01 共享文件** 01 工作联系单 02 发文登记表(分期上传) 03 设计要点(规划、市政要点;评审记录等) 04 前期法律法规 …… **02 部门文件** 01 开发计划(3～5 年计划、年度计划、调整计划,评审记录等) 02 申请报告(向政府等申请、报告) 03 统计报表(向政府等提交的报表) **11 9001 贯标** 01 部门质量目标(部门目标分解、实施措施、周期考核表) 02 部门管评报告(工作总结、年度计划执行与统计工作报告) ……
06 规划设计部 **01 共享文件** 01 工作联系单 02 发文登记表(分期上传:图纸、变更等。若有发放图纸的签收即时上传) 03 设计评审(设计、监理、业主等协同工作使用) 01 方案设计(按版本划分:上传图纸目录;上传用于研讨的图纸) 02 扩初设计(按版本划分:上传图纸目录;上传用于研讨的图纸) 03 施工图设计(按版本划分:上传图纸目录;上传用于研讨的图纸件) 04 变更评审(上传用于研讨的变更图纸、变更文件) 05 其他(上传用于研讨的其他图纸、文件)

续表

建设单位（按3年分段）

04 设计变更（上传用于正式变更图纸、变更文件）
05 设计法律法规
……
02 部门文件
01 设计策划（设计指引书、方案竞选文件等）
02 招标评标文件
03 设计任务书（勘察、设计任务书等）
04 验证记录（勘察报告、设计图纸与文件等）
11 9001贯标
01 部门质量目标（部门目标分解、实施措施、周期考核表）
02 勘察设计供方管理（调查评价表、供方复评表）
03 部门管评报告（工作总结；业绩评价报告；供方评价报告）
……

07 工程部
01 共享文件
01 工作联系单
02 发文登记表（分期上传：图纸、变更、合同、供方名录、工作联系单等）
03 中标通知书
04 工程进度（总进度计划、调整计划、月度计划）
05 安全检查（组织机构、检查通报等）
06 工程法律法规
……
02 部门文件
01 招标评标文件
02 甲供物资清单
06 预决算资料（向财务部移交结算清单、中标报价单、工程竣工结算表等）
01 工程结算清单（分页上传向财务部移交结算清单）
02 工程结算表（工程竣工结算表、有对应的中标报价单应一起上传）
11 9001贯标
01 部门质量目标（部门目标分解、实施措施、周期考核表）
02 工程供方管理（调查评价表、供方复评表、业绩评价报告）
03 部门管评报告（三大控制；不合格；纠正/预防；供方评价报告）
……

08 材料设备部
01 共享文件
01 工作联系单
02 材设配送单
03 材料设备法律法规
……
02 部门文件
01 采购计划（项目物资采购报告、物资采购计划、例外采购审批）
02 招标评标文件
03 不合格品控制

续表

建设单位(按3年分段)
11 9001贯标 01 部门质量目标(部门目标分解、实施措施、周期考核表) 02 材设供方管理(调查评价表、供方复评表、业绩评价报告) 03 部门管评报告(物资供应进度、质量;供方评价报告) ……
09 营销部 01 共享文件 01 工作联系单 02 发文登记表(分期上传) 03 营销法律法规 …… 02 部门文件 01 营销策划(全程策划、季度检查记录) 04 招标评标文件 11 9001贯标 01 部门质量目标(部门目标分解、实施措施、周期考核表) 02 物业供方管理(调查评价表、供方复评表、业绩评价报告) 03 部门管评报告(销售业绩、顾客满意、投诉处置、纠正/预防报告) ……
10 广告部 01 共享文件(已发布图文、优秀征文等) 01 宣传图文 02 工作联系单 …… 02 部门文件 ……
11 技术质量部 01 共享文件(技术标准、材料目录、体系文件、年度质量目标) 01 法律法规(法律法规总控清单) 02 规范标准(外部文件清单、文件) 03 企业标准(内部文件清单、文件) 04 体系文件(清单) 05 公司质量目标(公司年度目标、周期考核记录、评价报告) 06 公司内部审核(年度计划、实施计划、检查表、不合格处置、内审报告) …… 02 部门文件 01 工作计划(年度计划、实施与推广计划等) 06 评审记录(技术、标准、体系等) 07 专项报告(技术应用等) 08 工作联系单 11 9001贯标 01 部门质量目标(实施措施、周期考核表) 02 公司记录清单(质量、环境、职业健康与安全等) 03 部门管评报告(质量方针目标评价、技术引用评价报告) 04 数据分析(分析报告等) ……

续表

建设单位(按3年分段)

12 成本管理部

01 共享文件

01 工作联系单(分期上传)

……

02 部门文件

01 成本分析报告

……

13 财务部

01 共享文件

……

02 部门文件

……

2009～2011年

……

××项目

A 公共资料

01 项目公告(项目工程部、项目营销部负责：文件通知、重大活动、标准要求等)

02 报批文件(总裁办：01项；前期部：02项；设计部：03项；工程部：04项；营销部：05项)

01 项目"六证"(总裁办公室负责：用地、土地、规划、施工、销售、备案六证)

02 前期批文(前期开发部负责：立项、消防、交通等)

03 设计批文(规划设计部负责：日照、施工图审查等)

04 工程证照(工程部/项目工程部负责：质检登记、消防验收、人防验收、白蚁防治验收、电梯验收、竣工验收证明等)

05 营销手续(营销部/项目营销部负责：地名批复、物价批复、测绘面积等)

06 其他

03 合同文件(审计法务部负责上传：分类合同登记表)

01 前期合同(土地、前期等)

02 设计合同(勘察、设计等)

03 工程合同(工程、管网、园林、监理等)

04 材料设备合同(材料、设备等)

05 营销广告合同(代理、广告等)

06 其他合同

04 正式图纸(工程部负责，规划设计部协助：按版本划分，上传图纸目录；经主管领导同意后上传施工、营销等需要的电子图纸、文件)

01 总图

91 总平面图

92 综合管网图

……

02 单体

01 一标施工图

02 二标施工图

……

05 景观设计图

……

续表

建设单位(按 3 年分段)

08 装修设计图

……

08 零星设计图

……

10 设计变更

……

B 影像资料(项目工程部主要负责：01-03 项；广告部主要负责：04-06 项；物业公司负责：07 项)

01 里程碑进度(开工、桩基竣工、验槽、±0.0、封顶、竣工)
02 工程检验(取样、抽检、试验等)
03 四新技术(新材料、新技术、新工艺、新设备等)
04 样板房
05 实景照片
06 重大活动(检查、评比、参观、验收、联谊、交付、典礼等)
07 物业风貌
……

C 项目管理资料

01 共享文件

01 业主会议纪要
02 业主联系单(包括联系、通知、指令等)
04 工作联系单(对公司部门使用)
06 业主发文登记(分批上传：外来文件、图纸、变更、合同、合格供方名录等)
……

02 管理文件

01 施工组织总设计(季度检查记录)
02 工程进度(里程碑进度计划、调整计划)
04 测绘成果(定位放线、±0.000 验线、竣工测量)
06 工程管理记录
08 客户财产
10 专项报告(质量、安全事故处理等)

11 9001 贯标

01 不合格处置(品处置单、纠正/预防措施表)
02 纠正预防(不合格品处置单、纠正/预防措施表)
03 项目受控文件清单
05 项目质量目标(部门目标分解、实施措施、周期考核表)
06 项目供方管理(供方复评表、不合格甲供物资物资验收/验证单)
07 项目管评报告(造价、质量、进度；不合格；纠正/预防；供方评价报告)
……

D 勘察单位

01 单位资信
02 人员资格
03 工作联系单
05 勘察文件(普勘、详勘、补充勘察报告等)
……

续表

建设单位(按3年分段)

E 设计单位(暂选择合同累计金额在50万元以上的或公司指定的单位)

01 建筑设计单位
- 01 单位资信
- 02 人员资格
- 03 工作联系单
- **06 设计沟通(设计、业主网上协同工作使用)**
  - 01 方案设计(按版本划分:上传用于双方研讨的图纸、文件)
  - 03 扩初设计(按版本划分:上传用于双方研讨的图纸、文件)
  - 04 施工图设计(按版本划分:上传用于双方研讨的图纸、文件)
  - 05 设计变更(上传用于双方研讨的变更图纸、变更文件)
- 07 设计计算书(特殊结构、业主指定)
- 08 专题报告
- ……

02 园林设计单位(具体结构参照上面设计单位)

03 装潢设计单位(具体结构参照上面设计单位)

……

F 监理资料

01 共享文件
- 01 单位资信
- 02 人员资格
- 05 监理会议纪要(按年度划分)
- 06 监理联系单
- 07 监理通知单
- 08 监理指令单
- 09 平行抽检登记表
- 10 分户验收登记表(幢号房号、初验时间与结论、存在问题、复验时间、结论等)
- 11 监理发文登记录
- ……

02 部门文件
- 01 规划细则
- 03 监理月报
- 05 监理备忘录
- 06 各类专题报告(质量、安全、进度、评比等等)
- 09 工程质量评估报告(包括监理竣工预验收报告)
- 10 监理总结(包括监理工程总结、监理工作总结)
- ……

G 施工资料

一标段(总包/精装修)

01 总包单位
- 01 单位资信(总包及其专业分包单位)
- 02 人员资格(总包及其专业分包单位)

续表

建设单位（按3年分段）

03 行政许可（安全监督、吊塔验收、泥浆排放等）
04 工程联系单
05 工程回复单（监理、业主通知与指令的回复单）
06 施工发文登记表
07 工程开、竣工报告
08 质量控制资料
 01 施工方案（施工组织设计、专项施工方案）
 02 图纸会审
 03 技术洽商
 04 测量资料
  01 定位放线成果表（首次放线成果）
  02 沉降测量汇总表
 05 检测资料
  01 见证取样检测登记表
  02 混凝土强度评定表
  03 政府强检报告登记表（其中：桩基、回弹、环境、防雷、人防报告扫描后上传）
 06 工程验收（分部工程验收、中间验收、竣工验收）
……
09 进度控制资料
 01 总进度计划
 02 阶段进度计划
 03 停工、复工申请
10 造价控制资料
 01 工程款支付申请
 02 工程索赔
 03 工程签证
11 甲供材计划（总计划、分计划）
12 专题报告
……

02 专业分包（指桩基、钢结构、幕墙等重要分包，文档结构总包单位）

二标段（文档结构同一标段）

三标段（文档结构同一标段）

……

H 材料设备供应相关资料（暂选择合同累计金额在500～1000万元以上的或公司指定的单位）

01 甲单位
 01 单位资信
 02 业务代表
 03 工作联系单
 04 供货计划（总体供应时间安排、阶段供应时间计划）
 ……

02 乙单位（文档结构同一标段）

03 丁单位（文档结构同一标段）

……

续表

建设单位(按 3 年分段)
I　项目营销资料
01　共享文件 01　工作联系单 02　客户投诉(客户投诉登记表、重大投诉处置单) … … **02　部门文件** 01　营销策划(总策划、分期策划、开盘策划、持续策划) 02　窗口表(按有效期划分上传) 03　合同台账(分批上传) 04　重点客户跟进登记表(按期划分) 05　销售资料(催款公函等) 09　回访记录(顾客满意度调查表结果统计，二次电话回访记录等) 10　物业管理控制资料(验收交接清单、监控记录、物管方案评审意见、年度复评表) **11　9001 贯标** 01　项目受控文件清单 02　项目质量目标(项目目标、周期考核表) 03　项目管评报告(销售业绩、顾客满意、投诉处置、纠正/预防报告) … …
J　物业管理资料
01　共享文件 01　单位资信 02　组织机构(管理处全体人员部署) 03　入住信息(已入住、未入住、空关房等) 04　工作联系单 05　客户服务 01　业主投诉 02　业主报修 03　业主服务需求 06　物业法律法规 … … **02　部门文件** 01　物资装备(物业公司配置的 2000 元以上的管理服务设施、设备) 02　小区设施设备台账(包括：名称、规划型号、数量、位置、维修频次及费用等) 04　物管资料(物业公司陆续补充明细) 06　专项报告 … …
K　其他资料

11.1.2　Buzzsaw 操作权限设置

(1) 权限规定

1) 参与本系统运行的各有关单位及其管理人员，必须按照“工程信息处理权限的规定”，在信息管理平台上对项目中运行的文件进行上传、编辑、查看、下载或修改。

2）工程部设“站点管理员”，各项目工程部现场资料管理员是“项目管理员”。

3）参与工程建设的各有关单位及其管理人员，按其在项目工程管理信息化平台上的权限级别划分为若干“项目成员”，享有各自的操作权限。

4）“项目成员”的操作权限由工程部根据参与单位的工作需要赋予或终止其相应范围的操作权限。

5）参与项目的各有关单位及其管理人员，按其在项目工程管理信息化平台上的权限级别划分及其操作权限。

（2）项目成员级别和操作权限(表 11-2)

项目成员级别和操作权限(参考) **表 11-2**

权限／成员	增加项目	增加/删除站点成员	增加/删除项目成员	设定成员或组的权限	增加/删除文件	编辑文件	查看文件	加入/编辑批注、便笺和注释	只能查看项目资料夹列表
站点管理员	√	√	√	√	√	√	√	√	
项目管理员			√	√	√	√	√	√	
编辑					√	√	√	√	
更新						√	√	√	
审阅							√	√	
查看							√		
列表									√
存放					√	√	√	√	

（3）工程信息项目成员及其访问权限(表 11-3)

工程信息项目成员及其访问权限(参考) **表 11-3**

	业主方组织										勘察单位	…
	公司领导	前期开发部	规划设计部	工程部	材料设备部	营销部	审计法务部	人力资源部	项目营销部	项目工程部		
A 建设单位	审											
00 管理资料												
0.1 基本信息		编	编	编	编	编	查	查		查		
0.2 报批文件			查		查		查			查		查

续表

	业主方组织										勘察单位	…
	公司领导	前期开发部	规划设计部	工程部	材料设备部	营销部	审计法务部	人力资源部	项目营销部	项目工程部		
0.2.1 前期批文		编		查		查			查			
0.2.2 工程报建		查		编		查			查			
0.2.3 营销手续		查		查		编						
0.3 合同文件												
0.3.1 前期开发部		编										
0.3.2 规划设计部			编									
0.3.3 工程部				编								
0.3.4 材料设备部					编							
0.3.5 营销部						编			查			
0.3.6 物业公司												
……							查	查		查		

11.2 PCCI软件在某项目管理咨询公司中的应用与实践

11.2.1 实施背景

××项目管理咨询公司是一家专业的工程监理及项目管理咨询公司，主要从事房屋建筑、市政公用工程监理和管理咨询业务，有着较好的口碑。

该公司通过多年的发展，积累了大量的优秀人才和宝贵的经验，但是由于监理与咨询行业的特殊性，造成了人员的流动性过大、工作地点分散的特点，统筹的管理和调度、信息的沟通等各方面都产生了许多的滞后。同时由于各项目部之间缺乏很好的沟通和协作，使很多的经验和教训无法与其他的项目部共享，造成了资源的浪费。

该公司本着提高管理水平、提升管理效率、积累宝贵经验的目的，引进PCCI信息系统来辅助项目管理人员的日常管理工作。借助于现代信息技术和通信技术，应用信息化的管理手段，消除时间和空间的制约，及时、形象、全方位的提供各类信息报告，提升整个公司的管理水平。

11.2.2 PCCI 信息平台的实施

(1) 实施的作用和意义

1) 提高管理人员的管理宽度及管理效率

该公司是一家优秀的监理公司，正常的业务开展都有多个项目同时进行，而作为管理人员要掌控的是所有的项目，需要对各项目的进展情况进行处理和分析。而这些项目往往在地域分布很分散，PCCI 信息平台利用现代化信息技术和通信技术，消除由于地域分布和人员分散所带来的时间和空间的约束和阻碍，使各项管理工作变得更为流畅，信息沟通更为便捷。通过信息平台将各项目的信息集中汇总，能够方便管理人员及时、正确地做出抉择，可以大幅度地提高管理人员的管理宽度以及管理效率。

2) 提高各部门协同工作能力

各部门之间紧密配合的能力和效率直接影响到该公司日常工作是否能够顺利展开，某种意义上来说对公司的发展有着重要的影响。信息平台的实施可以提高各部门之间的协同工作能力，使公司的资源能更有序的配合工作。

3) 信息共享和资源积累

由于信息的集中存储，可以逐步形成涵盖各项目、各方面的信息中心。信息中心的建设避免了数据遗漏、损失，以及数据多次输入所导致的数据不一致性等问题，达到“一次输入、重复使用”的作用。

信息中心不但是操作中心，更是一个决策知识库，为决策层提供相应的决策信息依据，也为公司以及个人的发展积累了许多丰富的资源。可以说信息中心所组成的知识库也将有助于该公司对保持竞争对手的优势。

(2) 平台实施的原则

1) 实用性和简便性

由于建设工程中参与方较多，各参与单位在人员配备、工作背景以及管理要求等方面存在一定的不同，在管理思想、管理文化、管理方法以及管理程序上也存在一定程度上的差异。同时，在国内整个建设领域信息化应用普遍低下的现状下，实施的信息系统必须具有实用、简便、易操作等特点。操作的简便性是系统能否成功实施的前提和保证。

2) 管理制度的完善

该公司意识到整个信息的重要性，也为了发挥信息平台的作用，将信息平台的使用纳入日常的工作考核中，要求各部门、各项目部积极使用，从而为信息平台的实施提供了强有力的保证。

3）创造协同工作氛围

信息平台的成功实施需要各参与单位、参与人员的良好协作。该公司作为监理和咨询公司，在整个建设过程中扮演的仅是监理和咨询角色，在实际运作中权限有限，无法强制要求其他参与单位配合信息平台的使用。因此，需要很好地与各参与单位沟通，特别是业主方和代建房沟通，共同创建友好的协同工作氛围，使信息平台发挥最大的作用。

4）培训的重要性

由于各参与人员对项目管理知识方面理解的差异性，并不是所有人都会积极地参与到信息平台的日常使用中，这也将影响到信息平台的使用效果，所以提高他们对信息平台的重视程度以及认同感相当重要。

因此需要对所有参与单位进行一次培训，包括业主方、代建方、施工总承包方等。培训主要讲述信息化建设对于整个项目成败起到的重要作用。

11.2.3 系统功能简介

项目协同与控制信息平台（PCCI）旨在集中管理、共享建设项目内部资源和信息，为项目管理人员提供一个能及时、准确、快速获取信息和信息沟通管理平台。PCCI 的应用将大幅度提高和整合项目管理人员的信息管理意识、管理方法、管理流程，从而达到提升管理水平的目标。

PCCI 系统包括文档管理、公文管理、会议、通知、工作计划、档案管理、规章制度和系统维护八个模块，其架构如图 11-1 所示，界面如图 11-2 所示。

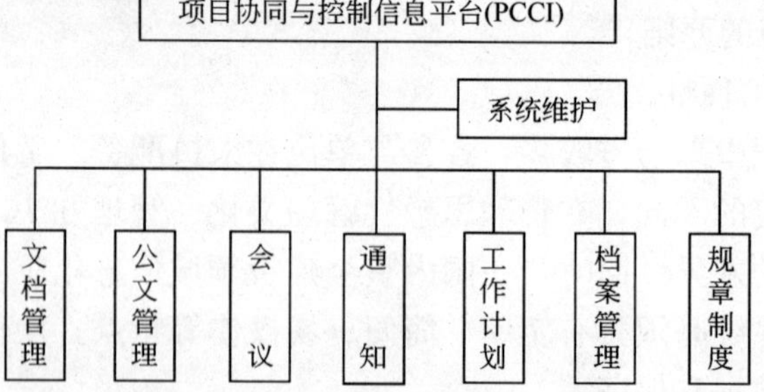

图 11-1　PCCI 系统架构

（1）文档管理

文档管理是个人的文档中心，同时也是公司的信息中心。用于存放各类电子

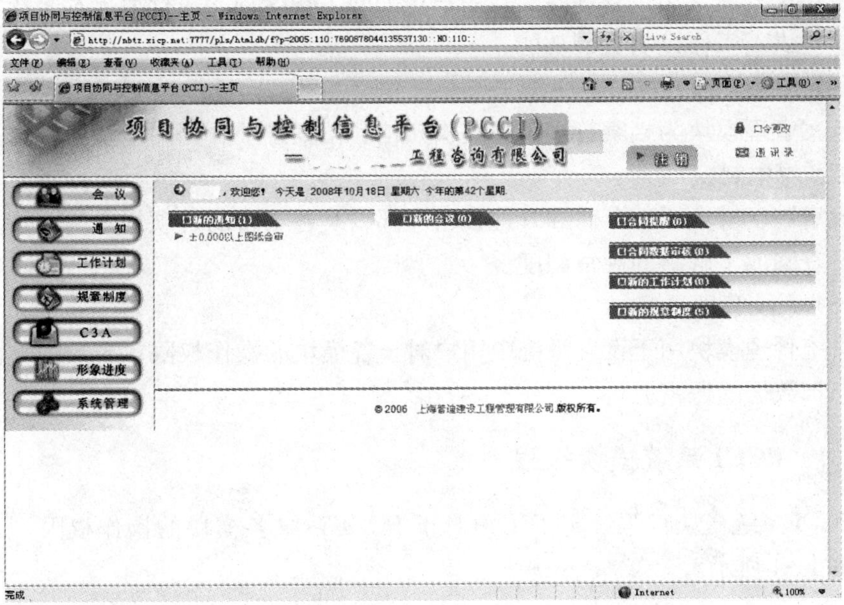

图 11-2　PCCI 界面

文档以及通过系统收发的各类邮件；可以进行系统内的邮件收发；强大的权限管理功能实现对文档的共享。

（2）公文管理

公文管理包括发文管理和收文管理两部分。

发文管理实现在日常办公中对本单位的公文进行拟稿、部门审核、会签、核稿、签发、分发、归档等全过程的处理。提供公文处理提醒，公文流转流程设置功能。

收文管理实现对外单位来文进行登记、拟办、指定传阅人员、收文查阅等全过程的管理。

（3）会议

会议模块用于管理公司内部会议以及项目会议从提交、审批、安排等整个流程。提供待审批会议提醒功能。

（4）通知

通知模块用于管理公司内部通知以及项目通知的发布、接收、查看和存档。提供新通知提醒功能。

（5）工作计划

工作计划模块用于管理各类与用户相关的工作计划的执行情况及工作计划的存档。提供新工作计划提醒功能。

(6) 档案管理

档案管理模块为档案管理人员提供归档、档案维护、档案检索等功能。

(7) 规章制度

规章制度模块用于存储和管理公司内部以及各项目的各项规章制度，方便员工进行查阅或了解新的规章制度。

(8) 系统管理

系统管理模块用于设置系统中用户对于各模块的操作权限，有效的平衡数据的共享和数据的保密。

11.2.4 PCCI 系统模块权限

PCCI 系统模块权限设定了用户对于 PCCI 系统各模块的操作权限，具体设置如表 11-4 所示。

PCCI 系统模块权限 **表 11-4**

用户	PCCI 系统模块操作权限							
	文档管理	公文管理	会议	通知	工作计划	档案管理	规章制度	系统管理
用户一	○	○	○	○	○	√	○	×
用户二	○	√	○	○	○	√	○	×
用户三	○	×	○	○	○	√	○	×

备注：√—写权限；○—读权限；×—无权。

12 集成管理专业软件的应用与实践

12.1 PowerPIP 软件介绍及适用范围

PowerPIP 是 Power Project Information Platform 缩写，是上海普华科技发展有限公司总结 15 年工程项目管理信息化建设经验，基于企业级项目管理思想，为满足大型工程建设项目和项目型组织管理需求而研发的综合项目管理信息平台。

大型工程建设项目、项目导向型企业、政府工程管理机构等都面临多项目、多管理层次协调及沟通的巨大压力。大家都在通过信息化建设寻找解决方案，减轻管理负担，提高管理效率和效益。但面向固定工艺流程和内部可控资源管理的 ERP 系统，无法解决一次性、动态性、跨组织协作性、资源分散性、系统整体性为特征的项目管理业务需求。一般的 MIS 系统、OA 系统更不能满足需要。唯有按照项目管理理念，真正将各项业务串联集成的系统，才是所需要的系统。在该方面 PowerPIP 是适用的。

首先，PowerPIP 系统能够将组织的所有项目架构在统一的管理结构体系下调控，并按照 PMBOK 思想，以广义网络计划技术将各项管理业务以时间进度为主线串联协同，达到计划一切行为，协同一致行进的目的，项目成本集中管理，组织资源统一协调，充分发挥运筹和协同的价值。其次，计划任务驱动的“有源”流程控制完全符合我国管理规范和习惯，将从前分散和杂乱沟通方式改变为集中、有序和有痕迹记录的沟通管理方式，迫使管理的规范化和制度化。再次，强大的报表和数据统计功能，将底层信息过滤、加工和浓缩，通过对比分析起到鞭策和警示效用，真正能够将信息转化为决策依据。最后，PowerPIP 的门户系统提供用户及时掌控和挖掘信息资源、处理各项管理事务的工作平台。因此，PowerPIP 是支持高层决策、中层控制、基层运作的集成系统，是真正意义上企业级专业项目管理信息平台。

12.2 集成系统架构

PowerPIP 软件在统一的企业项目管理框架体系采用多个展现层面设计方案，参见图 12-1。

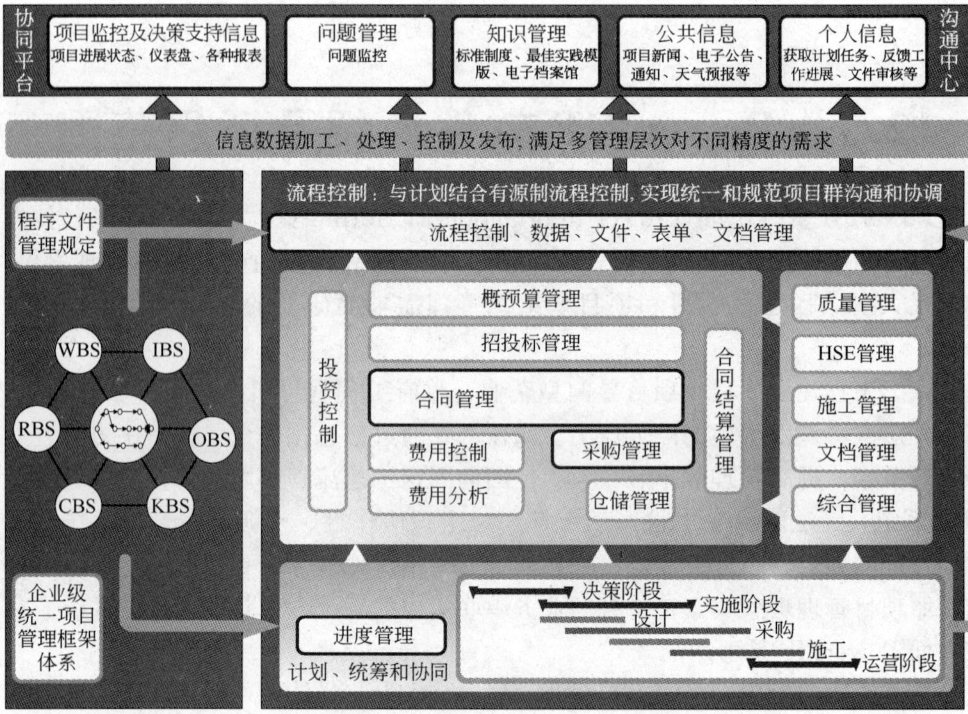

图 12-1 PowerPIP 集成系统架构

(1) 整个平台在统一的基本框架体系下运作，实现跨组织、多层次、多项目的并行管理

PowerPIP 立足于企业级项目管理(Enterprise Project Management，简称 EPM)理论基石之上，集成国际高端项目管理软件 P3e/c，为企业项目管理或大

型项目管理提供基于互联网基础上的项目管理信息平台，整个平台在统一的基本体系下运作。如图 12-2 所示。

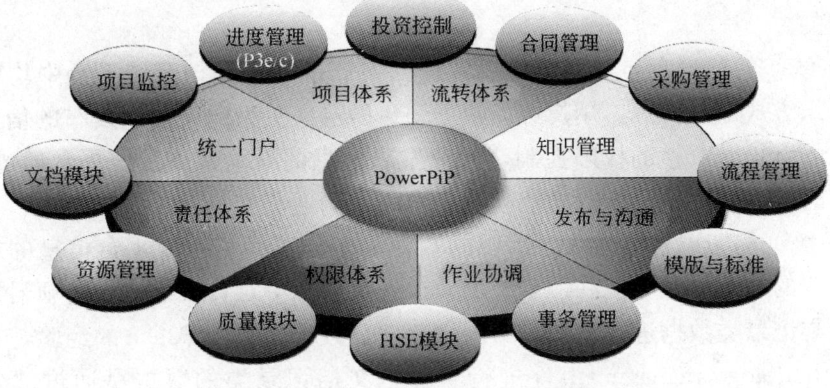

图 12-2　PowerPIP 的基本框架体系

这些体系包括：

1）统一的项目体系 EPS。通过该体系，企业集团或大型项目建设管理单位可以根据不同公司、项目、标段、单位工程、单元工程等项目分解结构(EPS)，将大型项目细分为相对细小的管理单元，实现统一和细分的管理。

2）统一的责任范围体系。通过企业组织分解结构与系统用户的对应建立用户与组织分解结构(OBS)的关系，通过 OBS 与 EPS、项目、项目工作分解结构(WBS)的对应建立 OBS 的责任范围。这样，任一用户对系统数据的访问就可以严谨合理地加以控制。同理，信息管理平台中的各种监控结果(问题)也可以通过 OBS 加以落实。

3）统一的流程管理体系。统一流程管理体系可以满足项目管理系统中各种文档、记录表单流转处理的需求。用户可以方便地根据管理业务的分类以及文档、记录表单的类型，并依据企业的业务管理流程预定义工作流。系统的流程定义是通过网络化管理结构实现的，系统的流程定义有助于企业管理流程的梳理与企业管理网络的建设。

4）统一的作业进度协调体系。系统的作业进度协调体系是该系统的突出优点所在，也是实现项目集成、动态管理的基础。通过该系统的作业进度协调体系可以很好地体现统筹协调的思想。系统通过作业进度协调体系建立各种业务与主体计划的作业进度关联，从而使得大家在统一的作业进度协调下协同工作。系统的各业务管理模块均与进度管理模块有机结合，在各模块中可以体现作业进度对相应业务的时间要求，同样也可以监控相应业务处理对作业进度的制约。系统的作业进度协调体系是通过各业务管理基础元素与进度管理基础元素(作业工序)关联实现的。

5）统一的信息发布与交流体系。任何发布的信息在该系统平台中均以项目化的组织方式加以管理，用户可以根据角色的层次关系向下访问发布的信息。发布信息的维护受严格的权限控制，保证发布信息的准确。该系统平台通过邮件、网络实时沟通、网络论坛等功能辅助用户间的沟通与交流。

6）统一的知识管理体系。系统的知识管理体系为该系统平台信息的加工提炼成企业的知识提供了便利。系统的知识管理体系可对具有结构化的项目数据以及文档与记录类数据进行管理。结构化的项目数据是利用 P3e/c 的经验与方法管理(Methodology manager)组件进行管理，文档记录类的数据是通过“公用文件”、电子档案管理进行管理的。系统的用户可以根据角色访问并利用“公用文件”，根据电子档案管理部门的许可调阅电子档案文件与记录。项目经理或计划工程师可以根据经验与方法库中结构化项目数据快速创建新的项目。

(2) 如何以计划为龙头运筹协同，以范围为导向集成管理、以合同为中心全面记录、以费控为核心深度控制的业务系统

无论是运筹或是协同，都必须以良好的时间计划为前提，从而自然地将计划技术的全面运用放到重要的位置，开始考虑计划涵盖的内容及细度、计划的编制方法与串联功效等范围管理、集成管理的内容，以及考虑计划的发布与执行的严肃性等沟通管理的内容。于是，选择适用的软件工具，才能达到要求。

集成管理的理念是以进度为主线进行综合计划管理，实现统筹和协调；使用全球最先进的 P3 软件编制不同的责任单位自己的计划，因其所处的管理层次不同、管理的宏微观差异，计划分为不同等级；不同级别计划之间有内在关联，并能够进行比较和分析，但不能互相替代。

业务计划围绕施工或设计等关键业务编制的主导计划开展，通过作业进度协调体系建立各种业务与主体计划的作业进度关联，从而使得各专业部门在统一的作业进度协调下协同工作；各业务基础管理元素与进度管理基础元素(作业工序)关联，各业务管理模块均与进度管理模块有机结合，在各模块中可以体现作业进度对相应业务的时间要求，同样也可以监控相应业务处理对作业进度的制约。

费用管理是项目管理工作的重点，系统不但使管理者能够记录合同的全面信

息，而且还能够记录合同执行的各项过程数据；将合同的执行与进度相关联，建立严格的合同支付审核机制；具有多维的费用控制体系，建立统一的企业或项目的费用科目，通过“费用分摊”建立费用科目体系与合同及其相关记录之间的对应关系，监控投资预算与合同消耗之间的差值，从而实现投资控制的根本目标；在总进度计划的基础上建立宏观的投资计划，将具有时间属性的合同执行计划转化为项目的资金需求计划，实现企业的现金流管理。如图 12-3 所示。

	投资概预算				合同				资金到位	支付	差值
费用科目(支付项)	投资预算 A	已批准变更 B	待批准变更 C	目前投资预算 D=A+B	总承包合同 E	已批合同变更 F	待批合同变更 G	当前委托合同 H=E+F	实际到位 I	实际支出 J	实际费用差 K=I−J
ABOOO10	1000(万)	50(万)	0(万)	1050(万)	800(万)	0	50(万)	800(万)	100(万)	80(万)	20(万)

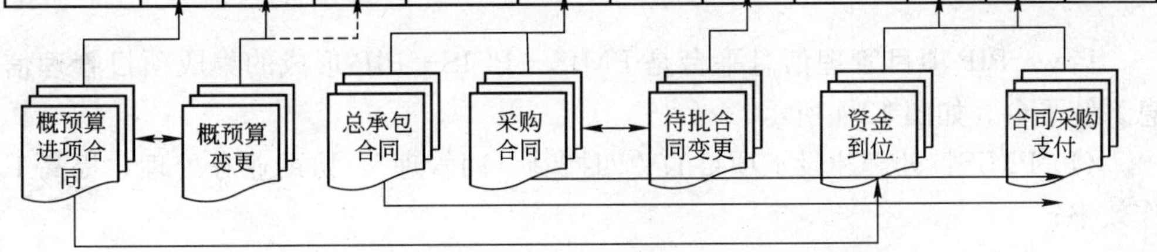

图 12-3　PowerPIP 费用控制与合同管理思路

（3）项目总控和决策支持系统

整个平台架构在统一的框架体系下，所以能够提供多角度集成综合对比分析数据。有适合专业管理需求的编码体系，业务数据既可按项目与组织体系汇总分析也可按业务管理特殊的编码体系进行汇总分析。

用户能够针对不同模块设置统计周期，系统进行周期数据反馈控制。用户还能够设置费用、合同、赢得值、质量、HSE 等有关时间、百分比、数量等监控值，系统自动在统计周期进行监控，并将生成的问题和警示发送到指定用户桌面。

基于 PowerPIP，企业建立统一的规范化的流程控制体系，基于工程管理业务达成深度的沟通和协作，这种沟通和协作不仅仅局限于企业内部还能扩展至项目的参建各方，形成网络协同工作和沟通的平台；按照系统预定义的“管理网络”和业务流程，一旦录入或产生相关文档、记录表单，系统会自动根据预定义流程形成流转，“推向”相关责任人。业务流程的信息化体现了项目管理系统的智能化对于各业务管理的辅助作用，让业务人员的精力更集中于专业工作目标的完成；流转过程中的相关责任人还可以根据功能权限的设定改变未完成流程部分的流转设定，这样既保证管理程序的稳定性又使流程具备一定的灵活性，满足项目管理工作的不确定性。

（4）协同信息门户平台

信息平台主要由文档信息与沟通信息两部分组成；借助统一的多重结构化文档管理体系，突出项目进度化工作成果并且与业务管理结合的电子文档的集中管理，同时形成企业或项目知识库(模板、表格、规章、制度等)；建立企业门户、项目门户和个人办公平台，既满足项目沟通、管理角色、公共信息的需求又满足企业文化建设和形象塑造。

12.3 PowerPIP 软件主要功能

PowerPIP 项目管理信息平台是 PMIS＋PCIS＋PIP 形成的集成项目管理信息系统平台。如图 12-4 所示。

（1）PMIS：处理建设工项目的“四控制、四管理”，协助业务处理，提高工作效率；

（2）PCIS：用于数据汇总、决策支持、标准制定的总控管理系统；

（3）PIP：跨组织协同沟通的信息门户。

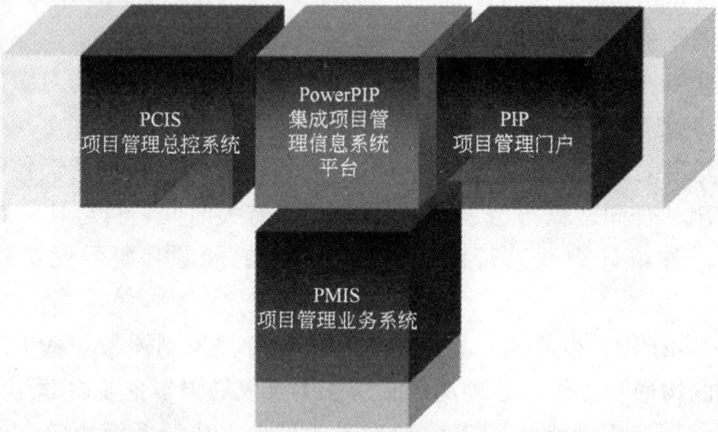

图 12-4　PowerPIP 平台总体功能模块

PowerPIP 项目管理信息平台是 PMIS＋PCIS＋PIP 主要功能如表 12-1。

PowerPIP 主要功能 表 12-1

PMIS	进度管理	集成 P3e/c 软件进行多级计划查询和分析，提供简单计划编制、任务下达、任务获取、计划反馈、工程量统计等功能
	投资控制	PowerPIP 集成 P3e/c 系统中，将投资项目分解为可估算的投资项，对各个投资项进行资金与时间的分配。按当前投资方案的版本，进行项目→项目投资项分解，并在时间轴上，对其进行分配。系统能针对此项分配，汇总出项目总投资额以及各个投资项分解的投资额，投资项时间分布，并在项目开展的过程中，动态与成本进行对比分析
	合同管理	合同管理是企事业单位进行成本核算与控制的基础，PowerPIP 系统包括合同模板、合同记录、合同管理、合同执行、合同结算、款项拨付、支付计划、合同台账等功能模块，实现合同的分类、实时、动态管理十几种合同报表从不同的角度和层次，动态反映合同执行情况。所体现合同业务的工作程序，包容现行建筑业的工程合同管理。并可适应 FIDIC、NEC 等国际惯例
	采购管理	PowerPIP 将采购过程、采购合同、到货检验、仓储管理及知识库等有机串联，并与进度管理、投资管理、质量管理等其他部分集成。系统中设置多个信息输入源头和分类码以适合不同的管理模式的需求。物资采购管理的枢纽在“采购合同”，一方面它将采购过程和仓储过程关联起来；另一方面它是 PowerPIP 合同管理的重要组成部分。根据业务需求，设计出所需用的业务表单及时时统计分析报表，无论是一般业务处理人员还是领导都能够从平台上直接打印
	文档管理	PowerPIP 提供各模块、各单位和部门集中文档管理服务器，具有快捷检索、查询的工具，并能够按照预定义的流程实现流转、审批和分发功能，协助文档员在项目执行过程中竣工资料整理和电子档案管理
	质量管理	主要功能包括协助确保进场物资的质量合格、施工过程的质量管理。施工过程质量管理指将验评规范固化到系统的检验评定计划、执行过程跟踪和质量数据分析中
	HSE 管理	HSE 管理模块能够协助承包单位、监理单位和业主事前将潜伏在项目实施过程中的各种危险源点辨识和量化，并事前制定控制措施及控制预案；事中将培训教育、HSE 活动等各项台账管理清晰，以及协助进行检查考核及评比；事后登记事故及统计安全工时和安全天数
PCIS	项目与组织	将企事业单位的目标自上而下逐层进行分解形成项目分解结构(EPS)，指定项目经理，并继续细化 WBS，落实责任团队(OBS)。所有的业务数据集成在 EPS 和 OBS 上实现集成，并提供多项目组合管理(Portfolio Management)和项目群管理(Program Management)数据分析工具
	流程管理	流程管理集成计划管理及各业务过程实现渠道化、规范化和标准化信息交流的系统。主要功能包括：(1)根据程序文件中有关管理职责、管理岗位的定义，企事业单位能够将管理分为若干个“管理类别”，并形成由管理岗位和不同级别定义的管理网络，并与专业管理模块形成对应关系。(2)各业务模块中的表单和不通类别的文档作为信息的主要载体，起到关键的枢纽作用，它将业务模块、计划和流程联系起来。PowerPIP 在定义流程时是首先选择“管理类别”需要用到哪些文档和表单，然后再定义不同级别岗位的人员在处理这些文档和表单时需要经过哪些层次的审批及审批的职责。(3)计划选择任务和目标并制定完成计划的行动，包括谁(Who)、什么时间(When)、做什么事情(What)和怎么做(How)。用户在利用 PowerPIP 的专业管理和业务处理层面的各模块进行工作时，需要知道工作是否符合计划，执行作业所遵循的流程

续表

PCIS	知识管理	PowerPIP 知识管理模块为组织提供了界定、选择、传播和转移重要信息和专业技术的工具，同时又以一种结构化的方式典型地嵌入于组织之中。用户在编制项目计划时，能够利用 WBS 模板和作业模板迅速初始化项目计划；PowerPIP 提供历史项目电子档案查询、检索和借阅功能；实现企业统一的管理规定、程序文件、标准模板的有权限控制的实现共享
	集成控制信息报表及问题管理	集成控制信息及报表管理是通过信息分析与处理技术，对企事业单位的各项目、各阶段信息进行收集、整理、汇总与加工，提供宏观性的、综合的概要性工程进展报告，为管理控制提供支持信息。PowerPIP 从多个视角组织、分析与挖掘数据，形成具有高度概要性、宏观性和预见性的工程进展综合报告，从而为企事业单位多个管理层次协调和决策提供强有力的信息保障。集成控制信息报表最重要信息来源是专业管理和业务处理层面的各模块，包括进度管理、投资控制、质量管理、HSE 管理、合同管理、采购管理、文档管理及综合管理。PowerPIP 可以通过输入数据接口自动提取所需要的信息，也可以允许用户通过输入 HTML 表单、电子文件等方式直接手工输入信息
	资源管理	资源管理模块提供企事业单位人力、机具、设备资源库，协助进行多项目统一资源管理和调配的模块。本模块包括对每一个人力、机具、设备的详细管理，还包括按照类别角色管理的功能，以及对资源的使用计划、工作过程和产生结果的统计和管理
PIP	信息门户	PowerPIP 在对企事业单位管理各类项目的各类信息如合同、图纸、文档等进行集中管理的基础上，为企事业单位内部及内外提供信息共享的门户(Portal)
	事务管理	对在管理中占据重要位置的会议和联系单进行有序化管理，对信息披露和公示非常重要的新闻和公告进行管理
	个人中心	与个人相关的会议通知、送审跟踪、备查资料等管理
	沟通管理	即时沟通工具，BBS，网络硬盘等功能

12.4 PowerPIP 软件在某煤直接液化项目上应用案例

12.4.1 工程概况

该项目是国家能源战略项目，于 2004 年 8 月由国务院正式批准开工建设，它由某集团利用我国自主知识产权的煤液化工艺路线和催化剂合成技术建设的世界第一个规模最大的煤直接液化制油示范工厂。该项目分二期建设，地点位于内蒙古鄂尔多斯市。先期工程年用煤 970 万吨，生产各种油品 320 万吨。目前正在建设的先期工程的第一条生产线分为煤液化、备煤、煤制氢、加氢稳定、储运、空分、辅助装置、厂外供水、厂区九个系统工程，56 个单元工程。本项目有以下几个显著特点：

一是采用了世界先进技术，工艺复杂，精度要求高。无疑这种大型的石化工程并行交叉作业多，接口和界面复杂，造成建设管理协调难度大。且所需设备、材料品类繁多，新的工艺技术还涉及大量的超大型复杂设备。这就导致采购工作的涉及面广，部分设备采购周期长，难以跟踪管理。

二是参建单位多，管理层次多。本项目吸引了国内几乎所有的化工行业的精英企业，如承担 EPCM 总包管理或 EPC 总包的中石化、天辰、中铁十九局等，承担施工承包任务的上海石化安检、中油一建等，以及数以千计的设备和材料供应商。业主(包括北京总部和现场管理)、监理、EPC 总包单位、工程施工单位、供货商分散在全国各地。

三是投资额巨大，合同关系复杂且数量多。本项目建设中设计、施工、采购任务主要采用以下承发包模式的 EPC 总承包、EPC-M 总承包管理、E(设计)+P(采购)+C(施工)分别发包方式，组成三种不同的合同关系。且同一种模式下，业主与不同单位之间的协议的合同条款、计量支付方式等各不相同。因此投资控制、合同管理工作任务繁重。在此背景下，该集团决定通过“集成项目管理信息系统(简称 SIPMS)”的建设协助进行工程管理，提高管理水平，降低风险。SIPMS 包含进度、投资、合同、采购、质量、HSE、网站、OA 的集成系统，为主要的项目参建单位提供了协同工作平台。

12.4.2 建设指导思想

SIPMS 建设初期制定了以下指导思想：

(1) 集成高效。SIPMS 应考虑到所有使用主体的工作效率，不能增加总包单位、监理单位的额外工作量。对此，需要实现各种基础信息之间的集成和共用，需要提供便捷的数据采集方式，需要将平台作为工具。

(2) 简单实用。SIPMS 开发应考虑使用人员素质参差不齐的现状，界面需要美观和友好，操作尽量简单和实用。对此，需要认真分析和简化每个信息输入端口的工作内容和工作量，让更多的工作由计算机完成，并提供更多直观和实用的输出表单和报表。

(3) 重点突出。信息化建设需求可以说是个无底洞，每个职能部门都有很多的需求。为此，SIPMS 建设关注重点在计划管理、投资控制、合同管理、采购管理、文档信息共享和管理。对于质量管理则根据煤直接液化项目特点，重点放在进场的设备和材料质量检验，管道焊接管理和无损检测控制，质量检查检测不合格及整改数据统计、质量规范规程管理。对于 HSE 管理则重点放在对临时用电管理、危险品的管理、动火作业管理、密闭空间作业管理、起重作业、高处作业、现场施工设备、工具的使用管理、事故和未遂事故报告。

12.4.3 整体方案

1. 软件方案

SIPMS是由美国primavera公司的P3e/c软件、上海普华科技发展有限公司的PowerPIP软件及补充开发形成的集成系统。SIPMS集成系统的整体框架包括三个层次。一是信息化的基础编码体系，包括EPS、OBS、物资编码、费用科目、资源角色、管理网络等。二是主要的业务模块，它协助进行工程建设的"四控、四管"和沟通协调。三是工作平台和信息门户，包括公共信息传播和共享，个人信息中心及汇总报表信息。

SIPMS系统建设引入P3e/c和PowerPIP软件作为业主、主要EPC总承包单位、EPC-M总承包管理单位、监理单位协同管理工具。在合同中，明确规定这些主要单位必须具有软件的使用环境和能力。SIPMS为所有参见单位提供了用户获取工作所需信息，并处理业务的信息门户和工作平台。信息平台和工作门户包括公共信息(天气预报/新闻/电子公告等)、个人信息(邮件/会议通知/流转审判责任事项等)、各种汇总分析报表、关键文档及其他信息。

2. 硬件和网络方案

SIPMS平台采用Http数据传输协议，利用局域网和VPN网络通信技术，构建以中国神华北京总部为中心，涵盖所有参建单位的整体星形、局部环状的网络拓扑结构，如图12-5所示。

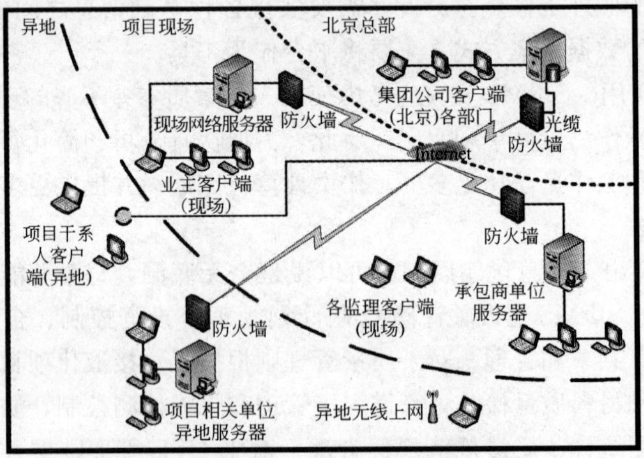

图12-5 SIPMS网络方案

12.4.4 主要业务解决方案

1. 计划进度控制

神华煤制油工程建设中基于 SIPMS 系统架构多个级别的主体计划，并规范了支持性计划的内容和责任主体，形成立体网络式的计划管理方式。

(1) 五个级别的主体计划

在神华煤直接液化项目中分为五个级别的主体计划。不同级别的主体计划具有以下几个目的。一是清晰定义设计、招标采购、施工、试运行、交工验收各阶段工作及相互之间的制约和关联关系；二是明确业主和承包商进度计划编制的各自所属层次、范围及深度；三是创造各阶段及不同层次进度计划的良好界面，使之有序连接，并便于各级进度计划能层层汇总上去，形成项目的各级汇总计划(包括资源及费用计划)。表 12-2 是示例的不同层级计划的管理内容。

不同层级计划的管理内容　　　　表 12-2

级别	计划名称	内　容
1 级	项目总体统筹计划	项目主要单元工程里程碑点，比如设计完成、合同授标、详细设计开始、关键设备采购开始、土建工程开始、安装工程开始、中间交接、联动试车完成及具备投料条件等。同时反映出各主要装置/单元建设及开车的先后顺序和逻辑关系
2 级	项目总体进度计划	招投标、合同授标、详细设计、采购、施工开始、施工、中间交接、联动试车及具备投料条件等，及相互之间的逻辑关系及限制条件
3 级	单元进度计划	合同里程碑点、业主长周期设备采购(材料请购单 MR，签订单，现场交货等)、详细设计(分解到各主要专业，包括土建/钢结构、工艺、设备、管道、电气/电信、仪表等)，采购、施工(分解到各专业和主要作业，包括土建/钢结构、设备、管道、电气/电信、仪表、防腐/保温等专业)、中间交接、联动试车及最终达到装置/单元投料或投用条件
4 级	详细设计采购、施工和试车进度计划	3 级及以下进度计划由承包商根据业主 1、2 级进度计划及项目编码结构(WBS，OBS) 的要求进一步细化到各工序的详细作业计划。承包商需在合同签订后 45 天内提交业主审批并执行
5 级以下	详细工作计划等	

(2) 支持性计划

为确保项目主体进度计划目标的实现，各职能部门的工作计划必须围绕着项目主体进度计划开展各项工作。在主体进度计划的要求下，各部门进行目标分解、里程碑点制定，并编制出部门支持计划的动态跟踪、控制计划，定期反馈到进度计划主管部门。进度计划主管部门根据项目的进展及时组织各责任部门编制部门支持计划，并组织相关部门审核会签及批准发布，以确保满足项目主体进度计划的要求。根据本项目特点，定义了支持计划的范围和内容，如表 12-3 所示。

支持计划的范围和内容 **表 12-3**

序号	部门支持计划名称	编制	审核会签	批准发布	发表部门
1	基础设计计划	设计管理部	各相关部门	项目主任组	控制部
2	业主长周期设备采购计划	采购部	各相关部门	项目主任组	控制部
3	保护伞协议计划	采购部	各相关部门	项目主任组	控制部
4	EPC 招投标计划	商务部	各相关部门	项目主任组	控制部
5	项目开车计划	装置运行部	各相关部门	项目主任组	控制部
6	早开工程现场施工计划	施工部	各相关部门	项目主任组	控制部
7	大件吊装计划	施工管理部	各相关部门	项目主任组	控制部

（3）计划管理程序

为确保计划编制、审核、下达、执行、反馈、分析、更新的各环节紧密和有序执行，计划不流于形式，本项目制定了详细的程序文件及相应流程。这些程序文件以“法律”的形式详细定义了计划的主体、边界、责任、时间、内容、工具、输入和输出，部分程序文件和内容参见表 12-4。

程序文件和内容(部分) **表 12-4**

序号	名　称	备　注
1	组织机构及责任	部门划分及岗位职责
2	WBS 及 OBS 规则	作用、目的、层次关系、编码规则。计划 WBS 必须包含合同范围内的所有事项，一经批准具有法律效力，任何修改需要严格的流程，并作为变更处理
3	主体计划编制程序及审核程序	不同级别计划范围、内容、细度、深度、界面定义、责任主体、时效等，审批流程及格式文本
4	支持计划编制及审核程序	支持计划范围、内容、细度、深度、界面定义、责任主体、时效等，审批流程及格式文本。审核计划工程量强度应是可行的、工艺过程是规范的、作业空间是足够的、资金应是有保证的、资源是可获得的。一般规定工序的最大时间周期为 1～2 个统计周期

续表

序号	名　称	备　注
5	项目日历	承包商数据填报周期及日历，承包商周/月/年报提交日历，项目组数据审核日历，项目组周/月/年报提交日历，项目整体月报发布日历，月度协调会日历等
6	进度检测体系	进度检测层次，进度测量里程碑(检测标志)的编制和检测层次的权重分配，基准计划曲线的绘制，进度检测状态填报等
7	进度跟踪和分析	据项目计划对项目实际状态和工作完成情况进行连续的跟踪和分析，应对设计资料交付情况、设备材料采购和到货情况、施工人力机具投入情况以及它们的计划进行跟踪，及时找出它们的偏差；对出现的各类进度偏差解决途径。根据进度偏差和计划预测，通知并监督承包商采取相应的措施，如增加人力、增加机具、延长工作时间、提高效率、优化方案等，以保证项目按计划进行
8	进度报告	进度报告包含内容及格式，进度报告路线图，进度报告提交时间
9	进度款控制程序	时间控制，控制流程

(4) 计划管理工具应用

P3e/c 和 SIPMS 之间的集成模型参见图 12-6。主要计划的编制、进度计算、计划更新由专业的 P3e/c 软件来完成，而计划的审核、任务下达、进展反馈和结果查询及报表在 PowerPIP 中完成。其他软件比如 Project 或 Excel 软件编制的计划也可以通过 P3e/c 导入到 SIPMS 系统内进行管理和跟踪。

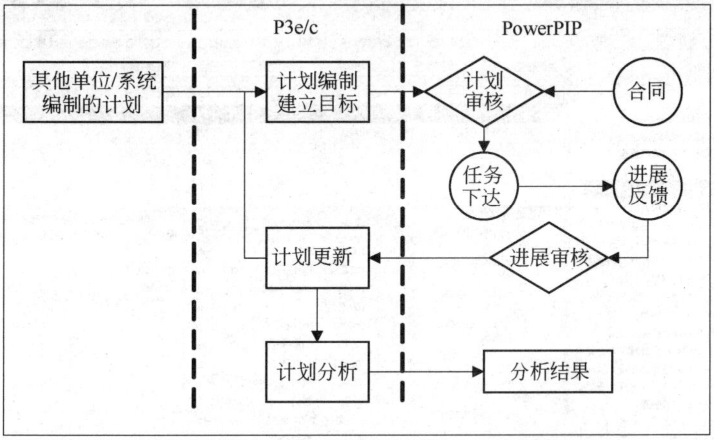

图 12-6　P3E/C 和 SIPMS 之间的集成模型

计划管理主要功能抓图见图 12-7～图 12-11 所示。

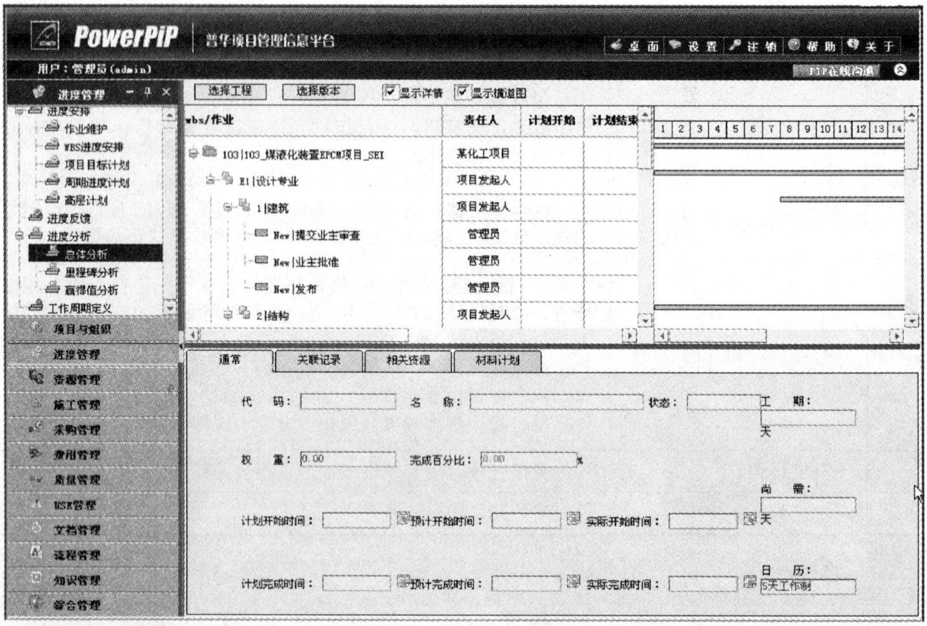

图 12-7　进度查询

图 12-8　主要实物工程量反馈

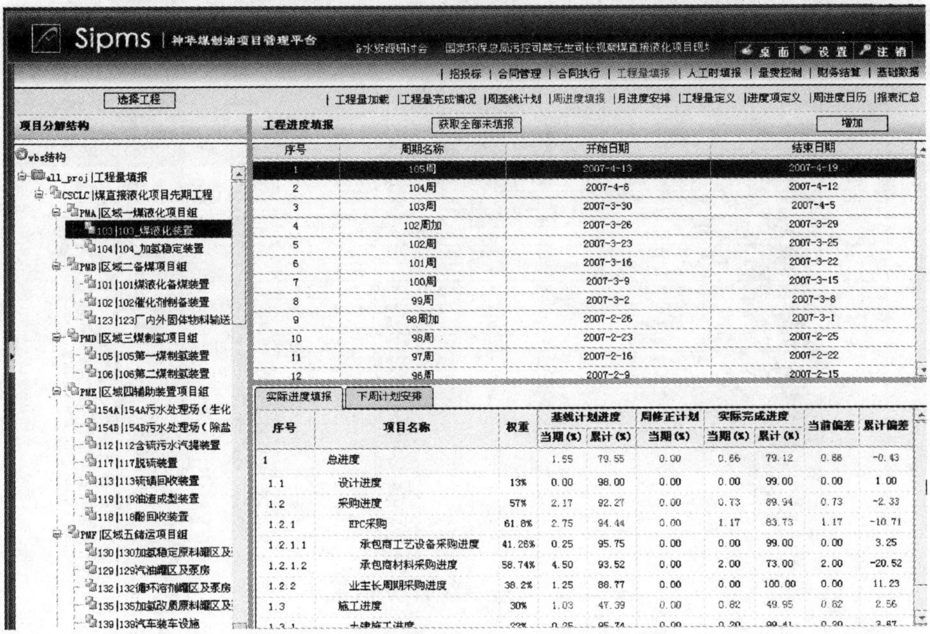

图 12-9　计划与实际进展对比分析

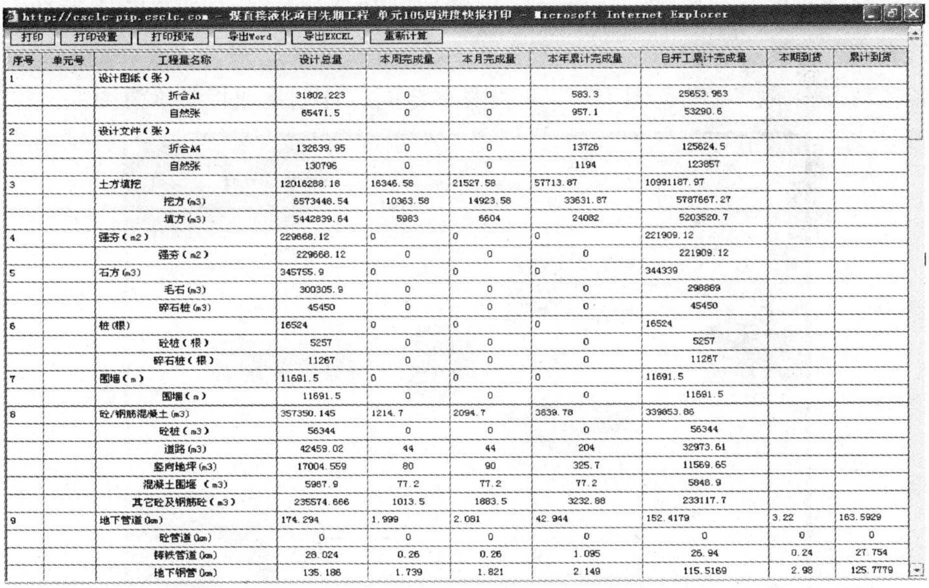

序号	单元号	工程量名称	设计总量	本周完成量	本月完成量	本年累计完成量	自开工累计完成量	本期到货	累计到货
1		设计图纸（张）							
		折合A1	31802.223	0	0	583.3	25653.963		
		自然张	65471.5	0	0	957.1	53290.6		
2		设计文件（张）							
		折合A4	132639.95	0	0	13726	125624.5		
		自然张	130796	0	0	1194	123857		
3		土方填挖	12016288.18	16346.58	21527.58	57713.87	10991187.97		
		挖方(m3)	6573448.54	10363.58	14923.58	33631.87	5787667.27		
		填方(m3)	5442839.64	5983	6604	24082	5203520.7		
4		强夯（m2）	229668.12	0	0	0	221909.12		
		强夯（m2）	229668.12	0	0	0	221909.12		
5		石方(m3)	345755.9	0	0	0	344339		
		毛石(m3)	300305.9	0	0	0	298889		
		碎石桩(m3)	45450	0	0	0	45450		
6		桩(根)	16524	0	0	0	16524		
		砼桩（根）	5257	0	0	0	5257		
		碎石桩（根）	11267	0	0	0	11267		
7		围墙（m）	11691.5	0	0	0	11691.5		
		围墙（m）	11691.5	0	0	0	11691.5		
8		砼/钢筋混凝土(m3)	357350.145	1214.7	2094.7	3839.78	339853.86		
		砼桩（m3）	56344	0	0	0	56344		
		道路(m3)	42459.02	44	44	204	32973.61		
		竖向地坪(m3)	17004.559	80	90	325.7	11569.65		
		混凝土围堰（m3）	5967.9	77.2	77.2	77.2	5848.9		
		其它砼及钢筋砼（m3）	235574.666	1013.5	1883.5	3232.88	233117.7		
9		地下管道(km)	174.294	1.999	2.081	42.944	152.4179	3.22	163.5929
		砼管道(km)	0	0	0	0	0	0	0
		铸铁管道(km)	28.024	0.26	0.26	1.095	26.94	0.24	27.754
		地下钢管(km)	135.186	1.739	1.821	2.149	115.5169	2.98	125.7779

图 12-10　主要实物工程量统计报表

http://csclc-pip.csclc.com - 106周EPC进度报告打印 - Microsoft Internet Explorer

打印 | 打印设置 | 打印预览 | 导出Word | 导出EXCEL | 重新计算

中国神华煤制油有限公司
CHINA SHENHUA
项目名称：神华煤直接液化项目

第104周EPC进度报告（含长周期）

报告截至日期：2007-4-12

WBS 编码	区域	单元	权重	设计		采购		施工		总进度		
				本期	累计	本期	累计	本期	累计	本期	上期累计	总计
103	区域一	103_煤液化装置	27342	0%	99%	0.36%	89.22%	0.82%	49.13%	0.45%	78.01%	78.46%
104	区域一	104_加氢稳定装置	8783	0%	99%	0.22%	91.52%	0.4%	54.08%	0.22%	81.79%	82.01%
174	区域五	174消防分站及污水提升泵站	48	0%	100%	0%	100%	3.22%	89.22%	2.02%	91.22%	93.24%
126	区域五	126厂内铁路	52	0%	100%	0%	95%	0%	98.34%	0%	96.2%	96.2%
191	区域五	191厂外铁路	722	0%	100%	0%	95%	0%	97.92%	0%	96.35%	96.35%
121	区域五	121全厂竖向道路及雨水排放	138	0%	0%	0%	0%	0%	99.47%	0%	99.47%	99.47%
125	区域八	125第二渣场	316	0%	100%	0%	98.58%	0%	93.8%	0%	96.04%	96.04%
190	区域八	190厂外供水	3085	0%	100%	0%	100%	0%	100%	0%	100%	100%
107	区域九	107加氢改质装置	3253	0%	99.33%	0.73%	98.16%	1.35%	66.25%	0.75%	88.1%	88.85%
111	区域九	111轻烃回收装置	1688	0%	98.82%	0.13%	97.52%	1.4%	67.08%	0.48%	88.21%	88.69%
109	区域十	第一空分制氧装置	4172	0%	100%	0.13%	97.41%	0.83%	87.03%	0.21%	95.94%	96.15%
110	区域十	第二空分制氧装置	4445	0%	100%	0.13%	97.41%	0.83%	87.03%	0.21%	95.94%	96.15%
121	区域六	121单元全厂道路	1196	0%	100%	0%	0%	0.02%	88.57%	0.02%	89.24%	89.26%
175	区域六	175单元全厂浴室	10	0%	100%	0%	0%	0%	100%	0%	100%	100%
115	区域六	115单元联合车间办公楼	27	0%	100%	0%	100%	0%	100%	0%	100%	100%
183	区域六	183单元中心化验楼	583	0%	100%	8.82%	65.71%	0%	99.97%	4.88%	76.15%	81.03%
197	区域六	197单元倒班宿舍楼及配套工程	50	0%	100%	0%	0%	3.16%	72.19%	2.96%	71.01%	73.97%
178	区域六	178维修站	136	0%	100%	0%	0%	0%	74.57%	0%	76.1%	76.1%
184	区域六	184全厂电信	116	0%	100%	0%	23.43%	0.26%	76.04%	0.07%	40.92%	40.99%
182	区域六	182厂部办公楼及汽车库	310	0%	100%	0%	100%	0%	100%	0%	100%	100%
179	区域六	179全厂性仓库	98	0%	100%	0%	0%	0%	100%	0%	100%	100%
176	区域六	176消防站	230	0%	100%	0%	0%	0%	100%	0%	100%	100%
122	区域六	122围墙大门及门卫室	37	0%	100%	0%	0%	0%	94.74%	0%	95.06%	95.06%

图 12-11　进展统计分析报表

2. 投资控制与合同管理

投资控制和合同管理在量费管理模块下进行，由控制部负责牵头组织使用。量费控制围绕着合同管理，协助进行进度控制和费用控制。SIPMS 遵循动态管理的方式，将投资、费用、成本管理与计划 WBS 关联起来，实现联动效应，管理者在动态中掌握主动。图 12-12 是投资、合同、计划集成控制示意图。

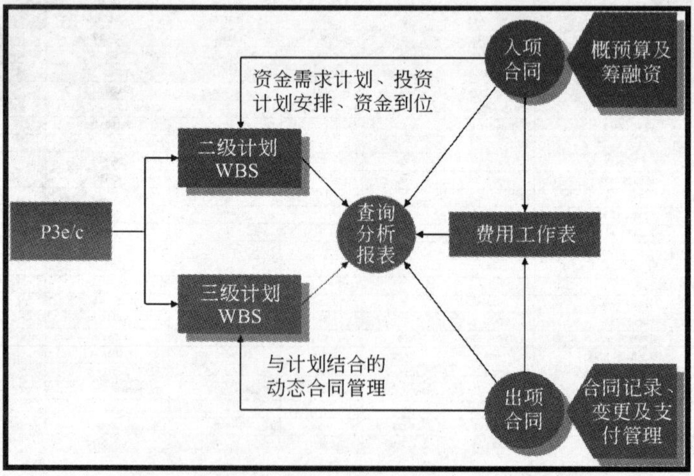

图 12-12　投资、合同、计划集成控制原理

从图中可以看出，概预算及筹融资作为“入项合同”，与业主高层计划中的WBS对应和分摊，从而得出资金需求计划、投资安排计划、资金到位计划等。同时“入项合同”对应和分摊到统一的费用工作表，以便实现从费用控制视角所需的统计和分析。业主发包作为“出项合同”，与总体实施计划的WBS对应和分摊，从而得出计划完成量、标段资金需求曲线等，便于进行完成情况反馈和审核，工程质量控制等。同时“出项合同”对应和分摊到统一的费用工作表，从而实现从费用控制视角出发的统计和分析。使用者能够进行针对概预算、合同及其他们之间在WBS和费用工作表上的对比和分析。

针对以上设计思路，SIPMS实现的功能包括招投标、合同管理、合同执行、量费控制和财务结算，他们的子功能及相互之间的关系参见图12-13。从图中可以看到合同记录作为大部分控制性事务数据集结的枢纽，合同与工程计划的WBS建立关联对应关系，实现动态合同管理。同时费用科目体系作为所有资金流的归结库，集合了概预算、合同、变更、支付，以便于费用的整体分析。最终与财务系统进行数据交互。

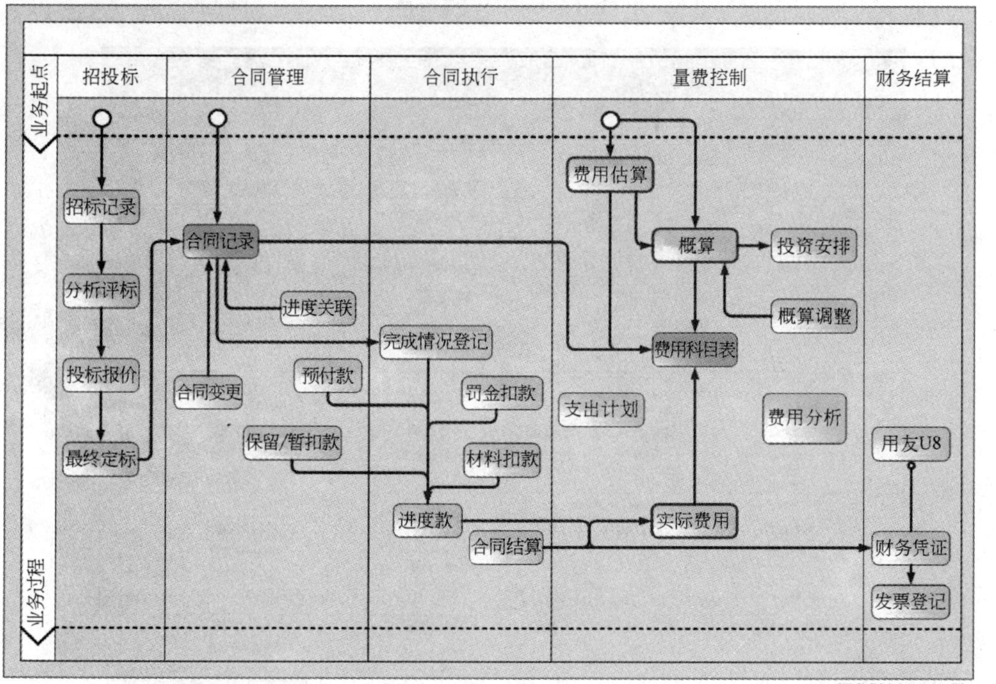

图12-13 投资控制与合同集成管理原理

投资控制与合同管理主要功能抓图见图 12-14～图 12-19。

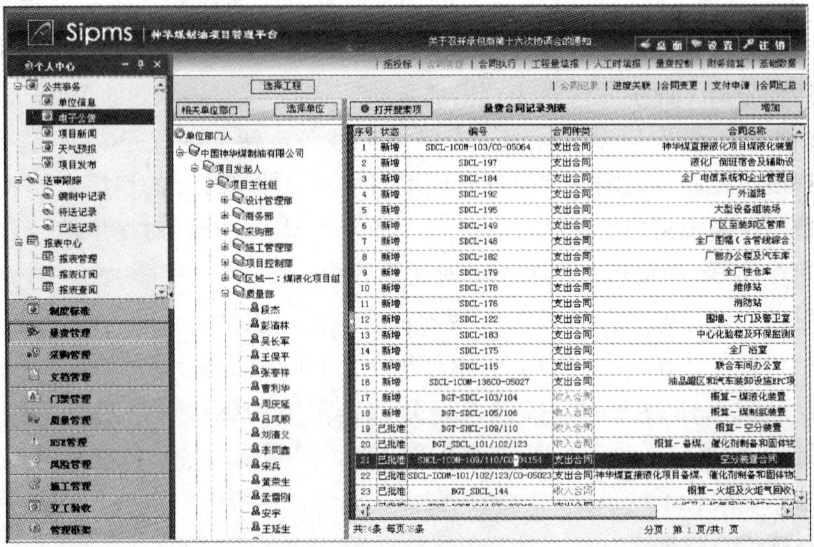

图 12-14　合同台账

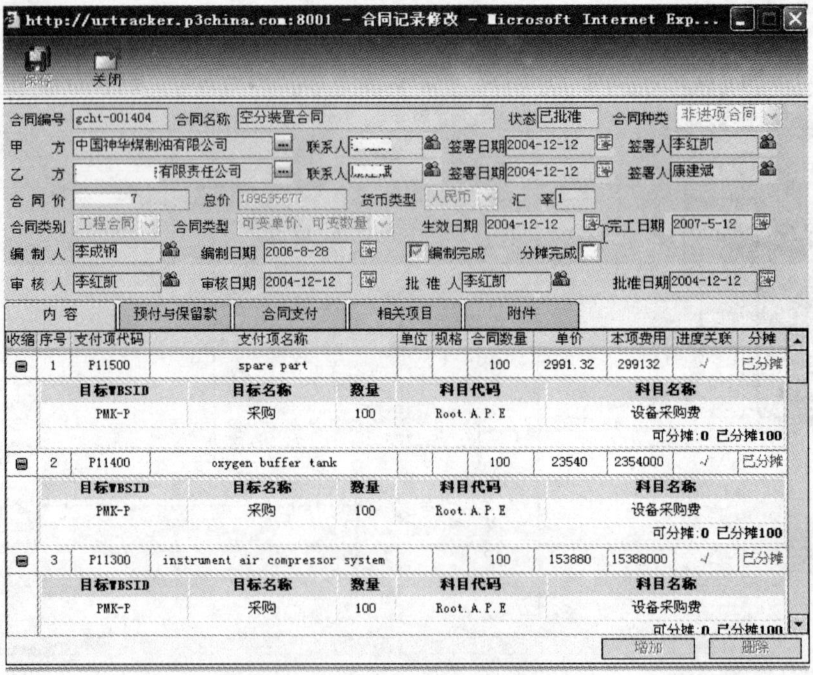

图 12-15　合同详情页面

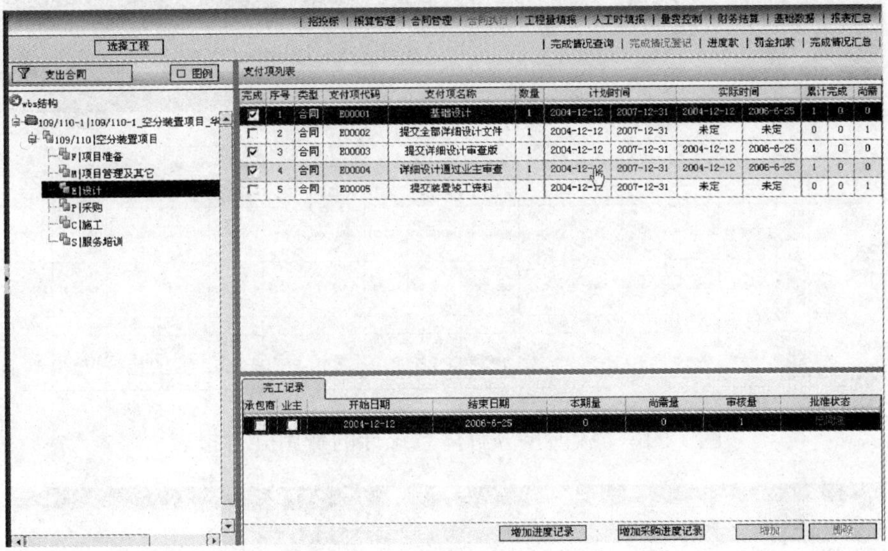

图 12-16　完成情况登记、审核

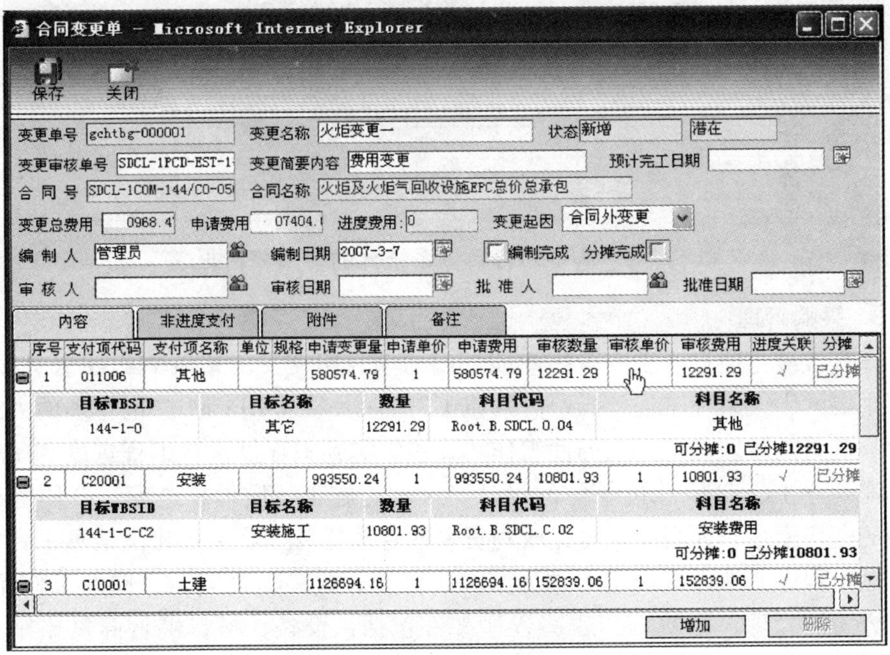

图 12-17　合同变更管理

https://cbs.csclc.com - 2007年8月总费用报告打印 - Microsoft Internet Explorer

打印 打印设置 打印预览 导出Word 导出EXCEL 重新计算

中国神华煤制油有限公司
CHINA SHENHUA
项目名称：神华煤直接液化项目

二零零七年八月总费用报告

报告截至日期：2007…
货币单位：人民币…

项目名称	费用科目编码	费用项目名称	批复概算	合同金额	已批变更	潜在变更	保留概算金额	预期总费用	概算节减	计划完成投资		实际完成投资		投资差额	实际付款		投资与付款差…
			(A)	(B)	(C)	(D)	(E)	F=B+C+D+E	G=A-F	当期	累计(H)	当期	累计(I)	J=I-H	当期	累计(k)	L=I-…
区域一煤液化项目组	103	103_煤液化装置	257384.56	250548.53	0	2543.72	67480.7	320572.95	-63188.39	4181.31	248911.64	2622.51	270847.07	21935.43	149236.66	159319.34	111527…
	104	104_加氢稳定装置	83776.31	81201.48	0	3896	1515.86	86613.34	-2837.03	761.05	78503.87	1326.18	78937.62	433.75	0	58632.81	20304…
		小计	341160.87	331750.01	0	6439.72	68996.56	407186.29	-66025.42	4942.36	327415.51	3948.69	349784.69	22369.18	149236.66	217952.15	131832…
	101	101煤液化备煤装置	26433.55	24006.51	0	620	13.78	24640.29	1793.26	572.24	23400.66	433.58	22535.08	-865.58	19439.91	19439.91	3095…
		102催…															

图 12-18　从项目分解体系统计的费用分析报表

http://csclc-pip.csclc.com - 144火炬及火炬气回收单元2007年4月详细费用报告打印 - Microsoft Internet Explorer

打印 打印设置 打印预览 导出Word 导出EXCEL 重新计算

中国神华煤制油有限公司
CHINA SHENHUA
项目名称：神华煤直接液化项目

144单元2007年4月详细费用报告

报告截至日期：2007-4-25
货币单位：人民币元

序号	费用科目编码	费用项目名称	批复概算	合同金额	已批变更	潜在变更	保留概算金额	预期总费用	概算节减	计划完成投资		实际完成投资		投资差额	实际付款		投资与付款差异	备注
			(A)	(B)	(C)	(D)	(E)	F=B+C+D+E	G=A-F	当期	累计(H)	当期	累计(I)	J=I-H	当期	累计(k)	L=I-K	
1	M	项目管理费	0	179.37	0	0	0	179.37	-179.37	0	144.39	0	155.55	11.16	0	0	155.55	
2	E	设计费用	0	171.49	0	65.05	0	236.54	-236.54	0	138.05	0	148.71	10.66	0	0	148.71	
3	P	采购费用	0	2277.78	0	493.47	0	2771.25	-2771.25	0	1833.56	0	1975.24	141.68	0	0	1975.24	
3.1	P-01	承包商设备采购费用	0	1686.42	0	305.18	0	1991.6	-1991.6	0	1357.53	0	1462.43	104.9	0	0	1462.43	
3.2	P-02	承包商材料采购费用	0	591.35	0	188.3	0	779.65	-779.65	0	476.02	0	512.81	36.79	0	0	512.81	
3.3	P-03	业主采购的长周期设备	0	0	0	0	0	0	0	0	0	0	0	0	0	0	0	

图 12-19　从费用科目体系统计的费用分析报表

3. 采购管理

煤直接液化项目业主方采用职能部门与项目组交叉的矩阵式组织管理模式，并将主要的十大系统工程(区域)分别以 EPC 总承包或 EPCM 总包管理的方式发包。物资采购管理是一个全局性工作，直接影响到工程投资、工程进度和工程质量，需要业主、EPC 总包单位的设计、采购、施工、质检、进度、合同管理者质检的密切配合。为高质量地完成物资采购管理任务，业主在建设信息平台的同时，制定程序文件详细规定申请、采买、催交、检验、物流、仓储的工作流程，为多方协同管理奠定基础。这些程序文件包括：设备、材料供货商资格审查程序，设备、材料开箱检验规定，EPC 采购管理规定，项目仓储管理规定等约三十个。

本项目采购管理模块的开发有两个难点。一是物资库分类和代码的定义。由于本项目是世界首次煤直接液化规模化生产工厂建设，项目运用了创新技术，导致新材料、新设备品类繁多，以及随着工程项目的进展，项目的各项变更的增加，给项目的物资管理带来极大的难度。对此 SIPMS 利用石化行业的物资分类体系作为初始库，并设置临时代码库，当使用初始库定义外的新材料时，可以设定以临时物资定义的方式进行增加。

二是如何设计恰当的结构同时满足自行采购、EPC 方采购和 EPCM 方采购三种不同的采购管理方式。参见图 12-20，SIPMS 物资采购模块的功能模型，通过设置多个业务起点满足此需求。

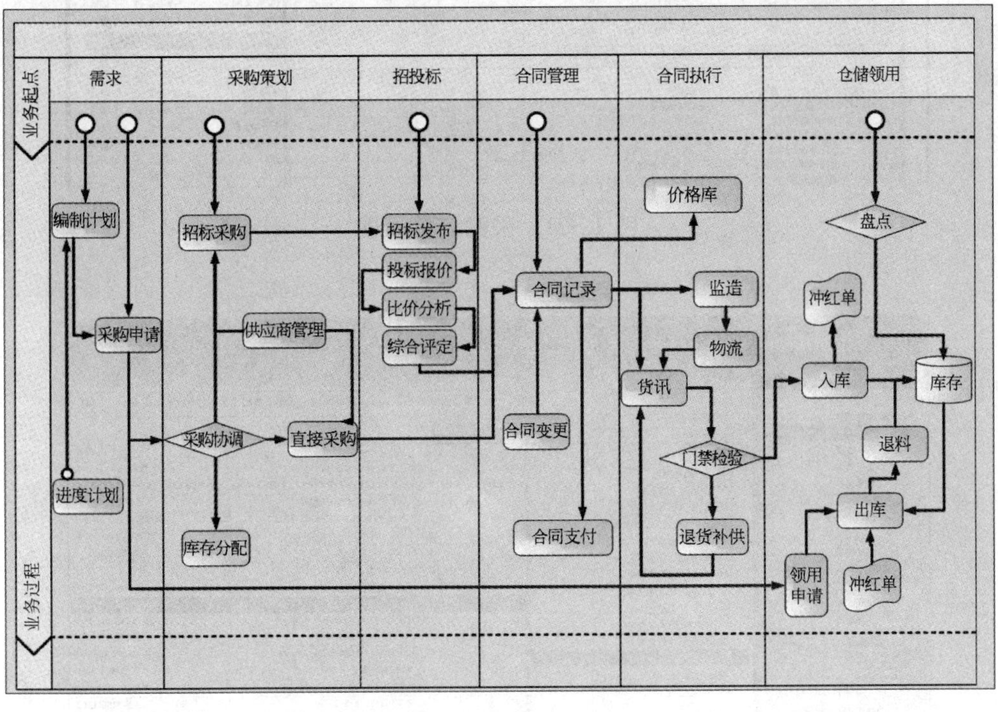

图 12-20　采购管理功能原理

参见上图，SIPMS 采购管理将采购过程、采购合同、到货检验、仓储管理及知识库等有机串联，并与 SIPMS 信息系统的进度管理、投资管理、质量管理等其他部分集成。从图中可以看到，采购申请需要与工程计划相关联，并以采购合同作为控制的核心，最后归结到库存，其中需进行入库、出库、退库、入库冲红、出库冲红等操作。值得注意的是，为保证所用物资位置的跟踪，在领用申请时需要与采购申请相关联，以便得到物资所在的 WBS。

采购管理主要功能抓图见图 12-21～图 12-25。

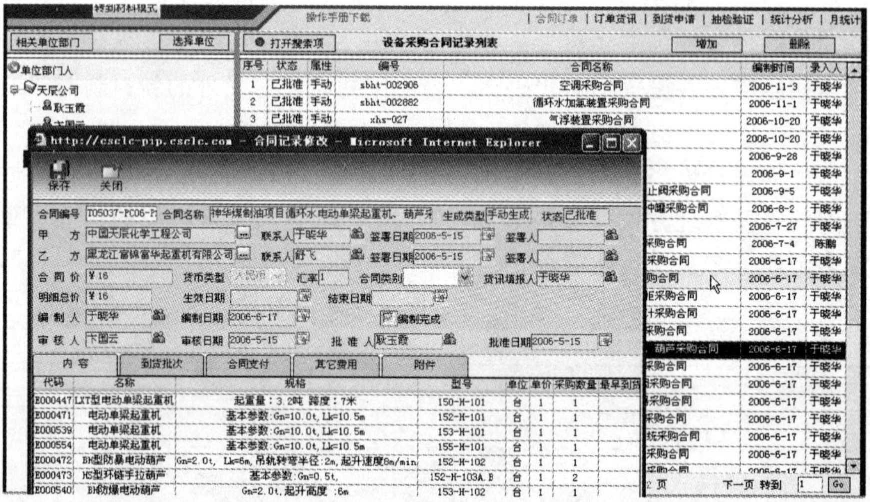

图 12-21　采购订单管理

图 12-22　仓储入库管理

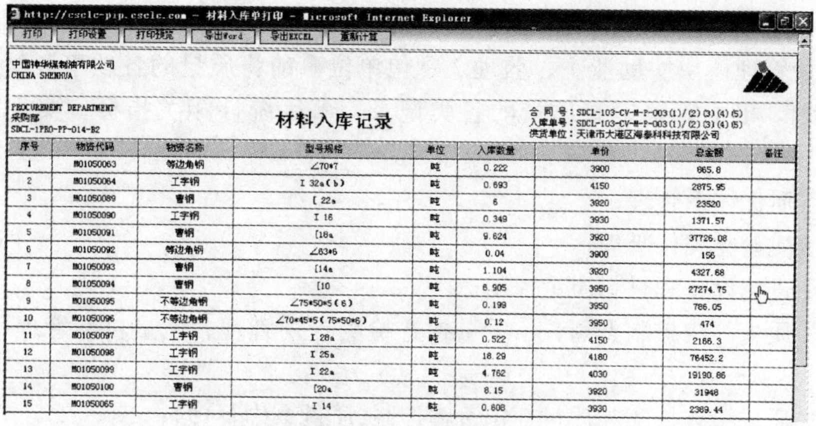

http://csclc-pip.csclc.com - 材料入库单打印 - Microsoft Internet Explorer

打印 | 打印设置 | 打印预览 | 导出Word | 导出EXCEL | 重新计算

中国神华煤制油有限公司
CHINA SHENHUA

PROCUREMENT DEPARTMENT
采购部
SDCL-1PRO-PP-014-B2

材料入库记录

合 同 号：SDCL-103-CV-M-P-003(1)/(2)(3)(4)(5)
入库单号：SDCL-103-CV-M-P-003(1)/(2)(3)(4)(5)
供货单位：天津市大港区海泰科科技有限公司

序号	物资代码	物资名称	型号规格	单位	入库数量	单价	总金额	备注
1	M01050063	等边角钢	∠70*7	吨	0.222	3900	865.8	
2	M01050064	工字钢	I 32a(b)	吨	0.693	4150	2875.95	
3	M01050089	槽钢	[22a	吨	6	3920	23520	
4	M01050090	工字钢	I 16	吨	0.349	3930	1371.57	
5	M01050091	槽钢	[18a	吨	9.624	3920	37726.08	
6	M01050092	等边角钢	∠63*6	吨	0.04	3900	156	
7	M01050093	槽钢	[14a	吨	1.104	3920	4327.68	
8	M01050094	槽钢	[10	吨	6.905	3950	27274.75	
9	M01050095	不等边角钢	∠75*50*5(6)	吨	0.199	3950	786.05	
10	M01050096	不等边角钢	∠70*45*5(75*50*6)	吨	0.12	3950	474	
11	M01050097	工字钢	I 28a	吨	0.522	4150	2166.3	
12	M01050098	工字钢	I 25a	吨	18.29	4180	76452.2	
13	M01050099	工字钢	I 22a	吨	4.762	4030	19190.86	
14	M01050100	槽钢	[20a	吨	8.15	3920	31948	
15	M01050065	工字钢	I 14	吨	0.608	3930	2389.44	

图 12-23 入库单

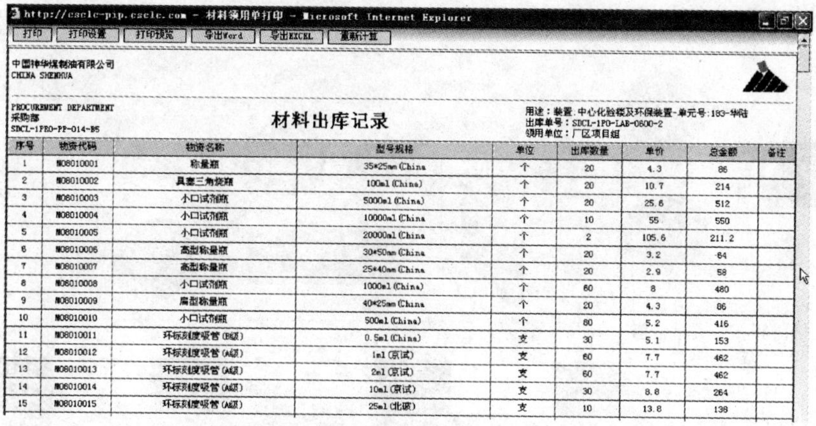

http://csclc-pip.csclc.com - 材料领用单打印 - Microsoft Internet Explorer

打印 | 打印设置 | 打印预览 | 导出Word | 导出EXCEL | 重新计算

中国神华煤制油有限公司
CHINA SHENHUA

PROCUREMENT DEPARTMENT
采购部
SDCL-1PRO-PP-014-B5

材料出库记录

用途：装置.中心化验楼及环保装置-单元号:183-华陆
出库单号：SDCL-1PO-LAB-0600-2
领用单位：厂区项目组

序号	物资代码	物资名称	型号规格	单位	出库数量	单价	总金额	备注
1	M08010001	称量瓶	35*25mm (China	个	20	4.3	86	
2	M08010002	具塞三角烧瓶	100ml (China)	个	20	10.7	214	
3	M08010003	小口试剂瓶	5000ml (China)	个	20	25.6	512	
4	M08010004	小口试剂瓶	10000ml (China	个	10	55	550	
5	M08010005	小口试剂瓶	20000ml (China	个	2	105.6	211.2	
6	M08010006	高型称量瓶	30*50mm (China	个	20	3.2	64	
7	M08010007	高型称量瓶	25*40mm (China	个	20	2.9	58	
8	M08010008	小口试剂瓶	1000ml (China)	个	60	8	480	
9	M08010009	扁型称量瓶	40*25mm (China	个	20	4.3	86	
10	M08010010	小口试剂瓶	500ml (China)	个	80	5.2	416	
11	M08010011	环标刻度吸管 (B级)	0.5ml (China)	支	30	5.1	153	
12	M08010012	环标刻度吸管 (A级)	1ml (京试)	支	60	7.7	462	
13	M08010013	环标刻度吸管 (A级)	2ml (京试)	支	60	7.7	462	
14	M08010014	环标刻度吸管 (A级)	10ml (京试)	支	30	8.8	264	
15	M08010015	环标刻度吸管 (A级)	25ml (北玻)	支	10	13.8	138	

图 12-24 出库单

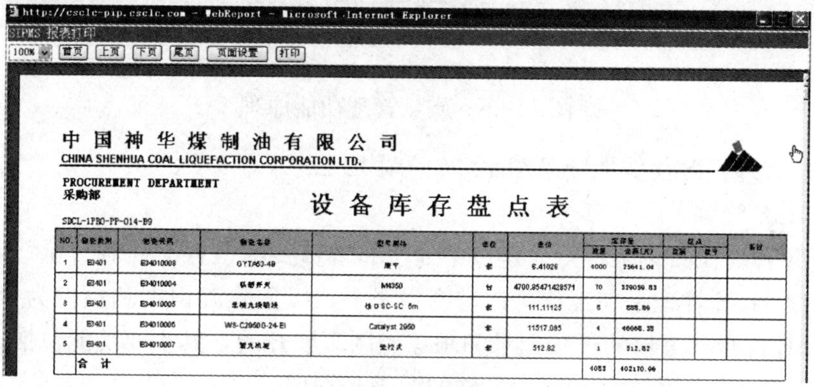

http://csclc-pip.csclc.com - WebReport - Microsoft Internet Explorer

SIPMS 报表打印

100% | 首页 | 上页 | 下页 | 尾页 | 页面设置 | 打印

中 国 神 华 煤 制 油 有 限 公 司
CHINA SHENHUA COAL LIQUEFACTION CORPORATION LTD.

PROCUREMENT DEPARTMENT
采购部

设 备 库 存 盘 点 表

SDCL-1PRO-PP-014-B9

NO.	[illegible]	[illegible]	[illegible]	[illegible]	[illegible]	[illegible]	[illegible]		[illegible]		[illegible]
							[illegible]	[illegible]	[illegible]	[illegible]	
1	E3401	E34010008	GYTA53-48	[illegible]	套	6.41026	4000	25641.04			
2	E3401	E34010004	[illegible]	M4350	台	4700.85471428571	70	329059.83			
3	E3401	E34010005	[illegible]	[illegible] SC-SC 5m	套	111.11125	8	888.89			
4	E3401	E34010006	WS-C2960G-24-EI	Catalyst 2960	套	11517.085	4	46068.35			
5	E3401	E34010007	[illegible]	[illegible]	套	512.82	1	512.82			
	合 计						4083	402170.96			

图 12-25 库存盘点

4. 质量管理

质量管理模块协助业主、监理、承包单位事前将质量的各项事务整理形成清晰计划，事中完整记录质量的各类记录，事后统计相关指标。实现的功能包括：

(1) 质保体系管理；

(2) 质量类文件管理；

(3) 进场设备和材料质量控制；

(4) 质量等级控制点划分、质量检查检测计划管理、质量目标管理(质量事前控制)；

(5) 质量检查检测和质量评定过程控制(质量事中管理)；

(6) 质量结果统计(质量事后统计分析)。

质量管理功能原理见图 12-26。

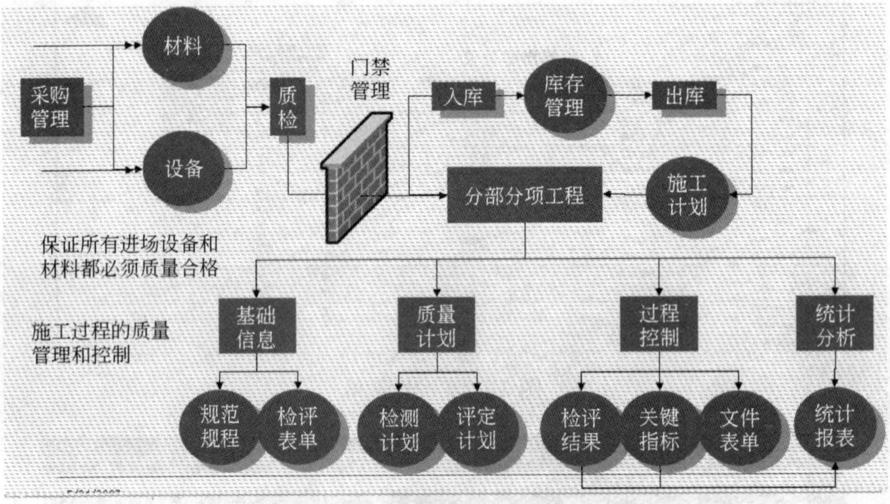

图 12-26 质量管理功能原理

采购管理主要功能抓图见图 12-27～图 12-29。

5. HSE 管理

HSE 管理在石化工程行业建设中处于非常重要的位置。针对石化行业特点，SIPMS 之 HSE 管理是在工程主体进度主线下，以危险源识别和预控为核心，围绕着 HSE 检查和考核的过程记录和跟踪控制而展开的，其主要功能包括：

(1) 安全类体系文件和过程文件的记录和管理

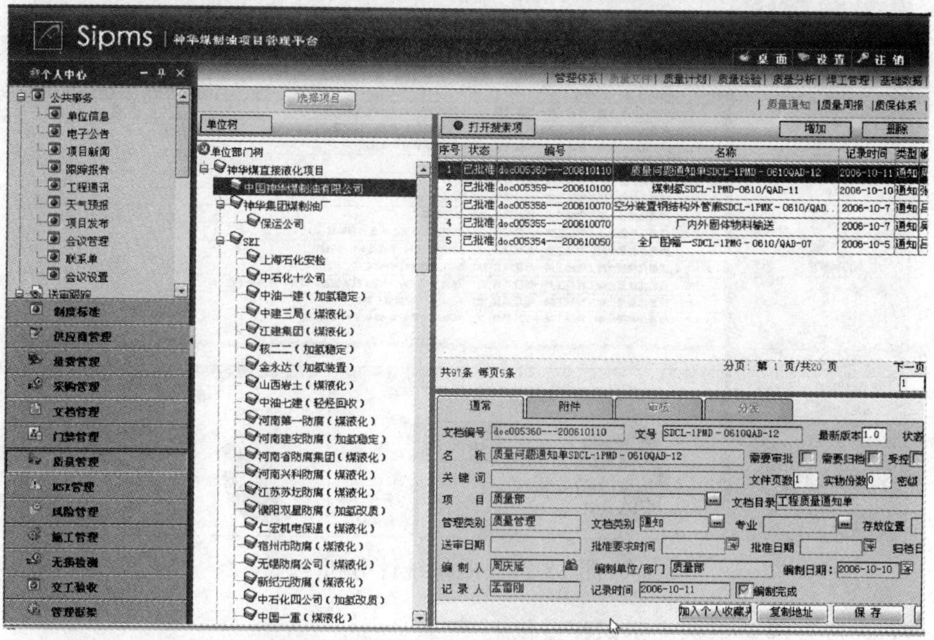

图 12-27　质量体系和质量类文件管理

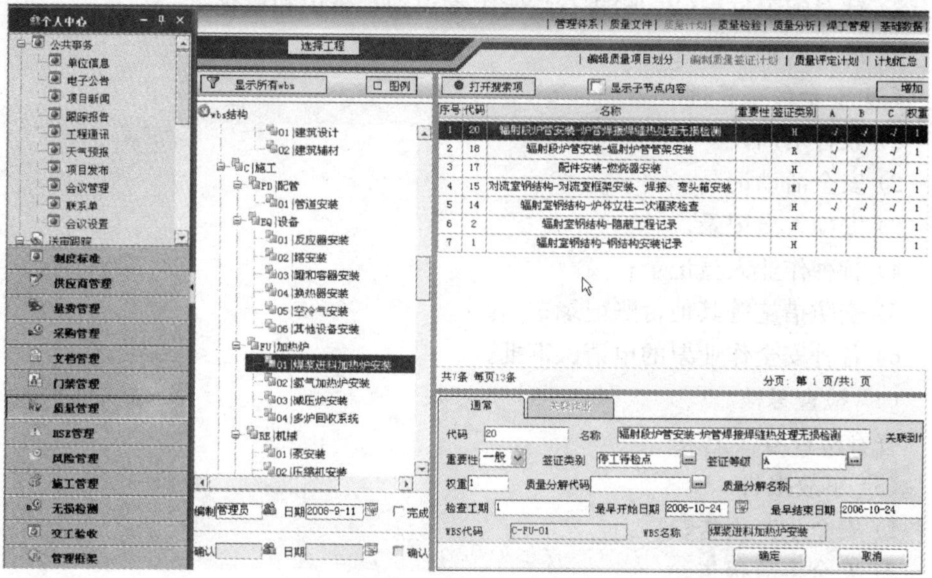

图 12-28　质量计划管理

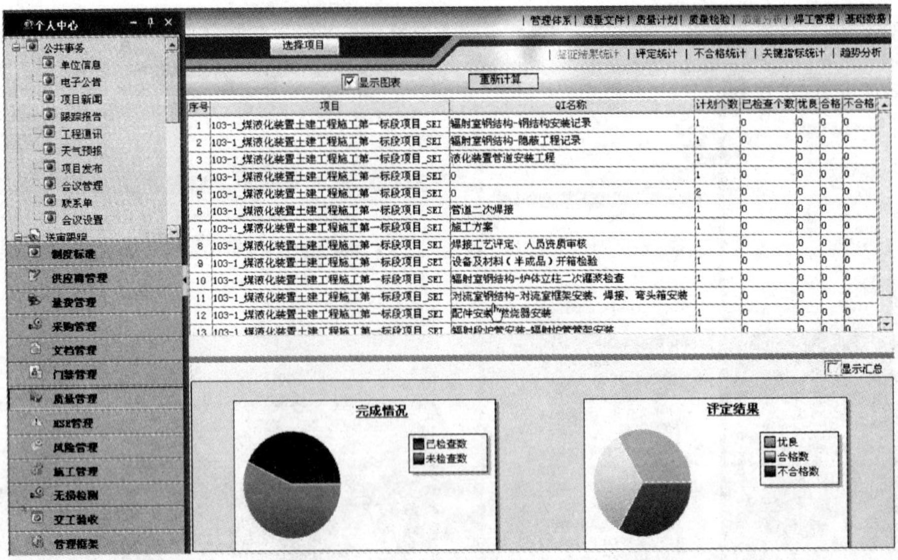

图 12-29　质量统计分析

(2) 危害因素识别、辨识和量化

1) 针对特种资源(特种机具)进行危害因素识别、辨识和量化；

2) 针对区域进行危害因素识别、辨识和量化；

3) 针对施工过程(WBS)进行危害因素识别、辨识和量化；

4) 危害因素汇总查看。

(3) 安全台账管理

1) 教育培训；

2) 安全活动记录；

3) 安检人员记录；

4) 特种作业人员记录；

5) 安防措施等其他台账记录；

6) 各种安全作业票的申请、审批。

(4) 检查考核

查看检查考核记录

(5) 事故报告

1) 安全生产报告；

2) 安全事故报告；

3) 事故报表。

功能模型参见图 12-30。

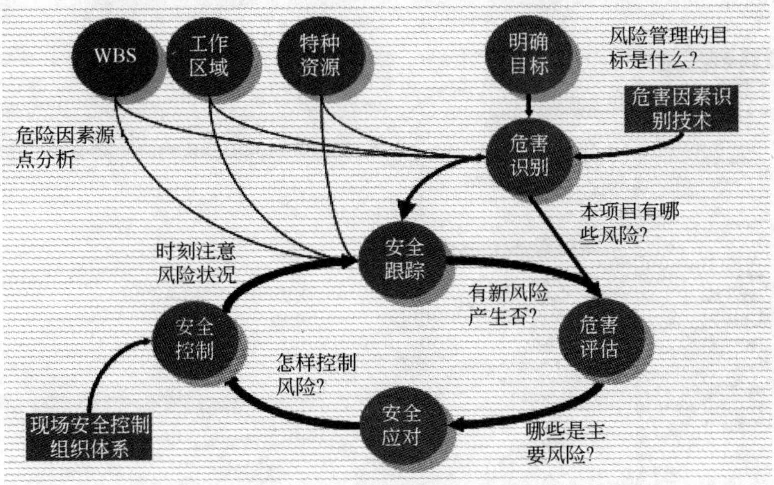

图 12-30　HSE 管理功能原理

(6) 危害因素识别

危害因素辨识是 HSE 管理中的定性分析，SIPMS 通过发生概率、出现频率、损失大小之间的函数将定性问题定量化，并建立分级控制台账，制定控制预案和安全措施。在工程执行过程中，SIPMS 提供一系列培训、教育、检查、考核、安全作业票等台账，记录跟踪、评估、应对和控制的循环流程，统计发生的事故、损失和奖惩。

WBS 及作业代表工程施工工艺流程及工序，首先需要将施工过程中的高危险因素辨识出来。同时，需要根据施工组织设计中的施工平面布置，将堆放化学品、布置塔吊等潜伏的危害因素辨识，并与 WBS 中的分部分项工程建立对应关系(如果需要)。针对特种施工作业人员、特种机具需要建立专门的危害因素识别台账，并与施工的工序建立关联，以形成系统(如果需要)。为将 HSE 管理落实到实处，规定承包单位必须将工程施工计划中的高危险源点辨识出来，这些高危险源点包括临时用电管理、危险品的管理、动火作业管理、密闭空间作业管理、起重作业、高空作业等。

1) 资源识别：在 HSE 管理-危害识别与控制-资源识别下，将特种机具所具有的危害因素识别出来，并加载到对应的节点下。

2) 区域识别：在 HSE 管理-危害识别与控制-区域识别下，将某个区域所具有的危害因素识别出来，并加载到对应的节点下。

3）危险过程识别：如图 12-31 所示，选中某 WBS 节点，在其下增加辨识出来的危害因素。

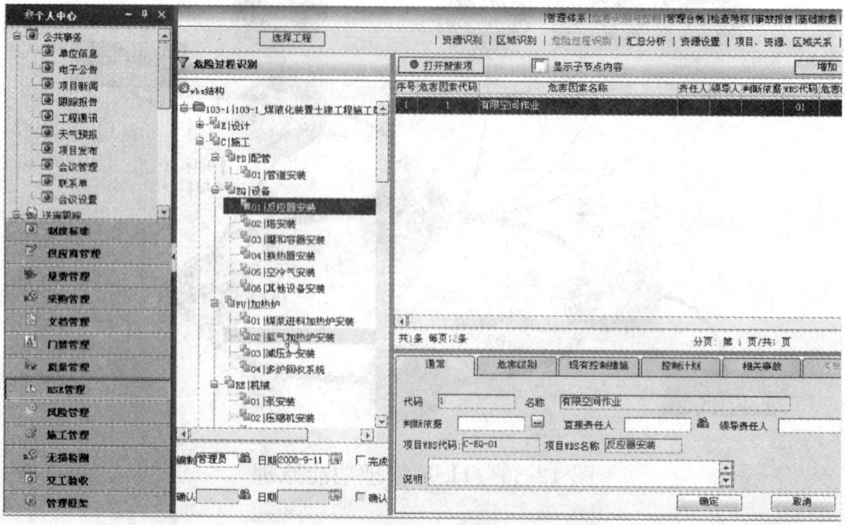

图 12-31　危险过程的识别

4）汇总查看：如图 12-32 所示，按照危害因素的角度进行查询。

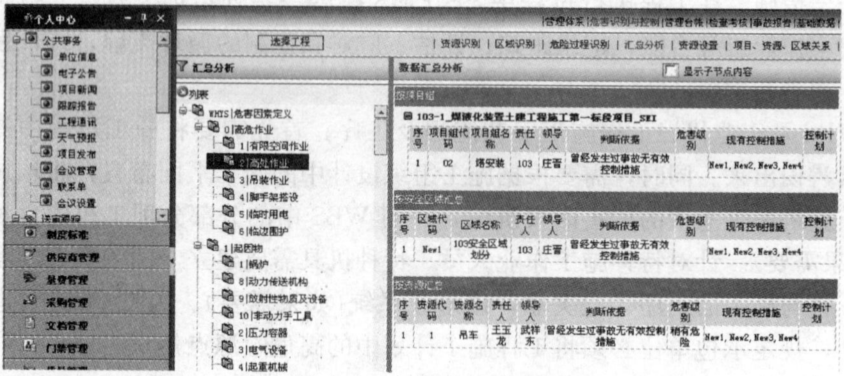

图 12-32　危险源汇总查看

（7）危害因素的评估和控制

对于每一个危害因素，需要记录以下五类信息：通常信息，危害级别，现有控制措施，控制计划，相关事故。

危害级别是将危险源点定性判断定量化。首先选择危害级别的判断是否是直接判断；然后选择判断的依据。

对于危害因素可能造成的事故，需要记载其相关事故中。

(8) 检查考核

检查考核模板定义：在项目管理信息系统上业主单位、监理单位能够自定义检查考核模板，自定义评估项及分值。根据定义的检查模板对相关单位进行检查和考核。

检查考核记录：选择被考核单位，相关人员针对每一个细项进行打分和评定。如图 12-33、图 12-34 所示。

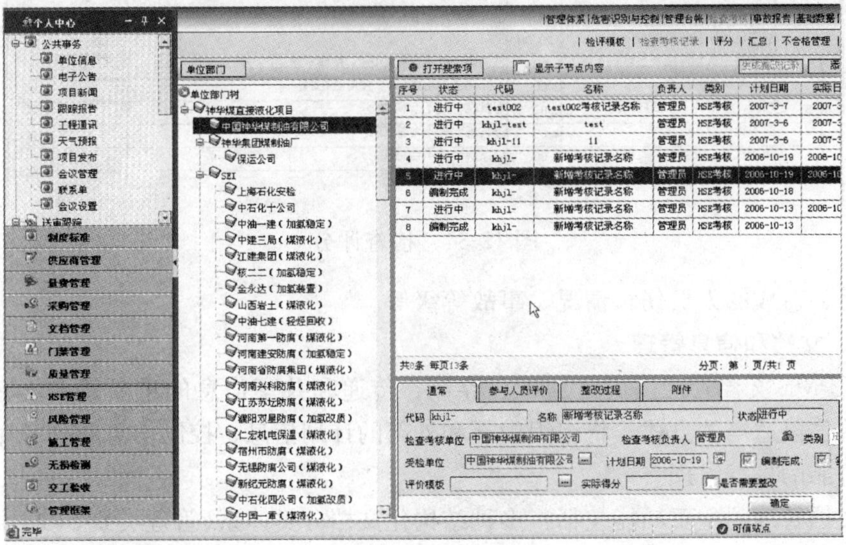

图 12-33　检查考核记录

对检查考核发现的不合格事项，项目管理信息系统提供了不合格通知及整改的过程控制，业主或监理单位能够监控承包单位的整改。

(9) 事故报告和事故记录

在事故报告-安全生产下列举了每一个承包单位及相应分包单位安全生产的统计信息。每周相关单位填报本周内参与【客户】站项目建设的管理人员人数、管理人员平均日工时数、工人人数、工人平均人工时数。系统自动计算本周内的安全生产工时，并自动累加。

在发生安全事故后，相关单位需要将事故的主要信息及时登记在系统中。如下图所示，记录的信息包括：名称、时间、事故单位、事故区域、事故类型、相

序号	标准名称	分值	说明	得分
2.4	班组（队段）HSE活动	3.00	无活动记录扣3分，记录不全扣1分	0
2.5	入场HSE教育	2.00	未进行扣2分，无记录、试卷扣1分	0
2.6	危险源和应急专项HSE教育	2.00	未进行扣2分，无记录扣1分	2
2.7	日常HSE教育	3.00	每一人次不懂本工种操作规程扣1分	3
2.8	班组（队段）HSE活动	3.00	无活动记录扣3分，记录不全扣1分	0
3	伤亡事故管理	10.00		.00
3.1	按规定及时报告	4.00	隐瞒不报扣4分，不及时扣2分	0
3.2	事故归档资料齐全	2.00	资料不全扣2分，不及时扣1分	0
3.3	事故处理	4.00	未开事故分析会扣4分，处理不及时扣2分	0
3.4	按规定及时报告	4.00	隐瞒不报扣4分，不及时扣2分	0
3.5	事故归档资料齐全	2.00	资料不全扣2分，不及时扣1分	0
3.6	事故处理	4.00	未开事故分析会扣4分，处理不及时扣2分	0
4	施工现场防护设施配置	20.00		.00
4.1	架体与建筑物连接及整体稳定性	2.00	每发现一处不合格扣1分，整体不稳定扣2分	0
4.2	脚手架材质和荷载	2.00	不同材质混用扣1分，超荷载扣2分	0
4.3	立杆、大横杆、小横杆间距	2.00	每发现一处不合格扣1分	0
4.4	脚手板铺设和连接件	4.00	每发现一处不合格扣1分	0
4.5	防护栏杆、安全网及孔洞临边防护	5.00	每发现一处不合格扣1分	0

图 12-34　检查评分

关项目、造成的人员伤亡情况、事故等级等。

6. 文档和信息管理

SIPMS 文档管理模块是加工、存储、传递和共享信息的重要舞台，它协助用户单位以适当的方式，将组织内部和外部的计划信息、控制信息和作业信息及时、可靠的进行管理。

文档管理的主要功能包括：多种结构化文档分类体系(管理类别、文档类别、责任单位、档案分类体系)，文档的集中管理，文档的审批、流转和分发，文档检索和查询，竣工资料的整理和归档。文档管理的业务流程如图 12-35 所示。

针对海量的非结构化的文档，SIPMS 扣紧 4 类文档。一是对标准、制度、程序文件等，提供信息共享，具有下载权限控制文件库。二是承载大量原始信息和知识的设计文件、施工方案、施工组织设计、监理方案、监理细则等。SIPMS 保存此类文件的最终成果，采用电子档案馆的方式，建立良好的结构化分类体系，供工程建设过程中时时检索和查询。三是严格定义需要流转的记录，如采购申请、入库单、出库单、支付申请、变更等。SIPMS 提供标准的打印格式。由于这些记录包含数字信息，且是管理的重要环节。四是对具有很强时效性的信息，比如月报、周报、公告、对比分析报表等，全部放在 SIPMS 的平台主页面，以达到信息共享，表扬先进，鞭策后进的作用。见图 12-36～图 12-38。

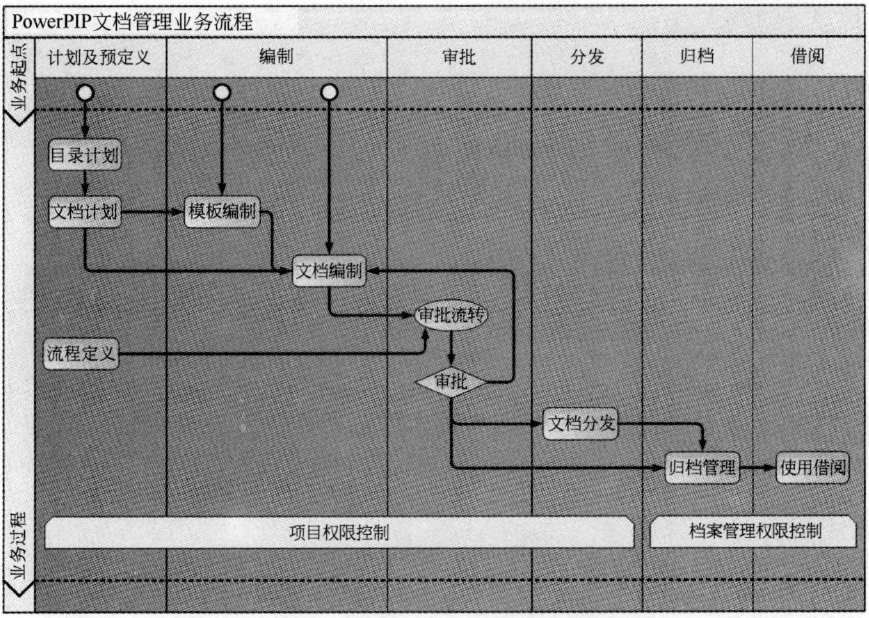

图 12-35　文档管理原理

图 12-36　过程文件管理

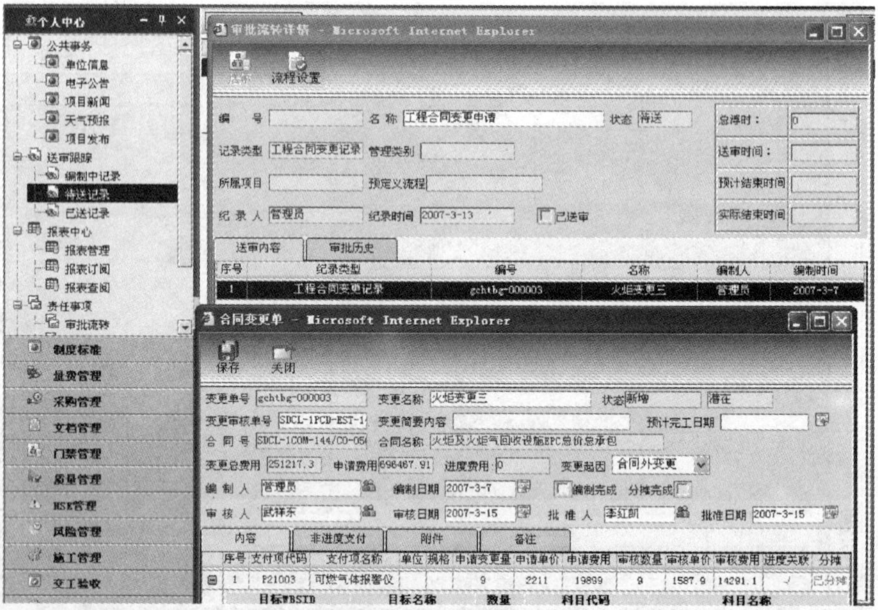

图 12-37　流转记录管理

图 12-38　制度标准的共享和管理

第4篇

前沿与发展篇

13 建设工程生命周期信息管理(BLM)

13.1 BLM 提出的背景

13.1.1 建筑业所面临的问题

许多文献认为，目前基本建设领域中存在很多问题，包括低效率和浪费现象、建筑业信息化水平较低、建设工程项目生命周期不同阶段信息丢失严重以及建筑业所面临的新的挑战等。这些问题迫使人们去思考建筑业的变革方向。

(1) 基本建设领域中的低效率和浪费现象

建筑业一直处于被批评的压力之下。研究指出，在过去的40年当中，美国建筑业生产效率指数下降了20%左右，而其他非农业的生产指数却提高了100%以上，如图13-1所示(Paul, T. 2004)。一些政府和协会的研究报告，如Phillips, T.(1950)、Emmerson, H.(1962)、Banwel, H.(1964)、Gyles, R.(1992)、Latham, M.(1994)，以及最近的Egan, J.(1998)报告等，都认为建筑业“分离”(Fragmented)的特征导致了其效率的低下。

建筑业低效率是个全球问题，这种低效率导致了大量建设成本的浪费、项目目标控制的失败以及争议的增加。英国的Latham, M. 报告显示，大约30%～40%建设成本的浪费是低效率造成的(1994)。美国《经济学家》杂志2000年刊登的资料同时指出，由于效率不高、错误以及工程延误等原因每年给美国6000亿美元的建筑业投资带来2000亿美元的损失(Economist 2000)。我国也同样如此，据统计，2004年建筑业每天创造26.2亿元，而其他工业为172.1亿元，建

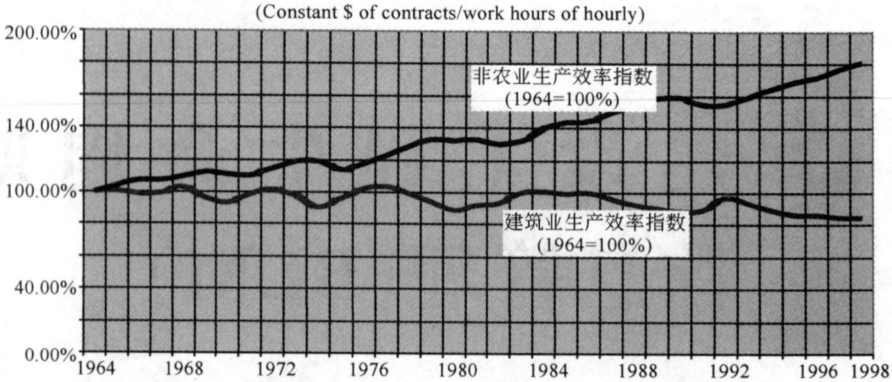

图 13-1　过去 40 年(1964—1998)美国建筑业和非农业生产效率指数比较

筑业生产效率极低。此外，与工程相关的争议也在增加，最近的一项调查表明，增加比率最大的 6 个方面是工程设计错误(43%)、过分的变更指示(36%)、业主/承包商冲突(35%)、分包商的不履行(Non-performance)(30%)、现场条件的不一致(26%)以及工期加速(Acceleration)(24%)等。

造成建筑业生产效率低下的原因有很多，一些专门研究报告对此也有论述，主要包括：割裂的行业结构；信息传递过程中的扭曲、缺损和流失；从业人员的素质缺乏持续提高；注重成本而不是价值(对抗的合同关系)和对立的项目文化；创新投入的不足；信息技术投入不足、缺乏对客户的关注；过程的分离；产品与构件的生产和装配方式落后；缺乏全寿命周期意识；缺乏沟通(Communication)与协作(Collaboration)和缺乏对人的尊重等等。

(2) 建筑业信息化水平较低

实践证明，制造业生产效率的极大提高得益于先进制造技术的应用以及信息化的投入，这使得制造业对生产过程的控制十分精确，减少了人为错误，从而使人员的工作效率得以提高。相比之下，建筑业虽然和制造业的总产值非常接近，且应用 IT 技术的时间与制造行业类似，但对于信息技术的投资，却仅有制造业行业平均值的 1/7，如图 13-2 所示。保守及缺乏改善生产和管理技术的动力，也直接造成了建筑业生产力的落后。

(3) 建设工程项目生命周期不同阶段信息丢失严重

建设工程生命周期的信息可分为两类：工作信息和 As-built 信息，前者是从策划、设计到施工等各个阶段的所有信息，后者是描述建筑物如何建造的信息，包括现场变更等。目前，各个阶段信息的分离管理以及基于纸介质的信息传递技术造成了信息在不同阶段间的流失，如图 13-3 所示。

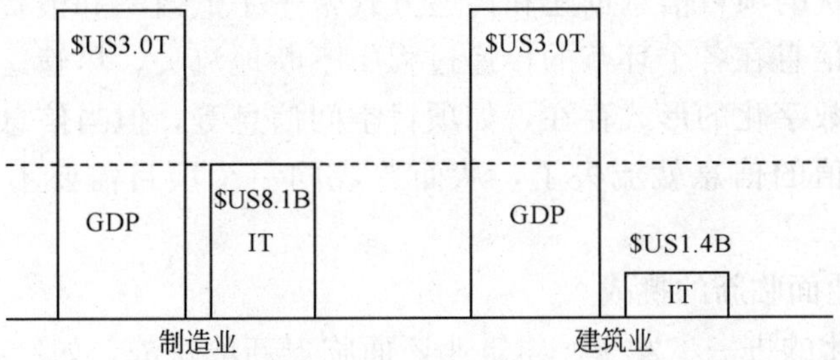

图 13-2 制造业和建筑业 IT 的投入比较

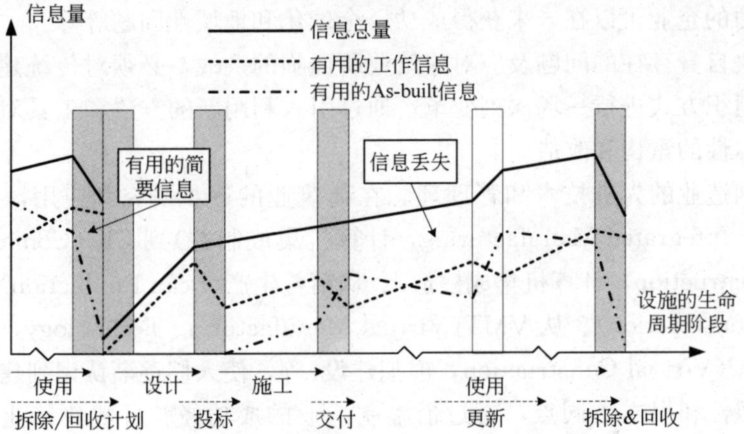

图 13-3 建设工程项目生命周期中信息的流失

1）从信息总量看，使用阶段的信息很少用于工程的设计和施工过程，信息丢失严重，建设工程生命周期信息的再利用水平极低。

2）在设计阶段，设计者无法利用已有的 As-built 信息，设计信息的可利用价值大大降低。

3）在施工阶段，由于传统设计信息表达的缺陷、信息传递手段的落后、生命周期信息管理和知识管理的水平极低等，使施工单位在投标时无法完全掌握设计信息，在施工时无法获取必要的 As-built 信息，在项目交付时无法将 As-built 信息交付给业主，从而造成了大量有用信息的丢失。

4）在项目运行期，积累到新的信息，但这些信息仍然以纸张保存或存在于设施管理人员的头脑里，没有和前一阶段的信息进行集成，信息的可再利用性极差。

因此，传统的项目信息创建和传递方式带来了低效率和浪费现象，使建设工程生命周期信息在各个环节的传递过程中不断地流失，尽管这些信息在设计阶段就已经以数字化的形式存在，如项目空间信息等，但当信息转变为纸介质形式后，有价值的信息就流失了，从而造成同一个项目需要不断重复地创建信息。

(4) 建筑业面临新的挑战

随着全球化的进一步发展，建筑业还面临着新的挑战，如：项目向复杂化、智能化和集成化发展；每个项目的一次性设计和建造过程导致低效率、项目完成速度要求越来越快；市场竞争越来越激烈；集成化的服务越来越普及，具有开放和吸收能力的企业可以在未来获得成功；全球化和地域性问题等等。

要解决自身存在的问题及应对建筑业所面临的挑战，必须对传统建筑业的生产方式和组织方式进行一场深刻变革，通过引入利用新的方法和工具对传统建筑业进行根本性的重构和改造。

随着制造业的先进技术和管理理念在建筑业的逐步研究和应用，如从 CIM (Computer Integrated Manufacturing，计算机集成制造)到 CIC(Computer Integrated Construction，计算机集成建造)、从精益生产(Lean Production)到精益建设(Lean Construction)、从 VMT(Virtual Manufacturing Technology，虚拟制造技术)到 VC(Virtual Construction，虚拟建设)等，使人们逐渐认识到建筑业和制造业的相似性和根本不同点，通过借鉴制造业的成功经验寻找建筑业的解决方案，就成了一个重要研究和实践方向。

13.1.2 建筑信息模型(BIM)和基于 Internet 的协同工作技术的出现

CAAD(Computer-Aided Architectural Design，计算机辅助建筑设计)在建筑设计业中的应用自 20 世纪 60 年代至今经历了几个发展阶段(如图 13-4 所示)。但是传统的 CAD 技术并不能实现真正意义上的“计算机辅助设计”，其实现的只是“计算机辅助制图”，是一种纯图形设计，设计数据彼此无法建立关联，并最终使建筑信息出现割裂和缺损。因此，对建设工程生命周期各个阶段信息集成的需求越来越迫切。20 世纪 90 年代出现的面向对象技术给建筑设计软件的开发开辟了开阔的空间。在建立建筑对象的基础上，软件普遍采用智能化建筑构件技术，实现二维图形和三维图形的关联显示，以及构件之间的智能化联动，并逐渐出现了 BIM。目前大多数有关 BLM 的研究都是针对 BIM 展开的，由此可见 BIM 是 BLM 产生和发展的重要基础。

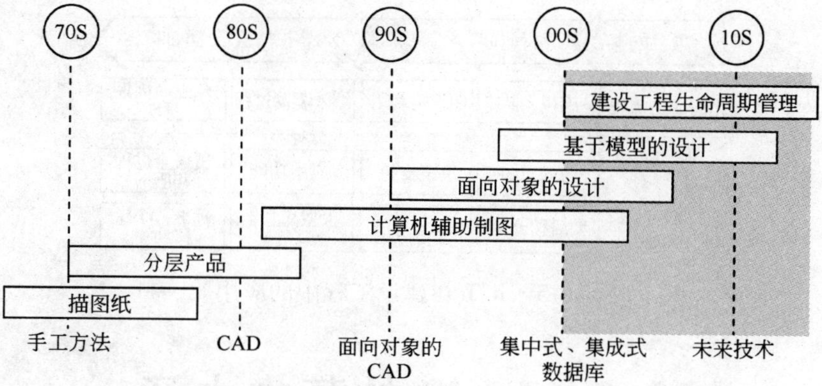

图 13-4　建筑设计信息化技术的发展历史和发展趋势

随着知识经济和信息社会的到来，人们逐渐意识到信息和知识对建设工程生命周期各阶段的重要性，项目的决策阶段、实施阶段和运营阶段应该用统一的思想、统一的方法和统一的组织来管理，而不应是传统割裂的操作方法，项目参与各方也应该是统一于一个价值观念之下，而不应是传统的基于合同和工程计量的方法。因此项目参与各方应该在共同价值的基础上进行信息共享和协同工作。另一方面，随着信息、通信和数据库技术的发展，IT 技术在建筑业的应用逐步向网络化、集成化、可视化、模拟和智能化等方向发展，从而产生了基于互联网的协同工作技术，如 PIP(Project Information Portal，项目信息门户)。协同工作技术的应用改变了传统信息交流和协同工作的模式，并逐步和其他系统进行集成，从而有效支持建设工程生命周期各个阶段的信息管理和协同工作，如设计阶段各专业工程师的共同设计、设计人员和施工人员的沟通以及设施管理人员对建造信息的获取等，以 PIP 为主的该类软件为信息集成、信息共享和协同工作提供了基础。图 13-5 显示了知识驱动建设工程全生命周期管理的 ICT(Information Communication Technology，信息通讯技术)在建筑业的应用情况。

基于 BIM 的设计、施工信息集成方法和基于 Internet 的协同工作技术的应用成为 BLM 产生的重要推动力量，人们期望以此来解决建筑业生产效率低下和浪费的问题。除此之外，激励竞争的外部市场也迫使业主、设计企业和承包商等转变传统的思维模式，借鉴先进制造业的成功经验，提高企业的市场竞争能力。

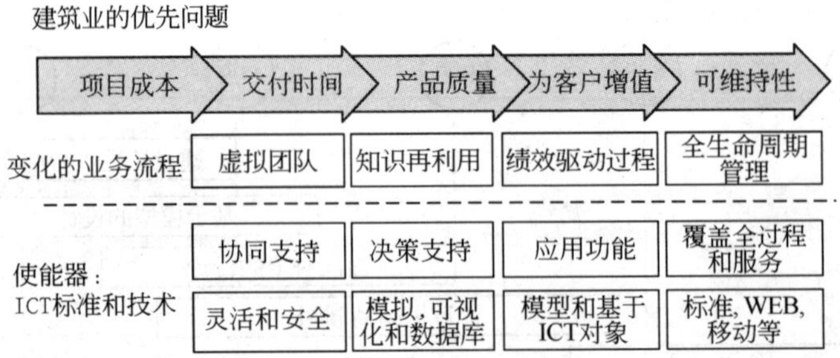

图 13-5　ICT 在建设工程中的应用

13.2　BLM 的基本内涵

目前，有关建设工程生命周期管理的概念有很多，包括全生命周期管理、全寿命周期集成化管理、生命周期信息管理等。本书认为，由于 BLM 已经被建筑工程界所认可，因此属于专有名词，其原意指建筑项目生命周期信息管理，即 Building Lifecycle Information Management，根据行业领域的命名原则和惯例，被简称为 BLM，但 BLM 又不仅仅是信息管理，它也涉及与之相关的组织、过程、方法和手段等，它比传统的信息管理涉及的层次更深、涉及的范围更广、涉及的理念也更先进，它是集成化思想在建设工程信息管理中的应用，是建筑业的一场变革。而建设项目全寿命周期集成化管理（LCIM，Life cycle Integrated Management）（或全生命周期管理、全寿命周期管理等）是一种新型的管理模式。它将传统管理模式中相对独立的决策阶段开发管理（DM），实施阶段业主方项目管理（OPM）、运营阶段设施管理（FM）运用管理集成思想，在管理理念、管理目标、管理组织、管理方法、管理手段等各方面进行有机集成（不是简单叠加）。因此 BLM 和 LCIM 都是集成化思想的具体应用，二者既有一定的区别也有一定的联系，BLM 的主要工作内容从属于 LCIM。

BLM 和 LCIM 都是集成化思想的具体应用，都是为项目增值提供服务，都强调管理理念、管理组织、管理方法和管理手段等各要素的有机集成，但由于二者管理对象的不同，因此相应特点和应用目标也有显著不同。

有关 BLM，目前尚没有权威和统一的概念，大多引用 Autodesk 给予的定义：贯穿于建设全过程即从概念设计到拆除或拆除后再利用，通过数字化的方法来创建、管理和共享所建造资本资产的信息。Greenway Consulting 认为，BLM

类同于PLM，通过将BIM产生的信息和基于Internet协同服务相结合，来解决建筑整个生命周期的相关业务问题，包括设计、施工和设施维护，这和Autodesk公司所定义的概念基本一致。

从BLM的产生背景来看，它来源于PLM，但建筑产品又不同于一般工业产品，它具有自身特性。因此，结合PLM的概念、内容以及建筑业的独特性，BLM的基本内涵应包括以下几个方面：

(1) BLM是一种理念，目的是为了使建设工程项目增值(Adding Value to Building)；

(2) BLM覆盖建设工程项目的全生命周期，包括决策阶段、实施阶段和运营阶段(甚至包括拆除或再利用)；

(3) BLM的核心是信息管理，包括信息的创建、管理、共享和使用等，充分挖掘信息的再利用价值；

(4) 实现BLM所必不可少的手段是相关软件系统。

因此，可以这样理解BLM，即：借鉴PLM的基本思想，通过系统性的解决方案，支持协作性的创建、管理、共享和使用项目相关信息；它以全寿命周期集成化管理的思想将建筑产品设计和相关信息有机的进行集成；它将组织、过程、信息和系统集成在一起；它的目的是为项目增值服务。

13.3 BLM的实现基础—BIM

信息集成是BLM实现的基础。在BLM思想下，如果从信息的再利用价值出发，要求每一个组织在每一个阶段都从全生命周期的角度出发，创建精确的建设工程项目信息(被称为信息包，Information Package)，那么信息的业务价值也就体现出来了，如果该信息包被多次利用，毫无疑问，信息的价值又进一步得到提升。在建设工程项目生命周期的各个阶段，项目参与者必须清楚地了解自身所需求的信息包，当接受到这些信息包后将其进行完善，然后传递到下一个信息用户。因此，BLM中信息的集成是基于信息再利用目的的集成。

建设工程产品信息的集成是BLM实现的基础。目前，一个重要的趋势是BIM(Building Information Model，建筑信息模型)的应用，甚至很多文献认为，BIM是BLM的核心基础。BIM的概念类似于PLM中的PDM(Product Data Model，产品数据模型)。BIM的内涵比较抽象，有不同的界定视角，同时也在不断发展中。但从BIM要达到的目的来看，BIM应满足一些基本特征或要求。

本文对此描述如下。

(1) BIM 的语义：B(Building)—为建设工程，包括产品(建筑物)、功能以及相关技术解决方案，并不仅仅是建筑物(产品)；I(Information)—为建设工程生命周期的信息，覆盖从概念的产生到实体的完成、再利用和拆除，而不强调数据和知识；M(Model)，建设工程“一个简化的描述”，以辅助于计算、分析或决策。

(2) 模型中的信息特征：以可计算/可运算形式表现，具有完全性(Completeness)和同质性(Homogeneity)，强调信息的准确性和一致性。

(3) BIM 的核心是产品信息，包括几何信息和拓扑信息，即：关于建筑形式和各装配组件几何联系的综合信息；有关组成装配组件的单个部件几何信息；有关装配组件的图形和非图形特征的综合信息；有关不同部件和装配组件逻辑联系的综合信息等。

以 BIM 为核心的设计软件的应用极大地改变了设计过程、设计流程以及设计信息的利用方式，将设计从基于几何元素的二维设计变为基于 BIM 的数字化建筑三维设计，设计工作量前移，创建建筑文档和协调的工作量大大减轻，使设计师的精力集中在设计，而不是文档和专业协调上。BIM 一经建立，将为整个生命周期提供服务，并产生极大的价值，如：

(1) 设计阶段：方案论证、业主决策、多专业协调、结构分析、造价估算、能量分析、光照分析等建筑物理分析和设计文档生成等；

(2) 施工阶段：可施工性分析、施工图纸生成、工程量计算、施工预算、进度分析和施工平面布置等；

(3) 运营阶段：设施管理、布局分析(产品、家具等)和用户管理等。

一般而言，信息的寿命和可利用性与信息的结构化和标准化密切相关，如图 13-6 所示。因此，要实现整个生命周期阶段的信息集成，数据的标准化和共享是重要前提和基础。目前，一个项目在各个阶段产生信息的格式和形式多种多样，这导致信息无法有效集成。要使信息的价值在项目全生命周期内得到充分利用，必须解决数据的标准化和共享问题，即互操作(Interoperability)。

BLM 中的信息集成按照数据/信息的共享和再利用程度划分，可分为三个发展层次，如图 13-7 所示，目前由于缺乏共享的建筑信息模型，因此很多活动处于分离的状态，如图 13-7(a)，同时也导致很多软件系统相互之间的独立，无法相互读取数据，后两个层次为软件、阶段和专业之间的数据共享程度，图 13-7(b)为基于 BIM 的一部分数据共享，图 13-7(c)为项目信息处理和共享的高级阶段，即将系统、专业和阶段全部进行有机集成，这也是 BLM 的最终发展方向。

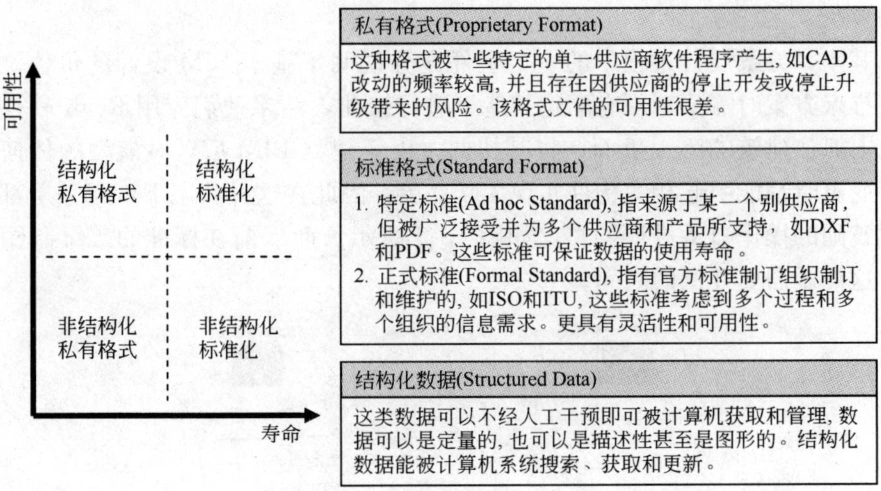

图 13-6　不同形式和格式信息的寿命和可用性

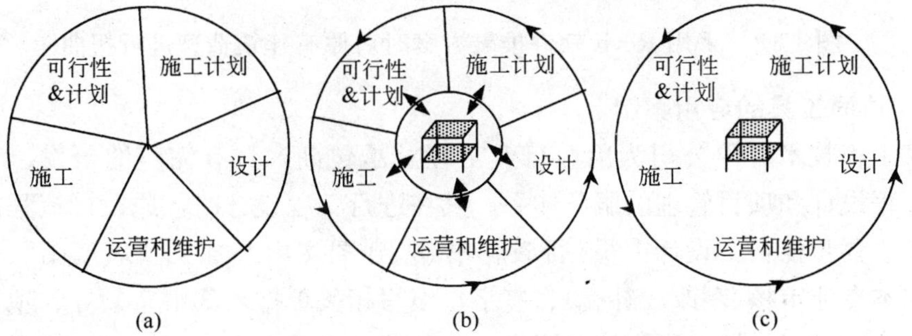

图 13-7　BLM 的自动化和集成的三个阶段

13.4　BLM 的应用案例

1. BIM 在工程设计中的具体应用

纽约的自由塔(Freedom Tower)工程是在“9.11”事件中被摧毁的纽约世贸大厦原址上重建的摩天大楼，高达 541.3 米，建筑结构复杂，为不规则扭旋塔柱，而且由于众所周知的最高级别的安全性要求使该项目的设计遇到了前所未有的难题，传统的设计方法和设计流程已经难以应对。自由塔的设计单位 SOM 建筑设计事务所选择了 Autodesk Revit 解决方案进行该项目的设计，代替了传统的

2D设计方法，此外还选择了Bussaw作为协同工作平台，使该项目成为BLM应用的典范。

其中，方案设计过程中的一个事件充分说明了基于BIM设计的价值。建筑师在推敲方案时需要对原有的建筑造型进行扭曲，结果他们应用Revit软件在计算机上抓住建筑的巨大里面，将其扭曲。由于建立BIM后，对模型的任何部分进行变更时都能引起相关构件实现关联变更，因此在这种状态下，每一层都会根据建筑师的操作自动进行调整，如图13-8所示。而以前在标准的二维制图软件中，这样做需要几周的时间。

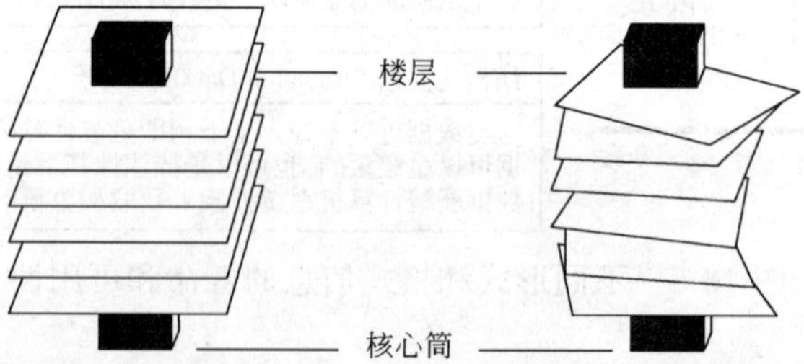

图13-8 采用Revit软件推敲方案时对原有建筑造型进行扭曲

2. 协同工具的应用案例

某工程技术有限公司为冶金行业工程总承包商，具有完整的研发、工程咨询、工程设计和项目管理的服务体系，其在进行工程设计时，原设计流程需要以下几个主要步骤：①设计人员（行政秘书）先到图文中心加工“玻璃图”、裁边，②取回本专业审核（刮改、补充）、签字，填写相关单据，③由室领导、项目经理签字（包括图纸目录），④到信息网络中心归档，送图文中心晒蓝图，⑤返回信息中心入库，⑥成品发往业主。上述流程中，一是需要在图文中心和专业室间往返；二是需要找室审核人员及项目经理签字；三是可能做临时性的图纸上的小修改，所以时间消耗多，且可能造成实物图与归档电子图不一致。

设计院采用了协同工作平台后，进行了流程优化。在优化后的流程中，图纸的审核、签字，表单的填写等均在网上进行，完成后统一存放在系统中（严格的权限管理），由信息网络中心档案管理人员和图文中心进行归档、绘图、晒图、入库和发图等工作。这样的流程既可节约此环节的流转时间，减少工序，提高效率，又可有效保障实物图与电子文件的一致性。图13-9为该工程技术公司采用Autodesk的Buzzsaw平台进行工程协同设计示例。因此，基于信息集中共享的协同平台在组织内和组织间的协同工作中扮演越来越重要的角色，而这正是

BLM 的核心内容之一。

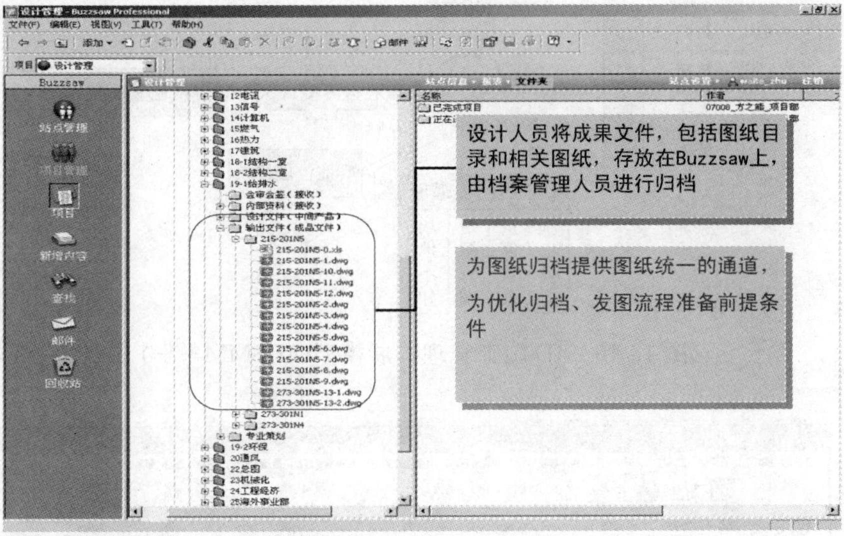

图 13-9　某工程技术公司采用 Buzzsaw 进行协同设计

3. 北京奥运国家体育场项目模型的实现

北京奥运会国家体育场位于北京奥林匹克公园内、北京城市中轴线北端的东侧。建筑面积 25.8 万 m^2，用地面积 20.4 万 m^2。该项目规模大、结构复杂、参与单位多、工期紧、场地拥挤，对工程管理要求高，需体现科技奥运和绿色奥运的核心理念。

课题在 IFC 和 4D CAD 的基础上，开发了基于 IFC 的建筑工程 4D 施工管理系统(4D-GCPSU 2005)，并在奥运会国家体育场项目上进行了具体应用。系统以 4D 施工管理扩展模型(4DSMM++)为基础，通过 WBS 集成了进度计划、资源、成本和场地利用信息，如图 13-10 所示。

采用自主研发的 OpenGL 图形平台和建筑物 3D 信息建模及模型管理平台，4D-GCPSU 实现了集成的项目模型，系统具有以下功能：创建 WBS 和进度计划；工程构件管理；创建 4D 模型；4D 施工进度管理；4D 施工过程可视化模拟；4D 动态资源管理和 4D 施工场地管理等。以施工状态查询为例，可选取任意 WBS 节点或在图形区点取任意构件或构件组，实时查看相关的施工进度和工程信息，如图 13-11 所示。

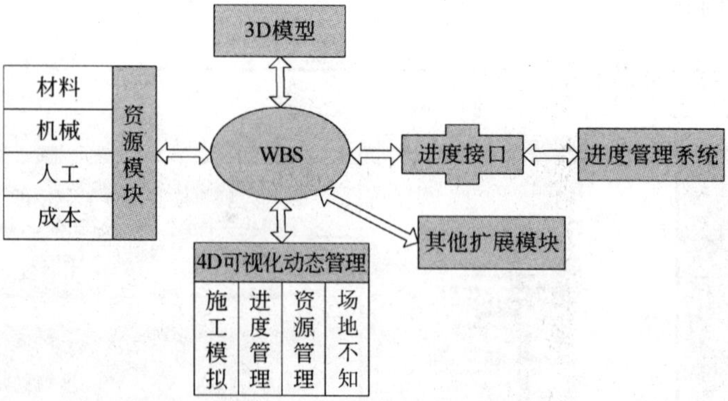

图 13-10　4D 施工管理扩展模型(4DSMM++)

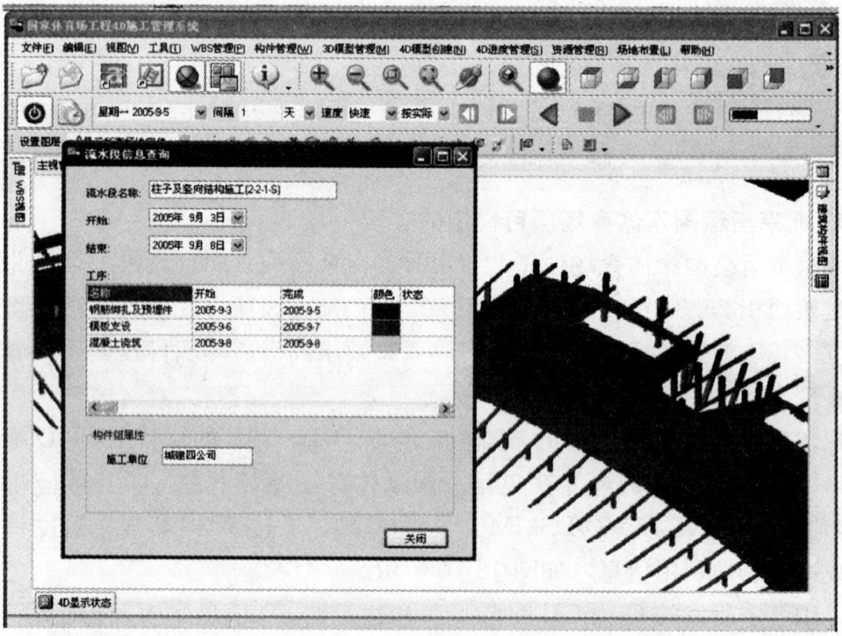

图 13-11　4D-GCPSU 系统的施工状态查询功能

14 可视化项目流程与组织仿真

14.1 ProjectSim 介绍

14.1.1 传统的方法及其局限

面对日益激烈的竞争，工程公司正努力缩短其工程项目的生命周期。“快速工程”或“并行工程”促使公司尽可能地把设计、采购、建造等重叠在一起。然而，许多公司发现采用这种方法真正所能节省的时间远远低于预期，且往往导致最终产品存在质量缺陷。在过去几十年中，国际工程公司在重大工程项目上的延期和质量问题屡见不鲜。

员工们已经尽最大的努力在工作，为什么还会出现这样的问题？因为，把高度相互依赖的工作重叠在一起，使项目产生了巨大的、意料之外的协调和返工。协调和返工具有很强的隐蔽性：它们难以规划、追踪、管理，甚至很多时候没有被意识到，这些衍生性工作有时甚至超过了原本的直接工作量。

凭借以往在按顺序交付工程上的成功经验，项目经理往往会低估协调工作的范围和工作量。当项目越来越超出原来不切实际的工期时，员工们努力地加班加点期望能按时完成工程。项目的质量问题就不可避免地出现了。与此同时，传统的管理方法和工具依然聚焦于直接性工作，因此强化了管理者们原本过于乐观的估计，使得那些必要的协调和返工依然处于隐藏状态。

导致这些问题的原因非常简单。今天绝大多数管理者依然聚焦于直接工作，并只给它们配置资源。标准的理论和实践忽略了规划和协调直接工作所必需的资源。但是当项目中相互依赖的活动越来越重叠时，规划和协调工作量就急剧上升。此时，为支持直接工作，而产生的规划和协调工作负载使得管理者们能力成为成功执行项目的限制因素。然而，传统的方法或工具不能帮助管理者评估“全部工作”——即直接工作加上被隐藏的协调工作。

14.1.2 ProjectSim 的理论基础

ProjectSim 是基于 Agent 的仿真模型。很多 Agent 模型作为强大的研究工具应用于物理、生物、复杂性基因等领域。基于 Agent 仿真依赖于微观的 Agent 及其行为规则，这些微观 Agent 相互作用，相互依赖，并涌现出宏观行为模式。相对于确定性研究方法，这类 Agent 模型能对复杂系统产生深刻洞见。基于 Agent 仿真模型最大的缺点是需要具有大量专业知识的专家去维护和操作。

凭借在实践中的应用和完善，ProjectSim 是那些为数不多易于使用的基于 Agent 仿真模型。友好易用的图形界面，使用户稍作训练便能快速构建模型。仿真结果借助大量的图表、统计表和报告呈现。随着理解的加深，用户会发现 ProjectSim 能带给他们持续的竞争优势。

在现实世界中，项目执行者的行为在本质上是不可预测的。但根据行为理论，这些微观行为在概率视角下体现出明显的统计特征。因此，ProjectSim 提炼了经济、管理和社会科学领域近 50 年来关于组织成员的微观行为的重大研究成果，进而形成各工程领域 Agent 的行为模式。

ProjectSim 的预测能力来自其强大的仿真引擎——以时间顺序处理工作、交流和决策的 Agent 模拟器。项目人员表示为员工或职位，他们根据设定的属性和相互关系能从事工作、交流和决策。模型中的任务是直接工作的之源，并衍生出其他各种事件。

在引擎中，工作任务根据模型的人力配置和任务安排被发送到特定的工作者。每个工作者按照设定行为模式选择和处理相应的任务。各种不同的任务可能会引发异常或交流。异常会触发相应事件，并在组织结构中扩散。交流可能会被传递给特定的同事。如果模型中有会议，会议通知会被发送给特定的工作者。每个事件都会抵达相应工作者，而且工作者根据各自的行为模式来处理这些事件。

除了基于 Agent 的随机事件处理和模拟引擎，对于 ProjectSim 来说行为模式是最为核心的技术。行为模式包括了几十个矩阵(2 纬或 3 维)和近 200 多个变量，用于定义工作处理、异常产生、异常处理、决策和信息处理。这些变量通过 20

多个核心算法，来生成各种概率，用于运算各种结果，这些结果会被再次使用，重计算和重应用几百次，乃至几千、几万次。这些矩阵和算法是同济大学在组织学科和工程管理实践领域的结晶。图 14-1 为 ProjectSim 的理论基础模型。

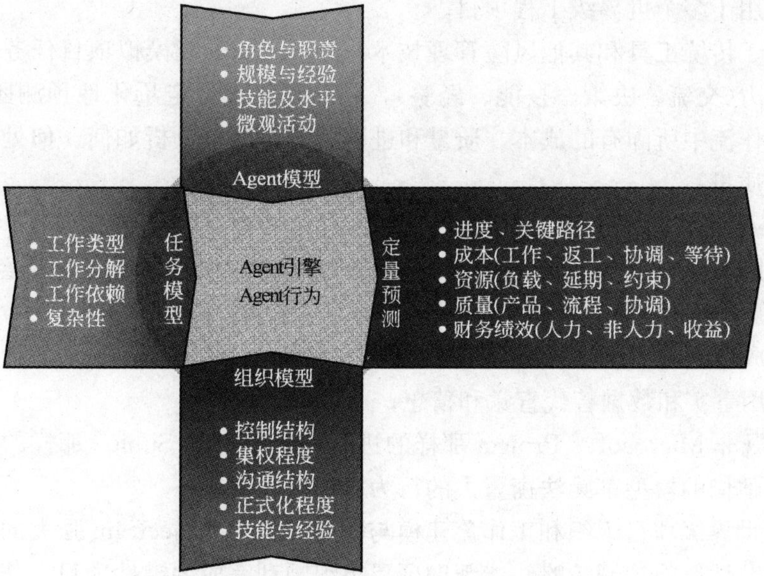

图 14-1　ProjectSim 理论基础模型

14.1.3　ProjectSim 相对传统工具的优势

针对某一工作流程，存在着无穷多的方法去设计组织。最佳的组织设计应该能完成内部和外部目标。即使不考虑组织设计，协作、沟通、协调、决策和资源利用中也存在各种瓶颈。传统工具优化这些瓶颈领域来提升流程绩效。传统工具无法对以下组织和流程中的要素进行建模：

(1) 会议及其对流程绩效的影响；

(2) 资源(数量、类型、技能及其水平)；

(3) 团队经验；

(4) 决策过程；

(5) 沟通方式；

(6) 职能或矩阵水平；

(7) 授权程度；

(8) 环境因素(文化、地理位置、监管、财务限制等)；

(9) 人力培训与开发队流程绩效影响。

ProjectSim 集人力资源与组织理论、行为科学、复杂性科学、Agent 技术、人工智能和计算机技术等多个前沿学科和技术领域于一身，孕育于同济大学，现已成功应用于多个世界级工程项目。

不同于传统工具和其他风险管理技术，ProjectSim 能模拟项目任务、团队的行为和能力(交流、决策、技能、经验)，从而精确地、定量化地预测团队结构、文化和工作流中所固有的成本、质量和进度风险，以及分析如何、何处、为何分解协调与质量。

ProjectSim 作为一个组织建模和仿真工具，具有如下特点：

(1) 把工作流程建模置于真实的组织能力背景中(如技术、能力和经验等)；

(2) 是同济大学多个前沿学科和技术的研究成果；

(3) 成功应用于世界级项目与工程；

(4) 用事实和数据替代直觉和猜想；

(5) 既非 Microsoft® Project 那样的进度工具，也非 Simio®那样的排队或能力模型。他们的模型都无法衡量人的行为对绩效影响。

作为世界级项目组织和工作流建模与仿真工具，ProjectSim 强大的决策支持能力与细节性风险控制策略，能帮助项目组织顺利完成关键性项目工作，达成战略性商业目标。

ProjectSim 能精确地预见那些成熟工具(如 P3、MS Project)和技术(如 CPM、PERT)无法识别的，被“隐藏”的风险和失败点。

凭借先进的仿真引擎，ProjectSim 能产生丰富的细节性数据，并借助强大的分析引擎，生成各种图表和报告，用于识别特定任务、项目、成员和团队的进度、成本和质量风险。

ProjectSim 的多情景分析技术允许工作流和团队设计同时存在多种变化，从而能快速地评估和优化项目绩效。

ProjectSim 内含的“行为矩阵”，定义了多个行业从业者的行为模式，不但大量缩减建模者用于描述项目、流程和组织所花的时间和努力，而且有助于生成更为详尽和精确的仿真结果。

14.1.4 ProjectSim 的应用

ProjectSim 的应用可以体现在以下五个方面：

(1) 资源优化配置；

(2) 工期预测；

(3) 成本预测；

(4) 质量预测；

(5) 工作积压与瓶颈分析。

在项目评估中，ProjectSim 能识别那些能导致复杂项目失败的隐藏的执行风险。

(1) 隐藏工作——比如在快速平行项目中普遍存在的交流协调和返工，这些工作量很容易超出计划进度和预算；

(2) 团队能力——如团队成员技能和经验的综合影响，以及文化问题，如决策风格和会议效能等；

(3) 复杂性和不确定性——如特定领域技术和组织性风险，那些像系统集成和配置等复杂活动中所固有的。

ProjectSim 能帮助项目管理人员聚焦于影响项目成员工作效率的组织性因素，包括策略和结构(文化，交流、决策和会议)；人力配置、雇用和培训需求；项目组合、工程和项目层面的工作流程；以及绩效的测量。

通过 ProjectSim 优化项目组织的效能与生产率，能动态地，持续地改进关键商业流程绩效。

(1) 设计最佳项目组织(如，结构、策略、文化、决策、沟通和会议)；

(2) 明确人力计划中关于配置、雇用和培训的需求；

(3) 发展和优化工作流程使执行更可靠；

(4) 明确绩效测量方法来评估效能；

(5) 使团队创建和再利用“最佳项目工作实践”。

ProjectSim 通过分析当前项目组织和工作流中的流程瓶颈、员工技能不匹配、文化问题，能定量化这些影响，并给出最具价值的杠杆点。

(1) 专业，客观地评估组织绩效中的优势和劣势；

(2) 定量化呈现杠杆点的改进作用。

ProjectSim 能确保新的组织设计与商业需求相符(工作与员工匹配)，优化核心员工使用，最大化绩效。

(1) 明确各种战略所能带来的绩效改进；

(2) 获得一组可以立即执行的行动方案；

(3) 获得路线图，确保在正确的地点、正确的时间做出关键性改进，已完成目标。

14.2 案例应用

14.2.1 物流仓库项目背景与项目目标

在2007年的8月，江苏的一家物流公司计划建造一个新的物流仓库来储存大量的产品，为2009年的新年做准备。他们希望能够在2007年12月中旬左右开始施工建造物流仓库。由于时间紧迫，他们希望我们为该项目施工前的规划准备阶段建立模型，以规划如何赶上项目期限，还希望通过该模型把管理成本控制在30万元以内。

这个项目的目标如下：

(1) 项目模型模拟的结束时间必须在2007年12月15日开始施工建造物流仓库之前；

(2) 该项目的管理成本应该控制在30万元以内。

14.2.2 分析基模

首先，打开物流仓库模型的基模，进入物流仓库工程标签页，如图14-2所示。查看一下这个模型，从而了解它是怎样建立的，然后模拟该模型，分析它的模拟数据。

基模是一个假设所有项目的工作人员在不产生失误、没有沟通交流或其他干扰的情景下全速工作的模型。我们可以设定项目的计划结束时间来反映该基模的工期要求。首先检查该基模模拟的结束时间是否符合项目计划的结束时间。这一步称为是确认模型的有效性。在基模中，计划结束时间和模拟结束时间应该非常接近，因为我们还没有模拟干扰和失误等因素产生的影响。

然而，在该基模中，我们会发现计划结束时间和模拟结束时间有很大的不同。我们要检查这种差异的原因，然后学会怎样去修正它。

1. 查看基模

(1) 查看物流仓库工程项目

在窗口左边的树形窗格中，可以看到这项工程的名字："物流仓库"。在右边的模型窗格里，可以看到这个工程的"开始"和"结束"里程碑。这个项目叫做"规划与设计"。一个工程可以包含一个或者多个项目。工程标签下面显示了所有的项目，每个项目都有自己的可折叠标签。这些项目标签下面显示了项目的任务、里程碑和职位等等。

在模型窗格底部有工程标签页和项目标签页，顶部有不同情景的标签页。我们会在以后使用其他情景，现在我们只需要这个基模。

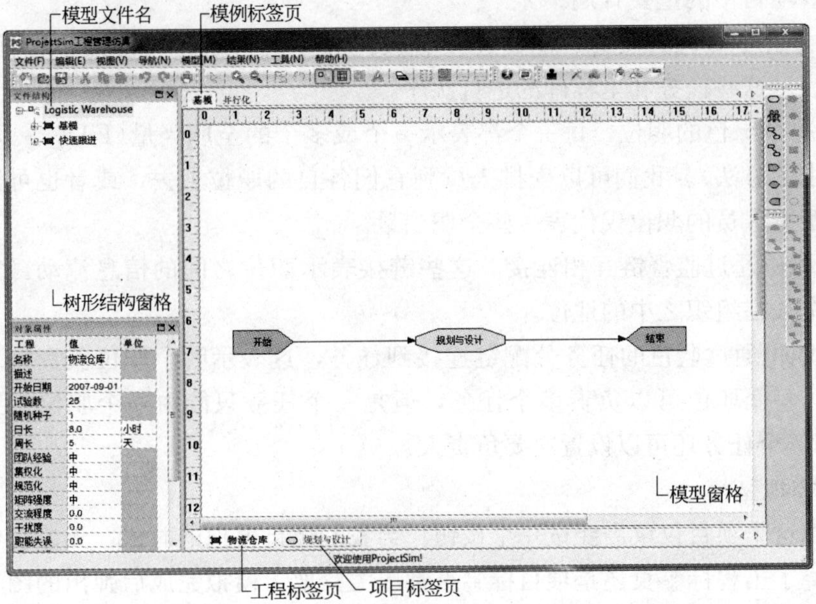

图 14-2　物流仓库工程标签页

(2) 查看规划与设计项目

为了能够看到项目的模型，我们需要点击项目标签页，出现物流仓库基模的项目模型，如图 14-3 所示。

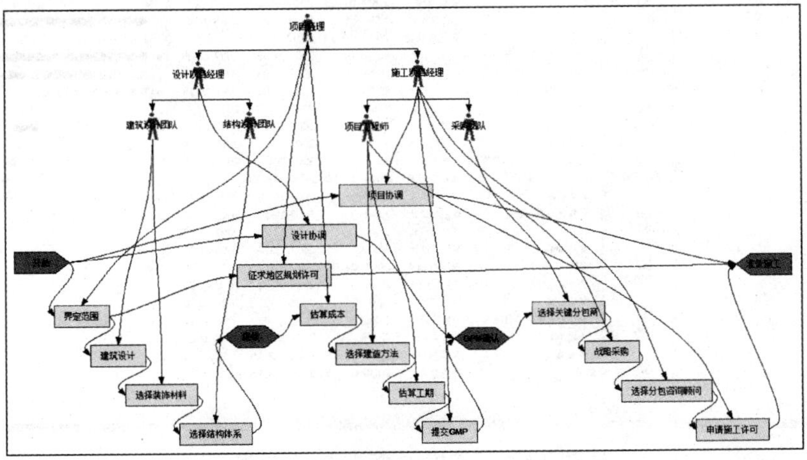

图 14-3　物流仓库基模的项目模型

在模型窗格中会看到以下内容：

1）四个蓝色的里程碑："开始"、"继续"、"GMP 确认" 和 "准备施工"。它们象征着项目中的重要日期。

2）十五个黄色的任务，他们连接着彼此和里程碑。这些链接称作任务链，同时也表示这些任务和里程碑的进行次序。

3）七个绿色的职位，每一个都表示一个或多个的全职当量(FTE，一种衡量人力需求的方法)。我们可以安排人员到它们各自的职位上去，或者也可以让那些没有配置人员的职位仅代表一些全职当量。

4）职位通过监督链互相连接。这些链接表示职位之间的信息流动。它们并不代表个人在组织之中的地位。

5）职位通过蓝色的任务分配链连接到任务，这表示哪个职位负责哪个或哪些任务。一个职位可以负责多个任务，但是一个任务只能由一个职位主要负责(因为同一个任务还可以设置次要负责人)。

2. 模拟基模

模拟这个项目仅仅需要按一个按钮！当我们运行模拟的时候，无论在模型窗格上选择了工程标签页还是项目标签页都无关紧要。模拟完成后弹出的图表窗口首先默认显示工程的模拟数据，如图 14-4 所示。

图 14-4　基模的模拟统计图表

我们可以看到这个项目的模拟结束时间是 2008 年 2 月 25 日，这比 2007 年 12 月 15 日的计划结束时间晚了两个月，如图 14-5 和图 14-6 所示。这说明我们的基模中存在问题。

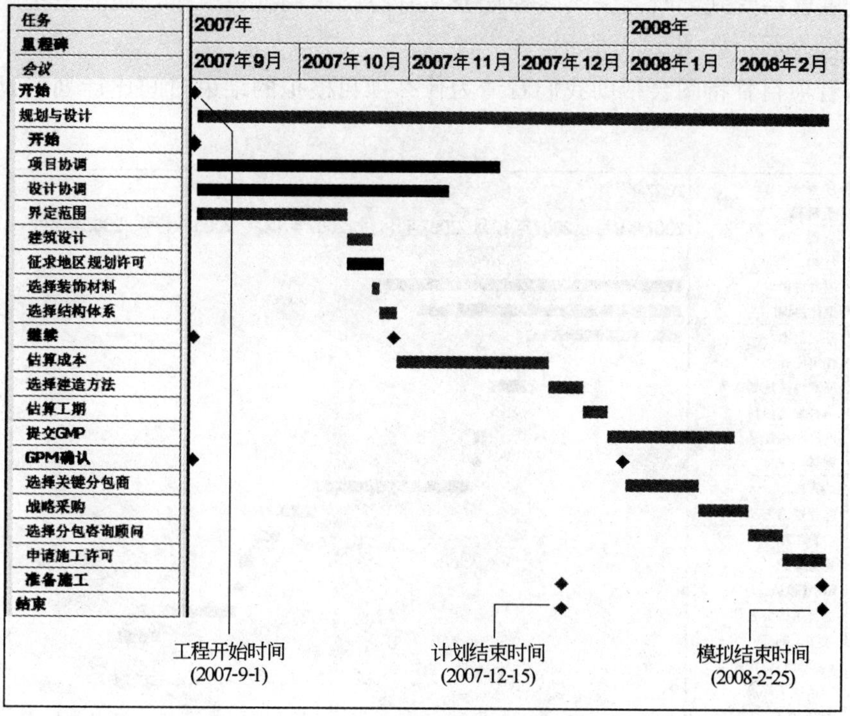

图 14-5 基模模拟的工程甘特图

(1) 分析工程甘特图

在基模中，计划的和模拟的结束时间应该非常接近，因为它没有模拟失误和其他干扰产生的概率。然而，在这个基模中，我们看到计划的结束时间是 12 月中旬，而模拟的结束时间是在 2 月末。

任务	持续时间	开始时间
里程碑	模拟时间	计划时间
开始	2007-09-03	2007-09-01
规划与设计	125.33天	2007-09-03
结束	2008-02-25	2007-12-15

图 14-6 对比基模的模拟结束时间和计划结束时间

这两个多月的差异问题需要在我们进行现实化模型之前解决。记住，为了使基模有效，需要使模拟的和计划的结束时间非常接近。

(2) 分析项目甘特图

项目甘特图显示了该项目的每个任务的工期，以及它们彼此在时间上的先后关系。该图表显示了这些任务的进行是串行的还是平行的，以及哪些任务在关键路径上。如果一个关键路径任务被延误，或者工期超过了计划时间，那么这个项目的进度就会受到影响。关键路径任务在甘特图中用红色表示，而非关键路径任务用蓝色表示，如图 14-7 所示。

查看项目甘特图会帮助我们看清为什么项目模拟的结束时间比计划的延迟那么多。

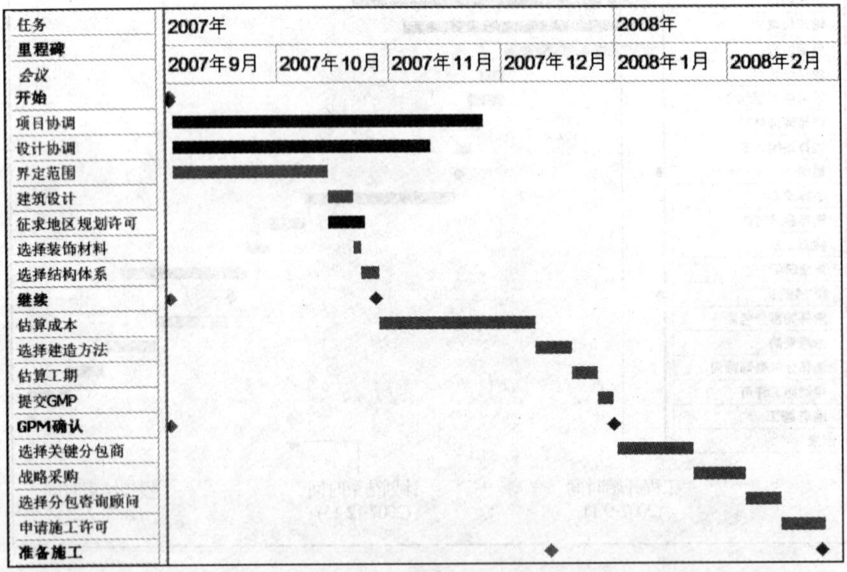

图 14-7　基模模拟的项目甘特图

我们很容易能看出甘特图中该项目的多数任务是串行进行的，它们大多数都在关键路径上(用红色表示)。非关键路径任务是显示在项目上半期的两个协调性任务(“设计协调”和“项目协调”)和“征求地区规划许可”任务。

接下来我们要检查并弄清模型中哪些串行任务可以并行进行，以缩短项目工期。这一步称作是任务快速跟进。

3. 任务快速跟进

任务快速跟进是缩短项目工期的一个有效方法。然而，不是所有的串行任务能在现实中并行进行。任务快速跟进要求有空闲职位能去接管并行的工作，而且，任务并行进行不能比串行进行时影响项目质量。ProjectSim 不分析任务快速跟进是否可行，这些分析必须由客户去做。

（1）选择快速跟进任务

合适的快速跟进任务是那些串行的任务，尤其是那些分配给不同职位负责的任务更加合适，这样就不会因为任务并行进行而使负责该任务的职位造成严重的工作积压。

1）在模型窗格的“规划与设计”项目标签页中，查看紧随“开始”里程碑的前四个任务。注意它们是如何串行进行的，而且后面紧随着“继续”里程碑，如图 14-8 所示。

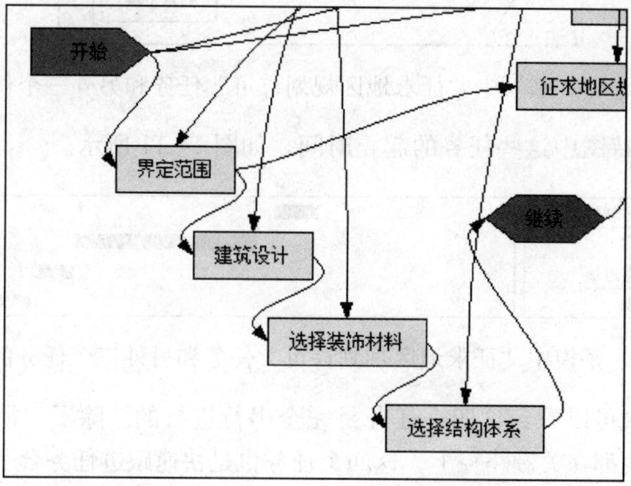

图 14-8　基模中紧随“开始”里程碑的前四个任务

2）然后，观察甘特图中这些任务的工期条。这些工期条表明这些任务是串行进行的，而且它们都在关键路径上，如图 14-9 所示。

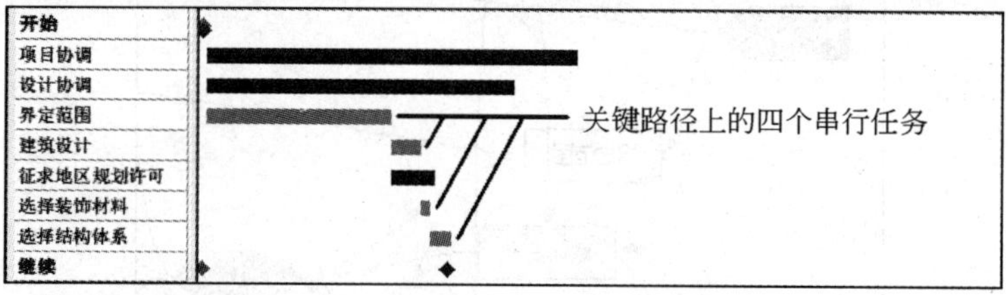

图 14-9　基模中紧随“开始”里程碑的前四个任务的甘特图

它们都是合适的快速跟进任务。

3）查看接下来的四个任务：“征求地区规划许可”任务和“继续”里程碑后继的另外三个任务，如图 14-10 所示。

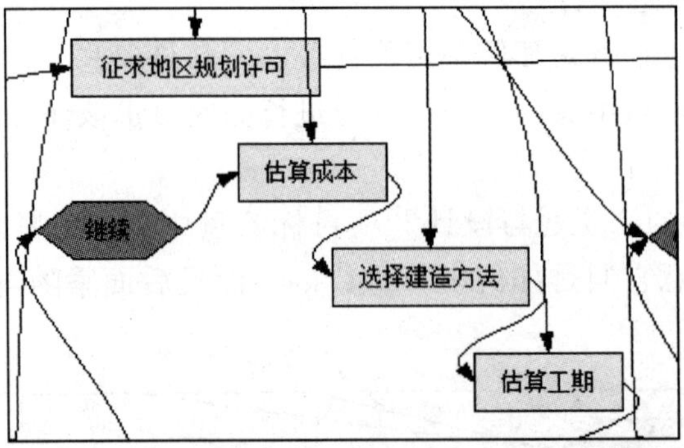

图 14-10　基模中“征求地区规划许可”任务和另外三个任务

4）查看甘特图中这些任务的起止时间，如图 14-11 所示。

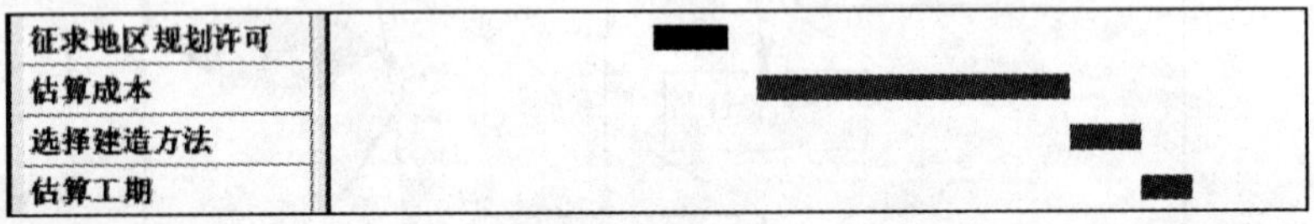

图 14-11　基模中“征求地区规划许可”任务和另外三个任务的甘特图

我们又一次可以看到这四个任务是完全串行进行的。除了“征求地区规划许可”任务，其他都在关键路径上。这四个任务也是快速跟进任务合适的选择对象。

(2) 快速跟进

接下来，我们通过删除它们的任务链并添加新链来对前四个任务进行快速跟进。当我们完成这些操作时，这部分模型如图 14-12 所示。

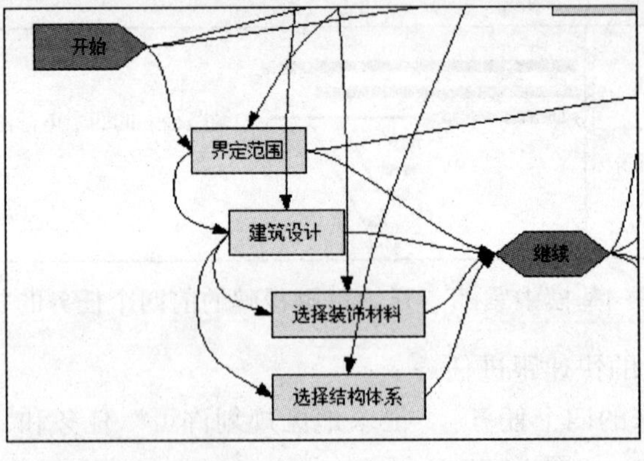

图 14-12　快速跟进模型中紧随“开始”里程碑的前四个任务

1）移动前四个任务（“界定范围”、“建筑设计”、“选择装饰材料”和“选择结构体系”），使它们如上图所示一样并行化。任务的可视化布局很容易的帮助了我们安排他们之间的次序关系。

2）移动“继续”里程碑，使其位于图示中的位置。

3）右键点击“界定范围”任务，然后点击右键弹出菜单中的“新建任务链到…”。

4）在“新建任务链到”对话框中，选择“继续”里程碑，然后点击“确定”。从任务到里程碑之间就添加了一个任务链。

5）同样，在下面三组任务之间添加任务链：

“建筑设计”任务和“继续”里程碑；

“选择装饰材料”任务和“继续”里程碑；

“继续”里程碑和“征求地区规划许可”任务。

6）保存。

接下来，我们需要移动这四个任务之间的任务链，然后把它们修改为带有延迟的开始-开始链。

（3）添加开始-开始链

有以下两种任务链，如图 14-13 所示。

完成-开始链——后继任务必须在前驱任务完成后才能开始。我们可以设定一个时间滞后，这个时滞决定了前驱任务结束与后继任务开始之间的时间间隔长度。如果这个延迟时间为 0，这就意味着在前驱任务结束之后后继任务马上开始。除了“结束”里程碑，其他所有的任务和里程碑都必须至少有一个从它们链起的结束-开始链，否则模拟程序就会失败，并弹出某个任务或者里程碑没有后继链的错误信息。我们可以从前驱任务的右侧添加结束-开始链到后继任务的左侧。

开始-开始链——后继任务可以在前驱任务结束之前开始。同样可以设定一个时间滞后，它定义了从前驱任务开始到后继任务开始之间的时间间隔长度。如果这个延迟时间为 0，这就意味着这两个任务同时开始。我们可以从前驱任务的左侧添加结束-开始链

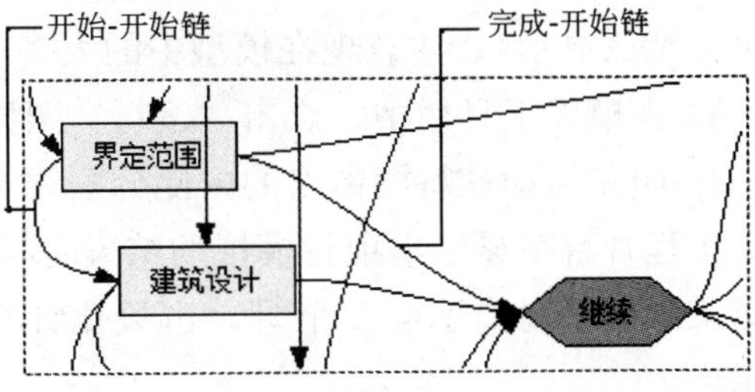

图 14-13　开始-开始链和完成-开始链

到后继任务的左侧。

我们可以通过设定链接的“类型”属性来决定任务链的类型，通过对任务链的“时滞”属性设定一个值来决定时间滞后的时长。

我们现在移动和改变下面的任务链的属性，使其变为带有时间滞后的开始-开始链：

- “界定范围”到“建筑设计”
- “建筑设计”到“选择装饰材料”
- “建筑设计”到“选择结构体系”

1）选择“界定范围”任务和“建筑设计”任务之间的任务链，然后拖动该任务链的末端从“界定范围”任务的右侧到它的左侧。

2）因为该链接仍处于选中状态，所以它的属性显示在了属性窗格里，修改其“类型”属性为“开始-开始”。

3）修改它的“时滞”属性为 7 天。

4）移动“建筑设计”任务与“选择装饰材料”任务之间的任务链，从“建筑设计”任务的右侧拖动到左侧。

5）修改它的“类型”为“开始-开始”，“时滞”为 10 天。

6）移动“选择装饰材料”任务与“选择结构体系”之间的任务链，使其链自“建筑设计”任务的左侧。

7）修改它的“类型”为开始-开始，“时滞”为 5 天。

8）点击“保存”。

（4）模拟经过快速跟进的项目

接下来，为了节省时间，我们打开物流仓库模型中经过任务快速跟进的情景，然后弄清快速跟进是如何加快项目的进度的，如图 14-14 所示。

1）在模型窗格的顶部，点击“快速跟进”情景的标签页。

2）点击“规划与设计”项目标签页(当我们打开一个新情景时，它的工程标签页会默认显示)。注意现在模型中的大多数任务是并行的，而不是串行的。

3）在模拟工具栏中，点击“运行”图标。

4）向左拖动甘特图窗格的内侧分割线至适当位置。

工程甘特图显示出项目模拟的结束时间是在 1 月初，这比未经快速跟进的项目结束时间要提前了近 2 个月，也只比计划的结束时间晚了 19 天，如图 14-15 所示。

我们可以看出任务快速跟进是如何帮助缩短项目进度的。

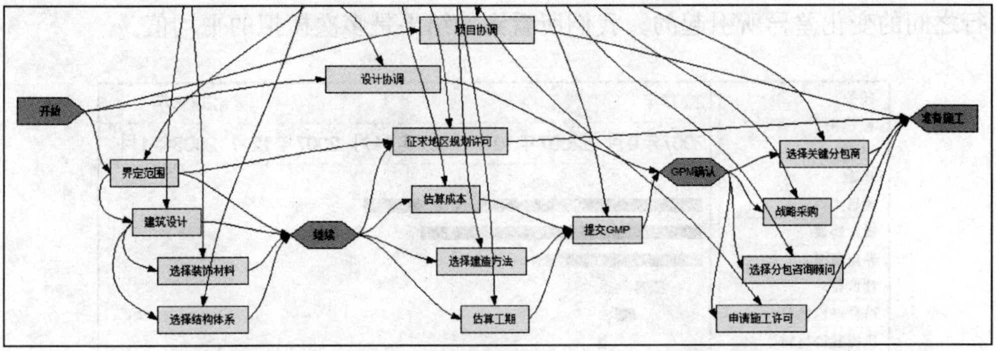

图 14-14　经过快速跟进的项目模型

图 14-15　快速跟进模型的工程甘特图

4. 分析模拟数据

一个项目经理通常第一件事就是查看工程和项目的结束时间。对于基模，这个工程和项目的结束时间显示在下面的表格中。因为只有一个项目，所以这个工程和项目的结束期限是相同的。如果有多个项目的话，工程的结束期限会反映最后的项目的结束时间。

工程/项目	模拟结束时间	计划结束时间
物流仓库工程	2008-01-03	2007-12-15
规划与设计项目	2008-01-03	2007-12-15

分析基模的其他关键模拟数据是甘特图中的关键路径任务，职位工作积压和模拟的项目成本。我们会在下面的部分依次分析这些数据。

(1) 分析关键路径任务

项目的甘特图显示了模拟的任务工期，如图 14-16 所示。关键路径任务以红色显示。如果一个任务在关键路径上，那么这个任务的工期任意拉长都会导致整个项目的进度延误相同的时间。任务的浮动时间以灰色显示。通常，在甘特图中以灰色显示的任务都是非关键路径任务(以蓝色显示)。但有时候，一个关键路径任务(以红色显示)也会显示一点浮动时间。不管怎样，这个是由于模拟器多次运行之间的变化差异所引起的。我们所看到的结果是多次模拟的平均值。

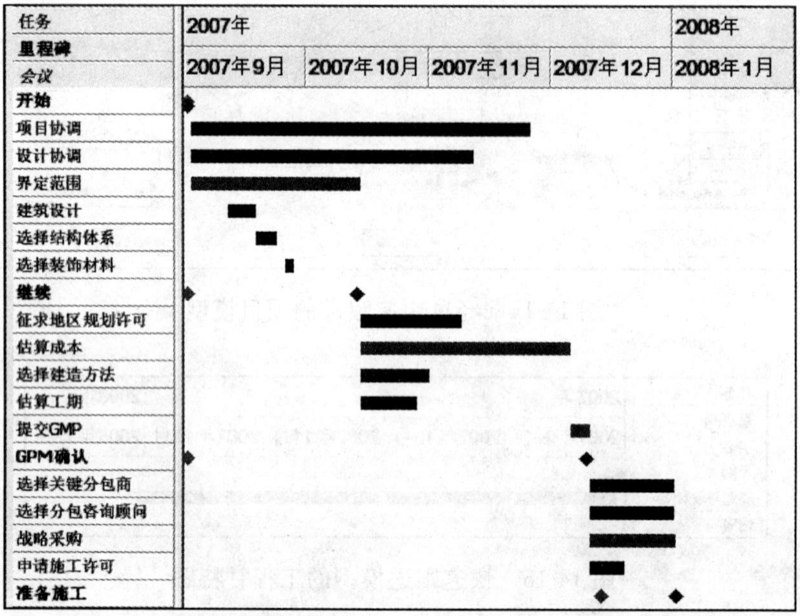

图 14-16　快速跟进模型的项目甘特图

仔细观察甘特图，我们可以看到最长的关键路径任务是“估算成本”、“界定范围”、“选择分包咨询顾问”和“战略采购”等。如果我们分析了职位工作积压图，应该会看到负责这些任务的职位的特征都很突出。

(2) 分析职位工作积压图

接下来，我们检查是否存在一些职位在一定期间有严重的工作积压。工作积压的是该职位来不及完成的工作所对应的天数。理想的工作积压天数是仅仅一天，因为这意味着这个职位非常忙，但是并没有使工作的进度延误。然而，这种情况只发生在理想状态下。通常，职位积压着几天的工作量。有时候，一个职位积压的工作量太多以至于它会对时间进度和项目质量带来一定的风险。一般来说，一个职位有 2～4 天的工作积压不会对项目产生不利影响，但过多的工作积压需要特别注意。如果一个职位的预测工作积压在一定期间内接近 0，那么这个职位在该期间内可以分配更多的工作。减少职位的工作积压是另一种缩短项目结束时间的方法，如图 14-17 所示。

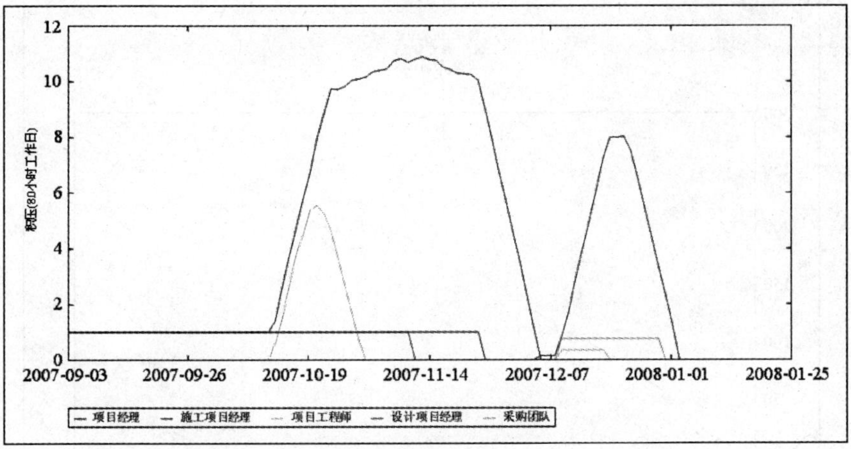

图 14-17　快速跟进模型的项目职位工作积压

可以看到工作积压最多的职位是项目经理，它的曲线显示了从 2007 年 10 月 23 日开始的几周之内积压了超过十天的工作量。因为这个职位负责“估算成本”任务，该任务具有很高的任务进度风险，所以这个结果并不奇怪。施工项目经理的曲线显示了在 2007 年 12 月期间积压了 8 天的工作量。他负责“选择分包咨询顾问”和“战略采购”的任务，这两个任务同样显示出较高的进度风险。其他职位的工作积压都不严重。

(3) 分析模拟的项目成本

对于基模的模拟结果，我们最后要分析是这个项目的成本。成本与任务工作量和负责该任务的职位上每个全职当量的平均工资有关。成本的计算方法是负责项目相关任务的职位所花费的时间乘以该职位的工资。

举个例子，如果一个工期为 10 天的任务(一个工作日工作 8 个小时)由一个全职当量为 4 的职位负责，每个全职当量每小时的工资为 50 元，成本的计算如下：

$$10\times8\times4\times50=16000(\text{元})$$

由于我们还没有考虑其他概率，成本应该会比较低，30 万元以内的预算应该能够满足。

快速跟进模型模拟的项目成本仅需约 24.8 万元，如图 14-18 所示。正如预期，这满足客户 30 万元以内的预算。不过，一旦在模型中添加了概率和更多细节，我们将看到成本会增加。

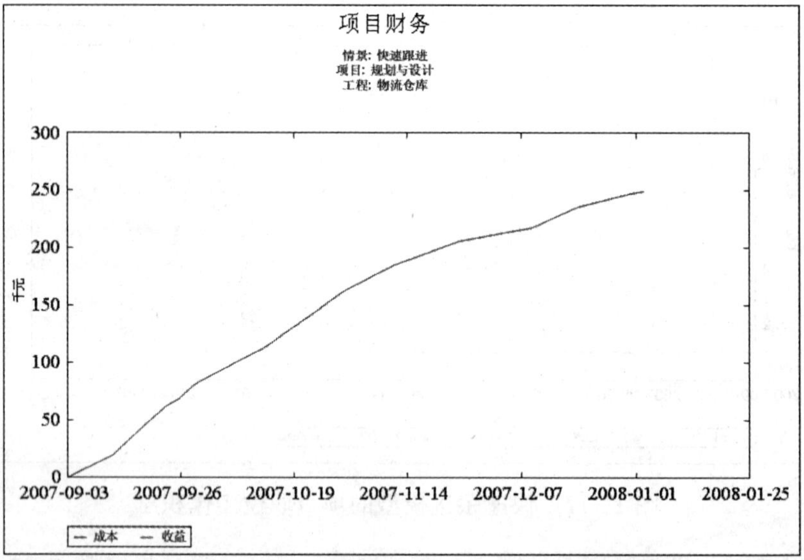

图 14-18　快速跟进模型模拟的工程

此时，在模拟数据不完整的情况下，更重要的是为模型添加更多细节，而不是试图减少职位工作积压或任务工期增长，或者使结束时间提前。我们现在应该现实化这个模型。

14.2.3　现实化模型

在这一章，我们会打开物流仓库模型中一个已经做过部分现实化的新情景。我们将进一步现实化这个情景。接着，我们会模拟并分析这个模拟结果，从而弄清如何建立项目的模型，使其结束时间和风险受到如在真实世界中一样的复杂因素的影响。

在这一章中，我们将：

● 打开和查看已部分现实化的情景，来理解配置人员(Staffing)、会议和概率等因素的影响。

● 模拟部分现实化模型来查看细微现实化的效果。

● 为更进一步现实化模型，建立一个的新情景。

● 为这个项目添加一个技能集合，然后将其应用到职位的技能属性和任务的技能要求上。

● 添加返工链和交流链。

● 模拟和分析完整现实化的模型。

1. 查看部分现实化模型

我们现在打开物流仓库工程的“部分现实化模型”情景，如图 14-19 所示。这个情景为项目添加了一个会议。该项目配置了人员，也就是说人员和项目的职位之间建立了联系。这个模型还设置了概率，这意味着它的模拟工期和风险会更接近真实，而且很可能会比计划的工期晚了很多。

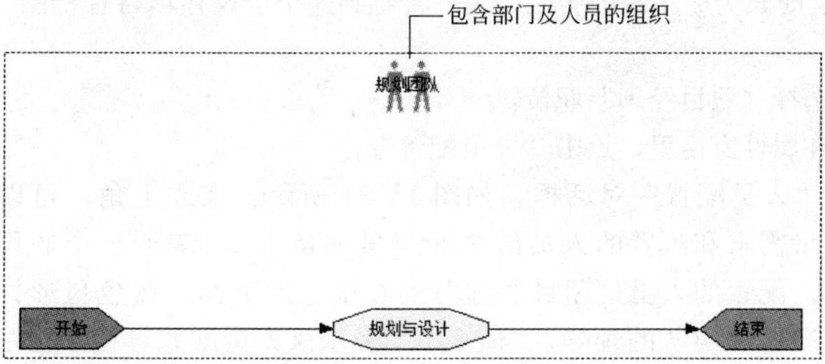

图 14-19　部分现实化模型的工程标签页

接下来，点击模型窗格底部的“规划与设计”项目标签页，查看规划与设计项目模型，如图 14-20 所示。

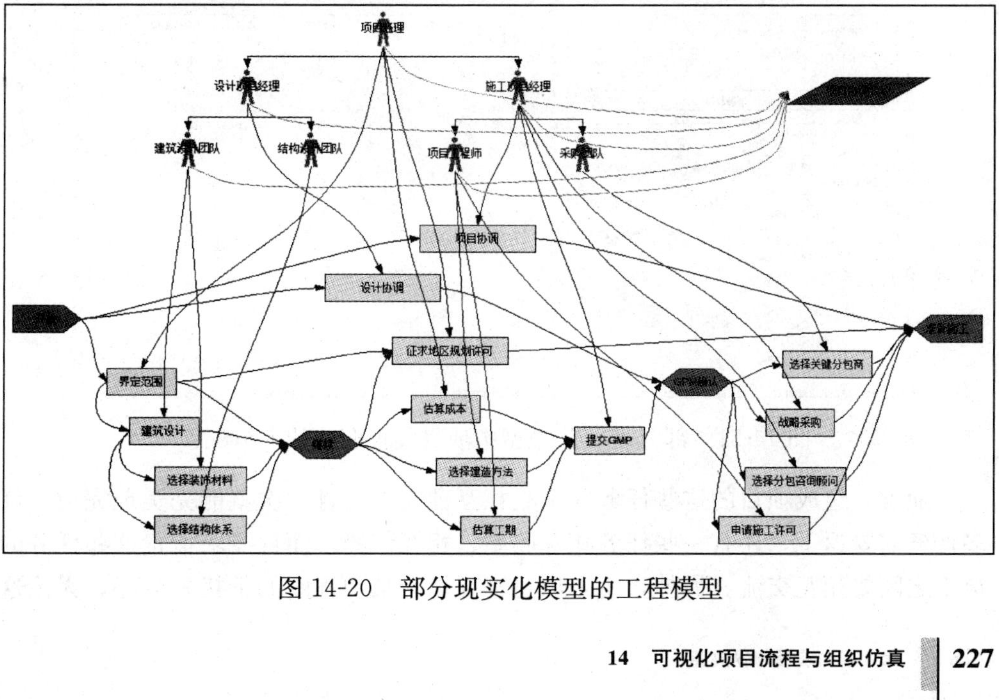

图 14-20　部分现实化模型的工程模型

查看部分现实化模型：

(1) 在模型窗格的底部，点击工程标签页来看这个工程。

(2) 在属性窗格里往下拉，我们可以看到“交流程度”概率设定为0.3，另外三个概率设定为0.1。这些工程属性将在下一部分作出解释。

(3) 在模型窗格的底部，点击“规划与设计”标签页来查看项目模型。

(4) 选择“项目协调会议”图形。在属性窗格里，注意到这是一个每周上午8点开始、时长为2小时的会议。我们将看到这个会议在项目甘特图中以蓝色竖线显示。

(5) 选择“项目经理”职位。

(6) 在属性窗格里，点击“人员配置”。

弹出“人员配置”对话框，如图14-21所示。在左上角，可以看到职位的全职当量需求和配置的人员的全职当量都是1.0，表明这个职位配置了足够的员工。配置的人员(“项目经理”)列在了它的下面。蓝色星形标志表明该人员是该职位子团队的领导。“值1.0”表示该人员配置给该职位的全职当量为1.0。

(7) 如果我们选择任一职位然后点击它的“人员配置”属性，我们会发现所有的职位配满了人员。

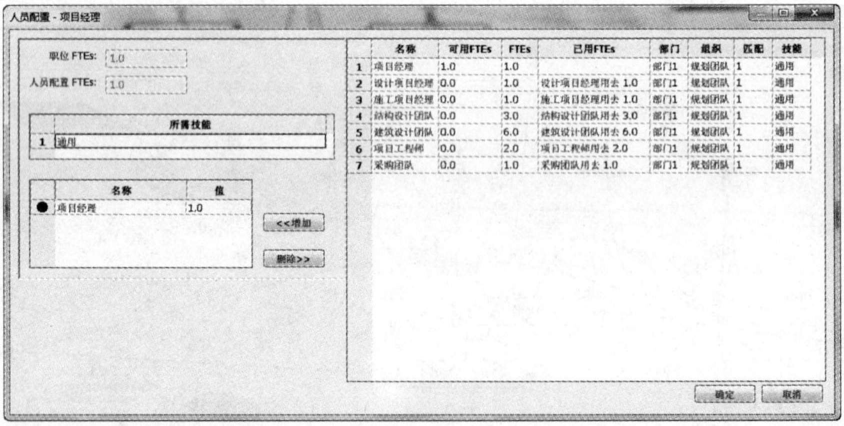

图14-21 部分现实化模型中项目经理职位的人员配置

通常，组成项目的这些任务并不是相互独立，并且一次就能完美地完成。许多任务需要返工，还有一些任务相互联系、相互依赖，而且要求负责这些任务的员工之间要相互交流。另外，每个项目都要承受某种程度的干扰和分心，无论这是由于一些失误还是临时的会议造成的，又或者因为员工在走廊上讨论昨天晚上的比赛。

在基模中，概率为默认值 0.0，来评估规划与设计项目，就好像模拟一次没有异常、协调或返工的、只受资源约束的关键路径。部分现实化模型中模拟了信息交流、干扰、项目失误和职能失误发生的概率。在后面的教程中，我们要在任务之间添加返工链和交流链，这些链接将根据概率产生返工和交流行为。

2. 模拟部分现实化模型

接下来模拟我们刚刚打开的部分现实化模型，然后查看现实化对项目的工期产生的影响。

模拟部分现实化模型：

(1) 在“结果”菜单中，点击“运行”。

(2) 观察工程甘特图中的时间。记住，模拟的结果可能与这里展示的不同。几天的差异属于正常范围。

(3) 现在模拟的结束时间是 2008 年 1 月 17 日，比之前的情景晚了 2 周的时间，如图 14-22 所示。项目工期的增长是由于模型中加入的概率所引起的。

任务	持续时间	开始时间	结束时间
里程碑	**模拟时间**	**计划时间**	**CPM时间**
会议	*持续时间*	*开始时间*	*会议风险*
开始	**2007-09-03**	**2007-09-01**	**2007-09-03**
规划与设计	98.82天	2007-09-03	2008-01-17
结束	**2008-01-17**	**2007-12-15**	**2008-01-03**

图 14-22　部分现实化模型模拟的工程甘特数据

(4) 选择树形窗格中的“规划与设计”项目，然后点击“甘特图”图标，观察该项目的甘特图，如图 14-23 所示。

绿色的竖线代表会议，会议每个星期举行一次。大部分任务不在关键路径上。而关键路径任务是我们在之前的模拟中所看到的那些需要注意的任务。

3. 新建情景

在更进一步现实化模型之前，我们先创建一个新的情景。这可以允许我们比较完整现实化模型与部分现实化模型之间模拟结果的不同。

(1) 确保“部分现实化模型”情景依然被选中，因为新情景需要在该情景的基础上创建。

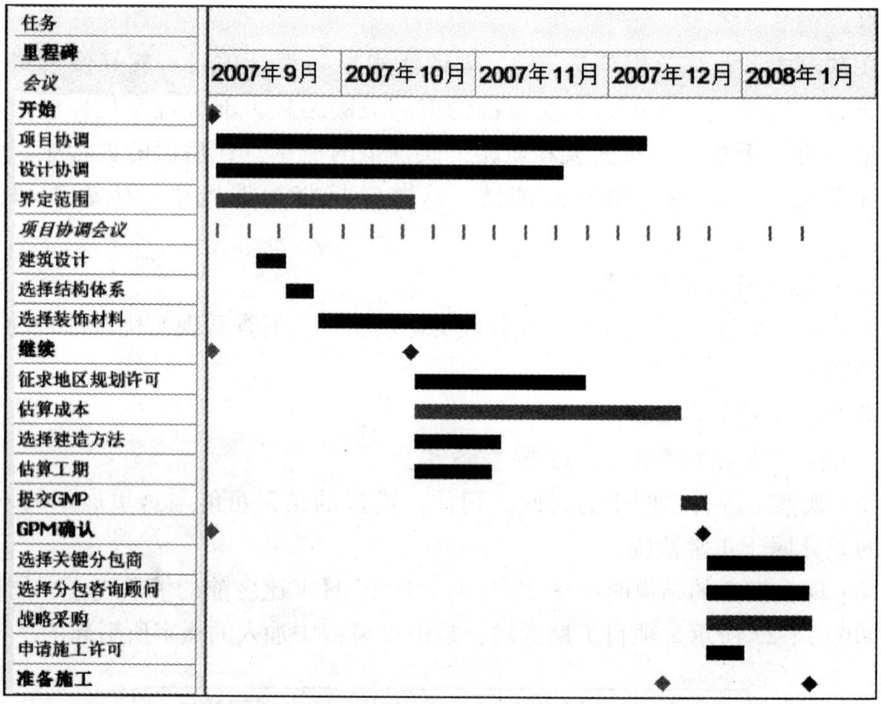

图 14-23　部分现实化模型模拟的项目甘特图

(2) 在“模型”菜单中，点击“新建情景”。

(3) 在“新建情景”对话框中，输入“完整现实化模型”作为这个新情景的名称，如图 14-24 所示。

(4) 添加以下描述：“添加了技能、返工链和交流链”。

(5) 点击“确定”。

一个新情景标签页显示在了模型窗格的顶部。这个新情景当前与作为基础的“部分现实化模型”情景完全相同。

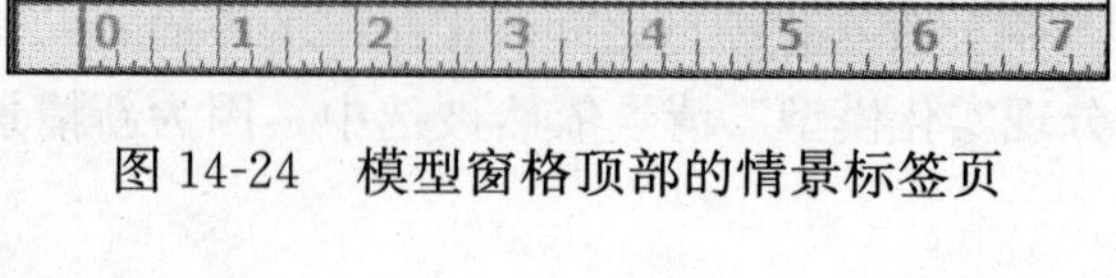

图 14-24　模型窗格顶部的情景标签页

4. 添加返工链

返工是指重做一项已经失败的任务。返工链和任务链很相似，它也把前驱任务(称作主动返工任务)和后继任务(称作被动返工任务)连接起来。然而，返工链还表明被动返工任务依赖于主动返工任务的成功完成，而且，该项目的成功也在某种程度依赖于此。如果前驱任务或主动返工任务失败了，一些返工的时间不得不加到通过返工链连接的主动返工任务的所有被动返工任务上去。

返工链以箭头指向被动返工任务的红色虚线表示。我们添加如下的 5 个返工链：

主动返工任务	被动返工任务
估算成本	选择建造方法
估算成本	选择装饰材料
估算成本	选择结构体系
选择建造方法	估算工期
选择建造方法	建筑设计

(1) 右键点击“估算成本”任务。

(2) 在右键弹出菜单中，点击“新建返工链到…”。

(3) 在“新建返工链到”对话框中，选择“选择建造方法”任务。

(4) 点击“确定”。

一条红色虚线的返工链被添加到了任务之间，箭头的末端指向“选择建造方法”。

(5) 添加其他的四个链接。

(6) 保存。

5. 添加交流链

交流链意味着在它所连接的两个任务的工期内作出的相关决策有着重要的相互依赖性，它表明负责这两个任务的职位之间必须要相互交流来确保他们作出的选择对这两个任务都是不冲突的。

在以下 9 组任务之间添加交流链(无方向性)：

界定范围	设计协调
建筑设计	设计协调
选择装饰材料	设计协调
界定范围	建筑设计

选择装饰材料	选择结构体系
选择建造方法	估算成本
项目协调	提交 GMP
选择分包咨询顾问	选择关键分包商
战略采购	选择分包咨询顾问

(1) 右键点击“界定范围”任务。

(2) 在右键弹出菜单中，点击“新建交流链…”。

(3) 在“新建交流链”对话框中，选择“设计协调”任务。

(4) 点击“确定”。

这样，这两个任务之间就连接着一条绿色虚线的交流链。

(5) 用同样的方法连接其他的 8 组任务。

(6) 保存。

6. 添加技能

我们对模型最后的现实化操作是为项目添加一个技能集合。当项目包含了一个技能集合时，我们就可以为每个任务添加一个技能要求，然后为负责该任务的职位匹配相应的技能。任务的技能要求与其负责职位的技能相匹配是非常重要的，因为技能错配可能会导致工期严重的增加。每个技能有三个水平：低、中和高。匹配合适的技能等级对避免工期增加也是相当重要的。

(1) 为项目添加技能集合

我们可以通过创建一个技能集合来为项目添加技能。这些技能对所有的职位都是可选的，还可应用到任务的技能要求。

1) 在“模型”菜单中，点击“技能…”。弹出技能集合设置对话框，列出了默认的“通用”技能。

2) 点击“添加”。新添加了一行技能文本输入框。

3) 在“名称”下面，输入“环境科学”。我们可以不添加技能描述。

4) 再点击“添加”，添加一个叫做“地区政府关系”的技能。

5) 添加以下技能：管理、机械、设计协调、建筑设计、谈判、建造施工、调度、成本管理、建筑结构、地质构造、采购。

6) 点击“确定”。

7) 点击“保存”。

(2) 为人员添加技能

在一个理想的项目中，职位上配置的人员都是技能设置完全匹配职位技能要求的，进而也匹配分配给该职位的任务的技能要求。技能错配可能导致较高的任务进度风险、增加项目的工期和质量风险。

我们现在为每个人员添加一个技能集合。我们不需要为配置了人员的职位添加技能，因为人员的技能代替了职位的技能。然而，在模型中尽管职位上可能配置了人员，但是给他们添加技能是一个很好的习惯，以防我们以后删除或修改人员配置。

为人员添加技能的方法：

1）在模型窗格的底部，选择“规划团队”。

2）选择“部门 1”。

3）在属性窗格中，点击在“人员列表”属性旁边的“编辑…”。弹出“人员列表”对话框，如图 14-25 所示。

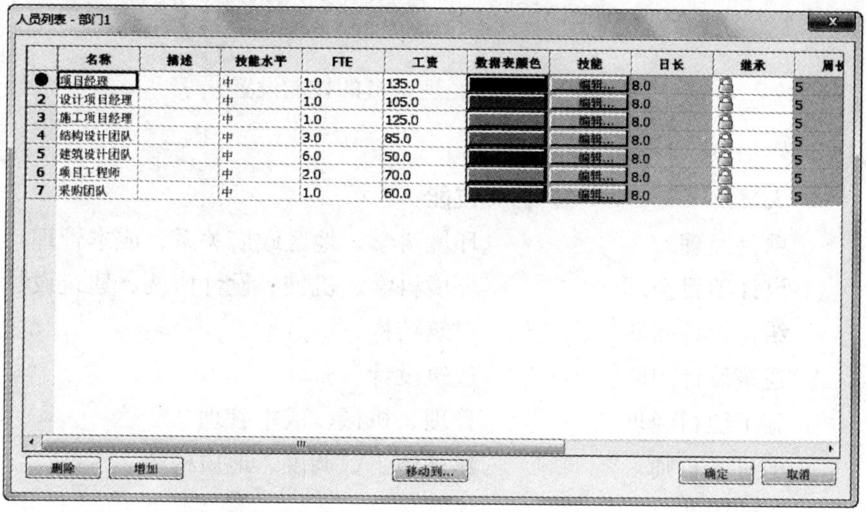

图 14-25　部门 1 的人员列表

4）点击“项目经理”人员在“技能”下面的“编辑…”。弹出“技能设置”对话框，如图 14-26 所示。

5）选择“环境科学”技能，并设置水平为“高”。

6）选择“地区政府关系”和“成本管理”技能，并设置它们的水平为“中”。

7）点击“确定”。

8）按照下面的表格为其他人员添加技能和等级(默认为“中”)。

9）保存。

图 14-26　项目经理人员的技能设置

为人员添加以下技能：

人员	技能
项目经理	环境科学、地区政府关系、成本管理
设计项目经理	环境科学、机械、设计协调、建筑设计
结构设计团队	建筑结构
建筑设计团队	建筑设计
施工项目经理	管理、机械、成本管理
项目工程师	建造施工、调度、地质构造
采购团队	谈判

(3) 为任务添加技能要求

接下来，为每个任务设置一个技能要求。为了避免技能错配，这个技能应该是负责它的职位的技能集合中的一部分。

1) 在模型窗格中，选择“界定范围”任务。

2) 在属性窗格中，双击技能属性栏中显示的“通用”。

弹出项目的技能集合列表。

3) 选择“环境科学”技能。

4) 按照下面的表格为其他任务添加技能要求。

5）保存。

为任务添加以下技能要求：

任务	技能要求
建筑设计	建筑设计
选择装饰材料	建筑设计
选择结构体系	建筑结构
设计协调	设计协调
项目协调	管理
征求地区规划许可	地区政府关系
估算成本	成本管理
选择建造方法	建造施工
估算工期	调度
提交 GMP	成本管理
选择关键分包商	谈判
战略采购	采购
选择分包咨询顾问	机械
申请施工许可	地质构造

7. 模拟完整现实化模型

我们已经添加了返工链、交流链和技能。现在运行模拟。工程甘特图如图 14-27 所示，它显示模拟的结束时间是 2008 年 2 月 4 日。

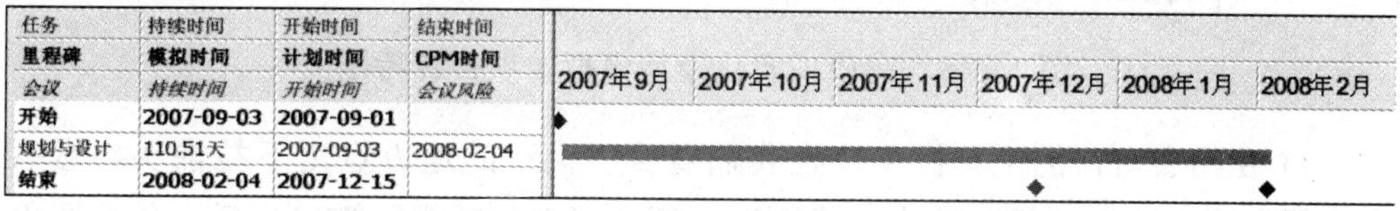

图 14-27　完成现实化模型模拟的工程甘特数据

这次工程模拟的结束时间大概比之前模拟的结束时间晚了两个多星期。模拟任务之间的返工和交流会导致工期微小的增加。然而，两个多星期对项目工期的增长来说是相当大的，这需要进一步检查。

（1）比较情景甘特图

接下来，我们比较一下“部分现实化模型”和“完整现实化模型”这两个情景的甘特图。一旦我们在一个模型中创建了多个情景，我们就可以分别运行模拟它们，然后在图表窗口中比较它们的模拟结果。作为比较的情景的数据用虚线或阴影表示，而不是用实线条表示。

在多个情景之间比较项目甘特图：

1）如果我们隐藏了树形窗格以便看到甘特图的更多信息，现在显示它们。

2）点击树形窗格中的“规划与设计”项目。

3）点击“甘特图”图标。项目甘特图中显示出了项目里程碑和任务，如图 14-28 所示。

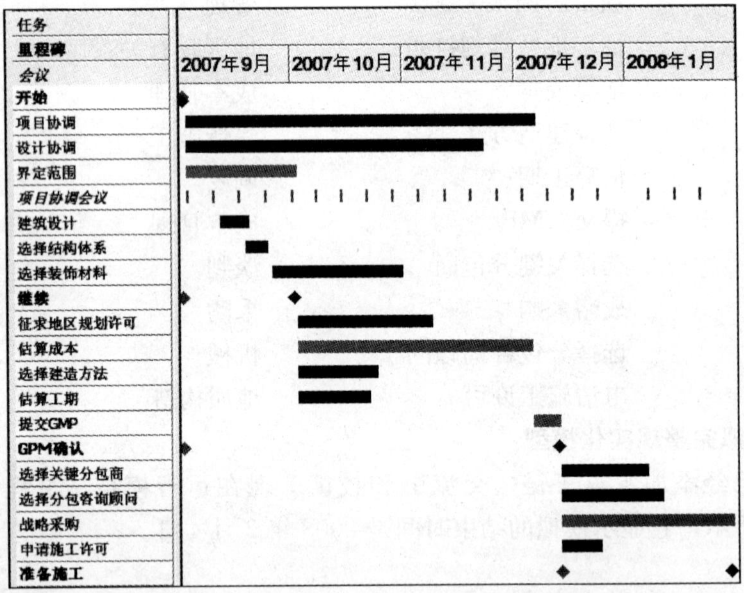

图 14-28　完成现实化模型模拟的项目甘特图

4）在图表窗口的工具栏中，在我们看到“无”的地方点击下拉箭头，然后在情景列表中选择“部分现实化模型”。“部分现实化模型”被模拟后，甘特图中在“完整现实化模型”数据的实线条下方显示了对应“部分现实化模型”数据的阴影条，如图 14-29 所示。

我们可以在甘特数据窗格一侧看到确切的项目结束时间，如图 14-30 所示。

接下来查看“进度延期”图表，看是否存在相对计划有很长延迟的任务。

(2) 分析进度延期

在图形窗口中，点击“规划与设计”项目的“进度延期”图标，如图 14-31 所示。

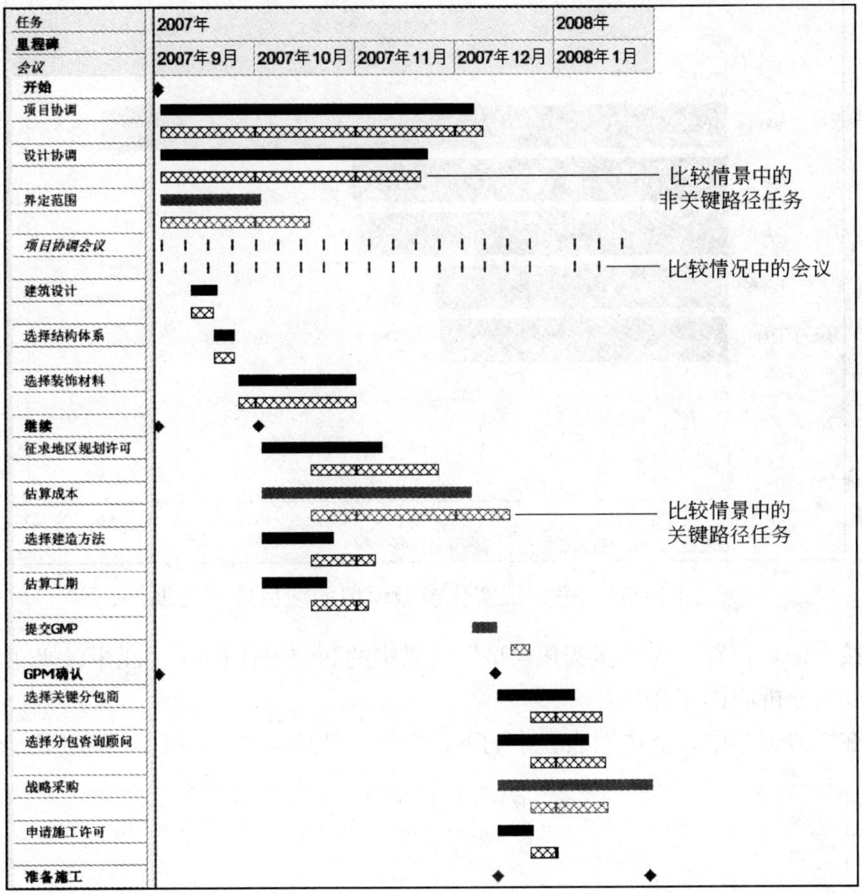

图 14-29　完整现实化模型与部分现实化模型比较项目甘特图

申请施工许可	采购团队	规划与设计	7.64天	2007-12-14	2007-12-25	2008-01-30	0.00
	项目经理	规划与设计	7.65天	2007-12-24	2008-01-02	2008-01-17	0.00
准备施工		**规划与设计**	**2008-01-30**	**2007-12-15**		**2008-01-17**	**1.00**

比较情景间的项目结束时间

图 14-30　完整现实化模型与部分现实化模型比较项目结束时间

因为我们模拟了任务之间要求的返工和交流行为，所以会发生进度延期的风险。在“完整现实化模型”中，职位有更多间接的工作要做，比如相互交流和作出决策。这自然会导致更高的任务进度风险和更多的工作积压。

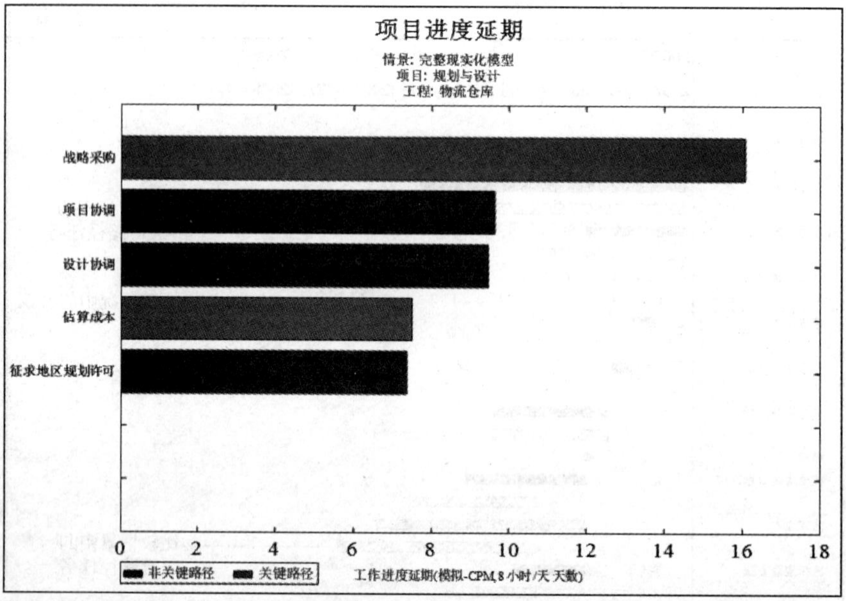

图 14-31　完整现实化模型模拟的项目进度延期

接下来，查看“完整现实化模型”情景中的职位工作积压，如图 14-32 所示。

(3) 分析职位工作积压

在图表窗口中，点击图表栏中的下拉箭头，然后点击“职位工作积压”图标。

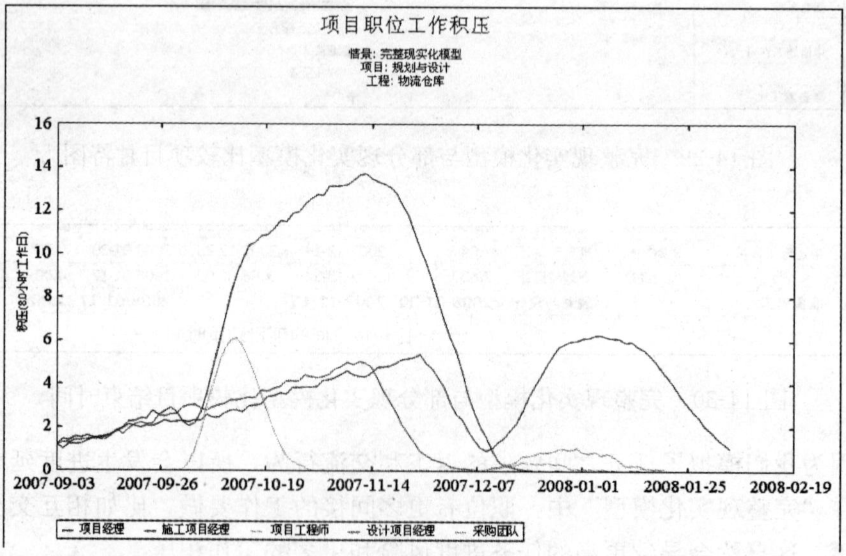

图 14-32　完整现实化模型模拟的项目职位工作积压

工作积压最多的职位是项目经理。如果我们右键点击模型窗格中的这个职位，然后点击“任务”，我们将会看到这个职位负责“估算成本”任务，这是具有高进度风险的关键路径任务。它也负责“征求地区规划许可”任务，即使这个任务不在关键路径上，它也显示了很高的进度风险。如果职位的工作太忙而导致他们不能修正失误，项目的质量将不可避免地下降。很显然，干预的第一步应该是为项目经理职位减轻工作积压。我们很可能发现由于职位的严重工作积压情况得到改善，项目的工期从而得到了缩短。

由于工作积压问题而需要注意的另一个职位是“施工项目经理”。这个职位负责“战略采购”任务，该任务是在进度延期图中最严重的 5 个任务之一。另一项干预应该是减轻这个职位的工作积压。

(4) 分析模拟的项目成本

最后，检查模拟的项目成本相比于“部分现实化模型”增加了多少。点击“财务”图标，并在窗口上方的比较列表中选择“部分现实化模型”，如图 14-33 所示。

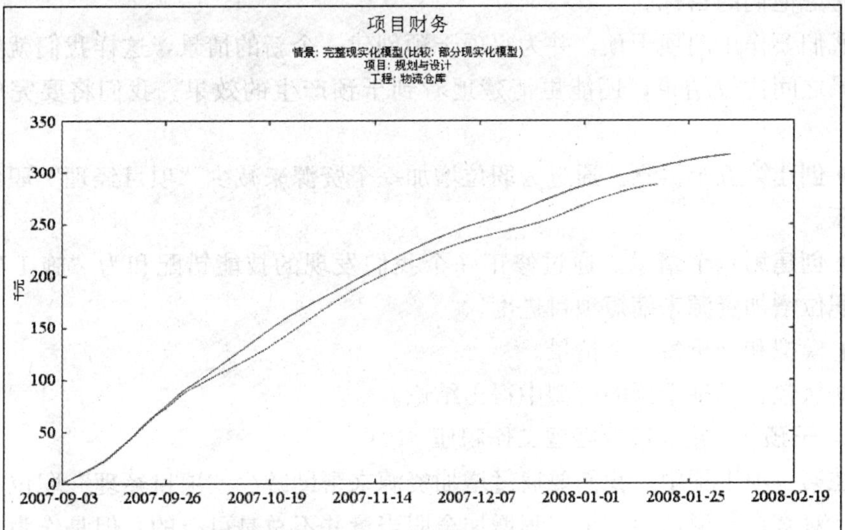

图 14-33 完整现实化模型与部分现实化模型比较项目财务图

可见，模拟的项目成本已从 27.9 万元增加到 32.1 万元。成本的增加是由于对干扰、失误和任务的返工这些现实因素进行了模拟的结果。

还应注意的是该项目的职能质量风险有些许增加，并且出现了项目质量风险，这在之前模拟的情景中从未出现过。这反映了一个事实，我们模拟的返工是由职能失误概率和项目失误概率预测的。此外，协调风险的增加也很明显。它反映了职位没有适当处理交流的风险。协调风险的增加是由于我们在模型中模拟了任务之间的信息交流所造成的。之前的情景仅模拟了信息交流的可能性。协调风险实际上是结合错失交流和错失会议的概率来计算的，所以所有包含会议的情景都会产生一些协调风险。

下一步是在模型中作出干预来实现期望的商业目标，这里的目标是物流仓库的建造能够按时开工。

14.2.4 作出干预

在本章中，我们要在模型中作出干预。干预是一种改变模型模拟结果的方法。我们作出干预以便更进一步调整工程进度、成本或质量，使其满足商业目标。有时，再多的干预也无法使一个工程调整到与商业目标相一致，或者被建议的干预对客户是不可行的。在这些情况下，我们将不得不建议客户放弃工程或者重新考虑他们的目标。

我们要作出两项干预，并为每项干预创建一个新的情景，这样我们就能在多个情景之间比较结果，还能更清楚地看到干预产生的效果。我们将要完成以下几点：

- 创建第五个情景。通过为职位增加一个资源来减少“项目经理”职位的工作积压。
- 创建第六个情景。通过修正一个我们发现的技能错配和为“施工项目经理”职位增加资源来缩短项目进度。
- 模拟和分析每一个情景。
- 从包含两种干预的模型中得出结论。

1. 干预1：减少项目经理工作积压

在第一项干预中，我们要通过增加资源来帮助减少“项目经理”职位的工作积压。对客户来说，给一个工程增加全职当量并不总是可行的，但是作为一个顾问，我们总可以通过使用情景比较来展现用额外开支换取的优势，从而提出建议。然后客户就能对增加资源还是延长期限作出选择。

(1) 创建第五个情景

首先，我们将创建一个基于“完整现实化模型”情景的新情景，命名为“减少项目经理工作积压”。

1) 确保“完整现实化模型”情景的标签被选中后，点击模型工具栏里的

“新建情景…”图标。弹出“新建情景”对话框，如图 14-34 所示。

2）将新建的情景命名为“减少项目经理工作积压”。

3）添加以下描述：“为项目经理职位增加一个全职当量”。

4）点击“确定”。

（2）增加额外的资源

下一步，我们为项目经理职位增加一个新的全职当量。我们必须同时为项目标签页里的职位和组织标签页里部门中对应职位的人员增加全职当量。

为项目经理职位增加额外资源：

1）在模型窗格中，选择“减少项目经理工作积压”情景的“规划与设计”项目标签页。

2）选择“项目经理”职位。

3）在属性窗格中，将职位的“全职当量”的值由 1 改为 2。

为人员增加额外资源：

1）在模型窗格底部，点击“规划团队”组织标签。

2）选择部门。

3）在属性窗格中，点击“人员列表”属性旁边的“编辑…”按钮。

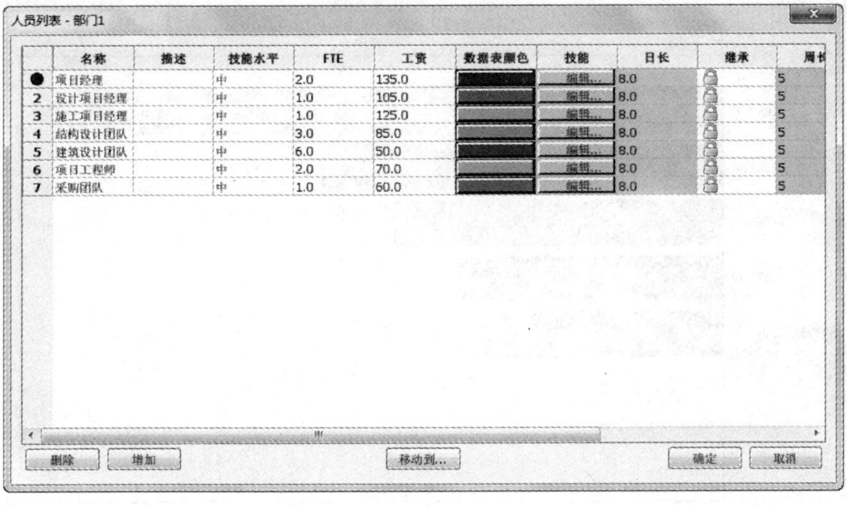

人员列表 - 部门1

	名称	描述	技能水平	FTE	工资	数据表颜色	技能	日长	继承	周长
●	项目经理		中	2.0	135.0		编辑...	8.0		5
2	设计项目经理		中	1.0	105.0		编辑...	8.0		5
3	施工项目经理		中	1.0	125.0		编辑...	8.0		5
4	结构设计团队		中	3.0	85.0		编辑...	8.0		5
5	建筑设计团队		中	6.0	50.0		编辑...	8.0		5
6	项目工程师		中	2.0	70.0		编辑...	8.0		5
7	采购团队		中	1.0	60.0		编辑...	8.0		5

删除 增加 移动到... 确定 取消

图 14-34　减少项目经理工作积压模型中部门 1 的人员列表

4）在“项目经理”人员的全职当量下面，将值由 1 改为 2。

5）点击“人员配置”对话框中的“确定”。

2. 分析模拟结果

模拟“减少项目经理工作积压”情景，如图 14-35 所示。工程的甘特图显示模拟结束时间为 2008 年 1 月 29 日。

任务	持续时间	开始时间	结束时间
里程碑	模拟时间	计划时间	CPM时间
会议	持续时间	开始时间	会议风险
开始	2007-09-03	2007-09-01	
规划与设计	106.55天	2007-09-03	2008-01-29
结束	2008-01-29	2007-12-15	

图 14-35　减少项目经理工作积压情景模拟的工程甘特数据

这比之前的模拟结束时间 2008 年 2 月 4 日提前了一个星期。如果我们检查项目的“进度延期”和“职位工作积压”图，我们将看到在“估算成本”任务的风险和项目经理的工作积压得到了相应的改善。

(1) 分析任务进度延期

要查看“规划与设计”项目的“进度延期”，选择图表窗口的树形窗格中的“规划与设计”，然后点击图表栏中的“进度延期”图标，如图 14-36 所示。

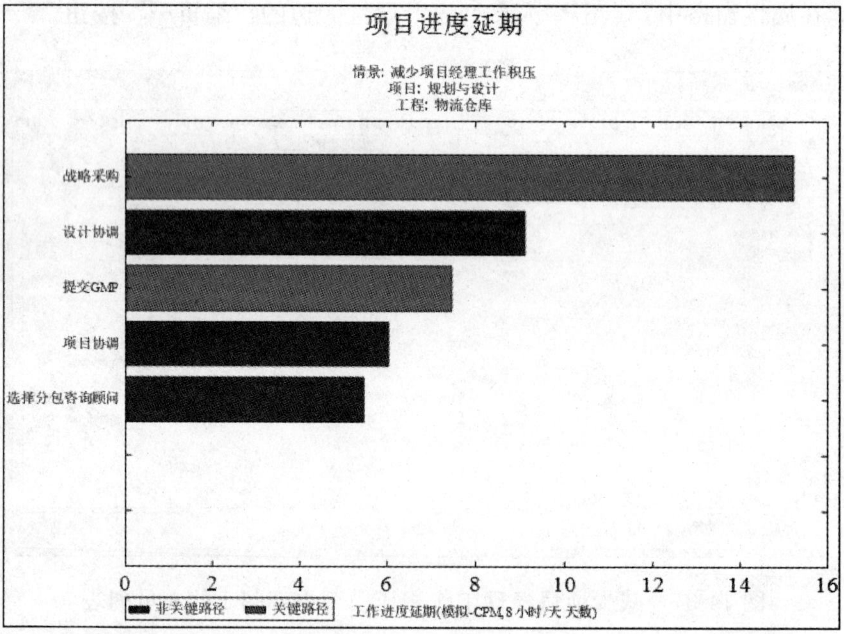

图 14-36　减少项目经理工作积压情景模拟的项目进度延期图

项目经理负责的“估算成本”任务甚至没有出现在进度风险最高的五个任务中。这意味着为项目经理职位增加额外的资源有助于降低关键任务的进度风险。

下一步，对比“减少项目经理工作积压”情景与前面的“完整现实化模型”情景的进度延期图，从而了解减少了多少进度风险，如图 14-37 所示。

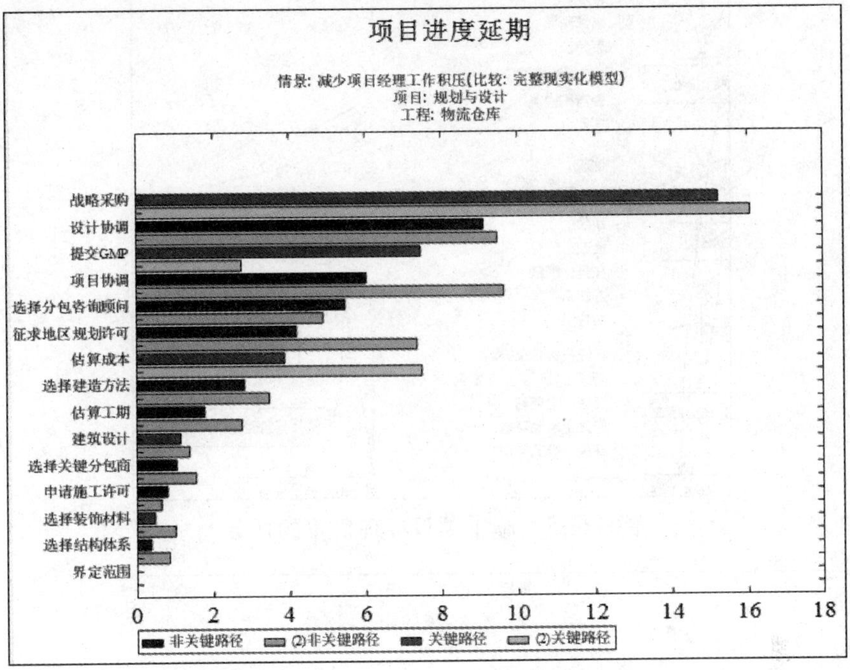

图 14-37 情景间的项目进度延期图比较

我们可以看到，“估算成本”任务的进度延期相比之前情景的 8 天，变为了现在的只有 4 天。这证明，为其负责的职位增加资源在相当大的程度上有助于提高项目质量。

注意，进度延期图中显示的五项任务中的最高两项被分配给了“施工项目经理”职位。我们可以通过右键点击模型中的这个职位，再点击“任务”来核对。

记住，帮助这个职位是将来要实施的一项重要干预。接下来，查看规划与设计项目的职位工作积压图，看增加额外资源和提高技能水平是否减少了项目经理的工作积压。

(2) 分析职位工作积压

要查看规划与设计项目的职位工作积压图，点击“职位工作积压”图标，如图 14-38 和图 14-39 所示。

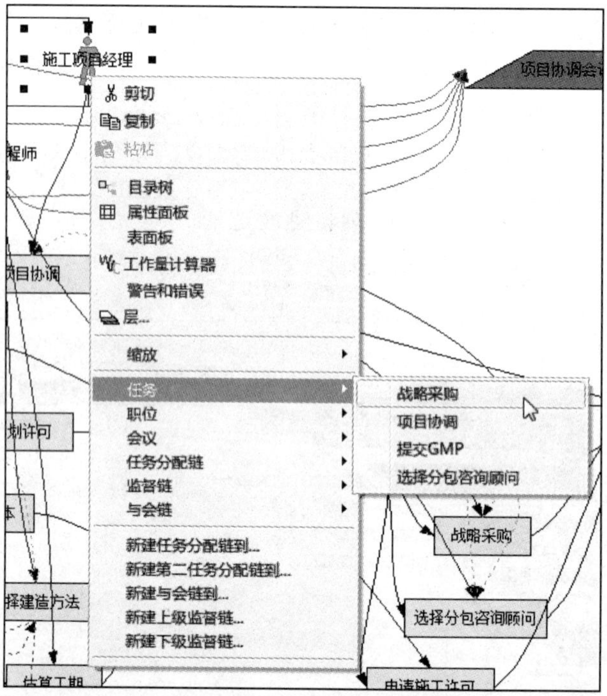

图 14-38　施工项目经理负责的任务

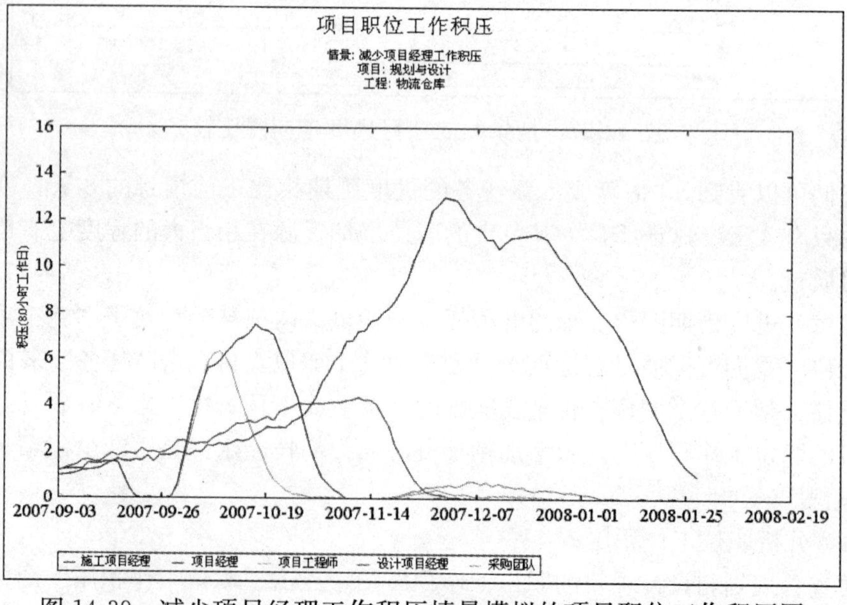

图 14-39　减少项目经理工作积压情景模拟的项目职位工作积压图

职位工作积压图表明，项目经理当前在最坏的时期大约只有 8 天的工作积压。施工项目经理是唯一一个工作积压严重的职位，这在“进度延期”图中同样可以得到证实。这个职位在行使职责时出了问题。这个问题通常是由于人手不足或技能错配的原因。我们需要检查模型，找到问题的根源。

在这之前，检查“减少项目经理工作积压”情景中模拟的项目成本。

(3) 分析模拟的项目成本

我们现在检查一下模拟的项目成本，看减少项目经理工作积压是否降低了项目成本。在通过增加资源产生的额外成本和通过提早完成项目从而节省的成本之间存在一个微妙的平衡。

要查看模拟的项目成本和它如何因干预而改变，点击“财务”图标，从窗口顶部的“对比”列表中选择“完整现实化模型”，如图 14-40 所示。

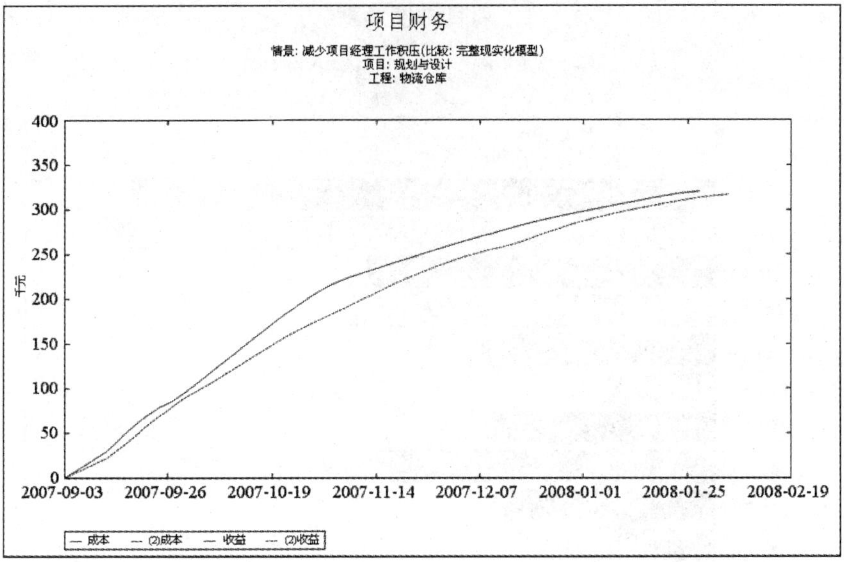

图 14-40　减少项目经理工作积压与完整现实化模型比较项目财务图

模拟的项目成本几乎和之前的情景完全一样，仍然是比客户 30 万元的预算超出 2.3 万元。这一数字可能经过第二项干预被进一步减少。

3. 干预 2：修正技能错配

在第二项干预中，我们要寻找施工项目经理任务进度风险的根本原因，并且帮助该职位更有效地行使职责。我们会发现，问题出在一个任务的技能要求和分配给该任务的职位的技能之间不匹配。一旦我们纠正这个技能错配，我们将看到工程准时完成，且成本在预算范围内。

(1) 创建新情景

首先，我们为第二项干预创建一个新的情景。

1) 如果图表窗口还是打开的，关闭它。

2) 在模型菜单上，点击"新建情景…"。

3) 在"新建情景"对话框中，命名新建的情景为"修正技能错配"。

4) 添加描述为："为施工项目经理添加战略采购任务要求的技能。"

5) 点击"确定"。

(2) 寻找技能错配

在之前的模拟中，我们会注意到，进度风险最高的五项任务中的四项分配给了施工项目经理，如图 14-41 所示。

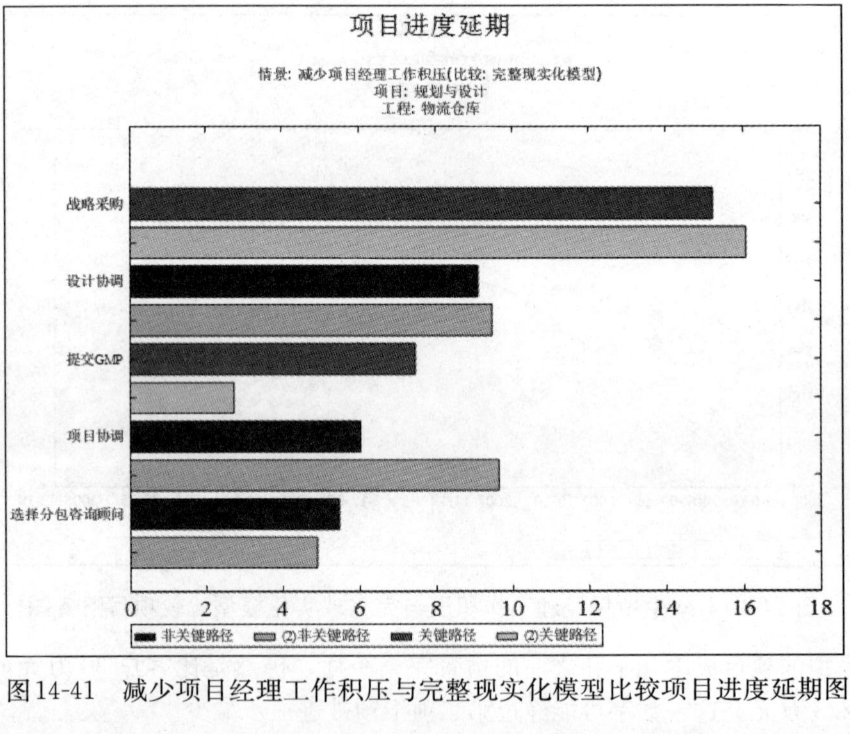

图14-41　减少项目经理工作积压与完整现实化模型比较项目进度延期图

我们对该情景所作的现实化是增加技能、返工链和通信链，从而产生这种模拟结果。应该注意到，这有技能错配的可能。我们现在检查为施工项目经理职位配置的人员是否拥有分配给该职位的四项任务所要求的所有技能。注意，在已配置人员的项目中，人员的技能代替了职位的技能，因此，如果职位拥有的技能而配置的人员没有，仍然会有一个技能错配。

1）在模型窗格中，选择每一项施工项目经理负责的任务（“提交 GMP”、“项目协调”、“选择分包咨询顾问”和“战略采购”），在属性窗格中查看其“技能”属性旁边的技能要求。技能要求为成本管理、管理、机械和采购。

2）点击“规划团队”标签页。

3）选定部门后，点击“人员列表”属性的“编辑…”按钮。弹出“人员列表”对话框。

4）点击“施工项目经理”人员的“技能”下的“编辑…”。弹出“技能设置”对话框。

5）检查该人员是否拥有全部四项必要的技能。我们应该看到该人员不具备“采购”技能。

6）选择“采购”技能，将等级设置为“中”等水平，并点击“确定”。

既然我们已经修正了技能错配，我们可以运行模拟，再查看其对项目结束时间和任务进度风险产生的效果。

（3）运行一次中期模拟

运行一次模拟，检查工程甘特图中的模拟结束时间。结束时间为 2008 年 1 月 8 日，提前了 21 天，但这仍然需要再提前 2 个多星期，才能达到 2007 年 12 月 15 日的计划完成时间。

查看“规划与设计”项目的进度延期图，并把它与前面的“减少项目经理工作积压”情景进行对比，如图 14-42 所示。

战略采购任务的进度风险几乎为零。然而，项目施工经理的“提交 GMP”任务仍表现出相当大的进度风险。根据这一点我们可以推断，该职位仍需要一些帮助来更有效地执行他的任务。我们现在为该职位再增加一个资源，看是否能把项目的工期和风险减少到可以接受的程度。

（4）为施工项目经理职位增加全职当量

接下来，我们为施工项目经理职位和其配置的人员再增加一个全职当量。

1）在新建情景的“规划与设计”项目标签页中，选择“施工项目经理”职位。

2）在属性窗格中，将职位的“全职当量”值由 1 改为 2。

3）选择“规划团队”标签页。

4）选择“部门 1”部门。

5）在属性窗格中，点击“人员列表”属性旁边的“编辑…”按钮。

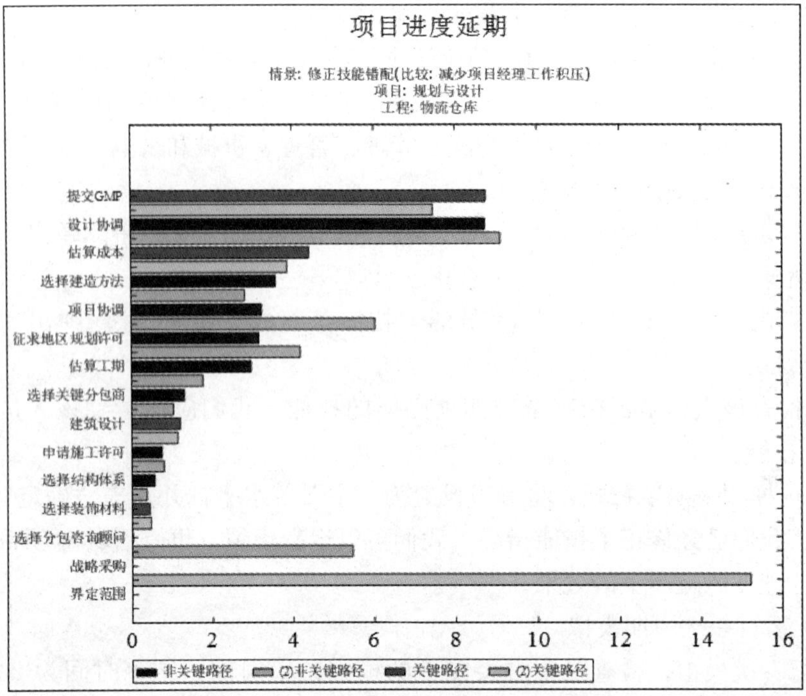

图 14-42　修正技能错配与减少项目经理工作积压比较项目进度延期图

6）在“人员列表”对话框中，将“施工项目经理”人员的全职当量值由 1 改为 2。

7）点击“确定”。

8）点击“保存”。

9）点击“运行”。

4. 分析最终的模拟

工程甘特图显示结束时间为 2007 年 12 月 14 日的，这一天早于客户 2007 年 12 月 15 日的期限，如图 14-43 所示。注意，计划结束时间的绿色菱形晚于模拟结束时间的黑色菱形。

任务	持续时间	开始时间	结束时间
里程碑	**模拟时间**	**计划时间**	**CPM时间**
会议	*持续时间*	*开始时间*	*会议风险*
开始	**2007-09-03**	**2007-09-01**	
规划与设计	74.74天	2007-09-03	2007-12-14
结束	**2007-12-14**	**2007-12-15**	

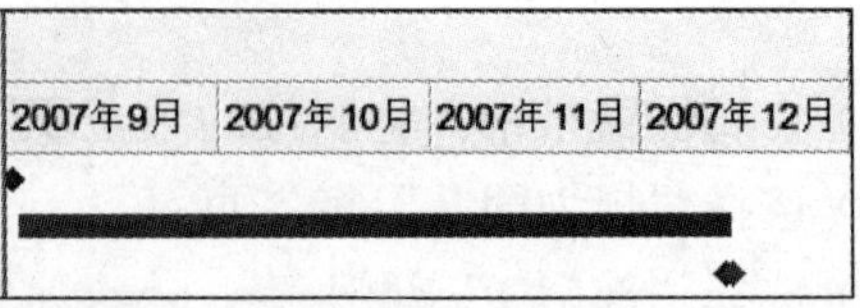

图 14-43　修正技能错配情景模拟的工程甘特数据

我们已经满足了客户的最后期限要求。现在通过检查“进度延期”图来查看增加资源是否降低了施工项目经理负责的任务的进度风险，如图 14-44 所示。

(1) 分析任务进度延期

要查看该项目的“进度延期”图，选择图表窗口的树形窗格中的“规划与设计”项目，并点击图表栏中的“进度延期”图标。

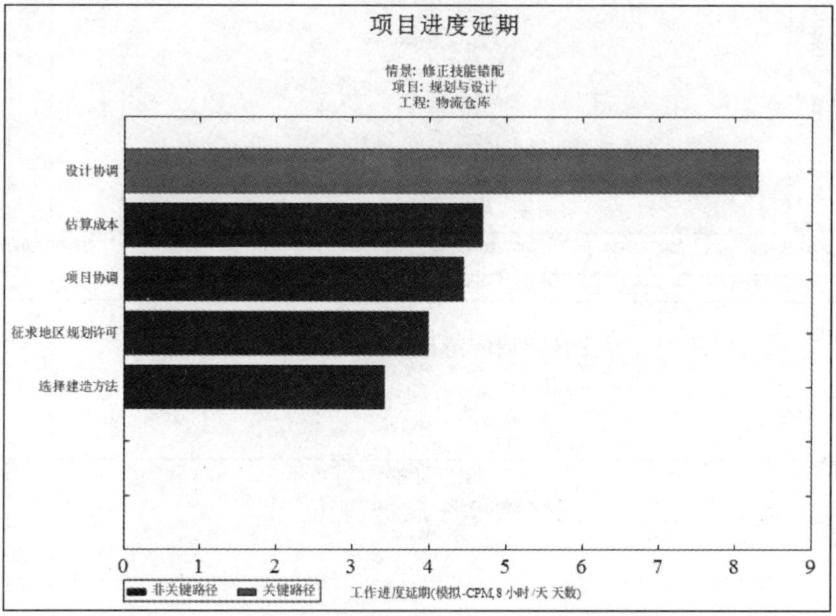

图 14-44　修正技能错配情景模拟的项目进度延期图

现在，没有任务表现出超过 8.5 天的进度风险，这种风险影响不大。

(2) 分析职位工作积压

如果选择了“规划与设计”项目的“职位工作积压”图标，我们应该能看到施工项目经理职位的工作积压有了很大改善，如图 14-45 所示。

从图中可以看出，在项目工期的任何时间点上施工项目经理都只显示出不超过 5 天的工作积压。也没有一个职位表现出相当大的工作积压。这些都是我们想要看到的。

(3) 分析被模拟的项目成本

最后，选择图表窗口的图表栏中的“财务”图标，检查模拟的项目成本是否仍在预算范围内，如图 14-46 所示。选择窗口顶部对比下拉列表中的“减少项目经理工作积压”，与之前的模拟结果相比较。

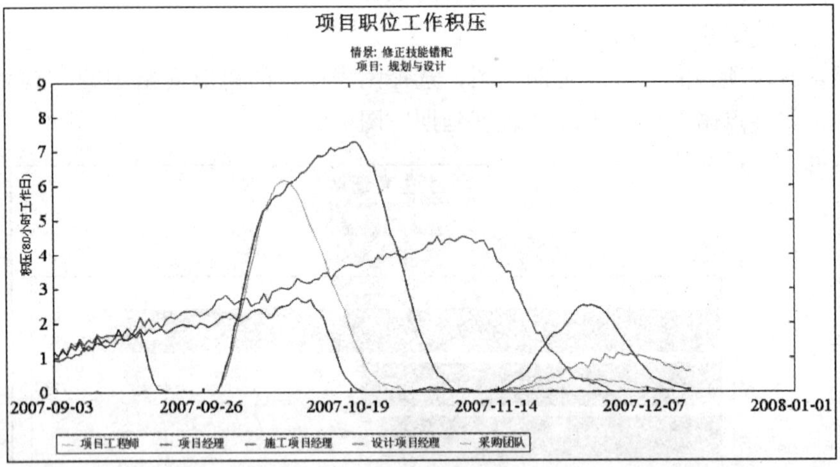

图 14-45　修正技能错配情景模拟的项目职位工作积压图

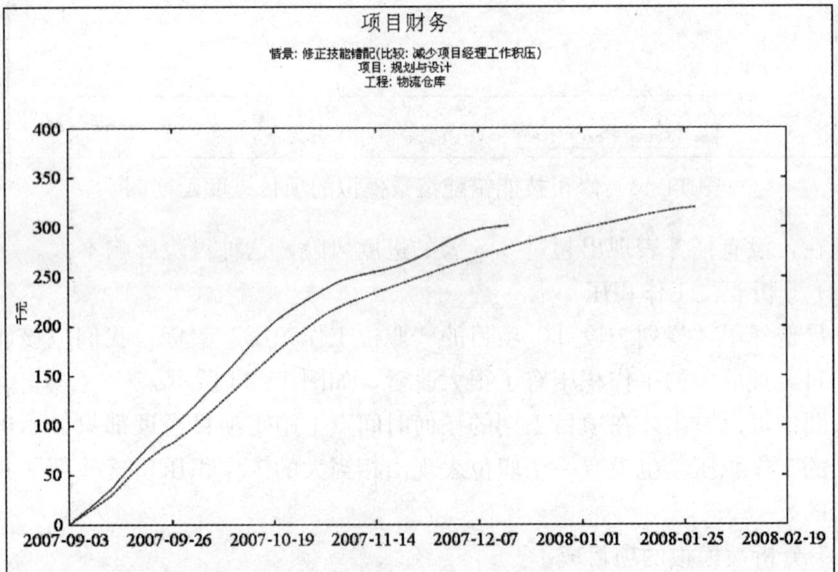

图 14-46　修正技能错配与减少项目经理工作积压比较项目财务图

由于为施工项目经理职位增加了资源的结果，模拟的项目成本已降到29.8万元，正好在预算范围内。另一方面说明，在时间和效率上节约的成本超过了因增加资源产生的额外成本。

5. 结论

我们为物流仓库的规划与设计项目建立了模型，使它能够准时完成，并且将成本控制在预算范围内。在模型中我们能够实施有效的干预措施，以同时满足客户期限和成本两个商业目标。

15 项目型企业知识管理信息化

15.1 知识管理概述

要理解知识管理的含义首先必须清楚什么是知识。在有关知识经济的许多著作中，把知识用4W来表示，即Know-what(知道是什么)——事实知识、Know-why(知道为什么)——原理知识、Know-how(知道怎样做)——技能知识和Know-who(知道谁能做)——人力知识，而将4W概括起来又可分为显性知识和隐性知识两类。其中，前两类属于显性知识，后两类属于隐性知识。知识来源于数据和信息，Muller，M. J. 和Millen，D. R. 认为数据、信息、知识和智慧的区别如下，其关系如图15-1所示。

- 数据是一些客观事实、图片或文字，其本身缺乏关联性和目的性，它的价值在于积累；
- 信息是“具有关联性和目的性的数据”，是对数据的组织，主要是为了减少不确定性；
- 知识是对信息的理解和应用，是一种新的理解；
- 智慧则是对人认知能力的一种提高，是一种创新。

显性知识是正式的，外在表现形式很清楚而且已经有明确记录的，如某些文档、手册、规章和说明等。隐性知识是那些表现形式不是很清楚，而且没有明确记录的知识，如技能、个人独特的技术和技巧以及个人的某些思维方式。

所谓知识管理就是以增强组织竞争能力为目标的收集、加工、传播和利用知

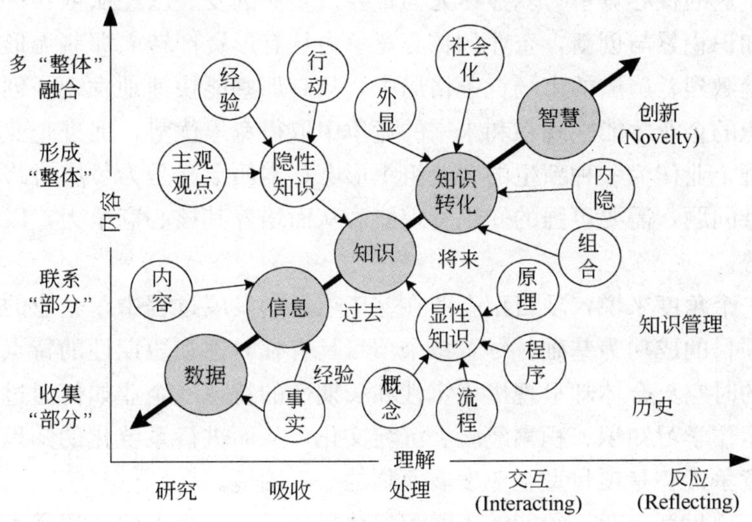

图 15-1　DIKW 的层级模型

识资源的过程。这里组织竞争力指的是组织效率、市场反应能力、产品创新能力、知识资产价值等。知识管理是企业内部用于发现、选择、组织并保留智力资本的一套工具和工作流程。

15.2　项目型企业及其知识管理必要性

项目型企业(Project-Based-Enterprise)是指那些以项目结构为主要组织形式，为了追求特定的项目结果而组建的企业，这类企业需要完成复杂的、非程式化的任务，要求临时聘用各种熟练的专家，并要求他们之间进行合作。项目型企业的范围随着项目这种组织结构形式的普遍推广而不断扩大。

随着时间竞争和快速反应对企业发展的日益重要，项目这种组织结构形式，成为越来越多企业的选择。项目的快速灵活反应能力，项目对资源的优化组合能力，项目的学习能力、项目的前瞻性和探索能力等，都是新经济环境中的关键的成功因素。因此，项目已经成为现代企业的一种越来越重要的组织结构形式。目前，多数 IT、建设工程、咨询服务等领域的公司都属于项目型企业。

从全球范围来看，企业生存发展的环境越来越动荡多变，企业之间的竞争越来越表现为核心竞争力的较量，并且这种较量会日趋激烈和白热化。在此情况下，培养企业的核心竞争力就显得尤为重要。企业的发展已经从依靠资本积累逐渐转向于知识积累与创新，企业的核心竞争力从有形资产转向那些无形的知识形态。在日趋激烈、严酷的市场竞争格局中，只有那些能快速地发现、创新、传播和运用知识的企业才能在现在和未来的竞争中取得竞争优势，促进企业可持续发展。项目型企业作为一种新生的企业组织形态，本质上又是为了应对跨领域解决方案的复杂问题，需要更强的知识管理能力从而培养其核心竞争力，以保持长期的竞争优势。

从另一个角度来说，项目型企业在基于项目的发展过程中，企业的成功往往以一个个项目的成功为基础，尽管单个项目具有临时性和短期性的特点，但多个项目组成的时空集合体却呈现出稳定性和长期性的特点。企业如何通过一个个项目的成功运作学习知识、积累经验、沉淀文化，从而进行系统化的知识管理，保持持久的竞争优势是项目型企业发展面临的一个困境。

总之，项目型企业必须能够不断积累项目经验，将个人的知识资本转化为组织的知识资本，通过有效的业务，进行有效的团体学习与全过程学习，形成企业强大的无形资产，这样也会极大地降低企业关键人才所带来的经营管理风险。项目型企业需通过有效的知识管理促进其知识的创新、积累与扩散，从而使企业的创新能力得到持续保持。

15.3 知识管理信息化及其在项目型企业中的特点

知识管理概念本身并没有强调知识管理必须要有信息技术的支持，没有信息技术企业同样也可以进行知识管理。但是事实证明，知识管理不是一个静态的纯理论的概念，而是一种嵌入学习组织中的循环模型。它必须依托信息技术的支撑方能促进隐性知识与显性知识的转换，实现知识共享和利用，通常通过建立一个知识管理系统或平台来实现，这也就是所谓的知识管理信息化。在实践中，如何将企业中这么繁杂的知识提炼出来，使之系统化并转化为组织内易于理解的形式或符号，使组织成员不至于浪费太多的时间，在必要的时候就能获得所需要的知识。知识管理系统的建立成为完成此任务的最佳选择。计算机的高速处理能力加快了人们获取和处理知识的速度和深度，大容量的存储和方便的检索使得人们很容易积累数量巨大、门类繁多、形式多样的知识，网络化则消除了空间限制。信息技术在知识管理中发挥了更大的作用。许多公司开始利用互联网技术来建构

“企业内部知识管理系统”，储存有关产品、营销、客户及经营等相关知识，并取得了良好的效果，图 15-2 为典型的知识管理系统框架。

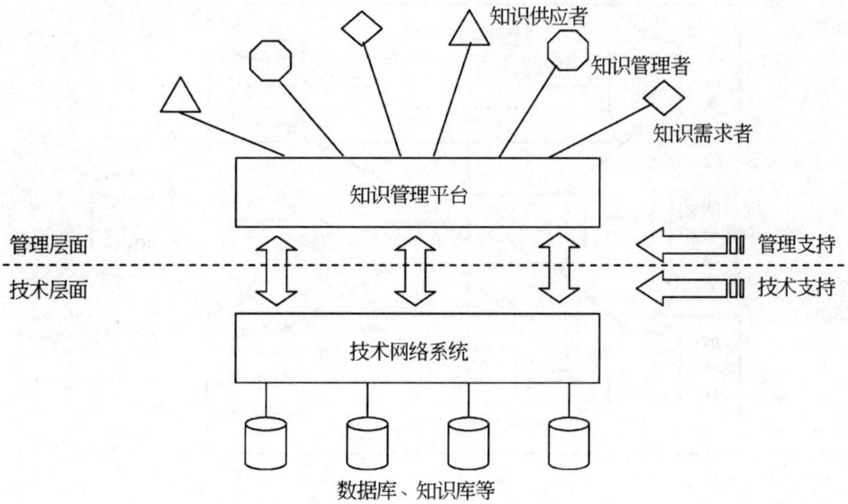

图 15-2　知识管理系统基本框架

项目型企业由于其是以项目结构为主要组织形式，企业的成长离不开项目，更离不开项目管理，而项目管理能力是其核心竞争能力的主要组成部分。所以和其他的企业相比，在进行知识管理信息化时，有其自身的一些特点：

首先，在关注点上，一系列项目的成功有赖于项目型企业项目知识的有效积累与开发，所以必须充分认识到有效的项目知识管理是项目型企业成长的必要基础。由于项目与重复性、持续性的常规劳动不同，它是独特的、一次性的工作，具有目标的确定性、过程的渐进性、成果的不可挽回性、组织的临时性和开放性等特性，往往会限制项目知识的学习与积累。所以项目型企业的知识管理平台应该以项目知识管理为核心，重视在项目周期中的各个阶段(项目发起、论证、启动、规划、执行、控制、结束等)进行知识和经验的共享和积累，否则对企业来说是一种无法挽回的损失，即不能从一个个项目中积累知识、提高整体企业的项目管理能力。图 15-3 展示了项目型企业中项目、知识管理和企业知识之间的关系。通过项目知识管理将项目的知识有效地转化为企业知识，为企业的可持续成长提供基础，同时使企业的知识能够有效地为项目服务，提高单个项目的绩效，促进企业的一系列项目的成功，进而促进企业的可持续成长。

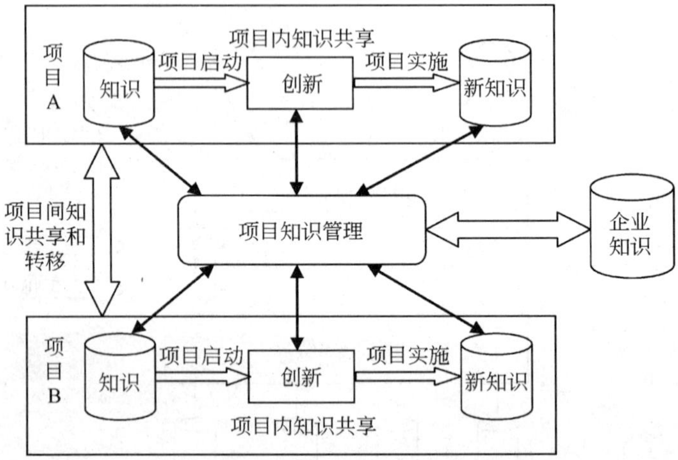

图 15-3　项目、项目知识管理和企业知识之间的关系

其次，从功能需求上说，相对于其他类型的企业，项目型企业在以下几个方面有特殊的要求：

权限管理要求：对于流程和知识的管理，如何使“合适的人在合适的时间看到合适的知识信息”，对系统权限管理提出比较高的要求。在项目知识管理过程中，比较特殊的就是根据项目的授权，如项目的文档根据项目组成员自动进行授权。

项目任务、工作流程、项目文档的三位一体：可按照项目类型和项目级别定义所对应的项目过程标准化模版，包括项目工作任务分解，相应的流程和每个活动相关的项目文档定义，实现项目任务、工作流、项目文档管理的统一，从而通过 IT 系统使知识共享和复用得到强制进行。

项目过程标准化模板的积累与应用：项目实施完成后，可将实际实施的项目导入到组织经验知识库中进行提炼、完善与改进，从而形成新的项目标准模板。项目建立时，系统会根据项目的类型和项目的重要级别所对应的项目过程标准模版自动初始化项目，实现知识的再利用。

项目动态知识地图的生成：可按照项目、项目阶段、项目类型等动态地提取相关的知识资料生成知识地图，以进行项目知识的聚类展示，从而以简化信息检索过程，提高知识获取的便利性。

经营分析和决策支持：随着项目型组织的持续积累和发展，如何基于以往的数据进行提炼挖掘，形成知识以支持高层决策也是信息系统需要考虑的新需求。对于项目型组织经营分析可从客户、项目、人员和知识四个维度去分析，其中客户和项目是业务管理的核心，而人员和知识构成项目型组织的核心竞争力，是项目型组织成长和发展的基础。通过经营分析体系构建稳定的分析结构，通过对历史数据的各种分析从而促进项目型组织的持续改进和优化。

15.4 项目型企业知识管理的解决方案

目前，建筑业尚无成熟的知识管理系统或解决方案，一般可采用下列方式：

- 利用成熟软件如 Primavera MM 模块等进行计划知识管理；
- 开发不同的投标文件模块，和人力资源、技术管理、计划管理等系统对接；
- 对于小型组织，采用 Wiki 工具管理信息、知识或案例；
- 设计院采用文档管理、案例库管理系统等知识管理途径；
- 开发或引进企业级项目信息门户和知识管理系统。

15.5 某项目型企业知识管理信息化案例

某项目型企业是一家从事建设项目前期策划、全过程全方位项目管理(含大型项目总体控制与管理)、项目群管理、工程管理信息化咨询、工程管理培训及相关课题研究等业务的专业化咨询公司。近几年来，随着公司业务的不断发展，作为一个为客户提供的服务 99.5%都基于知识的专业咨询公司，其目前面临的最大挑战是如何通过建立企业知识管理平台，把长期保存下来的信息资源、项目最佳实践，连同知识员工积累的实践经验和创新思想进行有效地挖掘、共享和利用，使企业了解自己拥有哪些独特的知识，以及如何利用这些知识达到发展的目的，这对于保持企业的竞争优势是至关重要的。该公司实现知识管理信息化的最终目标是通过建立一个企业级的知识管理系统，真正做到“在适当的时候把相关的信息与知识传送到适当的人员，使其能够有效地利用信息与知识，采取行动，产生效益，从而避免重复错误和重复工作”。

15.5.1 系统总体规划及技术架构

根据该项目型企业的发展战略规划，系统的建设目标是建立一套全企业范围内的知识管理的信息基础结构、积累项目的最佳实践，提高全公司的项目管理能力、企业内营造一种知识共享、知识创新的企业文化、快速提升企业核心竞争力。

其最终要建立的企业级知识管理系统总体架构如图 15-4 所示，下面对其中的各个模块做简要的介绍。

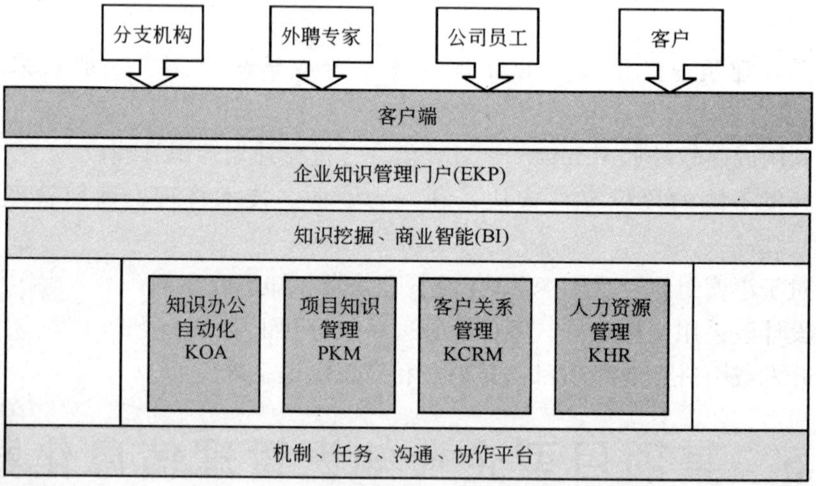

图 15-4　企业级知识管理系统总体架构

知识办公自动化系统(KOA)，即随着知识经济的来临兴起的第三代办公系统，主要的特点是以知识管理为核心。该系统的主要目的是形成该项目型企业内部的信息知识化平台，使各种信息数据能共享使用，使相关业务可以按照流程即时传递和限时处理，使相关通信能即时送达，并支持实时通信、实时交流和协同工作。对于该项目型企业来说，此系统虽然不是整个企业级知识管理系统总体架构中非常核心的部分，但它确是必须首先进行实现的系统。

项目知识管理系统(PKM)，正如前面提到的，这个系统是该项目型企业知识管理系统总体架构中非常核心的部分。通过此系统，是的各项目团队的知识得到共享、积累和沉淀。同时将各项目团队成员个人以及项目团队所获得的知识有效地转化为企业组织的知识，然后通过这些知识进一步支撑企业其他的一系列项目，使得企业在未来的项目管理过程中少犯错误，提高其管理效率和效果，进而一步步推动企业的成长。

基于知识的客户关系管理系统(KCRM)，即知识管理和客户关系管理的结合。它将知识作为企业最重要的资源，以知识作为进行客户关系管理的核心，通过构建开放、互利、互动的知识型客户关系管理体系，使客户成为企业的“知识伙伴”。一方面客户作为企业产品与服务的被动接受者，是企业收入和利润的直接来源；另一方面，客户也可以成为企业的合作者。企业可以通过与客户的互动、共同学习以及协作创新来获得更多的知识，同时通过知识共享将企业知识传递给客户，增加客户价值，最终提高客户的满意度，并提升客户忠诚度。该公司作为一个专业咨询公司，所积累的大量知识可以通过此系统进行出售直接获得利润或者给客户共享从而培养客户忠诚度。

基于知识的人力资源管理系统(KHR)，该系统一方面根据组织内部知识的状况，分析研究对知识的需求，通过对人才的招聘、培育、使用和开发管理满足组织运作需要。另一方面，提供必要的环境和条件(如设立一种考核或奖惩机制)，使员工愿意并且能够将存储在他们头脑中的知识贡献出来，实现组织内部的知识共享，将员工个人的知识转化为组织的知识，在相互沟通与交流中使个人知识相互补充、相互完善，使其作用最大化，即最大限度地发挥知识的作用。同时激励参与和分享，倡导“团队精神”。

需要指出的是，以上四大系统并不是孤立的，而是紧密联系的一个整体，如知识办公自动化系统中项目文档中心和项目知识管理系统中的文档管理子系统有着紧密联系，项目文档对这两个子系统是共享和透明的。还有如客户关系管理系统中的知识来之其他系统产生的知识，当然这些知识可能经过了处理才被客户关系管理系统使用。

知识发掘和商业智能(BI)是凌驾于以上四大系统的模块，属于企业的高端应用。即通过对数据库中的大量业务数据进行抽取、转换、分析和其他模型化处理，从中提取辅助商业决策的关键性知识。知识挖掘的对象可以是以上四个系统中某个系统提供的数据，也可能只是某个数据库，当然也可以是从以上四大系统提供的综合性数据中去挖掘。通过该系统，将来可以辅助企业级的相关决策，例如可以辅助为某个新的项目的各类专业人员的组成方案进行决策。

该企业级知识管理系统技术架构如图 15-5 所示。系统采用 B/A/S 多层体系架构，遵循 J2EE 技术规范，综合运用结构化及非结构化数据处理技术。

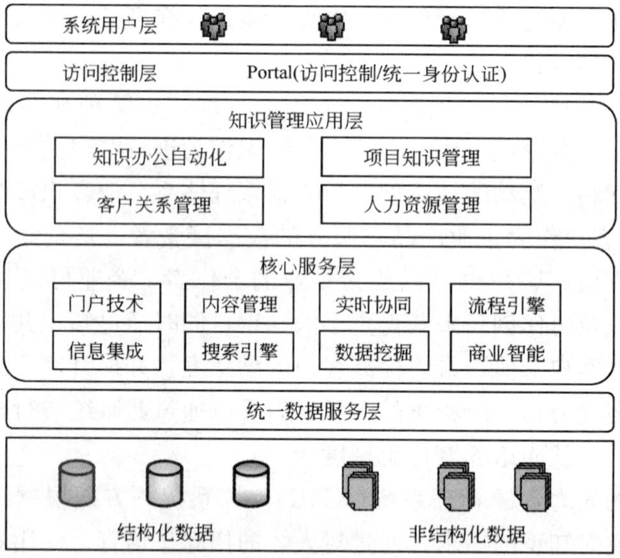

图 15-5　系统技术架构

系统技术架构由统一数据服务层、核心服务层、知识管理应用层、访问控制层及系统用户层组成。

● 统一数据服务层：主要负责结构化和非结构化数据的存储、访问与控制。同时向上提供统一的服务接口。

● 核心服务层：即技术层，主要提供系统底层服务构件，如流程引擎、内容管理等，提供可重用性的相关组建。

● 知识管理应用层：实现企业知识管理各应用功能，并为决策提供支持。

● 访问控制层：在用户通过统一的浏览器或移动设备等访问企业知识管理系统中的各项应用时进行身份认证。

● 系统用户层：系统用户涉及企业客户、员工、及外聘咨询专家等。

根据该项目型企业的实际情况，其决定系统采用分步实施的方式，先后进行知识办公自动化系统(KOA)、项目知识管理系统(PKM)、基于知识的客户关系管理系统(KCRM)、基于知识的人力资源管理系统(KHR)的开发。根据实际开发进度下面仅对该公司的知识办公自动化系统(KOA)作简要介绍。

15.5.2　知识办公自动化系统(KOA)

知识办公自动化系统是该项目型企业整体系统中必须首先要实现的系统，根据该企业的特点以及系统的整体规划，KOA 系统的体系结构如图 15-6 所示。

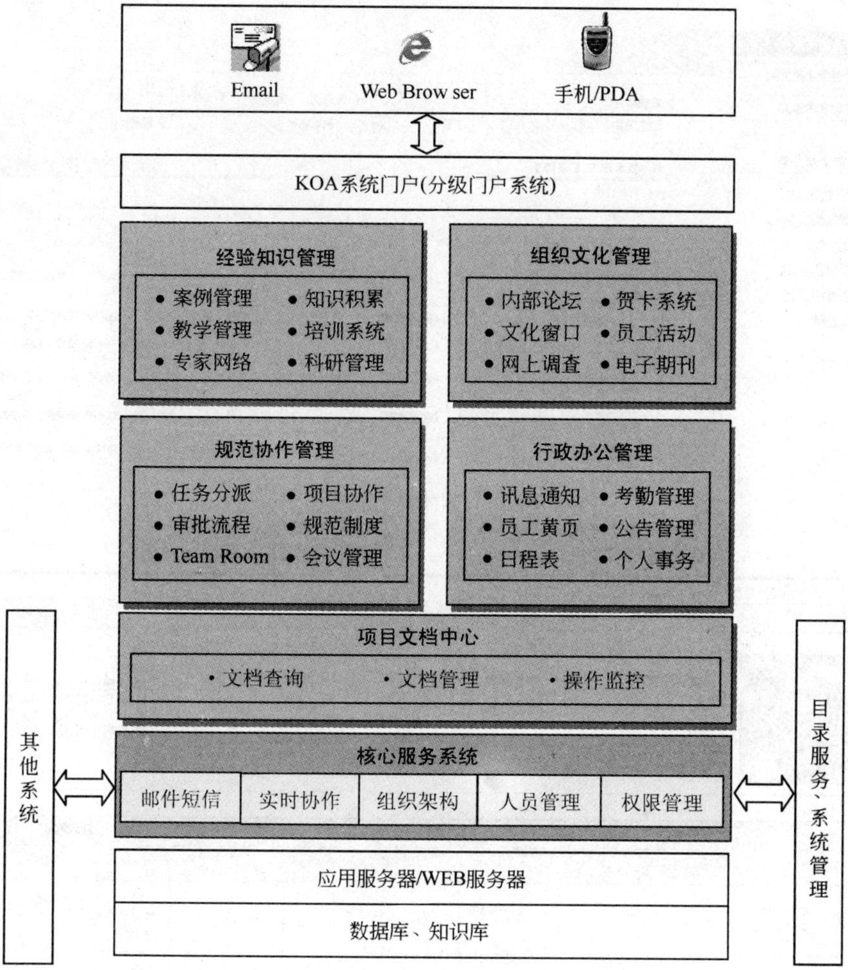

图 15-6　KOA 系统体系架构

其中：

经验知识管理实现知识沉淀、存储、共享、流动、应用和创新的全生命周期管理，提高知识获取与学习能力。具体包括案例管理、教学管理、专家网络、知识积累、培训系统、科研管理六大模块。图 15-7 为教学管理模块中的学术论文子模块。

组织文化管理重视企业的文化氛围建设，提供内部论坛、贺卡系统、网上调查等功能，营造一个互相帮助、互相理解、互相激励的工作环境。图 15-8 为公司内部论坛，是公司员工交流的平台。

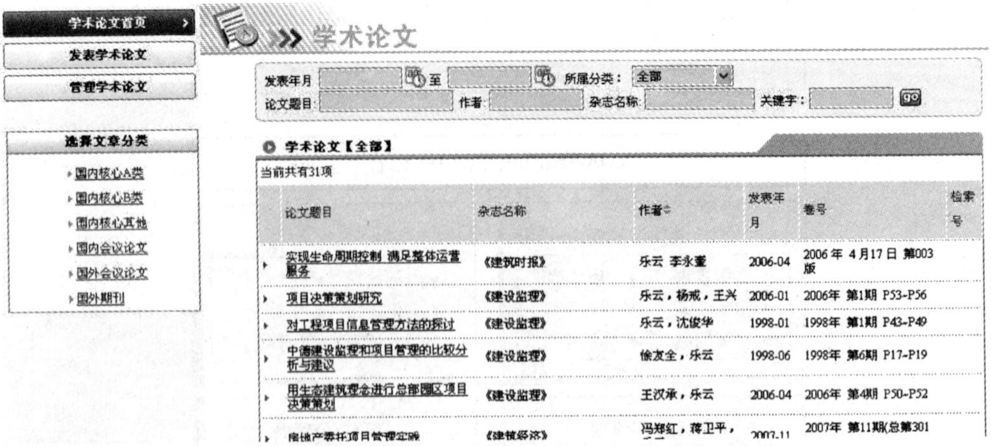

图 15-7　学术论文子模块

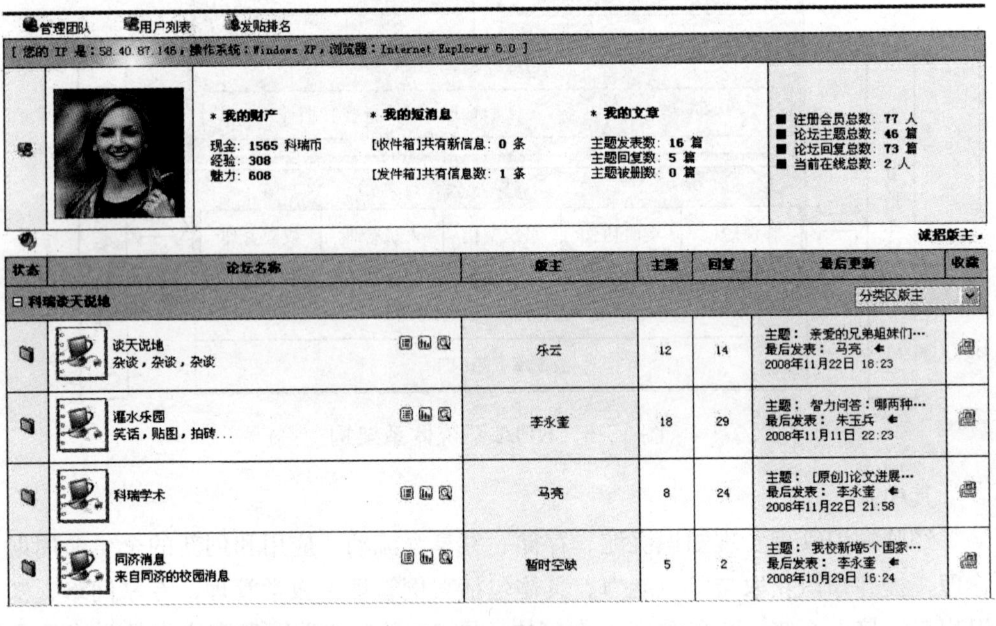

图 15-8　内部论坛

规范协作管理建立会议管理、项目协作、审批流程等协作平台，实现了即时通信、共享及交流等功能。图 15-9 为公司会议管理模块，实现了会议相关信息和资料的共享、传递和交流等。

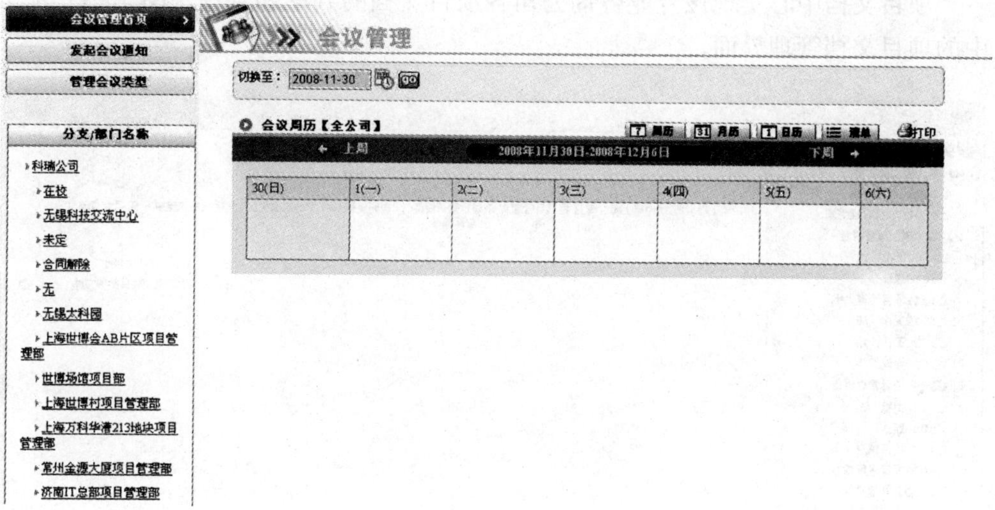

图 15-9　会议管理

行政办公管理提供灵活的工作流机制和个性化服务，实现真正的无纸办公。图 15-10 为员工之间信息通知模块。

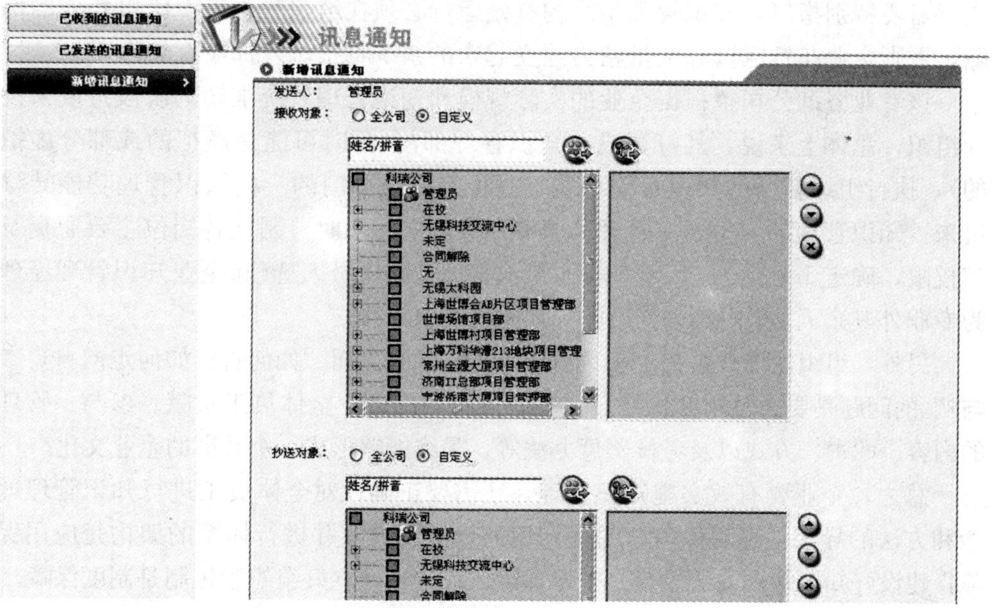

图 15-10　会议管理

项目文档中心实现该专业咨询公司各项目文档的共享和管理。图 15-11 为其中的项目文档管理界面。

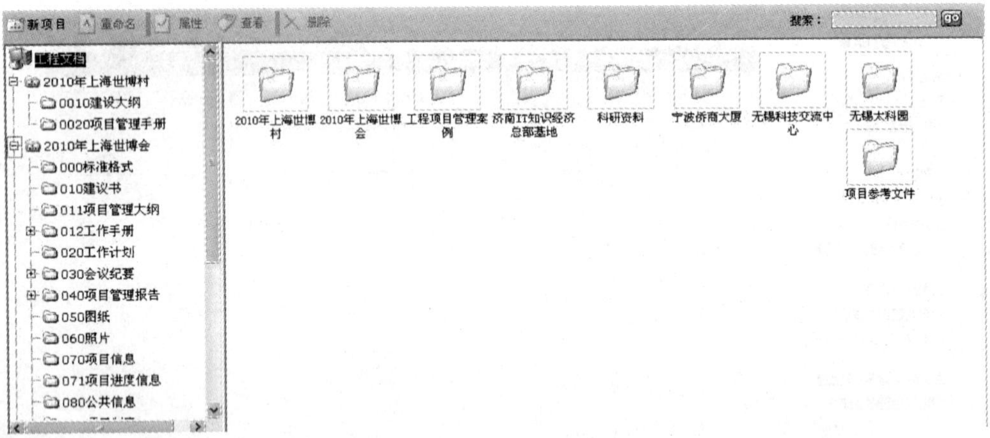

图 15-11　项目文档管理窗口

15.5.3　组织和制度保障

需要特别指出，知识管理系统的有效运行必须在组织和制度上给以相应的保障，否则企业花费巨资和大量精力建立起来的系统将很难发挥应有的作用。

该专业咨询公司拟根据企业的实际规模和知识管理系统推动的阶段进度来设计组织，总体上来说，其打算成立知识管理部门(到时可能是虚拟的或部分虚拟的)，执行组织新增的知识管理功能，并可将传统部门的一些知识管理功能转移过来。知识管理部门主要有管理和服务两大职责。同时，制定各岗位主要职责及其权限，确定 1～2 名专职或兼职的知识管理关键成员人选(除企业知识管理经理为专职外其余人员均为兼职)，负责具体的实施工作。

另外，组织建设只是解决了“有人管”的问题，而“如何管？如何走向自觉参与?”的问题是要通过制度化建设，具体包括明确企业全体员工贡献、参与、管理的内容、职责、方式以及考核奖惩办法等，最终能够形成一个共享的企业文化。

总之，企业要有效实施知识管理，还需要正确地对全体员工进行知识管理理念和方法的导入是思想保障，明确知识的来源和内容并进行体系的架构是应用保障，建设好知识管理系统平台是技术保障，设计或建立好组织和机制是制度保障。

参 考 文 献

[1] 丁士昭. 建设工程信息化. 北京：中国建筑工业出版社，2005.

[2] 王要武主编. 工程项目信息化管理—Autodesk Buzzsaw. 中国建筑工业出版社，2005.

[3] 乐云主编. 项目管理概论. 北京：中国建筑工业出版社，2008.

[4] 何清华主编. 项目管理案例. 北京：中国建筑工业出版社，2008.

[5] 特莱福威廉姆斯，陈勇强等译. 现代信息技术在工程建设项目管理中的应用. 北京：中国建筑工业出版社，2008.

[6] 何清华. 建设项目全寿命周期集成化管理模式的研究. 博士论文. 同济大学，2000.

[7] 何丰. 从 Primavera(P3e/c)学习项目管理. 北京：中国建筑工业出版社. 2007.

[8] 贾广社. 项目总控(Project Controlling)—建设工程的新型管理模式. 上海：同济大学出版社，2003.

[9] 李永奎. 建设工程生命周期信息管理(BLM)的理论与实现方法研究——组织、过程、信息与系统集成. 博士论文. 同济大学，2007.

[10] 林则夫. 项目管理软件应用. 北京：机械工业出版社，2008.

[11] 钟成栋. 基于知识的客户关系管理研究. 现代商业，2003(2)：20-23.

[12] 杨玉武，田力. 基于项目知识管理的企业成长研究. 中国科技论坛，2006(3)：50-54.

[13] 张继峰. 以知识管理为核心的第三代 OA 系统的研究. 山东电力技术，2002(6)：16-20.

[14] 吴建西. 基于知识管理的现代化信息技术. 云南师范大学学报，2006，26(2)：46-50.

[15] 袁杰，单强. 基于企业信息化的知识管理. 价值工程，2006(9)：71-75.

[16] 蓝凌咨询公司. 企业知识管理解决方案. http：//www. landray. com. cn/Solutions/ShowArticle. aspx? ClassID＝9.

[17] 葛新红，陈莉莉. 项目型企业的知识管理及 IT 实现. http：//www. catr. cn/cjgl/zlgl/200808/t20080804 _ 794259. htm，2008，8.

[18] 高永刚. 面向项目的知识共享及其综合评价研究. 硕士论文，天津大学，2005.

[19] 李永奎. 项目管理软件的应用现状与发展趋势. 建筑. 2003，09：72-73.

[20] 郭晓霞. 建设工程集成项目研究. 硕士论文. 西安建筑科技大学，2005.

[21] 高怀英，张胜利. 建设项目全寿命周期管理中的知识集成. 天津理工大学学报，2006(4)：81-84.

[22] 来艳红，张云波. 建筑企业多项目集成管理模式. 施工技术，2008(6)：446-448.

[23] 黄杰. 企业信息资源集成研究. 博士论文. 武汉理工大学，2005.
[24] 何广才，何清华. 项目总控模式在大型工程建设管理中的应用，建设监理，2005(1)：28-30.
[25] 刘毅. P3E/C在神华煤直接液化EPC项目中的应用. 石油化工建设，2007(8)：10-14.
[26] 管理人网. Project2003在建筑工程进度计划管理中的应用. www. manaren. com.

前发黑，金星直冒，身子一个踉跄，只能尽力躲过飞来的六记重拳里最危险的一拳。他弯下身，虚晃一招，然后全力朝达尔文的嘴上猛击。这一下打得真好！马丁甚至感到，自己的指关节透过达尔文湿润的嘴唇狠狠顶在坚硬的牙齿上。但他自己也随即挨了一拳，仿佛肚子撞上了一条凸出铁梁的末端。两人彼此跳开，又开始打转。达尔文的嘴角上淌出一条鲜红的血迹，他吐了两下血水，重又搏击起来。约翰若有所思地抽着烟斗，暗自比较着达尔文的经验和马丁的速度。他想，在拳击场上，如果要在这两个重量级拳击手之间做出选择，他会倾向于把赌注押给年长的达尔文。马丁的左眼已经肿胀合拢，两个斗士浑身汗水闪闪发光，血迹斑斑。瓦季姆这时劲头十足，狂热地用俄语喊着什么，约翰对他发出嘘声，叫他安静。砰，这一拳打在耳朵上。马丁失去了平衡，在他倒下时，达尔文又设法给了他一下。马丁重重地坐在布满卵石的草地上，弄伤了尾骨，但他马上又跳起来，重新发起进攻。尽管耳中嗡鸣，头痛欲裂，眼前是一片血红的薄雾，但马丁觉得，比起达尔文给他造成的伤痛，他给达尔文的更多。但是，拳击爱好者约翰已经清楚地看出，达尔文才刚刚打出兴致，而年轻的马丁过不了多久就会被彻底打倒在地。但是马丁奇迹般地经受住了达尔文的一连串重勾拳，又一次啪地击中了他的嘴。马丁这时已经气喘吁吁，头脑也不大清醒了，在他面前的已经不是达尔文，而只是一个红兮兮、滑溜溜、行动迅捷的无名庞然大物，必须用尽最后一丝力气狠狠揍它。他成功地在对手身上（具体是哪里他没看见）留下了结结实实、称心满意的一拳，但是马上就有许多拳头从四面八方连续击打着他，不管他转向哪里。在这股旋风般的袭击中，他执拗地寻找着缺口——他找到了，在扑哧作响的柔软物体上像打鼓似的咚咚敲击起来。突然，他感到自己的脑袋要掉下来了。他脚下一滑，却仍然用湿漉漉的臂膀夹住对方，吊在达尔文身上。

“时间到！”突然从远处传来了约翰的声音。两位斗士松开了对方。马丁一下子跌坐在茂密的青草上。达尔文咧开鲜血淋漓的嘴，微笑着坐到旁边，温柔地伸出一只臂膀搂住马丁的肩头。两人都僵住了，一动不动，低着头，沉重地喘息着。

“你们该好好洗洗。”约翰说，而瓦季姆担心地走到跟前，开始细细察看他们伤痕累累的脸。

“你能站起来吗？”达尔文关切地问。马丁点了点头，撑着达尔文站了起来，他们互相搀着肩膀，吃力地向河边慢慢走去。约翰拍拍他们沾满汗水的赤裸后背，瓦季姆走在前面，寻找偏僻的河湾。在那里，达尔文帮助马丁好好洗净了脸和身体，后来马丁同样为他这样做了，两人互相关心地轻轻问候对方身上哪里疼痛，水是否刺痛了伤口。

二十九

暮色越发浓重，夜莺开始啼啭，烟笼雾罩的草地和岸边黑乎乎的灌木丛透着一股潮气。约翰坐着自己的黑色独木舟，消失在河上的雾霭中。又是瓦季姆撑船。在昏暗的光线里，他就像一个白蒙蒙的可怖幻影，以梦游般的平稳动作把幽灵似的撑杆无声地插入水中。马丁和达尔文虽然全身疲软，无精打采，伤痕肿胀，却没有睡意，并肩躺在垫子上，用三只好眼睛望着天空，在它的背景上时而掠过黑乎乎的树枝。天空，树枝，微微拍溅的水，心里对航行充满热爱的瓦季姆那神秘高贵的身影，迎面而来的小艇船头上挂着的纸灯的彩色灯火，几天后就要结束的剑桥生活，他们三人这大概是最后一次在雾气弥漫的狭窄河上的漂流——所有这一切在马丁心里汇合成一种令人惊奇、富有魅力的东西，而对于沉重的头疼和肩膀的酸痛，他也觉得崇高浪漫：因为受伤的特里斯特拉姆就是抱着竖琴独自漂流的。

还有最后一个弯道就到岸了。马丁登上的河岸赏心悦目，风光明媚，岸上景色各异。但是，他知道，比如亨利叔叔就坚信，他在剑桥度过的这三年泛舟河上的岁月是白白浪费了，因为马丁没有去学习一门有用的职业，而是在文学的世界里尽情漫游，且在这条路上走得并不远。老实说，马丁不明白，为什么研究俄罗斯文学的专家要比运输工程师或商贾低一等。实际上，在亨利叔叔的兽笼里——每个人心中都有一只这样的兽笼——豢养着一头黑色的小兽，对于亨利叔叔而言，这头让人极度厌恶的小兽就是二十世纪。现在，马丁对此深感惊诧，因为他觉得，简直无法设想还有比当下更好的时代。这样的辉煌，这样的豪勇，这样的工程，是其他任何一个时代都没有的。探索未知土地的激情，勇敢大胆的实验，出于毫无功利之心的求知欲望而做出的荣耀功绩，那些在实验中双目失明或在爆炸中粉身碎骨的科学家，英雄主义的密谋，以一敌众的斗争——所有这些在以往世纪中隐约闪烁的一切，现在都以前所未有的力量涌现出来。在股市中亏损百万、倾家荡产的人冷静地选择自尽，这样的事情就像伏剑自尽的古罗马将军之死那样，强烈地冲击着马丁的想象力。在风景如画的荒野峡谷中，在阿尔卑斯山的峭壁上一处绝对难以抵达的地方，一块汽车广告牌鲜明地显露出来，向他致意，令他激动落泪。不论构造是极其复杂还是异常简单——比如，拖拉机或铸造排版机——机器都对人类百依百顺，讨人喜爱，这种性质使他不禁思考：人类的良善如此富有感染力，甚至都传给了金属。在城市上方高高的蓝天中，一架只有蚊虫般大小的飞机喷出乳白色的尾迹，在神圣的空间内写下蓬松柔软的字母，反复展示一家公司的名称，比它自身大上百倍，这幅景象让马丁心中充满了神奇和敬畏感。而亨利叔叔怀着恐惧和厌恶谈论着欧洲的没落、战后的疲乏、功利的时代和没有生命的机器的入侵，仿佛是在用美味佳肴豢养着自己的小黑兽，在他的假想中，狐步舞、摩天大楼、女式时装和鸡尾酒之间有着某种恶魔似的联系。此外，亨利叔叔觉得，他生活在一个十分匆忙的时代。夏日里的一天，亨利叔叔在山路边与当地神甫谈论起了这个话题，让马丁感到特别可笑的是，此时云朵在空中缓缓飘移，神甫那匹浅红色的老马眨巴着白色的睫毛，出声地抖动身子来驱赶苍蝇，它以难以形容的优雅动作低下头，响亮地咀嚼着路边多汁的青草，抖动着皮肤，不时挪动着蹄子。如果关于当今疯狂的匆忙、美元的威力、引诱了所有瑞士姑娘的阿根廷人的谈话太冗长，某个地方最嫩的草茎也已被吃光的话，老马便会稍稍向前移动，同时轻便马车的高轮子转动着，发出吱嘎的声响。马丁无法将目光从善良的马唇和留在嚼子中的草茎上移开。

“例如，眼前这个年轻人，”亨利叔叔用手杖指着马丁说，“他大学毕业了，读的是世界上最贵的大学之一，您可以问他，他学会了什么，他能干什么？我完全不知道接下来他要做什么。在我那个时代，年轻人从医、从军、做公证人，而他却八成在梦想着当飞行员或职业舞男。”

马丁不清楚自己到底被拿来做了什么例子，但是神甫看来能理解亨利叔叔的奇谈怪论，同情地微笑着。有时候，类似的谈话使马丁非常恼火，以至于他准备对叔叔——哦，是继父——出言不逊，但又会及时克制住自己，因为他注意到，每次亨利在餐桌前夸夸其谈时，母亲脸上会露出一种特别的神情，其中包含着一丝善意的揶揄、一股淡淡的悲哀、一份沉默无言的谅解请求，还有一种难以言表的明哲智慧。马丁于是表面上缄口不语，心里却对亨利叔叔回敬道：“说我在剑桥净干些不值一提的小事，这不是事实。说我什么也没有学到，这也不是真的。哥伦布在绕过西方的肩膀抓住东方的耳朵之前，为了搜集信息，隐姓埋名去了冰岛，因为他知道那里的水手精明能干，生来就适合远航。我也打算去探索一片遥远的土地。”

三十

索菲娅没有用亨利喜好的冗长谈话纠缠儿子。她没有问他想选择什么职业，认为这一切会自然而然得到解决。她满足于眼下的幸福，因为现在儿子在她身边，健康强壮，肩膀宽阔，皮肤晒得黝黑，白天会出门去打网球，说话声音低沉，每天刮脸，害得有一对明眸的吉沙尔太太（她是当地一位商人的年轻妻子）的脸蛋变得像罂粟花一般通红。有时候她心想，不知在什么时候，俄罗斯最终会突然挣脱邪恶的梦魇，边境大门前的条纹路障将升起，大家都将回归故里，收回过去属于自己的土地——我的天哪，树木长得多么高，房屋变得多么小，多么令人伤感，又叫人何等欢畅，土地的气息如此芬芳！每天早晨，她还是会热切地等待邮递员，就像儿子在剑桥大学的日子里一样。现在就有一封寄给马丁的来信（这可不多见呐），装在一只办公室信封里，地址上的潦草字迹又细又长，还盖着柏林的邮戳。她真真切切地感到高兴，一把抓过信，急匆匆地赶往儿子的房间。马丁还躺在床上，头发乱蓬蓬的，一只手放在下巴旁，吸着烟。他从镜子中看到，房门敞开，明亮的日光倾注进来，在母亲有雀斑的红润面庞上露出那种特别的表情：她双唇紧闭，却已经准备好漾开笑意。他知道，有信来了。

“今天你一封信也没有。”索菲娅把一只手放在背后，故意漫不经心地说，但儿子已经迫不及待地伸出手来，她就眉开眼笑地把信封按在胸前，两人都笑了。接着，她不想干扰他读信，便走到窗前，用双掌撑着脸颊，朝外斜倚在窗框上，满怀幸福地凝望着山峦，特别是远方一座被早霞映红的雪峰，只能从这扇窗户里看到。马丁一口气读完了信，装出比实际上高兴得多的样子，因此在索菲娅的想象中，济拉诺夫小女儿的这些信温情脉脉，可假如她能读到它们，她就会为儿子感到伤心难过。奇怪的是，她清晰地记得济拉诺夫家的那个小丫头：一个头发漆黑、脸色苍白的小东西，总是害着咽喉炎，或是在喉炎初愈后，脖子上缠着绷带或者涂着黄黄的碘酒。她想起有一次，自己带十岁大的马丁去济拉诺夫家参加圣诞晚会，在那家人位于圣彼得堡的公寓里，小索尼娅穿着带花边的白裙子，腰间束着宽宽的丝绸腰带。马丁根本不记得这一次圣诞晚会，因为以前举办过好多次，彼此都混起来了。只有一幕场景他还记得很清楚，因为它经常在他脑海里浮现：母亲说，该回家了，并把手指伸到他的水手衫的领口里，检查他是不是跑出了太多的汗，而他还拿着一只糊着金纸的大爆竹，不停地想挣脱开去，但母亲死抓住他不放，随即给他拉上了罩裤（几乎拉到了腋下），穿上了套靴和颈窝上紧紧扣住的皮大衣，戴上了令人讨厌、扎脖子的高加索式围巾帽。紧接着，严寒中的路灯那霓虹般的光彩就在马车车厢的窗玻璃上掠过了。使马丁激动的是，现在母亲眼中的神情和那时是一样的。现在他打球回来，她还是轻轻地摸摸他的脖子，送索尼娅的来信时也带着同样的温柔，就像以前某次她送来从英国订购、装在长纸盒里的气枪时一样。

气枪不完全是他期待的那种，和他在梦中想象的不一样，就像现在索尼娅的信也并不是他想要的那种信。可以说，她写得很匆忙，信里见不到一句意味深长、透出神秘气息的妙语，他只能满足于这样的表述："我常回忆起美好的古老剑桥。"或者："祝一切都好，我亲爱的小花，握你的爪爪。"她告诉马丁：自己找了一份办公室文秘工作，从事打字和速记；伊琳娜经常歇斯底里发作，让家里人头疼不已；她父亲办俄文报纸徒劳无功，目前正在着手经营出版业务，出版俄国流亡作家的作品；家里一个便士也没有，真叫人伤心；他们在柏林交了许多朋友，非常有意思；柏林的电车是绿色的，柏林人打网球时穿着领子浆硬的衬衫和吊带裤。马丁忍啊忍啊，一直忍过了夏天、秋天和冬天。后来，在一九二三年的四月中旬，在他二十一岁生日的当天，他向亨利叔叔宣称自己要去柏林。后者绷着脸，不满地说："亲爱的朋友，我觉得这根本没有意义。你以后看欧洲的时间有的是。实际上，我打算明年秋天带你和你母亲去意大利。但你可不能永远这样游手好闲下去。总之，我想建议你去日内瓦锻炼一下，发挥你的青春活力。"（马丁十分清楚这话是什么意思，亨利叔叔曾好几次试探性地聊起郁闷的话题，提到某家珀蒂兄弟贸易公司与他有业务关系。）"发挥你的青春活力。"亨利叔叔又用法语重复道，"在这个残酷的时代，在这个非常讲求实际的功利时代，年轻人必须学会谋生，给自己打通道路。你的英语功底扎实，在经济业务上和国外保持联系是件非常有意思的事。至于柏林么……你的德语可没怎么进步，不是吗？我看不出你能在那里做点什么事。"

"要是我什么都不做呢。"马丁阴郁地说。

亨利叔叔惊讶地看了马丁一眼。"真是个奇怪的回答。我不知道你父亲对这样的回答会怎么想。我觉得他会和我一样感到震惊——

一个精力充沛的健壮小伙居然会嫌弃任何工作。”他注意到马丁已经不快地涨红了脸，便急忙补充道，“请你明白，我这不是吝啬小气，绝对不是。谢天谢地，供养你我还是足够富裕的，我也由此认定了自己的职责，从中收获快乐。但是，从你这方面来讲，不工作是极不理智的。欧洲正在经历一场前所未有的危机，一眨眼的工夫，某人就可能倾家荡产。世道就是这样，你对它毫无办法。”

“我不需要你的钱。”马丁粗鲁地轻轻说。亨利叔叔装作没有听见，但是他的眼睛里却开始涌出泪水。

“难道你连一点功名心都没有吗？难道你就不考虑考虑自己的前途吗？我们埃德尔韦斯家的人总是善于工作。你爷爷起初只是个贫穷的家庭教师——为俄罗斯王子们教授法语，当他向你奶奶求婚时，她父母把他从家里赶了出来。过了一年，他回来时已经是外贸公司的经理了，于是，一切障碍理所当然就全部消除了。”

“我不需要你的钱。”马丁更轻声地重复说，“至于爷爷，那不过是个愚蠢的家族传说，你心里也清楚。”

“这孩子怎么啦？这孩子怎么啦？”亨利叔叔惊恐地喃喃着，“你有什么权利这样侮辱我？我对你做了什么不好的事吗？我，一个总是……”

“总之，我要去柏林。”马丁打断了他，颤抖着走出了房间。

三十一

那天晚上充满了和解、拥抱、擤鼻涕声和动情的咳嗽声——但马丁仍坚持自己的主张。母亲感觉到了儿子对索尼娅的思念，便作为盟友出面相助。现在，她看着儿子坐进汽车上路，她的脸上露出了勇敢的微笑。

屋子刚从视野中消失，马丁就与司机交换了位置。他小心地、近乎温柔地握着方向盘，仿佛握着某样珍贵鲜活的东西，同时望着威力无比的汽车吞噬着道路，这使他体验到了几乎与童年时一样的感受——那时，他坐在地板上，两脚踩住钢琴踏板，将可以旋转的圆凳夹在两腿中间，用双手把住凳面边缘，就像现在握着方向盘一样，在想象中开着汽车全速转弯，划出一道道优美的弧线，同时他一次次地踩下踏板，让钢琴发出阵阵嗡鸣，一边还在想象的风中眯起了眼睛。后来，在德国特快列车上（列车走廊的窗户中间悬挂着几张小地图，上面是列车不经过的区域），马丁享受着旅行，吃巧克力，抽烟，把烟头塞到烟灰缸的金属盖下面，烟灰缸里已经塞满了抽剩的雪茄。列车驶近柏林时，天已入夜。他在列车上俯瞰着那些路面潮湿、灯火通明的街道，脑海中又浮现出了童年时柏林给他留下的印象。在这座城市里，幸运的居民——如果他们乐意的话——每天都能享受这样的风景：在一条平淡无奇的街道上方，火车从一座黑色的桥梁上飘然而过，驶向神话般的终点。在这一方面，柏林与圣彼得堡不同：在圣彼得堡，铁路的运行仿佛成了一项秘密仪式，被隐藏了起来。然而，一周后，当他开始适应这座城市的面貌时，他已经无力重塑心中那座熟悉的柏林老城了。这种感觉就像遇到了某个多年未见的人，一开始，你认出了他的容貌和声音，随后你仔细察看，于是，在你眼前，光阴于不知不觉中带来的变化立即显现出来——容貌改变了，相似之处消退了，在你面前的是一个陌生人，他吞噬了过去那个年轻易逝的自己，并因此洋洋得意。除非机缘相救，否则，从今以后就很难再描绘出他以前的模样了。当马丁在柏林特意重访童年见过的那个十字路口和那座广场时，任何东西都丝毫不能触动他的情绪，可在另一方面，偶尔飘过的一缕煤烟或汽车尾气的味道，透过薄纱窗帘看到的天空那特别的苍白色彩，或者是因为卡车驶过而震动颤抖的窗玻璃，都让他在刹那间重温起柏林给他留下的部分印象——城市、旅店和鱼肚白的黎明。昔日富丽堂皇的弗里德里希大街上，如今玩具店的数量变少了，窗内的火车头看上去也变小了，更显破旧。街面已被挖开，只穿着衬衫的工人正在钻孔，掘出一个个冒烟的深坑，行人不得不从铺设的木板上择路而行，有时甚至要穿过松散的沙土地面。下椴树街上，几家蜡像陈列馆挤在一起，组成一座圆形监狱，其中那具裹着寿衣、正兴高采烈爬出坟墓的尸体，还有那尊名叫铁娘子的严酷刑具，都已失去了往日可怕的迷人魅力。马丁又来到选帝侯大街，寻找记忆中那座巨大的旱冰场。他记得很清楚：场内曾回荡着滑轮滚动的轰隆声，滑冰教练穿着红色制服，有一座贝壳状的户外音乐台，包厢环绕在场地四周，送进包厢里的摩卡咖啡蛋糕口味微咸；还有，他曾经脚穿旱冰鞋，伴着各种音乐翩翩起舞，一会儿弯右腿，一会儿弯左腿，有一次还扑通一声摔得好惨！可如今他发现，短短十几年的岁月，就足以使这一切消失得无影无踪。选帝侯大街也有了变化，发展起来了，路面延伸了。在某个地方——或许是在一座新大楼的地下——埋着二十座巨大的网球场，马丁曾经与母亲在那里打过两次网球，她响亮地大喊一声“开始”，然后用下手发球，跑动时裙子窸窣作响。现在，他不用出城就到了格伦沃尔德[①]，济拉诺夫一家就住在那里。他从索尼娅口中了解到，去韦尔特海姆商店买东西毫无意义，他也根本没必要参观冬季花园。他还记得，在冬季花园那绘有奇妙星空夜景的黑色天花板下，穿着紧身胸衣的普鲁士军官坐在包厢里灯光照亮的小桌旁，而舞台上，十二个大腿裸露的女子刺耳地唱着歌，她们挽着胳膊，从右到左，然后又从左到右地呈波浪状起伏，十二条白嫩嫩的玉腿不停地踢起放下。当时，年幼的马丁从这些舞女中认出了几位可爱的英国姑娘，她们平时举止端庄、矜持娴静，每天早晨都像他一样在木质旱冰场上滑冰。面对此情此景，他不由得轻声惊叹起来。

与马丁童年印象中那座结构紧凑、精致美观的城市相比，这个在一战后规模大大扩张、布局日益混乱的新柏林变得十分和平安宁，富有乡村气息，但最令人意想不到的大概是那些行为开放、嗓门洪亮的俄罗斯人。他们随处可见——在电车内，在商店里，在大街的角落中，在公寓住宅的阳台上——处处可以听到他们的高谈阔论。大约十年前，一九一三年的圣彼得堡仍然安全稳定，那时马丁还只是一名小学

---

① Grunewald，位于柏林西部郊区的一片居民区，以森林茂密著称，曾是皇家森林狩猎场。

生，他在一个预言式的白日梦里（任何想象力丰富的人都会偶尔做出预言式的幻梦——这是对白日梦进行统计的结果）想象自己几年后变成了流亡者：一个叫人发抖的严寒深夜，火车晚点了，灯光出奇昏暗的站台上，他意外地碰到了一位坐在箱子上的俄国同胞，不禁热泪盈眶，然后他们进行了一场多么奇妙的谈话呀！对于扮演这些流亡同胞角色的人物，他简单地选用了自己在早年那次国外旅行中注意到的俄国人——在比亚里茨镇的一户家庭，带着男女家庭教师、胡须刮净的仆人和棕色的达克斯犬；在柏林凯撒霍夫饭店里的一位迷人的金发女郎；或者，在北方快车走廊上的一位戴着无边便帽的年迈绅士，马丁的父亲认出了他，低声地称他为"作家波波里金[①]"。给这些人物挑选好合适的服装和言语后，马丁就派他们前往世界上最遥远偏僻的角落与自己会面。如今，在一九二三年，那些凭空生发的幻想（天晓得是哪本儿童读物造成的结果）已经完全化作了现实，而且大概过了头。有一次在电车上，一位浓妆艳抹的胖太太无精打采地抓着吊环，越过肩膀对自己的老伴、一位花白胡子的老人用俄语连珠炮似的大声说："受不了！真叫人受不了！这些没教养的外国人居然没有一个肯让座！"马丁立即跳起身，露出一个灿烂的微笑，重复着自己在童年幻想中排练过的场景，高声说："您请坐！"接着他便去抓吊环。在似曾相识的那股兴奋激动中，他的脸色一下子变得刷白。这些心平气和、被那位太太称作"没教养"的德国人全是体力劳动者，他们面带疲惫，饥肠辘辘，在车厢里嚼着灰色的三明治；这些三明治即使让俄国人看着有些恼火，但对他们来说却不可或缺，因为在当年爆发的恶性通货膨胀影

① Boborykin（1836—1921），俄国作家、剧作家、记者，于1860年第一次提出了"知识分子"这一概念。

响下，要吃上一顿像样的饭菜得花不少钱。马丁在电车上用美钞买票找零，而不是用它投资房地产，这让售票员惊喜得手都抖了起来。马丁是通过一份特别的工作挣到美元的。这要感谢最可爱的俄裔德国人金德曼，他已经教有钱人打网球好几年了。诚然，这份工作艰苦费力，但马丁对此颇感骄傲。从他碰巧撞上这份工作的五月份起，直到当年十月中旬（他离开柏林回到母亲那里过冬），然后是一九二四年春天，马丁几乎每天都从清晨忙到傍晚。他用左手夹住五个网球（金德曼能拿六个），右手用球拍平稳地一个一个打过球网，同时，在球网的另一边，神情紧张、肌肉僵硬的中年男女学员努力挥动球拍，却往往一个球也接不到。最初一段时间，马丁工作得十分疲累，他右肩疼痛，两脚异常酸胀，因此在赚到当天的五六美元薪水后，他会立即回家上床睡觉。在日光的暴晒下，他的头发颜色变浅了，皮肤变黑了——他仿佛成了自己照片底片上的人物。他的女房东是一位少校的遗孀，为了让自己的身份显得更加神秘，他对她隐瞒了自己的工作，于是她就以为，这个可怜的小伙子像许多文化人一样，不得不干苦力活——比如搬石头，所以皮肤就晒黑了——而且还像任何一个有教养的人那样感到不好意思。到了晚上，她会礼貌地叹着气，招待马丁吃她女儿从波美拉尼亚[①]的庄园里寄来的香肠。这位夫人身高六尺，面色红润，每逢周日就喷上古龙香水，房里还养着一只鹦鹉和一只乌龟。她认为马丁是位理想的房客：他很少在家，不接待客人，而且从来不用洗澡间（有了俱乐部里的淋浴和格伦沃尔德湖的湖水，他就完全可以不用洗澡间了）。这个洗澡间里面沾满了女主人的头发，头顶的晾衣绳上挂满了

① Pomerania，中欧的一个历史地域名称，曾被并入德意志帝国，1945年后此地分别为德国和波兰所有。

干燥的破烂衣物，叫不出名目，而对面墙边靠着一辆落满灰尘、锈迹斑斑的旧自行车。再说了，到洗澡间去也不容易：他得穿过一条狭长黑暗的走廊，里面拐弯特别多，还塞满了各种各样的废旧垃圾。从另一方面看，马丁所住的房间条件不错，自得其趣。房里有许多奢侈物品，比如自古以来就上着锁的立式钢琴，还有一架笨重巨大、结构复杂的晴雨表，在战争爆发两年前便已失灵。而在沙发上方，绿色的墙壁上，一个赤身裸体、手持三叉戟的老汉从伯克林[①]式的波浪中升起，如同一份永恒的善意提醒——济拉诺夫家的客厅里也有这样一幅画，尽管装在更简朴的镜框里，却使房间显得富有生气。

① Arnold Böcklin（1827—1901），瑞士著名象征主义画家，米开朗琪罗与巴洛克画风对他影响很大，其绘画多取材于神话故事和诗人奥维德的《变形记》等文学作品，代表作有《拉琴的死神》《维纳斯的诞生》等。

三十二

马丁在柏林首次拜访济拉诺夫家时看到，他们那套廉价的公寓房肮脏昏暗，有四个房间和一间厨房，一个陌生的索尼娅就坐在厨房里的桌子上，她梳着新发式，晃荡着双腿，脚上穿着织补过的长袜，一边吸溜着鼻子一边给土豆削皮。于是马丁明白，除了各种伤心事，他别指望能从索尼娅那里得到什么，这次到柏林算是白来一趟了。她身上的一切都很陌生：赤褐色的毛衣，露出来的耳朵，沉闷堵塞的嗓音——她饱受重感冒的痛苦折磨，鼻孔周围都是红的。有时她削着削着就会停下手，郁闷地擤鼻涕，发出一阵无精打采的哼哼声，然后又用刀削去一条螺旋状的褐色土豆皮。晚饭他们吃的是碎荞麦片，配料用的是人造奶油而不是黄油。伊琳娜来到餐桌前，怀里抱着一只从不离身的小猫，用一阵高兴而又可怕的笑声迎接马丁。两位母亲在过去这一年里都老了，彼此更加相像了。只有济拉诺夫还是老样子，一如既往地用力切着面包。

“我听说，”一阵吱嘎声，“格鲁济诺夫就在洛桑。你有没有——”又是一阵吱嘎声，“有没有碰巧遇见过他？他是我非常好的朋友，是一个意志刚强、坚决果断的人。”

马丁对格鲁济诺夫是什么人丝毫没有概念，但他什么也没问，生怕对自己犯下这个愚蠢的错误不打自招。晚饭后，索尼娅洗盘子，他把它们擦干，中间打碎了一只。

“情况真是糟透了！真叫人发疯！”她大叫起来，然后又解释道，“我不是指家里的经济情况，而是我的鼻子，我简直不能呼吸了。不过，经济情况也同样糟糕。”

后来她陪他下楼，为他打开前门上的锁。按下开关时，响起了一下可爱的咔嗒声，楼梯上的灯顿时亮了起来。马丁接连咳了几下，却始终未能说出一句他准备对索尼娅说的话。接下去的几个晚上完全是另一种样子——来了许多客人，他们在留声机的音乐伴奏下跳舞，在附近的咖啡吧里跳舞，或是在拐角处黑乎乎的电影院里看电影。许多张新鲜的面孔在马丁周围出现，就像从星云中诞生出了万千世界。所有那些散布在柏林周围、带有俄罗斯特性的事物，所有那些令马丁激动万分、构成海外流亡生活基本要素的事物，都在这里找到了各自明确的标签和特征：也许，它只是人行道上拥挤的人流中飘出的一小段日常对话的只言片语，一个变化多样的词汇（例如，那个带有俄罗斯特征、口音经常变化的复数名词*dóllary*，*dolláry*，*dollará*——美元，美元，美元）；或者，是在路上偶然听到的一对夫妇那如同朗诵调一般的争吵声（“我告诉你……”女人的声音；“哦，那就随你的便吧……”男人的声音）；或者，是在某个夏日的夜晚，一名男子在一扇亮着灯的窗户下仰头拍手，喊着某个响亮的名字和父称，让整条街上的空气震动不已，还害得一辆出租车神经质地发出嘎的一声，在惊慌中匆忙躲闪到马路一边，差点就撞上了这位大声叫嚷的访客，而此时，为了更好地看到要找的人是否像木偶庞奇[1]那样出现在窗口，他已经退到了柏油马路的中央。通过济拉诺夫一家，马丁认识了一些人，在这些人中间，他起初感到自己是个无知的异类，一个局外人。在某种意义上，他重复体验着自己初到伦敦与济拉诺夫一家见面时所感受到的那种尴尬。而现在，在斯捷潘·布勃诺夫的公寓里正进行着巨浪般滔滔不绝的谈话，其间充斥着许多现代作家的典故。无所不知的索尼娅带着一种嘲笑般的怜悯斜睨着马丁，他脸红了，不知所措，正打算把自己贫乏可怜的点滴思想贡献添加到别人的滔天语浪中，却又担心自己的话会被立即淹没，所以就一直保持沉默。他为自己在知识上落后于人感到羞愧，因此每到下雨天就在家里专心读书。很快，他就熟悉了那种特殊的气味，监狱图书馆的气味——它来自苏联的文学。

① Punch，英国传统木偶滑稽戏《庞奇与朱迪》中的一个驼背木偶丑角。

三十三

作家布勃诺夫是个像熊一样结实粗壮的人，今年三十岁，已经开始秃顶，有着巨大的前额、深陷的眼睛和方形的下巴，脖子上系着一条黑色的旧领结。他总是洋洋得意地指出，二十世纪许多杰出俄国文学家的名字都以字母B开头。他抽烟斗，每吸一口烟，双颊就深深地凹缩进去。在他眼里，马丁是个国外来的花花公子，而对马丁来说，布勃诺夫那慷慨激昂的华丽演讲和当之无愧的作家声誉令人印象深刻。布勃诺夫在流亡期间开始写作，他已经通过柏林的一位俄国流亡出版商出版了三本精彩的小说，目前他正在写第四本，主人公是克里斯托弗·哥伦布——或者，确切地说，是一名莫斯科的文书，奇迹般地在一条哥伦布的帆船上当了水手。除了俄语，布勃诺夫不懂其他任何语言，而有时他必须到国家图书馆查找资料，因此当马丁有空的时候，他很乐意把马丁带在身边。马丁德语掌握得不太好，所以遇到法语和英语文本时，他就会很高兴。或者，最好是意大利语。说实话，他对这种语言的了解比德语还少，但他特别看重自己这方面不多的知识，因为他记得，在郁郁寡欢的特迪的帮助下，自己曾经拜读过但丁的作品。布勃诺夫的公寓经常有流亡作家光顾，包括小说家、记者和长着粉刺的年轻诗人，依布勃诺夫之见，这些人都是平庸之才，他理所当然凌驾于众人之上。他将手掌撑在额头上，用手指蒙住眼睛，听完又一首思念祖国或回忆圣彼得堡的诗歌（诗中必然会出现那尊青铜骑士），然后把手从突出的眉毛上拿开，揉着下巴说："嗯，挺不错。"接着，他用那双浅褐色的眼睛盯住一点，重复说着"不错"、"不错"，口气却变得犹豫起来。继而他目光一转，说："还行。只不过，您要知道，您笔下的圣彼得堡写得有点太轻巧了。"于是，他逐步降低评判意见的水准，直至闷声闷气地叹息咕哝着说："写得完全不对，完全没必要。"一边沮丧地摇着头。突然，他精神焕发，神采飞扬，高声吟出普希金的一首诗收场。有一次，一位年轻诗人感到委屈，反驳道："那是普希金，而这是我的作品。"布勃诺夫想了想，回答说："可您毕竟还是差一些。"

不过，偶尔也会有某位新人带来一篇着实不错的作品，这时布勃诺夫就会变得古怪起来，神色阴郁，接连好几天都心情不悦——如果这篇作品是用散文体写的，那么情况更是如此。马丁除了给母亲写信，其他什么都不写，为此，别人用"我们的塞维尼夫人[①]"这句俏皮话来戏称他，布勃诺夫也真心诚意、无所顾虑地与马丁交上了朋友。甚至有天晚上，在三大缸比尔森啤酒[②]下肚后，完全放松的布勃诺夫开始迷迷糊糊、毫无顾忌地说起了某位姑娘（这让马丁想起了在克里米亚的山中燃起的一簇篝火）：她的心灵好似一曲动听的歌谣，她那双深

① Madame de Sévigné（1626—1696），法国散文家，出身于巴黎贵族家庭。她年轻寡居，带着女儿和儿子过着孤独的生活。1669年女儿和格里尼昂伯爵结婚，婚后跟随担任省长职务的丈夫去法国南方的普罗旺斯。塞维尼夫人每天给她女儿写信，二十年如一日。这些书信都收在她以后出版的《书简集》中。

② Pilsener，世界上最负盛名的发酵淡色啤酒品牌，因生产于捷克波希米亚的比尔森啤酒厂而得名。

色的眼睛在浅吟低唱，还有她的皮肤像珍贵的瓷器那样白皙。然后，他恶狠狠地瞪了马丁一眼，说："没错，这都是些陈词滥调，令人作呕，呸！你要是想鄙视我，就鄙视我吧，我也许没有半点才气，但我爱上了她。她的名字犹如教堂的圆顶，犹如鸽子展翅飞翔时发出的哨音。我在她的名字中看到了灿烂的光辉，那道特别的光芒，古代圣贤赫迪尔①的'睿智'之光。光明从那里来，从东方来。啊，这可是个大秘密，惊人的大秘密……"随后，他的声音低沉下来，化作狂乱的耳语："女人的魅力真是可怕——你懂的，可怕。还有她那双可怜的小拖鞋，脚跟都磨平了，对，磨平了……"

马丁感到很不自在，只好沉默地点点头。和布勃诺夫在一起时，他总是有种奇怪的感觉，仿佛全然身处梦境，而且不知为什么，无论对布勃诺夫还是对赫迪尔圣贤，他都不完全相信。索尼娅其他的熟人——例如，活泼开朗的卡利斯特拉托夫（他过去是军官，现在做着"汽车货运生意"），亲切可爱、肤色白皙、胸部丰满的韦列坚尼科夫家的姑娘（她曾经弹着吉他，用浑厚的女低音演唱《伏尔加河上的高崖》），或是年轻聪明、阴沉寡语的小伊戈列维奇（他是一个戴角质镜架眼镜的青年，读过普鲁斯特和乔伊斯的作品）——他们都比布勃诺夫简单得多。除了索尼娅的这些朋友，马丁还结识了她父母的那些上了年纪的熟人，他们受人尊敬，从政积极，心地纯洁，将来完全配得上用一百行简洁的文字写就的讣告。七月的一天，老伊戈列维奇重重地扑倒在人行道上，因心力衰竭而去世，流亡报刊后来登载了许多"不可替代的损失"、"真正勤劳的人"之类的赞辞。在摆满玫瑰花和黑色大

① Khadir，出自《古兰经》中所记载的古代先知穆萨的故事，是伊斯兰教真主安拉的仆人，也是穆萨的良师。

理石墓碑的犹太人墓地里，米哈伊尔·普拉托诺维奇·济拉诺夫走在送葬队伍的前面，腋下夹着公文包，头上没戴帽子，显得有些失礼。马丁此时觉得，讣告中说“他对俄罗斯充满了火热的爱”或者“他总是高举着笔”似乎有点贬低死者，因为这些话也可以用来说济拉诺夫和德高望重的讣告作者本人。马丁最惋惜的是死者的与众不同之处，那才是真正不可替代的——他的手势，大胡子，如雕刻出来一般的皱纹，突然露出的腼腆微笑，外套上只有一线相连的脱落的纽扣，还有他贴邮票的样子——先伸出整条舌头舔邮票，然后把它贴到信封上，再用拳头啪地一下压实。在某种意义上，这一切都比轻易催生出讣告上这套陈词滥调的社会功绩更有价值。马丁的思绪奇怪地跳到了自己身上，他暗自发誓，自己永远不参加任何政党，不出席任何会议，不做“授予发言权利”或是“宣布议程延期”的大人物。马丁还常常觉得奇怪：济拉诺夫、济拉诺夫的朋友还有这群勤劳正直、无私爱国的俄罗斯人，自己为什么不能对他们中的任何一人谈起心里珍藏已久的秘密计划。

三十四

但是索尼娅，啊，索尼娅……无论是在夜里幻想着那场充满荣耀的神秘探险，还是与布勃诺夫谈论文学，或是日复一日在网球俱乐部卖力教课，马丁都一再想起索尼娅，仿佛他就在她的身边，拿着火柴为她点燃煤气灶，灶台上猛地一喷，放出张牙舞爪的蓝色火苗。与她谈论爱情是徒劳的，但是有天晚上，情况发生了变化。一开始，他们在咖啡店里用吸管吸着瑞典潘趣酒，店里还有罗马尼亚小提琴凄切的伴奏。后来他送她回家。夜里很温暖，每个门口都站着一对纹丝不动的情侣，低语着，欢笑着，令人心驰神往，然后突然陷入沉寂；别墅的花园里，丁香花枝在朦胧夜色中摇曳；路灯的光线下，用来翻修房子的脚手架怪影幢幢。此情此景令他的柔情油然而生，他突然忘了平时的克制，忘了自己平时害怕成为索尼娅取笑的对象，奇迹般地开始说起——说什么来着？——说起贺拉斯。是的，贺拉斯生活在罗马，而罗马尽管拥有不少大理石建筑，看上去却仍像一个扩张中的大村落。在这里，你可以看见有人在追赶一条疯狗，成群的肥猪和黑猪崽在烂泥中打滚，到处都在建设——木匠在敲东西，大车咔嗒咔嗒驶过，车上运载着利古里亚大理石或巨大的松木。可是到了傍晚，敲击声静下来了，就像柏林在黄昏时静下来一样，铺子上锁时铁链条咣当作响，和柏林的商店放下窗板时的声音非常相像。贺拉斯慢悠悠地走向战神广场[①]，他虽然年老体衰，却大腹便便，秃顶，双耳硕大，穿着不干净的长袍，听着门廊下温柔的低语和幽暗角落里迷人的笑声。

“你真可爱，”索尼娅突然说，“我得亲你一下——等等，我们到那边去。”

在公园大门旁繁密枝叶的阴影下，马丁把索尼娅搂入怀中。为了不浪费分分秒秒，他连眼睛也不闭，慢慢地亲吻她那清凉柔软的嘴唇，同时看着她脸颊上苍白的反光和她那颤动着的下垂眼睑：一瞬间，眼睑抬了起来，露出一丝潮润茫然的闪光，又闭上了。她的身体微微战栗，双唇在他的唇下微启。像为了破除魔法一般，她用手掌一把推开他的脸，牙齿打战，低声请求他停下。

“要是我爱上了别人呢？”当他们重又在街上漫步时，她出乎意料地活泼起来，问。

“那会很糟。”马丁说。他感到，刚才有那么一段时间，他能牢牢抓住索尼娅，而现在她又滑脱了。

“把胳膊收起来。”她突然说，“你这算什么做派，就像个星期天上班的店铺管家。我可没法这样走路。”于是他最后的一线希望——用手掌触摸她那温暖的前臂所留下的愉悦感觉，也消失了。

“至少他有才气，”她说，“而你——你什么也不是，不过是个旅行中的花花公子。”

“才气？你说谁有才气？”

---

① Field of Mars，古代罗马台伯河的一块冲积平原，原为军事操练场地，后来成为许多公共建筑物的所在地。

她什么也没有回答，一直到家都沉默不语。但在门前的台阶上告别时，她将一条光裸的胳膊绕在他的脖子上，又一次吻了他，然后一脸严肃，低下头，从里面锁上门。他透过门上的玻璃看到，她抚摸着栏杆上楼，消失在拐角后——她的光芒就这样消失了。

"以前她对达尔文也是这样。"马丁心想。他突然感到一阵强烈的冲动，想会会这位老朋友，可达尔文远在美国，是一家伦敦报社派他去的。第二天，这个晚上的浪漫痕迹消失了，就像根本没有存在过一样。索尼娅与朋友们去了郊外的孔雀岛，在那里游泳和野餐，而马丁甚至不知道这件事。傍晚时分，他赶在商店关门前买下了一份礼物，一只系着深红色花结的大长毛绒狗玩具。当他把它夹在腋下走近她家时，他在街上遇到了回来的一伙人——索尼娅肩上搭着卡利斯特拉托夫的上衣，两人之间不断地迸出什么玩笑话，而谁都懒得向马丁挑明其中的意思。

他给她写了一封信，然后几天都没有露面。过了一周左右，她给他回了一张彩色明信片，上面有一个可爱的男孩从绿色长椅后俯身，长椅上坐着一位漂亮的女孩，她正欣赏着一束红玫瑰，底下是一行用金色字母写的德语诗："玫瑰朵朵传心意，真情脉脉永勿言。"在反面，索尼娅写道："他们很可爱不是吗？这才是你想要的约会。听着，我需要你来帮忙，我的球拍上有三根弦断了。"她对他的信只字不提！然而，在后来的几次拜访中，有一次她说："我觉得你真蠢，每天都去工作，也不抽空跷一两天班。你要是提，金德曼肯定会代你上课的。"

"他有自己的课要教。"马丁犹豫不决地回答，但他后来还是与金德曼谈了一下。于是，在一个阳光明媚、万里无云的绝佳早晨，马丁和索尼娅去了郊外，那里湖泊遍布，芦苇丛生，松林茂盛。马丁豪爽地信守了对她的诺言，不抛媚眼（这是她的说法），没有要去亲吻她的图谋。从这一天起，他们之间因为某个偶然的话题而开始了一系列特别的谈话。马丁想让索尼娅大吃一惊，他含糊地暗示，自己加入了一个反布尔什维克的秘密组织，从事侦察活动。这样的组织是真实存在的。事实上，他们共同的朋友梅尔基赫中尉听说就曾两次越过边境，执行危险任务，马丁一直想找机会与他交朋友，有一次甚至还邀请他吃过晚饭。另外，马丁没能在瑞士见到那位神秘的格鲁济诺夫（济拉诺夫曾提到过这个人），这让他一直感到遗憾。据他打听到的消息，格鲁济诺夫是个大冒险家、恐怖分子、特殊间谍以及不久前一系列反苏维埃农民暴动的幕后主脑。

“我不知道你在想这些事情。”索尼娅说，“只不过，你要知道，如果你真的加入了那个组织，然后又马上开始四处张扬，这么做是非常幼稚的。”

“噢，我不过是开个玩笑而已。”马丁说。他故弄玄虚地眯起眼睛，想让索尼娅相信，自己是故意把这事化为玩笑的。她却没有注意到这一微妙的玄机，只是伸展四肢，躺在铺满针叶的干燥地面上，头顶是树干上洒满了阳光的松树。她将光裸的双臂枕在脑袋后面，露出可爱的腋窝——它们不久前刚刚刮净，现在就像是用铅笔画出来似的。她说，很奇怪，她也常常在想这件事：世界上竟有这么一片土地，普通人禁止入内。

“我们怎么叫它呢？”马丁问，他突然想起了自己与丽达在克里米亚那童话般的海岸上玩的游戏。

“得用北方的什么名字。”索尼娅回答，“瞧，松鼠！”那只松鼠玩着捉迷藏游戏，身子一动一动地顺着树干爬了上去，在枝叶中消失了踪影。

“比如——佐尔兰德，”马丁说，“诺曼水手就经常提到它。”

“好啊，当然——佐尔兰德。”索尼娅附和说。从她身上意外流露出的想象力令他有点震惊，他咧开嘴笑了。

“可以帮你捉掉蚂蚁吗？”他顺便解释着问。

“取决于在哪里。”

“在长袜上。”

“走开，亲爱的。”——这句话是冲蚂蚁说的。她撣掉了那只蚂蚁，又继续讲了起来，仿佛是在背诵：“那里冬天很冷，屋檐下悬挂着一排排可怕的冰锥，整个看上去就像管风琴的音管。后来它们全融化了，一切都湿漉漉的，消融雪地上的斑斑点点犹如黑色的烟灰。哦，我可以告诉你那里的一切。例如，那里刚刚通过了一项法律，所有居民必须剃光头，因此，现在最重要、最有权势的人都是理发师。”

“头的平等。”马丁说。

“没错，而且当然最好是秃顶。你知道……”

“布勃诺夫在那里会走大运。”马丁插进一句玩笑话。

不知为什么，索尼娅突然见怪了，不再做声。不过，从那天起，她偶尔还是会屈尊陪他玩佐尔兰德的游戏。与此同时，一个念头折磨着马丁：她这样做也许是在故意拿他开心，她随时有可能逼迫他踏出错误的一步，越过那道想象与现实的边界，使他的幻想变得索然无味——于是，这名梦游者便会突然惊醒，发现自己正倒挂在屋檐下，眼前是朝下翻起的睡衣、人行道上观望的人群和消防队员的头盔。然而，即使索尼娅是在嘲弄他，也没关系，没关系，能有机会在她面前敞开心扉，他也十分乐意。他们一起研究着佐尔兰德的风俗和法律。这片地区岩石密布，风力十足，而风被视为一种有益的力量，因为它维护平等，不能容忍高塔和大树。在它的推动下，人民为大气分层，通过严密监视来控制气温保持一致。还有，纯粹的艺术和纯粹的科学都自然而然被宣布为非法，这样一来，在看到学者陷入沉思的模样和他们那些令人恼火的厚重著作时，那些诚实的傻瓜就不会感到难过了。幸福的佐尔兰德人围坐在篝火旁（小提琴在火中燃烧，上面的琴弦啪的一声崩断了），他们剃着光头，穿着褐色长袍，一边取暖一边大声做着报告，讨论着炸开群山、夷平大地的宏伟计划：那些高山傲然矗立，实在是太放肆了。有时候，在大家谈话时——比如，在桌旁——索尼娅会突然转向他，飞快地低语道："听说了吗？那里出台了一项新法律，禁止毛毛虫变成蛹。"或是："我忘了告诉你，救世主拳击家（这是其中一位领袖的绰号）下了命令，命令医生停止四处奔走，要用同一种方法去医治世上所有的疾病。"

三十五

回到瑞士过冬后，马丁期待着收到一封有趣的来信，但索尼娅在寥寥无几的来信中再也没有提到过佐尔兰德。有一封信里，她请马丁向格鲁济诺夫转达她父亲的问候。原来，格鲁济诺夫正好住在大华宾馆，就是以前十分吸引马丁的那家宾馆。然而，当马丁从山上滑到宾馆时，他发现，格鲁济诺夫已经离开了，而且要过段时间才能回来，于是他将济拉诺夫的问候转达给了格鲁济诺夫的妻子。她是一位面相年轻、衣着靓丽的女士，年纪在四十来岁，有一头蓝黑色的秀发，两颗突出的门牙上总是沾着口红，为了遮住这对龅牙，她笑起来有点小心翼翼。她的双手小巧柔软，戴着闪亮的戒指，马丁从未见过像她这样精致的手。不过，虽然大家都认为她十分迷人，称赞她极富魅力、声音悦耳亲切，马丁却依然保持冷静。事实上，一想到她也许是在试图诱惑他，马丁的心里就很不愉快。他的疑心毫无根据。格鲁济诺夫夫人对他并不热情，就像她对那个带她去坐雪橇滑雪的英国人（高个子，大鼻梁，小脑袋上长着花白粗硬的头发，脖子上系着条纹围巾）一样冷淡。

"我丈夫七月份以后才能回来。"说完，她开始问起济拉诺夫家的情况。当马丁提到伊琳娜时，她说："对，对，我很同情她母亲。您可知道，这一切是怎么发生的？”马丁知道。内战期间，伊琳娜还是个文静温和、性情忧郁、身材丰满、心智正常的十四岁小姑娘。在俄罗斯南部，她和母亲挤在一节货运车厢里的长木凳上，夹在一群形形色色的坏人中间。漫长的旅途中，有两个流氓不顾自己伙伴的抗议，一直骚扰小姑娘：摸她，拧她，挠她痒，还对她说些骇人听闻的淫词秽语。巴甫洛夫夫人在惊恐无助之中强作笑颜，尽全力保护自己的女儿，不停地说："没什么，伊萝奇卡，没什么——哦，求求你们放过这孩子吧，你们怎么不觉得害臊——没什么，伊萝奇卡……"后来，在下一列火车上，在离莫斯科更近的地方，一帮逃兵或是什么人把她那肥胖的丈夫从车窗扔了出去，当时火车正在全速行驶。是的，她丈夫很胖，结果人卡在了车窗里，歇斯底里地狂笑起来。但是那帮暴徒一起用劲，最后还是成功地让他从视线里消失了，只有刺眼的雪从空窗口掠过。这一切发生的时候，巴甫洛夫夫人依然哭叫着紧紧抱住女儿的脑袋。后来，她的丈夫奇迹般地在一座覆满积雪的小车站里与家人团聚了，而伊琳娜也奇迹般地从一场严重的伤寒传染病中存活了下来，只是，她再也不能说话了。直到一年过后，在伦敦，她才学会用不同音调发出哞哞的叫声，还可以勉强清晰地发出"妈—妈"的声音。

不知怎么的，马丁以前从未留意过伊琳娜，很快就对她的智力缺陷见怪不怪了，但现在，当格鲁济诺夫夫人补充说"这就是事情的经过，从此他们家有了一道经历战争创伤的永久疤痕"时，他感受到了一种奇怪的震撼。佐尔兰德的夜色似乎更黑了，它的密林更深了，马丁已经知道，无论是谁，无论什么东西，都不能阻止他作为一个自由的朝圣者钻进这些森林，在那里，有一些胖孩子在黑暗中受着折磨，空气中散发着烧焦和腐烂的气味。他的冬夜幻想里充满了那么多的奇遇，以至于当他在春天回到柏林，回到索尼娅那里去时，他几乎自己都信以为真，仿佛他已经结束了那场孤独勇敢的远征，现在就要对她讲述自己的冒险经历。马丁走进索尼娅的房间，急着要说出一切，在她那双黯淡无神的眼睛让他再次变得心灰意冷前，他说："就像这样，就像这样，总有一天我会回来，然后，啊，然后……""任何时候什么也不会有！"她用普希金笔下的纳伊娜的腔调嚷了起来（"英雄，我可不爱你！"①）。办公室的工作非常辛苦，她比平时更显苍白。在家里，她穿着陈旧的黑天鹅绒裙子，腰间束着细皮带，拖着带有破毛绒球的无跟拖鞋。她常常在晚饭后穿上雨衣出门，而马丁在各个房间里徘徊一阵后也离开了。他把手插在裤子口袋里，慢慢向有轨电车车站走去，抵达柏林另一头后，他在从网球俱乐部认识的夜总会舞女的窗下温情地吹起了口哨。她轻快地走到阳台上，在护栏前呆愣了片刻，消失了，然后又走出来，扔给他包在纸里的钥匙。在她的卧室里，马丁喝下绿色的薄荷甜酒，亲吻着她那金褐色的裸露背部，而她则晃动着脑袋，将肩胛骨用劲地合起来。他喜欢看她一边挪动着肌肉发达的黝黑双腿，用又小又快的步子在房间里走动，一边老是怒气冲冲地咒骂着那个舞场老板；喜欢她那张带着橙色红晕的奇特的小脸蛋，两道极细的眉毛，还有那头向后梳起的顺滑秀发。他努力不去想索尼娅，但无济于事。五月的一天晚上，他带着颤音轻轻吹起一声口哨，可在阳台上出现的不是他的情人，而是一个穿着吊带裤、上了年纪的男子。马丁叹了口气，走开了。他坐电车回到济拉诺夫家所在的大街，开始在两盏路灯中间

① 出自普希金根据俄罗斯民间传说改编的经典奇幻长诗《鲁斯兰与柳德米拉》。纳伊娜是诗中的一个女巫，年轻时曾被牧羊青年费英热恋，一直拒绝费英的追求。为了赢取恋人的芳心，费英带领伙伴在海上劫掠征战十年，威名远扬，富甲一方，后卸甲归乡向纳伊娜求婚，却依然遭到纳伊娜一句"英雄，我可不爱你！"的冷遇。

徘徊。索尼娅过了半夜才回家，孤身一人，在她从手提包里掏摸寻找着钥匙串时，马丁走上前，怯生生地问她到哪里去了。“你就不能离我远点儿吗？”索尼娅嚷了起来，不等马丁回答就转动了钥匙。门锁发出两次咔嚓声，沉重的门打开了，停了片刻，然后砰的一声关上了。后来马丁开始猜想，不仅是索尼娅，所有他俩共同的熟人不知怎的都在回避他，无论谁都不需要他，无论谁都不喜欢他。他去布勒诺夫家里拜访，布勒诺夫却用奇怪的目光盯着他，请他原谅，然后继续埋头写作。他觉得，再这样下去，他就会变成索尼娅的影子，将在柏林的人行道上遛来遛去，直至生命的尽头，把他心中日益成熟、重要而庄严的东西白白浪费在感情上。最后，马丁决定离开柏林，在清除旧念的孤独中思考探险计划。一九二四年五月中旬，他去和索尼娅告别，皮夹里已经放着去斯特拉斯堡的票。当然，她不在家。昏暗的房间中坐着伊琳娜，她一身白衣，像只透明的乌龟飘在半明半暗的暮色里，视线一直在他身上。于是，他在一只信封上写下“法令宣布在佐尔兰德正是极夜”，把信封留在索尼娅房内的枕头上。然后，他没有穿大衣，也没有戴帽子，只提着一只皮包，坐上等候着的出租车，离开去了火车站。

三十六

火车刚一开动，马丁就有了精神，快活起来，开始享受旅行的激情——在他看来，这是一种必要的训练。换乘上经过里昂开往南方的法国火车以后，他感觉自己彻底摆脱了索尼娅虚无缥缈的爱情魔咒。列车经过里昂，南方的夜幕开始逐渐笼罩大地，车窗的倒影化作浅白的方格在黑色的斜坡上掠过。在闷热难耐、肮脏不堪的二等车厢隔间里，马丁唯一的旅伴是一个法国中年人。这个法国人脱下大衣，麻利地用手指从上到下依次解开马甲上所有的扣子，仿佛拧下手腕似的扯下袖口，把这两只浆过的袖口小心地放进网兜，然后坐在座位边缘上，抬起下巴，一边摇晃着身子——火车正在飞速行驶——一边解下领子和领带。因为领带前面已经打好了现成的领结，后面用搭扣钩住，所以当这个法国人从后面解开搭扣取下领带时，马丁不禁产生了这样一种印象：这个人正在把自己拆开，马上就要把头取下来了。他前脖颈上的皮肤松弛下垂，像火鸡的脖子似的。他松了口气，将脑袋向左右两边放松地转动了一下，然后嘴里哼哼着，弯下身，脱去皮鞋，换上卧室里穿的拖鞋。现在，他穿着衬衫，长满卷毛的胸口处敞开着，给人的印象又像是个好心人：因为这些夜行的旅伴有着苍白发亮的面容和半睡不醒的眼睛，总好像是由于晃动的车厢和其中闷热的空气而显出一副喝醉似的样子。他从一只大篮子里掏出一瓶红酒和一只大橙子，先喝了一口酒，咂吧一下嘴唇，吱的一声把瓶塞牢牢地塞回去，接着把橙子顶上的皮咬掉，然后用大拇指剥开橙子。马丁把陶赫尼茨[①]的廉价本英语书放到膝盖上，刚要打哈欠，这时他的目光与法国人相遇了，对方开口说："我们已经到了普罗旺斯。"法国人脸上带着微笑，浓密的眉毛朝窗口方向动了动，在镜子般的窗玻璃上，他那暗淡的倒影也正在剥着一只橙子。

"是啊，能感觉到是在南方了。"马丁用法语回答。

"您是英国人吗？"对方探问着，一边把剥好的、带着灰白色内皮的橙子撕成两半。

"对。"马丁回答，"您怎么猜到的？"

法国人有滋有味地咀嚼着，耸了耸肩。"不那么难猜。"他吞下一口橙子，视线一转，用一根多毛的手指指着那本陶赫尼茨英语书说。马丁温和地笑了笑。"我是里昂人，"那人继续说，"做贩酒买卖。我必须经常出差，但我喜欢到处转悠，可以见识新的地方，结识新的人，说到底——认识世界。我有妻子和一个小女儿。"他用报纸擦着揸开的手指，补充说。接着，法国人又看了马丁一眼，看了一下他那只破旧的皮包和那条皱巴巴的裤子，心想一位英国老爷可不会来坐二等车厢，便点点头说："您是旅行者吧？"马丁明白，这不过是旅行推销员的缩略简称。

"是的，我确实是个旅行者。"他回答说，努力赋予法语不列颠的腔

---

① Tauchnitz，德国老牌印刷出版商，由卡尔・陶赫尼茨于1796年在莱比锡创立，以印制古典文学版本和廉价本英语书籍而出名。

调，“但是，是更广泛含义上的旅行者。我要去很远的地方。”

“但是您在做生意？”

马丁摇摇头。

“这么说，您这是为了找乐子？”

“也许是吧。”马丁说。

法国人默默沉思了一会，接着问：“您现在是去马赛，对吗？”

“是的，大概是去马赛。我还没有做好全部准备，目前还没有。”

法国人点了下头，但明显流露出迷惑的表情。

“在这种事情上，”马丁继续说，“应该很小心仔细地做准备。我在柏林住了将近一年，想在那里找到我所需要的信息，您想象不到……”

“我有个侄子在做工程师。”法国人充满希望地插话道。

“噢，不，我不搞技术，我访问德国不是为了这方面的事。但是我要说：您无法想象，要挖出这方面的信息有多么困难。实际上，我是打算去探索一片几乎难以涉足的遥远区域。只有少数几位探险家到过那里，但是怎么找到这些人，怎么让他们开口呢？我又有什么呢？只有一张地图而已。”马丁指向手提包，那里面除了他的丝绸衬衫和折叠浴盆外，确实还有一张他从柏林过去的总司令部搞到的地图。接下来是沉默。火车轰隆轰隆震颤着行进。

“我总是认为，”法国人说，“我们的殖民地大有可为。当然，你们的殖民地也是这样，而且你们有很多。我有一个朋友在热带待了十年，他说自己很愿意回去。有一次他告诉我，他曾看见猴子爬上一棵倒下的树干过河，后面的猴子抓着前面猴子的尾巴——真是太好笑了——抓着尾巴！抓着尾巴！”

“殖民地又是另一回事，”马丁说，“我不是打算去殖民地。我的路要穿过荒凉而危险的地方，谁知道呢？也许我回不来了。”

“那算是科学考察吗？”法国人用后面的牙齿压住哈欠，问。

“部分是。但是——怎么跟您解释呢？——科学，知识，所有这一切都不是重点所在。重点是，主要的目的是……不，我真的不知道该怎么解释。”

“明白了，我明白了。”法国人困倦地说，“你们英国人就是喜欢打赌和破纪录。”他说“纪录”这个词的时候，声音里充满了睡意，“谁想要云端中一块光秃秃的岩石？或者——老天爷，在火车上真是困死人！——冰山，不管人们怎么叫它们？或者，就是北极？或者是让人得上疟疾死于非命的沼泽地？”

“对，您大概说到点子上了，但是就算如此，就算是运动精神，也并非全部。还有其他一些东西——我该怎么说呢？——荣耀，热爱，对土地的温情，千万种相当神秘的感觉。”

法国人目瞪口呆，然后突然俯身向前，轻轻拍了一下马丁的膝盖。“您这是在嘲笑我吗？”他柔和地说。“哦，不是，根本不是。”“够了！”他仰身向自己的角落躺下去，“您现在想去撒哈拉转悠还太年轻。如果您不介意的话，我现在就想熄灯睡觉。”

三十七

黑暗。法国人几乎马上就打起鼾来。“他到底还是相信了我是英国人。我就这样去北方，就这样，乘无人可以阻挡的火车，然后，然后……”在想象中，他开始走上一条林间小径，小径向前延伸，不停地延伸下去，但睡梦并没有前来与他会合。马丁睁开了眼睛。不如把车窗拉下来一点吧。马丁从车窗里探出身子，定睛凝望，柔和的夜风拂向他的面庞，看不见的灰尘飞进眼中，迷住了他的眼睛。他缩回了头。在黑暗的包厢中响起了咳嗽声。“别，别这样。拜托，”一个不满的声音说，“我可不想在星空下睡觉。关上，关上。”“您自己关吧。”马丁说完就走进亮着灯光的过道，经过一座座隔间，可以猜到，里面是些无可告助、半脱了衣服入睡的混杂人群：呼哧声和叹息声四起，有人像鱼似的张着嘴，有人的脑袋不时耷拉又突然抬起，还有人伸出一只柔软的脚，顶在另一个陌生人的鼻子边上。马丁穿越了一条条铿锵作响、用铁皮相接的连廊，走过了两节三等车厢。有几座隔间的门开着，其中一座隔间里，穿着灰蓝色服装的士兵正喧闹着在打牌。再往前，在卧铺车厢的过道里，马丁停在半放下的车窗旁，突然非常鲜明地回忆起了童年时在法国南部的旅游，窗边可以折叠的坐板，可以让他控制火车的布带，还有那用三种语言吟唱的动听曲调——特别是那首用意大利语唱的《危险》。他回想起自己的生活是多么奇怪，就好像他从未走出一列飞速行驶的火车，不过是从一个车厢走到另一个车厢罢了——在一个车厢里坐满了年轻的英国人，达尔文在他们中间，正庄重地拉下紧急刹车索；在另一个车厢里是阿拉和她的丈夫，不然就是克里米亚的朋友们，或者是打鼾的亨利叔叔，或者是济拉诺夫一家，济拉诺夫一直在看报纸，而索尼娅用天鹅绒般的黑眼睛盯着窗外。“然后我会继续步行，步行。”马丁激动地喃喃自语。一片茂密的森林，一条蜿蜒的小径——多大的树呀！而在这里，在这座卧铺车厢中，乘着这车的肯定是童年时的他，正颤抖着解开皮窗帘；如果继续沿着蓝色的过道向前走，就会来到餐车里，他的父亲和母亲正在用晚餐，桌子上放着同一块用紫色包装纸包住的巧克力，而在车门上方，一台螺旋形的换气扇在五彩缤纷的广告中闪着微光。这时，马丁透过窗户看到了童年时见过的一幅景象，与他的记忆遥相呼应—— 一串璀璨的灯火，在远方，在黑乎乎的山丘中，仿佛有人将它从一只手倒到另一只手上，然后塞进了口袋。在他看的时候，火车开始减速了，于是马丁对自己说，如果火车在这里停下，他就立即下车，去寻找那些灯火。一座车站驶进视线，然后圆月似的挂钟也映入眼帘，火车发出一声长长的叹息，停住了。马丁慌忙奔向自己的车厢，两次走错了地方，闯进了在黑暗中充满鼾声的其他隔间，最后终于找到了。他一把打开灯，法国人从座位上一边半直起身，一边用拳头擦着眼睛。马丁猛地从行李架上拉下手提包，把那本陶赫尼茨抓在手里。在仓促中，他没有注意到火车已经开始缓缓移动了，因此，当他从车上跳到滑溜的站台上时，差点摔倒在地。一长列车窗从他的眼前掠过，消失不见了，剩下的只是空落落的铁轨和枕木间煤灰的闪光。

马丁喘着气走过站台。一名搬运工正推着行李车，车上是一个贴着“易碎品”标志的大箱子。他用金属般的口音对马丁快乐地说：“您醒得很及时，先生。”这种口音在普罗旺斯似乎很少听到。“请告诉我，”马丁好奇地问，“这木箱里是什么东西？”搬运工看了一眼木箱，仿佛第一次发现它似的，然后大声读出了地址：“自然科学博物馆。”“啊，对了，肯定是一箱昆虫标本，准没错。”马丁说，然后便向放着几张小桌、灯光昏暗的餐厅入口处走去。

空气温暖柔和，煤气灯发出白光，它的周围有一群苍白的小蠓虫和一只白色底翼的黑色大蛾子飞来飞去。一张六尺高的大海报点缀着墙壁，试图用服役的美好前景来吸引年轻人：前景是一个勇武的法国士兵，背景是海枣树、单峰骆驼和穿着带帽斗篷的阿拉伯人，角落里还有两位蒙着面巾的贵妇。

车站里没有人。稍远处放着鸡笼，里面的母鸡都在睡觉。在远远的铁轨另一边，隐约可见漆黑散乱的灌木丛。空气中弥漫着煤、刺柏和尿臊的气味。一位皮肤黝黑的老妇人从酒吧间里探出头来。马丁给自己要了一杯开胃酒，他在一则广告中读到过它那好听的名字。过了一会儿，一个穿着蓝衣的工人坐到邻桌，把头枕在胳膊上睡着了。

“我想打听点事儿。”马丁对老妇人说，“火车刚才停车前，我看见在远处有些灯火。”“在哪里？是在那里吗？”她伸出手，指着火车驶来的方向问。马丁点了点头。“那只可能是莫利尼亚克。”她说，“对，莫利尼亚克。一个小村庄。”马丁付清账，提着包向出口走去。黑漆漆的广场，梧桐树，一排蓝幽幽的房子，一条狭窄的街道。他已走到了这条街上，这时才忽然想起，自己忘了在车站上看一下车站的标牌，现在他不知道身处的这座小镇的名称。这使他感到愉快和激动。谁知道呢——说不定，因为空间的变幻无常，在这充满未知的夜里，他已经越过佐尔兰德的边境线了，马上就会面临挑战。

三十八

第二天上午醒来后，马丁未能立即回忆起昨天的事，他醒来是因为苍蝇叮他，脸上痒痒的。床铺非常松软，盥洗槽十分简陋，旁边的厕具呈提琴状，炽热的日光透过蓝色窗帘的缝隙射进来。他很久没有像这样睡个好觉，也很久没有这样饥饿了。他撩开窗帘，看见对面是一堵白得刺眼的墙壁，墙左边稍远一些是撑着条纹遮阳篷的店铺，一只花斑狗蹲在人行道上，用后爪挠着自己的耳朵，路边有一股流水在闪闪发亮。

他按下服务铃的按钮，响亮的铃声传遍了整栋两层楼的旅馆，一个眼睛明亮、邋里邋遢的女仆踏着重步走了进来。他点了许多面包、黄油和咖啡，等她送来这一切后，他问，他该怎么去莫利尼亚克。她原来很健谈，喜欢打听。马丁漫不经心地提到，他是德国人，受一家博物馆的委托到这里来采集昆虫。马丁说这话时，女仆若有所思地看了一眼墙壁，那里可以看到令人生疑的褐色斑点。情况渐渐弄清楚了：再过一个月，也许还要再快些，城镇和莫利尼亚克之间才会设置公交线路。“这么说，现在必须步行过去？”马丁问。“十五公里呢！”女仆十分惊诧地喊了起来，“您在说什么呀！而且还是这么热的天！”

马丁将物品留在了旅馆，从招牌上竖着一只三色烟斗的烟铺里买了一张当地的地图，然后在向阳的街道上走了起来。他立即发觉，自己敞开领口和不戴帽子的模样引起了大家的注意。小城阳光明媚，仿佛用粉笔描绘而成，鲜明地分成阴阳两部分，有许多糖果点心店。鳞次栉比的房屋现在逐渐稀疏起来，街道两侧种着高大的梧桐树，绿色树干上有肉色的纹路，路面经过葡萄园向前延伸。路上难得遇到的人，比如石匠、学童和戴着黑草帽的乡下女人，全都瞪大了眼睛，像要吃了他似的。马丁突然冒出一个想法，想做一个以后也许有用的试验。他开始沿着纵横交错的沟渠尽可能隐蔽地前行，如果他从远处瞅见了套着戴黑眼罩的小毛驴的大车，或是沾满尘土、摇摇晃晃的小卡车，他就跳过沟渠，藏到灌木丛后面去。走了两公里，他完全离开了大路，开始在与它平行的斜坡上艰难地行进，那里的橡树、闪亮的香桃木树和荨麻树阻挡着他的去路。烈日灼人，知了聒噪不停，散发着香味的热气使他头晕眼花，于是他在阴凉处躺下，休息了一会儿，用手绢擦着湿黏的脖子。看了一下地图后，他确信，公路在出发后五公里处绕了个圈，因此，如果他穿过那座因花朵绽放而呈黄色的山丘，应该可以走到它后续的路上。翻过山丘之后，他真的看见了像白蛇似的路面，便又在芬芳的灌木丛中与大路并排走了起来，一边还为自己辨识方位的能力感到高兴。

突然，他听到了清凉的流水声。世上再没有比这更动听的音乐了！在枝叶构成的隧道里，一条小溪在平坦的石头上颤动。马丁蹲下来喝水解渴，深深地叹了口气。接着他抽起烟来。炎热的空气中，一丝甜蜜的味道从硫黄火柴上传到嘴里，明亮的阳光下，火柴的星火几乎看不出来。马丁坐在石头上，倾听着潺潺水声，充分享受着行路的无忧无虑：他，一个孤独的流浪者，迷失在这对他完全漠然的美妙世界中——蝴蝶翩翩飞舞，蜥蜴快速爬动，树叶闪闪发亮，就像在俄罗斯或是非洲的森林中的树叶一样。

马丁走进莫利尼亚克时，时间早已过了中午。这就是说，还在童年时就召唤他的灯火就在这里！寂静，炙烤般的炎热。沿着狭窄的便道奔流的潺潺水流中，五颜六色的溪底清晰可见——那是破碎器皿的碎片。在鹅卵石上，几条畏怯消瘦的白狗正在打瞌睡。在不大的广场中央竖着一尊雕像：一位女性名流，长有翅膀，高举一面旗帜。

马丁首先去了邮局，那里凉快、阴暗、沉寂。有只苍蝇一条腿被粘在窗台上一张蜜黄色的粘蝇纸上，在它那刺耳的嗡嗡声中，他给母亲写了一张明信片。从这张明信片开始，埃德尔韦斯夫人的五斗柜里有了一沓新的信件——是倒数第二沓。

三十九

在莫利尼亚克，马丁对当地唯一一座旅馆的老板娘说，他是瑞士人（护照确认了这一点），并让她明白，自己浪迹天涯已经很久了，随便在什么地方都可以干活。后来他又对老板娘的兄弟，一个因为喝酒和多血症而脸色发紫的农场主说了同样的话，因为他穷困潦倒，农场主便雇了他打散工。就这样，他在数日内第三次变更了国籍，想试探陌生人的轻信，学会隐姓埋名地生活。他出生于遥远的北国这一点早已具有诱人的秘密色彩。他作为一个自由的海外来客在异教徒的市场上闲逛——五花八门，琳琅满目，一切都很有趣，但是，无论他在什么地方，没有一样东西能削弱他那惊人的优越感。俄罗斯创造的这些词语，这些概念和形象，在其他国家里是没有的。有时他试图向外国人解释某个特殊短语的多重含义，却往往陷入语无伦次之中，紧张地笑出声来。英国人喜爱契诃夫，德国人喜爱陀思妥耶夫斯基，这使他备感荣幸。在剑桥大学的日子里，有一次，在一本六十多年前的当地评论上，他找到了一首署有“A. 詹姆逊”之名的诗篇。诗的开头是这样的：

我独自一人走在路上，

脚下的碎石小径伸向远方，
夜间静谧无声，石块冰凉，
星星们正在彼此交谈。

这是在无耻地改写莱蒙托夫最伟大的抒情诗。以前，从柏林院子的深处偶尔会传来手摇风琴的乐曲声（它不知道自己借用的音乐曾触动过俄罗斯酒馆里多愁善感的酒鬼的心弦），这时他就会陷入一种奇怪的深思。音乐！马丁感到遗憾的是，自己无法唱出曾驻留在耳中的音乐。不过，当年轻的意大利工人悬在普罗旺斯的樱桃树上大声歌唱时，马丁还是沙哑而精神抖擞、发音不准地唱出自己的歌——它回荡在克里米亚的野餐之夜，那时，男中音歌手扎良斯基唱着《七弦琴伙伴》或是《小高脚杯》，歌声淹没在众人的合唱声中。

在他下方深处，苜蓿随风摆动，头上的晴空中热气逼人，银色脉络的树叶在脸颊旁簌簌作响，挂在大树枝上用油布作衬里的篮子渐渐变沉，因为里面装满了黑得发亮的大甜樱桃，那是马丁从那些难以采摘的树枝上摘下来的。甜樱桃收完后，吸足了阳光的杏子又成熟了，还有要用手掌小心捧着的桃子，不然它们上面就会有青痕。马丁还干别的活：为了使玉米长得好，他光裸着上身松土（后背已经呈赤褐色了），用锄头角铲除顽固狡猾的针茅，或者数小时弯着腰，用整枝剪咔嚓咔嚓地给苹果树苗和梨树苗修枝。当水从院子的水池里流向苗圃时，他是多么开心呀！用十字镐开出来的垄沟与小树周围挖出来的一个个小坑连接起来。大量灌进的水在阳光下闪耀，在整个苗圃流淌开来，像是有了生命，钻动着，一下子停住，一下子又奔流向前，仿佛在探路。马丁在肥沃的紫色泥泞中吧嗒吧嗒走着，有时因被细小的蓟头刺到而皱起眉头。在这里，他用力插进一块铁牌作为屏障；在那里，他疏通水道，帮助水流顺畅通行。他扑哧扑哧地在泥泞中走向小树周围的小坑：小坑积满了有气泡的褐色泥水，他用铲子在水中摸索着，仁慈地把土弄软，直到什么东西欣然退缩，水一下子渗透下去，灌得根部满满的。他为自己能帮植物解除干渴感到幸福，他为机遇帮助他找到了能检验自己勇敢和吃苦耐劳精神的工作而感到幸福。他与其他工人同住在板棚里，像他们那样一昼夜喝一升半酒，在与他们日益相像的过程中获得满足（那些悄悄留起来的淡黄色胡须除外）。

每天晚上，在躺下睡觉之前，他会去农场外的软木树林中抽烟，沉思冥想一阵。夜莺在头顶上不停地悦耳啼鸣，从水塘里传来青蛙压抑着的咕咕叫声。空气温和，略显沉闷，暮色尚未降临，白日却已然终结。种着油橄榄的梯田，远处神话般的山冈，立于岩石上的孤松——在色彩均匀褪却的压抑天幕下，这一整片风景显得平淡无奇，有点令人昏昏欲睡，让人期待着生气勃勃的繁星从夜空中浮现。天色越来越暗，黑乎乎的山丘上已经颤动着火光，农舍的窗户也亮了起来，在很远很远的地方，当火车在神秘莫测的黑暗中像燃烧的节肢动物似的隆隆爬过并突然消失时，马丁心满意足地对自己说，从那里，从这列火车上，可以看到农场和莫利尼亚克的灯火就像一把璀璨的珠宝。他很高兴自己听从了那些灯光的召唤，揭示了它们美好宁静的本质。一个星期天的晚上，他在莫利尼亚克看到一座白色的小房子，坐落在地势陡峭的葡萄园下方，一根歪斜的旧柱子上写有“出售”的字样。其实，如果他抛弃那危险莽撞的行动计划，放弃他那想窥探一下冷漠无情的佐尔兰德之夜的愿望，与年轻的妻子在此定居，住到这块等待着热爱劳动的主人的肥沃土地上——这样做难道不是更好吗？对，他必须做出决定：时间快用完了，离他准备偷越边境的那个秋日夜晚越来越近，他觉得自己现在已经休息好了，精神饱满，信心十足，能够从任何一种角色扮演中成功脱身，永远不会茫然失措，无论在何时何地都可以适应环境要求的那种生活。

他给索尼娅写了信，想试探一下命运。索尼娅很快就回了信，马丁读完信，轻松地叹了口气。“你别折磨我了！”索尼娅写道，“看在上帝分上，够了。我永远也不会做你的妻子。而且我厌恶葡萄园、炎热、蛇，特别是大蒜。对我别抱希望了，帮帮忙吧，亲爱的。”

就在收到信的同一天，他乘坐崭新的公共汽车去了城里，剃光胡子，在旅馆拿上提包，去了车站。在那里，在同一张桌子前，还是那个工人把头枕在手臂上打瞌睡。路灯刚刚点亮，蝙蝠缓缓飞翔，有点发绿的天空褪着颜色。“别了，别了。”马丁和着某支俄语歌曲的调子想，他望着树冠张开的刺柏，一直望到铁轨已经颤动的那个方向，望着信号灯，望着一个推动着独轮车的黑色身影。

夜间快车飞驰进站，一分钟后又开动了。有那么一瞬间，马丁冲动地想跳下火车，回到安宁如童话般的农场去。但是车站已经消失了。他站在车里望着窗外，等待那些心爱的灯光重现，与它们告别。瞧，它们来了，散布在远方，如同黑暗中散开的珠宝，多可爱啊，真叫人难以相信。“请告诉我，”马丁向列车员问道，“瞧那些灯火，那是莫利尼亚克，对吗？”“什么灯火？”列车员瞥了一眼窗外，但这时一座高耸的斜坡突然挡住了一切。“无论如何，那不是莫利尼亚克。”列车员说，“从这里看不到莫利尼亚克。”

在洛桑车站的小报亭里，马丁买了一份在柏林印刷的周日版俄国流亡报纸，发现在报纸第二面的下方有一篇连载小说的粗体标题《佐尔兰德》。他几乎不敢相信自己的眼睛。作者署名是"S. 布勃诺夫"，原来这是一篇文笔出色的短篇小说，用评论家的话说，"带有幻想色彩"。在小说中，马丁认出了许多他和索尼娅一起空想出的故事，奇怪的是，这一切现在都变成了一个外人的想象产物。他感到既厌恶又尴尬，仿佛正见证着某件可怕而猥琐的事。"说到底，她还真是个水性杨花的女人。"马丁心想。他怀着强烈的嫉妒无助地回忆起，有一天，他看见布勃诺夫和索尼娅挽着胳膊走在阴暗的街道上，第二天索尼娅却说，她与韦列坚尼科夫家的姑娘去了电影院，而他当时还竭力试图让自己相信她的谎言。

空中飘着蒙蒙细雨，远处的山峦只露出底下半截。马丁挤在大篮子和肥胖女人中间，乘公共游览车来到一座村庄，从那里步行十分钟就可以到叔叔家。埃德尔韦斯夫人知道儿子很快就要到家了。她一连三天都在等电报，激动地想着怎么坐车去车站接他。

她正坐在客厅里绣着花，突然听到从花园里传来儿子那充满青春活力的低沉嗓音，还有他在久别归来后习惯性发出的沙哑轻笑声。马丁与满脸通红的玛丽并肩走着，玛丽抢着要去拎马丁手中的皮包，可马丁一路上老是将它从一只手换到另一只手。儿子脸上的皮肤晒成了暗铜色，与之相比，那双眼睛的色彩却仿佛浅了一些，他的身上散发出过期的陈旧烟草、打湿的毛线外套和火车的怪味。"现在你要在家待很长很长时间了吧。"她高兴地一再急着说。"总的来说，是这样。"马丁镇静地说，"只不过，我大概两周后得去柏林办点事情，然后再回来。""哎，忘了那些事情吧，不用急！"她嚷了起来。亨利叔叔午餐后在自己房间里休息，这会儿他醒了过来，竖起耳朵听了听，然后急忙穿上鞋，走下楼来。

“归家的浪子，”他进门时说，“我很高兴又见到你了。”马丁用脸碰了碰他的脸，两人像他们之间过去习惯的那样同时空吻了一下。“我希望——你能待一段时间吧？”叔叔目不转睛地盯着马丁问，同时他摸索着抓住椅背，叉开腿坐到椅子上。“总的来说，是这样。”马丁狼吞虎咽地吃着火腿，回答说，“只不过我大概两周后得去一趟柏林，但是过后我就回来。”“你不会回来的。”埃德尔韦斯夫人笑着说，“我知道你的脾气。好吧，说说这一切是怎么回事。难道你真的耕过地、翻晒过干草、挤过牛奶吗？”“挤奶很有趣。”马丁说，并揸开两根手指演示是怎么做的（在莫利尼亚克，他恰恰从没挤过牛奶，做这事的是跟他同名的人，马丁·罗克。不知道为什么，他一开始夸夸其谈的恰恰是这份假差事，而实际上有许多他真正做过的其他工作可以细说）。

第二天早晨，在望了一眼山峦后，马丁又和着那有点哽咽的调子想：“别了，别了。”但他立即数落自己这么畏缩没出息。这时他的母亲拿着封信走进来，为了不让儿子误以为这是索尼娅的来信，她在门口就兴冲冲地说：“我想是你的朋友达尔文来信了。昨天忘了给你。”马丁从读第一行起就开始轻轻地笑。达尔文写道，在尼亚加拉大瀑布附近的旅馆里，他遇上了一位非常好的英国姑娘，他们马上就要结婚了，还有许多地方他得去走走，过一星期他将到柏林。“那就请他到这里来，”埃德尔韦斯夫人热情地说，“这不更简单？”“不，不，我跟你说，我必须到柏林去。一切都很顺利。”

“告诉我，马丁……”母亲刚开口，又犹豫起来，停住了话头。“怎么啦？”马丁笑着问。“事情发展得怎么样？哦，你知道我的意思。也许，你俩已经订婚了？”马丁眯起眼，大笑起来，却什么也没有回答。“我会很爱她的。”埃德尔韦斯夫人说得很轻，声调虔诚。“我们去散步吧，天气好极了。”马丁说，做出改变话题的样子。“你去吧。”她回答，“我这个傻瓜，恰好今天邀请了德鲁埃老两口，如果打电话告诉他们改期，他们会因心脏病发作送命的。”

在花园里，亨利叔叔把一架小梯子靠到一棵苹果树的树干上，然后万分小心地登上了第三级阶梯。在井边，玛丽双手叉腰站着，看着什么地方，全然忘记了那只水桶，里面装满了闪闪发亮的清水。近年来她胖了许多，但是此刻，阳光在她那光裸的脖子上、裙子上和编紧的辫子上闪耀，使马丁想起了他那段转瞬即逝的爱恋。她突然把脸转向他。那是一张又肥胖又呆板的脸。

四十

山坡上，马丁在冷杉林中矫健地走着，林中纤秀的白桦树发散的点点白光刺破了黑暗。他欣喜地预先想象着，在一片遥远的北方平原上，秋日的阳光透射进幽深的密林，那里有阳光下伸展的蛛丝，有生长在潮湿浅沟中的柳兰，更远处则是一片闪光的开阔地带，秋天里的空旷田野，小山冈上矮墩墩的白色小教堂，仿佛眼看就要散架的原木小屋，一条明净的河流环抱着小山冈，水中倒映着枝繁叶茂的树木。穿过漆黑的针叶林，看了一眼阿尔卑斯山的斜坡后，马丁几乎吃了一惊。

这提醒了他，在离开之前，自己还有一笔良心上的债务要清偿。他坚定从容地攀上斜坡，到达那块断裂的灰色峭壁，然后顺着多石的陡坡向上爬，来到了那块小平台上，过了平台的拐弯处，就可以到达那块熟悉的凸出岩石。他没有犹豫，像是在执行心中一项非执行不可的命令，开始侧身沿着狭窄的岩石架移动脚步。脚下的岩面越来越窄，到达顶端时，他扭过头，向身下看去：脚跟下是照耀着阳光的深渊，而在深渊底部就是那座瓷器般的旅馆。“好吧，”马丁对那个白色的小东西说，“先将就一下吧。”他不顾头昏眼花，向左边的来路移动身子。可是，中间他又停了下来，一边检查自己是否坚持得住，一边试着从后裤袋里掏出烟盒点烟。有那么一小段时间，他只靠胸部触及岩石，双手却没有抓住它，只觉得后面的深渊在鼓足劲拽他的小腿肚和肩膀。他没有点燃香烟，只是因为他失手掉落了火柴盒，令人惊叹的是，他丝毫听不到烟盒坠落的声音；而当他顺着峭壁继续移动时，他觉得，火柴盒还在空中飞快地坠落。安全返回平台后，马丁兴奋地高喊一声，又怀着坚定的决心和要履行职责的严肃意识，沿着碎石坡和石楠丛向下走。找到一条正确的小路后，他就向大华宾馆走去——看看它会说点什么吧。花园里的网球场旁边，格鲁济诺夫夫人正坐在长椅上，旁边是一位穿白裤子的先生。马丁希望她没有注意到他——这么快就驱散他从山顶带来的宝贵感受是很遗憾的。“您好，马丁！”她喊着，马丁只好咧嘴一笑，向她走近。“尤罗奇卡，这是埃德尔韦斯大夫的儿子。”格鲁济诺夫夫人对穿白裤子的先生说。那人欠了欠身，没有脱下草帽，伸出手臂，对着马丁猛地递过手掌，紧紧握住他的手。“格鲁济诺夫。”他低声说，仿佛在透露秘密似的。

“您回来要住很久吗？”格鲁济诺夫夫人微笑着问。然后她赶快压低长有绒毛的上唇，遮住沾着玫瑰色口红的门牙。

“总的来说，是这样。”马丁说，“只是我还有事要去一趟柏林，然后再回来。”

“马丁·谢尔盖耶维奇？”格鲁济诺夫轻声探问，半合了一下眼睛回应马丁肯定的答复，并再次暗自重复了一遍他的父称。

“啊，您肯定是……”格鲁济诺夫夫人说，并用她那漂亮的手做了一个花瓶状的手势。

“那还用说，”马丁回答说，“我在法国南部的一座农场里干活，那里日子过得十分安宁，不可能不养胖的。”

格鲁济诺夫用食指和拇指按了按自己两边的嘴角，与此同时，他那结实干净的脸上现出一丝像乡下女人似的表情，而奶油色的脸颊好像成了可以用来做太妃糖的材料。

“我想起来了，”他说，“他叫克鲁格洛夫，娶了一个土耳其女人。”（“来啊，请坐。”格鲁济诺夫夫人插嘴道，她那洒了许多香水的柔软身体向一旁挪了挪，给马丁让出位子。）“他在法国南方正好有座庄园。”格鲁济诺夫解释道，“我相信，他给城市供应茉莉花，以此谋生。您也在生产香精的地方待过吗？”马丁告诉对方离庄园最近的城镇的名字。“这就对了。”格鲁济诺夫附和道，“那里离他住的地方不远。不过也许不是那里。您现在在柏林大学读书吗？”

“不，我从剑桥大学毕业了。”

“相当有意思。”格鲁济诺夫郑重地说，“英国现在还保留着古罗马的输水道。”他转向妻子，继续说，“亲爱的，想象一下那些罗马人，在远离家乡的地方，在异国的土地上自力更生。而且——请注意——他们做得非常好，都过上贵族式的安逸生活了。”

在剑桥，马丁没见过任何特别的输水道，但他还是认为需要点头表示肯定。在拥有非凡阅历的杰出人物面前，马丁总是会感到既愉快又激动，眼下，他准备尽最大可能利用好这次机会，从这位新结交的熟人口中获得更多信息。然而，事实证明，尤里·格鲁济诺夫并不是那种会轻易亢奋的人——这种人一旦高兴起来，就会像竹筒倒豆子一般把自己抖个底朝天，如同灵魂冲出了窍，一丝不挂地在太阳底下晒起了日光浴。尤里·格鲁济诺夫拒绝冲破自我。他心地绝对善良，同时又深奥莫测；他乐意随时谈任何话题，不管是自然现象还是人间事物，但是在这些话语中总有某种含意，使听者心里突然犯起嘀咕：这位身板结实、衣冠楚楚、干净整洁的绅士目光冷漠，似乎没有参加谈话，不知是否正在嘲弄自己。以前，马丁听到人们谈论：格鲁济诺夫热衷于冒险，曾非法越过世界上最危险的逆境，还曾在佐尔兰德秘密煽起暴乱的星火；在马丁的想象中，他是一个威力无比、如神鹰般冷峻英武的大人物。可现在，马丁看着格鲁济诺夫啪的一声轻轻打开眼镜盒，戴上一副普通近视眼镜（就像口袋里装着折叠尺的老木匠鼻梁上戴的那种），这时他意识到，格鲁济诺夫也不过是个普通人，不可能变成他心中的另外那副样子。格鲁济诺夫的简约风格使其举止显得有些软弱无力，还有他那种过时的讲究穿着（比如那件带条纹的法兰绒马甲），那些隐晦的玩笑，那追求详尽细节的习惯——所有这一切形成了一道坚固的外壳，马丁无论如何也无法撕破。然而，能在秘密探险开始前与他见面，这一事实让马丁觉得成功多了份保证。而且马丁真是特别幸运：如果他在一个月后才回到瑞士，那么他就遇不到格鲁济诺夫，因为那时对方已经身在比萨拉比亚[①]了。

① Bessarabia，旧地区名，位于欧洲东部德涅斯特河和普鲁特河之间，居民大多数是罗马尼亚人，使用罗马尼亚语。1812年，沙俄通过对土战争的胜利，迫使奥斯曼帝国将普鲁特河与德涅斯特河之间的领土划入俄国版图，从此这块土地称作比萨拉比亚。1918年1月，比萨拉比亚人民根据民族自决的原则，与罗马尼亚合并。

四十一

他们一起散步，到瀑布边，到圣克莱尔，到隐居修道士曾经住过的洞穴，然后返回。一九二四年九月里的天气很好。早晨也许会升起湿润的雾气，可到了中午，整个世界就在阳光下柔和地闪耀着，树干闪着光泽，路上蓝色的水洼透着亮，被太阳晒热的山峦脱下了雾衣。埃德尔韦斯夫人和格鲁济诺夫夫人走在前面，后面跟着格鲁济诺夫和马丁。格鲁济诺夫兴致勃勃地迈着步，牢牢地撑着自制的手杖，他不喜欢有人停下来看风景，说这会破坏散步的节奏。有一次，一只牧羊犬从某座农场里冲了出来，站在路中央，发出低沉的咆哮声。格鲁济诺夫夫人叫了一声"吓死我了！"，然后就躲到丈夫身后。马丁从母亲手中拿过手杖，她正对着狗发出人们在俄罗斯赶马的声音，想让狗安静下来。只有格鲁济诺夫一人做得对：他装出要从地上捡起石块的样子，狗立即跳开了。当然，这是不足挂齿的小事，但马丁喜欢这样的小事。另一次，看到没有手杖的马丁吃力地在很陡的小路上行走，格鲁济诺夫从口袋里掏出一把大折刀，选了一棵小树苗，用刀非常准地砍了几下，默默地为他做了根手杖，一根光滑、洁白、摸起来凉凉的、仿佛还带有生命的手杖。这也是小事一桩，但是这根手杖不知为什么透着俄罗斯的气息。埃德尔韦斯夫人认为格鲁济诺夫很讨人喜欢，有一天早餐时她对丈夫说，他一定得和格鲁济诺夫交上朋友，还说他在流亡的俄侨中间已经成了一个传奇人物。

“不容置疑，不容置疑。”亨利叔叔一边在凉拌生菜上倒醋，一边回答，“可他是个冒险分子，不完全是我们圈子里的人。不过，当然了，如果你想邀请他来做客，那就随意吧。”

马丁感到遗憾的是，他不会去听格鲁济诺夫和亨利叔叔关于机器专制和本世纪物质主义泛滥的谈话。午餐后，马丁跟着亨利叔叔进了书房，说：“星期二我要去柏林。我想和您谈谈。”“是什么让你这么四处游荡？”亨利叔叔不满地问。然后他翻起白眼，摇着头补充说：“你母亲会非常伤心——你自己也知道。”“我必须得去。”马丁继续说，“我有一件事要处理。”“爱情方面的？”亨利叔叔好奇地探问。马丁面无笑容地摇摇头。“那是什么事？”亨利叔叔嘟哝着说，看了一下已经剔了一阵牙的牙签尖。“是关于钱的事。”马丁相当坚决地说，“我想请您借钱给我。您知道，夏天我挣钱不少。到时我还给您。”“要多少？”亨利叔叔问。他的脸上现出满意的表情，眼睛也潮润了——他非常喜欢在马丁面前表现出他的慷慨。“五百法郎。”亨利叔叔扬起了眉毛。“这么说，是打牌欠的赌债，对吗？”“如果您不愿意……”马丁恨恨地看着叔叔仔细嘬着牙签，开始说。叔叔马上被吓住了。“我有一条规矩，”他用和解的口气说，“永远不应该要求年轻人袒露秘密。我自己也年轻过，我知道，有时候年轻人比较轻率，不过这也很自然。不过碰运气的游戏应该……等等，等等，你这是去哪儿？我会给你，我会给你想要的，高兴还来不及呢。至于还钱……”“这就是说，五百整。”马丁说，“我星期二就走。”

门稍微开了一点。“我可以进来吗？”埃德尔韦斯夫人细声细气地问，“你们有什么秘密？”她不安地把目光从儿子移到丈夫身上，有点狡猾地继续说，“难道我不能知道吗？”“还是在讲那件事——讲珀蒂兄弟的事。”马丁说。“顺便说一句，他星期二就要走。”说完，亨利叔叔把牙签塞进背心口袋。“怎么，这么快？”她伤心地说。“是的，这么快，这么快，就这么快。”儿子带着异乎寻常的恼怒回答，走出了房间。“没事做他会发狂的。”亨利叔叔听到砰的关门声，发出这样的议论。

四十二

马丁走进大华宾馆讨厌的花园时，看见格鲁济诺夫站在网球场旁边，场上有两个年轻人正在相当激烈地打着球。“瞧他俩——像山羊一样蹦来蹦去。”格鲁济诺夫说，“在科斯特罗马[①]曾有一位铁匠，他打俄罗斯棒球真的很棒—— 一杆子就能把球打飞过钟楼外或打过小河——就像那样。要是让他到这儿来，准会把这些小伙子打得落花流水。”“打网球规则不一样。”马丁指出。“不管讲不讲规则，他都能狠狠地击败他们。”格鲁济诺夫平静地反驳说。接着是沉默无语，只听见啪啪的击球声。马丁眯起眼睛。“黄头发那个人抽球水平相当高。”“你真是个奇怪的孩子。”格鲁济诺夫说，一边拍了拍马丁的肩膀。这时格鲁济诺夫夫人扭着臀部优雅地走了过来。她留意到有两位认识的英国小姐，便微微笑着，轻盈地向她们走去。“尤里·季莫费耶维奇，”马丁说，“我想向您咨询一些很重要也很秘密的事情。”“可以呀，请讲。我一定守口如瓶。”马丁犹豫不决地环视四周。“到我房间里去吧。”格鲁济诺夫提议道。

旅馆房间里拥挤昏暗，弥漫着格鲁济诺夫夫人用过的浓郁香水味。格鲁济诺夫打开窗，有一瞬间，他就像一只在金色阳光背景下张开翅膀的黑色大鸟，接着一切突然都闪亮起来，阳光洒满了地面，在马丁无声关上的房门前突然被拦住了。“房间里乱糟糟的，请别见怪。”格鲁济诺夫睨视着午休时弄乱的双人床，说，“坐到那张扶手椅上吧，我的朋友。这些苹果很甜。随意吃吧。”“说实在的，我想和您谈谈这么一件事：我有个好朋友打算从拉脱维亚非法越境去俄罗斯……”“就拿这个，有红色的。”格鲁济诺夫插话道。“我一直在想，”马丁继续说，“他能否成功？假设他已经仔细研究过地形图，但这还不够，因为边境上肯定会有边防哨兵、特务和间谍。我想请您——嗯，详细介绍介绍，可以吗？”格鲁济诺夫将手臂搁在桌上，吃着苹果，转动着它，一会儿在这里咬一口，一会儿在那里咬一口，又转动它，选择新的进攻地点。“您的好朋友为什么要去那里？”他飞快地瞥了马丁一眼，探询道。“我不知道，他没说。我相信他是想见见在奥斯特罗夫或普斯科夫[②]的亲人。”“他拿的是什么护照？”格鲁济诺夫问。“外国护照，他是外国公民——是立陶宛人吧。”“那又是怎么回事——他们不给他发签证吗？”“这我不清楚——好像他不想办签证，他喜欢按自己的想法来做。也许，真的是他们不给他签。”格鲁济诺夫吃完苹果，说：“我一直在找‘安东诺夫’口味的苹果。有时觉得似乎找到了，可是仔细一尝，不，还不是那种味道。办签证一般都是复杂手续。我有没有对您说过，我内弟是怎么巧妙地得到美国的入境限额的？”“我

① Kostroma，俄罗斯欧洲部分中部城市，位于科斯特罗马河与伏尔加河交汇处，是科斯特罗马州首府，历史上曾是俄罗斯古德诺夫和罗曼诺夫两大家族的发源地，现存许多精美的古建筑。

② 奥斯特罗夫（Ostrov）是位于俄罗斯东欧平原上的普斯科夫州（西邻爱沙尼亚和拉脱维亚）内的一座历史名城，始建于1342年，1944年7月曾爆发过著名的普斯科夫—奥斯特罗夫战役。普斯科夫（Pskov）是普斯科夫州的首府，历史和宗教名城，位于圣彼得堡西南约250公里处，与奥斯特罗夫相距不远。

想，您或许可以提出一些建议。”马丁迟疑地说。“真是个怪念头！您的好朋友肯定更清楚。”“但我有点不放心他。”马丁轻声说。他伤心地想，这场谈话绝不是他开始设想的那样，格鲁济诺夫永远也不会说出自己是怎么多次越过边境的。“难怪您会担心，”格鲁济诺夫说，“特别如果他是个新手的话。不过，在那里他总能找到向导。”“啊不，那很危险。”马丁嚷了起来，“可能会有人告密的。”“当然，应该谨慎些。”格鲁济诺夫表示同意，一边摩挲着眼睛，一边透过白皙的胖手指观察马丁。“当然，了解地形非常重要。”他无精打采地补充说。

于是马丁急忙掏出一张卷起的地图。他已把地图熟记于心，不止一次不看它而将它画出来，聊以解闷——但现在他应该隐瞒自己对它的了解。“您看，我甚至准备了一张地图。”他口气自然地说，“我觉得，比方说，尼克要在这里，或者要从这里越境。”“啊，这么说他叫尼古拉。”格鲁济诺夫说，“我会记住，会记住。这地图很好。等一下……（眼镜盒出现了，一副眼镜闪着光）让我看看，这是多大比例的地图？噢，非常好。这是卡纳戈尔，这是托契罗夫卡，就在边境线上。我有个好朋友——真奇怪，他正巧也叫尼克——有一次他是涉水过河的，是这样走的，另一次从这里开始，一直穿过整座森林——这是一片非常稠密的森林，叫罗戈任，然后，要是取东北方向……”

现在格鲁济诺夫说起话来很有精神，越说越快，用一根扳直的安全别针的针尖在地图上戳着，一下子就勾画出六条线路，而且滔滔不绝地说出许多村子的名字，使许多无形的小径立即显形。他越是讲得兴致勃勃，马丁就越是明白，格鲁济诺夫是在嘲笑他。突然，从花园里传来两个女人的声音，她们奇怪地喊着格鲁济诺夫的名字，把重音放在第一个音节上，而不是第二个。他探身窗外。两位英国小姐（小姐们都喜欢他——他在她们面前装成一个随和的老傻瓜）叫他去吃冰淇淋。“真缠人，”格鲁济诺夫说，“反正我是从来不吃冰淇淋的。”马丁觉得，在什么地方、什么时候，他已经听过这些话了（就像在勃洛克的《陌生女郎》里那样），当时像现在一样，他为什么事而窘困，试图要解释什么。“这就是我的建议。”格鲁济诺夫灵活地卷起地图，递给马丁，说，“请转告尼克，让他留在家里，做点实际的事。想必他是个好小伙子，假如他迷了路，那是很让人惋惜的。”“他比我更明白这一点。”马丁报复性地回答说。

他们走进花园。马丁一直强装微笑，心里却对格鲁济诺夫，对他冷漠的眼睛和深奥莫测、无法穿透的光滑前额感到愤愤不平。只有一点让他高兴：他们进行了谈话，这已经过去了。的确，人家待他像对小学生似的——没关系，见他的鬼去吧，马丁问心无愧了，现在他可以收拾行装安心上路了。

四十三

动身那天，他醒得很早。童年时，在圣诞节的早晨，他也常常如此。圣诞夜里，母亲照英国的风俗在深更半夜小心翼翼地走进来，把塞满礼物的长袜挂在床尾。为了更加令人信服，她粘上棉花做的大胡子，戴上丈夫的围巾帽。马丁要是还醒着的话，就会亲眼看见圣诞老人。到了早晨，在明黄色的灯光和圣彼得堡冬日黎明的阴暗光线中（对面黑乎乎的房屋上方是褐色的天空），马丁摸索着母亲的长袜——它窸窣作响，透过袜丝可以看到里面许多小纸包几乎塞到了顶，鼓鼓的——屏住呼吸，把手伸进袜子里，开始拉出礼物，打开包装，翻出小小的动物玩具和糖果盒——这些都只是大礼物的前奏，那大礼物便是火车头、车厢和铁皮轨道（用它们可以组成八节的火车），正在客厅里等着他。今天也有一列火车在等着马丁，它将在傍晚从洛桑开出，次日上午九点左右抵达柏林。埃德尔韦斯夫人深信，儿子去柏林只是为了见见济拉诺夫家的小姑娘，她注意到，最近没有从柏林来的信件，便为一个念头而苦恼：或许，小济拉诺夫不大爱马丁，不会是个好妻子。她竭力想让他尽量走得开心，便做出一副活跃兴奋的姿态，将自己的忧虑和伤感掩饰起来。亨利叔叔正饱受牙龈脓肿之苦，吃饭时话不多，一脸闷闷不乐的样子。马丁看了一眼叔叔伸手去拿的胡椒瓶，他觉得，这是自己最后一次见到这个胡椒瓶了，它的形状像一个银色秃顶上有许多小孔的胖子。他很快把目光移向母亲，移向她那长着许多浅白雀斑的瘦削双手，移向她那柔和的侧脸和微微上扬的眉毛（她似乎对盘子中丰盛的蔬菜炖肉感到惊讶），然后告诉自己，这些小雀斑、那条眉毛和这道菜，也是他最后一次见到了。同时，房间里的所有家具，窗外阴雨飘摇的风景，餐柜上带有方木刻度盘的挂钟，黑相框里那些穿着大衣、留着连鬓胡子的绅士们放大的照片——总之，一切仿佛都开始不停地说起伤心话，想在马丁临行前引起他的注意。“我可以送你到洛桑吗？”母亲问，“啊，我知道你不在乎别人为你送行。”母亲注意到马丁皱起鼻子，急忙补充说，“但我不完全是为了送你，只是想乘车兜兜风，另外我还需要买点东西。”马丁叹了口气。“算了，你不愿意，我就不去了。”索菲娅异常快活地说，“如果不带我，我就留下。不过你要穿上暖和的大衣，这一点我要坚持。”

他们相互间一直讲俄语，这常常使亨利叔叔生气，因为他只知道一个俄语词“没什么”，不知为什么，他觉得这个词是斯拉夫宿命论的象征。现在他心情很糟，牙龈肿痛，猛地移开椅子，用餐巾掸去肚子上的面包屑，不时吸一阵牙齿，走到书房里去了。“他多老啊！”马丁望着他那花白的后脑壳心想，“或者是因为光线的缘故？天气这么阴沉。”

“好了，你也要准备上路了，”埃德尔韦斯夫人说，“车很可能已经到了。”她朝窗口看了一下，“喏，就在那儿。瞧，多有意思啊——雾中什么也看不到，仿佛一座山也没有。很有趣，不是吗？”“我好像忘了拿剃须刀。”马丁说。

他上楼去自己房间，收好剃须刀和拖鞋，费劲地关上箱子。在里加或是列日察，他可以买些普通简单的东西——便帽，短皮袄，靴子。也许，还买手枪？“别了，别了”，顶上放着足球运动员塑像的书架快速唱着，这个黑色的小塑像总会神秘地让他想起阿拉·切尔诺斯维托夫。

在楼下宽敞的门厅里站着埃德尔韦斯夫人，她双手插在雨衣口袋中，低声哼哼着，平时在紧张不安时，她总会这样。“留在家里难道不好吗？”马丁下楼时，她说，“说真的，你干吗要走？”右边的房门上挂着一颗羚羊头，亨利叔叔从门里走出来，蹙额看着马丁问：“你确信钱带够了？”“完全够了。”马丁回答，“谢谢您。”“再见。”亨利叔叔说，“我就在这里与你告别了，因为今天我不能出去。假如换一个人像我这样牙痛，早就进疯人院了。”

“好了，我们走吧。”埃德尔韦斯夫人说，“我就担心你去晚了赶不上火车。”

外面风雨交加。母亲的头发马上乱了，她就老是抚平耳旁的头发。“等一下，”还没走到花园的篱笆，在夏天拉吊床的两棵冷杉树干附近，她说，“等一下，我想吻吻你。”马丁把提包放到地上。“代我问候她。”她意味深长地含笑低语。马丁点了点头。哦，要上路了！真叫人无法忍受。

司机殷勤地打开栅门。雨打着轿车，发出轻微的响声，轿车因雨水而闪着光。“请你一定要写信，哪怕每周写一封也好。”说完她向后退去，挥手微笑，黑色的轿车在泥泞中发出沙沙声响，隐没在冷杉树的林荫道上。

四十四

在德国特快列车上，深紫色的卧铺车厢中，夜间的旅途似乎永无止境：马丁有好几回沉入梦乡，突然打个冷战惊醒了，接着又梦见自己正沿着游乐园的斜坡滚下去，然后又醒了过来。在闷声闷气的车轮滚动声中，他听到下层铺位上的旅客发出均匀的鼾声，仿佛那也是火车运动中的一部分。

离到站还早，趁大家都还在车厢里睡觉，马丁从上铺爬下来，拿了海绵、肥皂、毛巾、剃须用品和折叠浴盆，去了卫生间。在肮脏的地板上，他先铺上好几层伦敦《泰晤士报》(这是他在洛桑买的)，然后打开那个边缘不平整却仍然耐用的橡胶浴盆，脱去睡衣，用肥皂沫涂遍自己晒黑的结实身体。卫生间里很挤，车摇晃得很厉害，可以感觉到奔驰火车下的铁轨就在近旁，不小心就会碰上那污秽的马桶，有点危险。但是马丁早晨不能不洗澡(不管是在海里，在池塘里，在淋浴间，或是用这个浴盆)，在他看来，这是一种英雄主义的防卫行为：这样可以击退泥土的顽固攻击，它仿佛忍不住要抢先侵犯人，用一层隐伏的灰尘发起进攻。虽然没有好好睡过，洗过澡后的马丁仍生气勃勃，精神焕发。在这种时候他想到了死，想到自己也许随便什么时候就会死去（谁知道呢？），很快不得不接受这一点事实，并去做千千万万前人做过的事。死亡必不可免，人人皆要经历死亡。这一念头只是使他微微有点不安，可是到了晚上，这念头就渐渐强烈起来，到了夜里，有时变得异常可怖。马丁觉得，在黎明时分行刑的风俗是一份仁慈：请上帝保佑，让这事在早晨发生，那时人能控制自己——清清嗓子，面带微笑，然后站得笔直，伸开双臂。

下了火车，站在安霍尔特车站的站台上，他快乐地吸了一口早晨烟笼雾罩的寒冷空气。远处，从火车来的方向，透过嵌着玻璃的铁质拱顶可以看到纯净的蓝白色天空和钢梁上的闪光，与这种明亮相比，拱顶下的一切就显得有点阴暗。他经过灰溜溜的车厢，经过发出呲呲声响、冒着水汽的巨大火车头，把车票交到检票亭的人手中，走下台阶，走到了街上。出于对童年印象的依恋，他决定把弗里德里希车站选为自己旅行的起点，因为在那里，在离开附近的大陆饭店之后，他和父母曾经设法乘上了北方快车。提包相当沉重，但马丁只感到迫不及待和激动不已，他决定步行出发了。但是，在走到波茨坦大街的拐角处时，他感到饥饿难耐，便估量了一下到车站剩下的距离，然后明智地坐上了公共汽车。在这不同寻常的一天里，从一开始，他所有的感觉就很强烈——他觉得自己记住了所有遇见过的人的脸，极为敏锐地吸收着各种颜色、气味和声音。过去，在潮湿的雨夜，汽车发出像猪叫一般的凄厉喇叭声，让他的耳朵饱受折磨，可现在听起来，这声音显得悦耳忧伤，仿佛超然世外。在汽车里，他听到身边传来带莫斯科口音的俄语。说话的是一对夫妇和两个眼睛圆圆的小男孩，他们是苏联公民，不是流亡的俄国侨民。年长的男孩坐在靠近窗口的地方，年幼的稍稍挤着哥哥。“饭店。”哥哥欣喜地说。“瞧，饭店！”弟弟挤着哥哥说。“我自己看得见。”哥哥粗鲁地回答。“这是饭店。”弟弟深信不疑地说。“你这笨蛋，闭嘴。”哥哥说。“这还没到椴树街，对吗？”母亲不安起来。“这还是在波茨坦大街上。”父亲很有把握地说。“波茨坦大街已经过了。”男孩们嚷了起来，于是发生了一阵短暂的争论。“瞧那拱门多棒！今天你可好好上了一课。”哥哥用手指戳着玻璃，高兴地大呼小叫。“别这么大声嚷嚷。”父亲批评说。“那是什么？”“我说了，别大声嚷嚷。”男孩感到委屈：“首先，我是轻轻说的，根本没有大声嚷嚷。”“拱门。”弟弟恭敬地说。全家人都聚精会神地望着勃兰登堡门。“历史名胜。”哥哥说。“是啊，这拱门很古老。”父亲肯定地说。“我们怎么钻过去呀？”哥哥问，他怕汽车两侧会擦上城门，“多挤呀！”“开过去了。”弟弟松了口气，低声说。“现在这里才是椴树街。”母亲惊叫起来，“该下车了！”“椴树街好长好长耶！”哥哥说，“我在地图上见到过。”“这是总统街。”弟弟说。“闭嘴，笨蛋！这是椴树街。”后来大家齐声说：“椴树街很长很长很长。”接着是一个男人的独声：“这段旅途真是没完没了。”

马丁就在这里下了车。他怀着奇怪的痛苦感觉回忆起自己的童年，自己儿时的激动——也是这样，又完全不同。但这仅仅是瞬间的对比：它一闪而过就消失不见了。

寄存好箱子，买好了傍晚去里加的车票后，他坐在闹哄哄的餐厅里，要了一份煎荷包蛋，一边吃一边看最近一期俄侨周报。他发现，一篇文章对布勃诺夫的新书《三桅帆船》进行了辛辣批评。饥饿缓解以后，他抽起了烟，环顾着四周。邻桌坐着一位小姐，她在写什么，一边擦着眼泪。她用潮润模糊的眼睛看了他一眼，把铅笔贴向嘴唇，在找到所需的词后，继续飞快地写起来。她像孩子那样握铅笔，几乎握在笔尖处，食指紧张地弯曲着。她穿的是胸口敞开的黑大衣，大衣领上的兔皮已经破旧，戴着琥珀项链，脖颈白皙柔嫩，拳头里是揉成一团的手帕。他付了账，开始等她站起来，想要跟踪她。但是，写完信后，她将臂肘撑在桌上，继续坐在那儿，半张着嘴，向上望着。她这么坐了很久，窗外什么地方，好几趟火车开走了。马丁应该准时去拉脱维亚领事馆，他决定最多再等五分钟。五分钟过去了。“要是与她约好在什么地方喝咖啡就好了——仅此而已。”他心中祈求并想象着，怎么对她暗示他将踏上远路，将面临危险的旅途，而她又将怎么哭泣。又过了一分钟。“好了，算了吧。”马丁说，并照英国派头把雨衣甩过肩，向出口走去。

四十五

出租车飞快奔驰，发出沙沙的声响。在他周围，美丽的动物园五彩缤纷，树叶温暖褐黄的色调非常美丽——“哦，忧伤的季节，眼睛的陶醉”——在运河中可以看到尚未开花却仍显华美的栗树的倒影，而驶过桥时，马丁认出了赫拉克勒斯的石狮子，它的尾巴最近被修缮过，颜色还是太浅，恐怕要很长时间以后才能与周围的色彩融为一体。还要多少年呢？十年，十五年？为什么很难把自己想象成四十岁的中年人？

拉脱维亚领事馆的地下室里挤满了人。印章啪啪地不停敲击着。过了几分钟，瑞士公民埃德尔韦斯已经从那里走了出来，并在不远处一栋阴暗的大厦里拿到了便宜的立陶宛过境签证。

现在可以去找达尔文了。他的宾馆就在动物园对面。“他已经出去了。”前台的人回答说，“不，我不知道他什么时候回来。”

“多恼人！”马丁又走到街上，心想，“应该告诉他确切的日期，而不是简单地说‘近日’。失算了。这多恼人。”他看了一下表。十一点半。护照搞好了，票买了。今天原本拟定有各种事情要办，现在却突然变得空落落的。接下去干什么呢？去动物园？给母亲写信？不，以后再写。

在他这样寻思时，意识深处一直无声运转着。他抵制它，竭力不去注意它，因为在他孤注一掷的提议被拒绝之后，他就坚决地打定主意，再也不见索尼娅。但是，柏林的空气充满了索尼娅的气息——瞧，就在那里，在动物园，他们曾一起看过金红色的中国雉，河马那惊人的鼻孔，还有那跳得非常高的黄色澳洲野犬。“她现在在上班，”马丁想，“还是需要去一趟济拉诺夫家。”

选帝侯大街飞速从身旁倒退。小轿车赶过电车，电车赶过自行车，然后眼前出现了桥梁，火车在桥梁下方喷出的烟雾，上千条铁轨，以及神秘莫测的蔚蓝天空。然后转个弯，他便身处格伦沃尔德的美妙秋色之中了。

令他吃惊的是，给他开门的正是索尼娅。她穿着黑色连衣裙，头发微乱，斜睨的眼睛里睡意蒙眬，苍白的脸颊上露出小酒窝，仿佛变得陌生了。“我看见谁了呀？”她拉长声调，低低地鞠了个躬，摆动着垂下的双手。“欢迎，欢迎。”她挺直身说。一绺黑发成弧形挂在鬓角处，她用食指将它撩开。“这边走。”说罢，她趿着拖鞋，轻缓地沿走廊朝前走去。“我还担心你在上班。”马丁说，竭力不去看她那好看的后脑勺。“头痛。”她头也不回地说，接着轻轻咳了一声，顺路捡起擦地板的抹布，把它扔在走廊里的一只箱子上。他们走进了客厅。“坐吧，有什么话全都说出来吧。”她啪的一声躺倒在扶手椅上，又马上欠起身，把一只脚收到自己身下，然后坐好了。

客厅里一切如故：墙上黑乎乎的伯克林画作，家具上破旧的长毛绒，花瓶里经久不衰的白叶植物，还有那盏笨重的吊灯，它状如游动的美人鱼，有巴伐利亚姑娘的半身头像和到处伸出的鹿角。

“我其实今天刚到。”马丁一边说一边点燃香烟，“我想在这里工作。也就是说，其实，不是在这里，而是在郊区。那是家工厂，我会在那里做一名普通工人。”“不会吧？”索尼娅喃喃道。在注意到马丁手上的烟灰和他寻找烟灰缸的目光后，她又补充说，“没关系，就弹在地上好了。”“现在是这么回事，挺可笑的。”马丁继续说，“说实话，你要知道，我不想让我母亲知道我在工厂打工。因此，如果她偶尔给你母亲写信——要知道，她有时候喜欢通过迂回的途径了解我是否健康等等——所以，你要明白，到时候需要回答她，我常到你们这儿来。当然，我将非常非常难得来，没有时间。”

“你变得不那么好看了，”索尼娅若有所思地说，“你的脸有点变粗糙了。也许是晒黑了的缘故。”

“我在整个法国南方流浪，”马丁沙哑地说，一边用手指弹了下烟灰，“在农场打工，到处流浪，而每到星期天就穿好衣服去蒙特卡罗快活快活。轮盘赌这玩意很有趣！那么你呢？你最近在做什么？大家身体都好吗？”

“上辈人都好，”索尼娅叹着气说，“伊琳娜却叫人不知道怎么办才好。这是遭的什么罪！还有，家里的经济情况也是一团糟。爸爸说我们得搬到巴黎去。你也去过巴黎吗？”

“是的，待过一天。”马丁不小心回错了话。那是在许多年前，他从比亚里茨去柏林时路过巴黎，在那里待了一天。他看见了杜伊勒利宫花园中戴发箍的孩子们，在水池中的玩具帆船，喂麻雀的老人，还有拿破仑的墓地，那里的石头圆柱看起来就像用大麦扎起来似的。“是的，只是路过。顺便说一句，你听到最新的消息吗，达尔文也在这里。”

索尼娅笑了一下，眨起眼来。“啊，那就带他来！一定要带他来，这太有趣了。”

“我还没有见到他。他因《晨报》的公事在这里。他们派他去过美国。不过重点在于：他在英国有个未婚妻，明年春天他就要结婚了。”

“真不错！”索尼娅轻轻说，“一切就像按部就班似的。我可以清楚地想象出她的模样：个子高挑，眼睛像盘子那么大。她母亲大概很像她，只不过清瘦些，红润些。可怜的达尔文！”

“胡说，我敢肯定她非常漂亮聪明。”

“算了，再说点别的什么吧。”沉默过后，索尼娅请求说。马丁耸了耸肩。他做得多么轻率，一下子把所有储备的谈话内容全都用上了。他感到奇怪的是，索尼娅就坐在他面前，他却一点也不敢对她说重要的事，不敢提及她的最后一封信，不敢问她是否嫁给了布勃诺夫——什么都不敢说，不敢做。他试图想象自己回来后也会坐在这里，就在这个房间里：难道那时他也会像现在这样，想都不想就一下子全说出来？难道索尼娅也会像现在这样隔着丝袜搔挠小腿，视线越过他，停在他所不知道的事物上？他想，大概他来得不巧，也许她在等别的什么人，和他在一起觉得不痛快。但是他不能离去，正如他不能想出什么引人入胜的话来一样，而索尼娅用她的沉默似乎故意竭力要把他引向极端。再过一会儿，他就会失去控制，道出一切——他的探险，他的爱情，还有那将探险、爱情和普希金的《秋之韵》紧密联系在一起的某种深藏于心的神秘事物。

大门砰的一响，然后传来了脚步声，腋下夹着公文包的济拉诺夫走进了客厅。“啊，很高兴见到您！”他说，“您母亲过得怎么样？”不一会儿，另一扇门中出现了济拉诺夫夫人，她也提了同样的问题。“和我们一起吃午饭好吗？”她说。大家走到就餐室。伊琳娜进来时呆住了，然后突然扑向马丁，用潮湿的嘴唇亲吻他。“伊拉，伊萝奇卡。”她母亲无助地微笑着重复道。大盘子上堆着黑糊糊的肉丸。济拉诺夫打开餐巾，把一角塞进衣领下。

用餐时，马丁给伊琳娜做示范，教她怎么交叉食指和中指去夹一个小面包球，然后变出第二个来。很长时间里，她都不能协调好手指。但是，在马丁的帮助下，面包球在她的手指下最终变戏法般地成了两个，这让她欣喜得咕咕叫了起来。犹如在破镜中看到自己影像的猴子从下面窥视，看镜子后面是否还有另一只猴子一样，她也一直低着头，看自己手指下是不是真的有两个面包球。午餐结束后，索尼娅带马丁走向放电话的地方，它在走廊拐角处，走廊两边摆满了盒子和行李箱。伊琳娜呻吟着跟在他们后面，她怕马丁一去不回。在确信不是这么回事后，她又回到就餐室，爬到桌下寻找那个滚落不见的面包球。“我要给达尔文打电话。”马丁说，“我必须看一下电话簿，查一查他旅馆的号码。”索尼娅容光焕发，在兴奋中语无伦次地说：“啊，让我来吧，我自己来打，我要跟他谈谈，会非常好的。来吧，我要好好糊弄他一下。”“不，不要，何必呢。”马丁回答。“好吧，那我就只帮你连上线。连线总没问题吧？号码是多少？”她俯身看向马丁打开的厚电话簿，他感到她的头上散发出温暖的气息，脸颊上，就在一只眼睛下面，是几根零星的睫毛。她一边快速地低声重复着号码以免忘记，一边坐到箱子上，取下话筒。“要记住，你只能帮我们连线。”马丁严肃地说。索尼娅努力清楚地说出号码并开始等待，眼睛乱转着，脚后跟轻轻地敲着箱壁。后来她莞尔一笑，更紧地把话筒贴近耳朵，马丁伸出手，但索尼娅用肩膀把它推开，全身蜷起来，响亮地请达尔文听电话。“把话筒给我。”马丁说，“这不公平。”索尼娅蜷缩得更紧了。“我要拔电话线了。”马丁威胁道。她做了个剧烈的动作来保护话筒座，同时抬起了眉毛。

“不，没事，谢谢。”说完她就挂了电话。“不在家。”她抬头看着马丁说，“你可以放心，亲爱的。我不会再给他打电话了。至于你，你过去有多么粗野，现在还是这样。”她溜下箱子，用脚摸索了一下，脚指头够到掉落的拖鞋，穿好后向就餐室走去。有人正在收拾餐桌。伊琳娜的母亲正对伊琳娜说着什么，但她总是转过身背对着母亲。“待会儿您还在这儿吗？”济拉诺夫问。“我不知道。事实上，我现在得走了。”“那我还是先与您告别吧。”济拉诺夫说罢便去自己卧室工作了。

“别忘了我们。”两位夫人齐声说道，笑了笑，彼此摸了下黑连衣裙的袖子。马丁鞠了一躬。伊琳娜突然扑向马丁，抓住了他的上衣翻领。他很窘困，小心翼翼地试图松开她的手指，但她紧抓住他不放。巴甫洛夫夫人从背后抓住她的肩膀时，她放声大哭起来。马丁看着她脸上的可怕神态和额头上的红色疹子，不由得露出厌恶的表情。他用有点粗暴的动作猛地扳开她的手指。她们把她带到另一个房间，她那发自肺腑的哭吼声远去了，静息了。“总是叫人操心。”索尼娅说，她送马丁来到门厅。马丁穿上雨衣——这雨衣穿起来很麻烦，他费了点时间才系好腰带。“晚上有空再来。”索尼娅把手放在自己连衣裙前面的口袋里，看着他系腰带。马丁阴郁地摇摇头。“我们一起聚会，一起跳舞。”索尼娅说。她紧紧地并拢双腿，移动一下脚尖，然后是脚跟，又是脚尖，又是脚跟，微微向一侧移近去。“得了，”马丁拍拍自己的口袋说，“我想我没带什么行李。”“还记得吗？”索尼娅问，并轻轻地吹起伦敦狐步舞的曲调来。马丁清了清嗓子。“我不喜欢你的帽子，”她说，“现在不戴这样的了。”“再见。”说完，马丁灵活地一把抱住索尼娅，将嘴唇推向她那露出的牙齿、她的脸颊和耳朵后面娇嫩的地方，然后放开她（她倒退一步，差点跌倒），不由自主地砰的一声关上门，很快离去了。

四十六

他发现自己在笑，因为走得急而喘不过气来，心也在剧烈跳动。“得，就这么着，就这么着。”他自语道，大步走在人行道上，仿佛急于去哪里似的。可是，这里没有他急于要去的地方。达尔文不在，这打乱了他的计划。他走在选帝侯大街上，怀着一丝淡淡的忧伤，细细打量着柏林熟悉的风景：十字路口边那座肃穆的教堂，处在异教的电影院中间，显得多么孤独；陶恩齐恩大街上，行人不知为何要避开中间的林荫道，宁可挤在橱窗前缓缓行走。那个盲人，出卖看得见的东西和看不见的光明，不停地把一盒火柴伸向永恒的黑暗；鲜花摊位上卖着帚石楠和翠菊，水果铺子里卖着香蕉和苹果。一个穿棕色大衣的人站在一辆老式敞篷车的座位上，呈扇状地拿着几块不知什么名目的巧克力，对着一群好看热闹的人滔滔不绝地夸着它神奇的品质。马丁拐进一条小巷，走入一家俄罗斯书店。在这里，流亡俄侨和苏联的作品都摆在外国杂志旁边。一位面庞圆润、彬彬有礼的胖先生把他称为“新书”的书拿到柜台上。马丁没找着自己喜欢的书，就买了一本《笨拙》周刊。接下来做什么呢？在济拉诺夫家吃的那顿午餐实在是不管饱。于是他朝盛宴饭店走去，去年他曾在那里用过餐。在那里，他又给达尔文打了一次电话。达尔文还没有回来。“请您付二十芬尼[1]。”柜台后那位浓妆艳抹的女士说，“谢谢。”

饭店老板正是丹尼列夫斯基——以前马丁在阿德列伊兹认识的那位画家。他个子不高，已经上了年纪，穿着立领上衣，有一张孩童般的绯红脸蛋，一只眼睛下面有一个淡褐色的疣子。他走到马丁的桌前，腼腆地问：“甜……甜菜汤好喝吗？”（奇怪的是，和许多口吃的人一样，他对自己最难发出的声音恰恰感到入迷）“嗯，很好喝。”马丁回答。像往常那样，他怀着一种令人心碎的温柔感，看见了在克里米亚夜景下的丹尼列夫斯基。

丹尼列夫斯基侧坐到桌旁，鼓励地望着马丁喝汤。“我告诉过您吗？据说这些年来他们一直都……都住在阿德列伊兹——真令人惊讶！”

（“难道就一直没人打扰过他们吗？”马丁想，“难道一切依然如故？比如，阳台房顶上那些日渐干枯的小梨子？”）

“莫希干人。”丹尼列夫斯基若有所思地说。

餐厅里空荡荡的。小沙发椅，装着Z形弯管的炉子，木头报架上的报纸。

“所有这一切都会好起来。如果情况不是这么糟糕该多好啊，我可能会在墙上画满巴……巴……巴巴[2]的彩画，穿着鲜……鲜艳的衣裳，但苍白的脸上是像马那样的大眼睛。至少，在我的素描画里就是

---

① Pfennig，德国旧时硬币名称，价值为一马克的百分之一，自欧元在德国流通以后已停用。

② 结合下文来看，这里可能是指俄国民间传说中著名的恐怖女巫巴巴-亚加，她乘着巨大的研钵飞行，用一支巨型研棒操控方向，其居住房屋的建材是死于她手下的人的头颅和骨头。

这样。或者，可以画上乌云，而下……下面是一片树林的边缘。我们要扩大这里的规模，昨天我本来请了位木匠师傅过来，但他不知为什么一直没露面。”

“顾客多吗？”马丁问。

“一般来说，是的。现在不是午餐时间，所以别急着下结论。这里有一帮文……文……文艺青年，很有代表性。例如，拉基京，您知道，新闻记者，是搞体……体育的。而几天前，呸，几天前，呸，谢尔盖·布勃诺夫，就在这里，摔盘砸碗，灌得酩酊大醉，他情场失意，婚约被解……解……解除了。”

丹尼列夫斯基叹了口气，用手指敲着桌子，然后他慢慢站起来，向厨房走去。马丁从挂钩上取下帽子时，他又出现了。“明天有烤羊肉串。”丹尼列夫斯基说，“欢迎您下次光临。”马丁心里闪过一丝愿望，想对这个可爱、忧郁、说话口吃却悦耳动听的人说点非常好听的话，可说实在的，他又有什么好说的呢？

四十七

在修剪过的庭院里，几棵崖柏生长在一块草坪上，草坪中央竖着一尊缺了鼻子的塑像。他穿过庭院，推开一扇熟悉的门，登上散发着白菜味和猫咪味的楼梯，按了门铃。给他开门的是一个年轻的德国房客，他告诉马丁布勃诺夫病了，并走过去敲门。那位作家声音沙哑、有气无力地喊着："进来。"

布勃诺夫坐在床上，穿着黑裤子，衬衫敞开着。他面容浮肿，没有刮胡子，眼睑发红。床上、地板上和放着一杯浑浊茶水的桌子上，胡乱扔着一张张纸。原来，布勃诺夫正在给一篇短篇小说收尾，与此同时，他还试图用德语写一封打动人心的信，寄给税务所那位催促他缴税的先生。他没有喝醉，但也不能说他头脑清醒。他的酒瘾是过去了，但他身上的一切都被这场生活中的飓风扭曲了，损坏了。他的思想迷茫了，正寻找着自己的归宿，看到的却是废墟。从春天起他就没有见过马丁，但是马丁的出现根本没有使他惊讶。布勃诺夫开始大骂某个批评家，仿佛马丁要为这个批评家的文章负责。"他们在折磨我！"布勃诺夫恶狠狠地说个不停，他那张眼窝深陷的面庞此时显得相当可怕。他倾向于认为，所有对他的书的轻蔑评论都是由别的原因引起的，即嫉妒、个人好恶或因他得罪了人而对方予以报复。现在，听着他断断续续地讲着文学圈子里的阴谋诡计，马丁感到十分诧异：一个人对别人的意见竟然可以这样耿耿于怀。马丁恨不得告诉布勃诺夫，他那部中篇小说《佐尔兰德》失败、虚假、毫无价值。而当布勃诺夫突然话锋一转，说起自己被心上人抛弃的伤心事时，马丁直恨自己不该受愚蠢的好奇心驱使跑到这儿来。“她的名字我不说，你也别问。”布勃诺夫说，并用演员那种轻易转换口气的方式改用“你”相称，“但你要记住，不止一人还会因她而毁灭。上帝！我曾经多么爱她呀！我曾经多么幸福呀！你要知道，这份感情何等强烈啊，仿佛让人听见天使扇动羽翅，发出雷鸣般的巨响。可她却被我那高不可攀的高度吓坏了……”

马丁感到一种无法忍受的心痛感觉在体内盘旋，他又坐了一会儿，然后便默默站起身。布勃诺夫哽咽着送他到门口。过了几天（他已经身在拉脱维亚），马丁在俄侨报纸上看到了布勃诺夫新出炉的短篇小说。这一次他写得很出色，主人公是一个年轻的德国人，戴着一条有深粉条纹的浅灰色领带（从剑桥俱乐部留存下来的珍物），就像马丁那天戴着的那条。沉浸于痛苦中的布勃诺夫偷了这条领带，犹如一个灵活的小偷，一只手还在擦眼泪，另一只手却已掏走了别人的表。

马丁顺便走进一家路过的文具用品店，买了六张明信片，把自己写不出字来的自来水笔灌满了墨水，然后就去了达尔文住的旅馆。他决定在那里尽可能多待些时间，最后从那里直接去车站。傍晚的天空没有夕阳，一片空白，令人愁闷。汽车喇叭声在雾中听上去更为低沉。一辆套着两匹瘦马的敞篷马车驶过，车上载着足以装点整座房子的家具——沙发床，五斗柜，有镀金框的海景画，还有其他许多家什，让人看着难过。一位穿着丧服的妇女推着童车，里面坐着一个神情专注的蓝眼睛幼童。她把车推过潮湿斑驳的柏油路，在人行道前，她将车把往下压，让童车前面翘起。一条狮子狗追赶着一只黑色的惠比特犬，后者害怕地回头看了一下，哆嗦着，抬起弯曲的前爪。“老天爷，这算怎么回事？”马丁想，“这一切与我有什么相干？我知道我会回来。我必须回来。”他走进旅馆的前厅。达尔文还没有回来。

他选了一张舒适的皮质扶手椅，旋开笔帽，开始给母亲写信。明信片可写的地方有限，他的字体又大，因此写得不多。“一切顺利。”他下笔很重地写道，“我住在老地方，从那里给你寄信。希望叔叔的牙疼好了些。我还没有见到达尔文。济拉诺夫一家致以问候。我下次给你写信要过一星期，因为好像没什么可写的。吻你。”他把信读了两遍，不知为什么心都揪紧了，背上袭过一阵寒意。“得了，别胡思乱想了。”马丁对自己说，他又开始用劲下笔，给少校的遗孀写信，请她为他保管信件。寄出明信片后，他折返回来，仰坐在扶手椅上，开始等待，一边不时地看看墙上的钟。过了一刻钟，二十分钟，二十五分钟。两个混血姑娘走上楼梯，她们的腿异常瘦削。突然，他听到背后传来有力的呼吸声，便马上明白了。他跳起身，达尔文重重地拍了一下他的肩膀，发出喉音很重的感叹声。“坏东西，坏东西。”马丁高兴地喃喃着，“我从早晨起就一直在找你。”

四十八

达尔文稍微胖了些，头发变稀疏了，还蓄起了小胡子——淡淡的，修短了，好像一把新牙刷。不知为什么，他和马丁都感到不好意思，不知道说什么好，老是彼此拍打、傻笑和咕哝着。“你要喝点什么？”他们走进窄小而整洁的房间后，达尔文问，“威士忌加苏打，鸡尾酒，还是就来点茶？”“没关系，没关系，你想喝啥就喝啥。”马丁回答，他从小桌上拿起镶在贵重镜框里的大照片。“是她。”达尔文简洁地说。相片里是一位额上戴着冠饰的年轻女子，眉毛在鼻梁处长到了一起，明亮的眼睛，天鹅般的脖颈—— 一切都很清晰，显得很庄严。“她叫伊芙琳，歌唱得相当不错，我敢肯定你和她会成为好朋友。”达尔文拿回相片，又心不在焉地看了一眼，这才把它放回原处。“好了，”他躺到沙发上，马上伸直双腿，说，“有什么新闻吗？我看你还是系着那条旧领带。”

服务员拿了鸡尾酒走进来。马丁并不乐意地吞了一口淡淡的酒水，扼要地讲了他这两年是怎么过的。令他惊讶的是，他刚刚停下来，达尔文就开始说自己的情况，详细而得意，这是过去从来也没有过的。从他那慵懒、纯洁的嘴里听到了取得的成就、薪水和对未来的美好希望，这一切听起来怪怪的！原来，他现在写的不是过去那种关于水蛭或夕阳的迷人玩意儿，而是有关经济和国家问题的文章，特别使他感兴趣的是缓期偿付的问题。在达尔文停顿片刻的时候，马丁向他提起了燃烧的马车、罗丝和打架，而达尔文却无动于衷地说："是啊，那是一段美好的时光。"马丁吃惊地发现，达尔文的回忆消亡了或者缺损了，剩下的只是一块褪色的招牌。

"瓦季姆王子在做什么？"达尔文忍住哈欠问。

"瓦季姆在布鲁塞尔。他在那里有份工作。济拉诺夫一家在这里，我常跟索尼娅见面。她仍然没有出嫁。"

达尔文口中吐出一团大烟圈。"代我向她致意。"他说，"可是你怎么样？你老是这么游手好闲，真可惜。明天我介绍你跟一些重要人物认识一下，我保证你会喜欢上干新闻这一行的。"

马丁咳嗽了一声。是时候谈最重要的事了——他非常想跟达尔文谈的事。

"谢谢，"他说，"但这是不可能的，再过一小时我就要离开柏林了。"

达尔文微微欠起身。"不会吧？你要去哪儿？"

"马上你就知道了。现在我要对你说些事情，其他人都不知道。已经有好几年了——是的，好几年了——但这并不重要……"

他讷讷起来。达尔文叹了口气，说："我已经全猜到了。我会来给你当伴郎。"

"别这样，我求你了。我可是认真的。知道吗，我今天专门要找到你，就是为了跟你谈谈。事情是这样，我打算从拉脱维亚非法越境进入俄罗斯，就待上二十四小时，真的，然后就走回来。我需要你是因为这么一件事：我给你四张明信片，你每星期给我母亲寄一张——比如每周四。大概我会早些回来，但我也说不准研究地形、选择路线等事情到底需要多少时间……当然，我已经从某人那里得到了非常重要的情报。但我也可能受困，也许不能立即脱身。你要明白，我母亲必须什么都不知道，她必须定期收到我从柏林寄出的明信片。我给了她老地址，这很简单。”

沉默。

“是的，当然，这很简单。”达尔文说。

还是沉默。

“只是我不大明白，这一切是为了什么？”

“开动脑筋想一想，你就明白了。”马丁说。

“反对苏维埃老好人的阴谋？想要见什么人？要转交什么秘密情报，安排什么事？我承认，小的时候我喜欢那些面色阴沉的大胡子，他们向残酷总督的三驾马车扔过炸弹。”

马丁闷闷不乐地摇摇头。

“那如果你只是想访问一下你父辈的国家——虽然你父亲是半个瑞士人，对吗？——但是，如果你这么想访问它，取得一张普通的苏联签证并坐火车过国境不是更简单些吗？不愿意？大概你以为，在瑞士那家咖啡馆发生暗杀事件后，他们不给瑞士人发签证了？好吧，我给你搞张英国护照。”

“你说的完全不是那么回事。”马丁说，“我原以为，你很快就会明白的。”

达尔文把手放到脑袋后面。他始终无法确定，马丁是否在和他开玩笑——如果不是，那么又是什么想法推动他要采取这种荒谬的举动呢？他吃力地吸了一会儿烟斗，然后说：

“最后，如果你纯粹只是喜欢冒险，那么也没有必要去这么远的地方。现在让我们来想出什么不同寻常的名堂，不用走出房间就立刻可以做的，然后吃晚饭，去音乐厅。”

马丁没有做声，他的脸色显得很伤感。

“真是荒唐！”达尔文想，“荒唐又奇怪。他们打内战的时候，他安心待在剑桥读书，现在却愿意为间谍活动吃枪子儿。他是不是在忽悠我？多么愚蠢的谈话。”

马丁突然哆嗦了一下，看了一下手表，然后站起身来。

“听着，别做傻事。”达尔文用劲吸着烟斗，说，“不管怎么说，这简直是无理取闹。自剑桥之后，我们就没再见过面了。要么你给我把一切讲清楚，要么承认你现在是在开玩笑，然后我们再谈别的。”

“我把一切都告诉你了。”马丁回答说，“一切。现在我必须走了。”

他穿上雨衣，捡起掉在地上的帽子。躺在沙发上的达尔文打了个哈欠，翻身朝向墙壁。“再见。”马丁说，但达尔文不吭声。“再见。”马丁重复说。“胡闹，这不可能是真的。”达尔文想，一边又打了个哈欠，紧紧闭上了眼。“他不会走的。”他又想，并懒洋洋地收起一条腿。有趣的沉默延续了一段时间。过了一会儿，达尔文轻轻笑了起来，转过头去。但是房间里一个人也没有。这情形甚至令他感到费解：马丁怎么可能如此悄无声息地走出去呢？达尔文闪过了一个念头：会不会是马丁躲起来了？他又躺了几分钟，然后，一边放下腿，站起身，一边仔细地环顾着已经半昏暗的房间。“好了，够了。出来吧。”他听到在衣橱和房门之间放箱子的壁龛处有轻轻的沙沙响动。没有人走出来。达尔文走上前，看了一下角落。没有人。只有昨天购物留下的一大张包装纸。他开了灯，沉思起来，然后打开通向走廊的门。走廊里寂静、明亮、空无一人。“见他的鬼去吧！”说完他又沉思起来。突然间，他振作起精神，开始一本正经地换衣服，准备去吃晚饭。

他心里难以平静，这种感觉近来在他身上很少有。马丁的出现犹如大学时代温馨的回声，不仅使他激动，而且它本身也是不同寻常的——马丁身上的一切都是不同寻常的：显得粗犷的晒黑的皮肤，仿佛喘不过气来的声音，某种新的傲慢的眼神，阴郁的令人费解的话。然而，达尔文最近过着坚实可靠的生活，很少激动（甚至在表白爱情时也是这样），他习惯于认为，在经历了青春时代的彷徨不安和开心娱乐之后，他走上了平坦的康庄大道。现在他也能应付马丁留下的不同寻常的印象，要自己相信，那个爱开玩笑的傻瓜蛋在今晚就会重新出现。他已经穿上晚礼服，在镜中仔细打量着自己强壮的身躯和有着高鼻梁鹰钩鼻的大脸盘。突然，床头柜上的电话响了。话筒中传出的声音听起来很遥远，音量因距离而变小了，达尔文没有立即听出是谁，因为不知怎么的，他从来没有与马丁在电话中说过话。“我提醒你不要忘了我的请求，”马丁的声音不太清楚，“最近几天中我会给你寄信，请每次转寄一封。我的火车马上要开了。什么？我是说：我的火车。对，对，火车……”

声音消失了。达尔文啪地挂上话筒，搔了一阵脸颊，然后向电梯走去，乘电梯到楼下。在那里，他要了火车时刻表。对，时间完全正确。真见鬼……

当天晚上他哪儿也没有去，一直等待着什么，等待着某种进展。他坐下来给未婚妻写信，却发现自己没什么可写的。几天过去了。星期三，他收到了从里加寄来的一个厚信封，在里面找到了要寄给瑞士的埃德尔韦斯夫人的四张柏林明信片。在其中一张上，他看到俄语正文中加入了一句英语："我与达尔文经常去音乐厅。"这让他感到了一丝诡异的震惊。星期四上午，他怀着一种参与了某桩邪恶事件的可怕感觉，把按日期排第一的明信片塞进了紧挨着饭店入口处的蓝色邮箱。过了一个星期，他寄出了第二张。后来他忍不住了，便来到里加，在那里拜访了英国领事、瑞士领事、居民住处查询处和警察局，却没有获悉任何情况。马丁仿佛消解在了空气中。达尔文回到柏林，心有不甘地寄出了第三张明信片。到了星期五，一个外国人模样、身材魁伟的男子走进了济拉诺夫新开的出版社（这家出版社主要发行俄语日历和政治小册子）。济拉诺夫端详一番后，认出这位年轻的英国人在伦敦曾追求过他的女儿。达尔文讲着德语（不知为什么，济拉诺夫对德语更能理解），用平稳的声音叙述了自己与马丁的最近一次谈话以及转寄明信片的事。"等一下，"济拉诺夫说，"好像不是那么回事。他对我女儿说过，他要在柏林附近的一家工厂工作。您确信他离开了？真是奇怪！""我起先以为他在开玩笑，"达尔文说，"但是现在我不知道该怎么想了。如果他真的……""这孩子太疯狂了！"济拉诺夫惊呼道，"谁能想得到啊！那个小伙子给人留下一副头脑理智、稳重踏实的印象，您要知道，简直让人无法相信这里有什么诡计。这样，首先应该弄清楚我女儿是否知道什么情况。到我家里来吧。"

看见父亲和达尔文一起回来，两人脸上挂着不同寻常的严肃神情后，索尼娅刹那间想到，达尔文是来正式求婚的（这种可怕的念头经常转瞬即逝）。"你好，你好啊，索尼娅。"达尔文以非常做作的随便姿态喊道。济拉诺夫则用黯然的目光望着女儿，给她做心理准备，叫她不要害怕，然后立即在走廊上把整个故事都告诉了她。索尼娅脸色变得刷白，跌坐到前厅里的一张椅子上。“太可怕了！”她轻轻地说。她沉默了一会，然后轻轻地拍了一下自己的膝盖。“这真可怕。”她更轻声地重复说。“他对你说过什么吗？你知道什么内情吗？”济拉诺夫用俄语和德语不停地问。达尔文站在原地，擦着脸颊，努力不去看索尼娅。他感觉到了一个英国人能感觉到的最可怕的事：想要大哭一场。“当然，我全知道。”索尼娅说，她那纤细的声音渐渐变强。在前厅往里那一头出现了济拉诺夫夫人，丈夫对她做了个手势，让她别打扰他们。“你知道些什么？快说啊，全说出来。”济拉诺夫碰了碰索尼娅的肩膀。她突然弯下身，大声地抽噎起来，臂肘撑在膝盖上，脸埋在手掌里。后来她挺直身，大声哽咽着，仿佛喘不上气来似的吞了一口气，混着啼哭嚷了起来：“他们会打死他的！上帝啊，他们会把他打死的！”“冷静！”济拉诺夫说，“别叫，我要你安安静静地解释清楚，他对你说了些什么。奥莉娅[1]，”他叫着他的妻子，“把这位先生随便带哪儿去——就去客厅吧——啊，电工吗，不必理他。索尼娅，别嚷了！你会吓着伊琳娜的，停下，我要你别叫了！”

他花了很长时间安抚她、询问她。达尔文一个人阴沉地坐在客厅里。有位电工也在那儿，正忙着修理插头和插座，时不时抬头看着电灯一会儿灭一会儿亮。

“那孩子说得对，应该马上采取措施。”当济拉诺夫与达尔文再次上街时，济拉诺夫说，“但我一个人又能做些什么呢？还有，我认为这并不是一场浪漫的冒险，不像她以为的那样。她自己总有这样的念头。性格非常焦躁。我怎么都无法相信，一个离俄罗斯政治问题相当

① 在俄语中，“奥莉娅”是“奥尔加”的小名称呼。

遥远的年轻人——而且要我说，还是个具有外国血统的年轻人——居然会去证明自己……好吧，证明自己可以通过实现英勇壮举来树立荣耀？当然了，我要和一些人接触，而且我可能必须去一趟拉脱维亚，但如果他真的企图悄悄穿越国境，那基本上希望就很渺茫了。顺便说一句，事情还真是非常奇怪，当年就是我——对，就是我——向埃德尔韦斯夫人转告了关于她第一任丈夫的死讯。”

又过了几天，只有一点情况越发明朗：他们需要忍耐，需要继续等待。达尔文（这次不是济拉诺夫）前往瑞士，去通知埃德尔韦斯夫人。他抵达洛桑时，一切都是灰蒙蒙的，下着小雨。在山中高处弥散着湿雪的气息，初霜之后接踵而至的突然解冻使冰雪消融，化作水珠从树上滴落。租来的汽车载着他飞快地驶向村庄，途中在一处转弯路口侧滑翻进了沟里。只有司机的手臂受了点擦伤。达尔文从车里爬出来，抖掉大衣上的湿雪，问一名村里人，从这里到亨利·埃德尔韦斯的别墅有多远。村里人给他指了最短的路——一条穿过冷杉树林的小径。从树林中出来后，他穿过一条泥土路，沿着林荫道走，望见了一幢绿褐色的华屋。在栅门前的黑色土地上，他那双结实的靴子留下了深深的橡胶鞋底花纹。这些脚印里渐渐积满了泥泞的污水。过了些时候，一股潮润的劲风刮来，达尔文未关牢的栅门发出吱的一声，猛地摇晃一下，打开了。一只山雀飞落到栅门上，发出一阵“疵疵疵”和“因恰因恰”的啼鸣，然后又飞越栅门落在冷杉树枝上。一切都很潮湿晦暗。一个小时过去了。达尔文从棕褐色的阴郁花园深处走出来，在身后带上栅门（它马上又开了），开始沿着林中小径原路返回。在树林中，他停下脚步，抽起烟斗。他身上那件宽大的驼毛大衣敞开着，条纹围巾的末梢垂在胸前。林中一片寂静，只能听到轻轻的潺潺流水声：灰色的湿雪下，水正在奔流不息。达尔文聆听着，不知为什么摇了摇头。烟草燃尽了，烟斗发出无可奈何的嗞嗞声。他轻轻说了些什么，若有所思地擦了擦脸，然后继续前行。天色阴沉，条条树根穿过小径，黑乎乎的冷杉针叶不时刷过他的肩膀，幽暗的小径在树干间蜿蜒，景致如画，神秘莫测。